U0671804

权威·前沿·原创

皮书系列为
"十二五"国家重点图书出版规划项目

中国社会科学院哲学社会科学创新工程项目成果

住房绿皮书

GREEN BOOK OF
HOUSING MARKET

中国住房发展报告
（2014~2015）

ANNUAL REPORT ON DEVELOPMENT OF HOUSING MARKET
IN CHINA (2014-2015)

顾　问／高培勇
主　编／倪鹏飞
副主编／邹琳华　高广春
中国社会科学院财经战略研究院
中国社会科学院城市与竞争力研究中心

社会科学文献出版社
SOCIAL SCIENCES ACADEMIC PRESS（CHINA）

图书在版编目（CIP）数据

中国住房发展报告.2014~2015/倪鹏飞主编.—北京：社会科学
文献出版社，2014.12
（住房绿皮书）
ISBN 978 - 7 - 5097 - 6857 - 0

Ⅰ.①中… Ⅱ.①倪… Ⅲ.①住宅经济 - 经济发展 - 研究报告 -
中国 - 2014~2015 Ⅳ.①F299.233

中国版本图书馆 CIP 数据核字（2014）第 279888 号

住房绿皮书
中国住房发展报告（2014~2015）

主　　编／倪鹏飞
副 主 编／邹琳华　高广春

出 版 人／谢寿光
项目统筹／陈　颖
责任编辑／陈　颖

出　　版／社会科学文献出版社·皮书出版分社（010）59367127
　　　　　　地址：北京市北三环中路甲 29 号院华龙大厦　邮编：100029
　　　　　　网址：www.ssap.com.cn
发　　行／市场营销中心（010）59367081　59367090
　　　　　　读者服务中心（010）59367028
印　　装／北京季蜂印刷有限公司

规　　格／开本：787mm × 1092mm　1/16
　　　　　　印张：20　字数：303 千字
版　　次／2014 年 12 月第 1 版　2014 年 12 月第 1 次印刷
书　　号／ISBN 978 - 7 - 5097 - 6857 - 0
定　　价／79.00 元

皮书序列号／B - 2009 - 128

本书如有破损、缺页、装订错误，请与本社读者服务中心联系更换

▲ 版权所有 翻印必究

住房绿皮书编委会

顾　　问　高培勇

主　　编　倪鹏飞

副　主　编　邹琳华　高广春

编委会成员　张慧芳　吕风勇　郭宏宇　蔡书凯　姜雪梅
　　　　　　李　超　魏劭琨　杨　慧　刘尚超　杨　杰
　　　　　　刘　伟

主要编撰者简介

倪鹏飞　男，1964 年出生于安徽省阜阳市。中国社会科学院城市与竞争力研究中心主任，中国社会科学院财经战略研究院院长助理，城市与房地产研究室主任，研究员，博士生导师。1994～2000 年在南开大学经济学院攻读经济学硕士、博士学位。2000 年 7 月进入中国社会科学院财经战略研究院工作。主编《中国城市竞争力报告》、《中国住房发展报告》、《国家竞争力报告》。联合主编《全球城市竞争力报告》（与美国学者彼得·卡尔·克拉索教授）；联合研究《世界城市：联系度指数》（与英国皇家社会科学院院士彼得·泰勒教授）；联合国人居署《世界城市状况报告（2012）》重要撰稿者；联合国开发计划署"中小企业改革和发展"项目评估专家（2000）。世界银行集团与中国社会科学院：《中国营商环境报告》中方负责人（2008）。香港中文大学、华中科技大学、北京师范大学、东南大学、西南财经大学、韩国科学技术大学的兼职教授，全球城市竞争力跨国项目秘书长，中国城市竞争力报告课题组组长，中国社会科学院青年人文社会科学研究中心副理事长，中国城市科学会、中国城市发展学会、中国城市经济学会等副秘书长，成都、太原、东莞等城市政府经济顾问。

主要致力于城市经济学、房地产经济学、空间金融学、城市竞争力及国家竞争力等方面的理论与实证研究。先后承担了中央交办课题、国家重大社科基金招标课题，联合国、世界银行、欧盟、中组部、科技部、商务部、北京、广州、成都等国际组织、国家部委、地方政府委托的课题。到目前已发表 11 次《中国城市竞争力报告》（年度报告），4 次《全球城市竞争力报告》（双年度报告），5 次《中国住房发展报告》（年度）、1 次《中国国家竞争力报告》（双年度）。作为经济与战略领域的专家，为中国近 20 个省市政府进行案例、战略和对策研究，发表 12 部案例专著。在美国《国际事务》（*Journal of International Affairs*）、英国《城市研究》（*urban study*）、《中国社会科学》和《经济研究》等国内外权威杂志上发表论文数十篇。代表作《中国城市竞争力报告》获中国经济学的最高奖——孙冶方经济学著作奖（第十一届）。研究成果对国家和城市发展起到重要的决策参考作用，在中国与世界产生重要的学术影响。

邹琳华 经济学博士。现就职于中国社会科学院财经战略研究院，主要从事城市与房地产经济领域的理论研究。

高广春 经济学博士，现就职于中国社科院财经战略研究院。主要研究领域为住房金融、商业银行经营与管理。在《财贸经济》、《城市发展研究》、《国际经济评论》、《银行家》、《经济学家茶座》、《学术界》等杂志发表论文 40 余篇，独著、合著、合作译著 10 余部，参与国家、省部级课题，金融机构委托课题、企业委托课题和地方政府委托课题 20 余项。

郭宏宇 中国社会科学院研究生院经济学博士，保险学博士后，现任外交学院国际经济学院副教授，硕士生导师。专业为资本市场、保险。参与国家社科基金、保监会等课题 10 余项，独立出版专著 1 部，合作出版专著与编著 10 余部，发表学术论文 30 余篇。

吕风勇 经济学博士，现就职于中国社会科学院财经战略研究院。2006年毕业于中国社会科学院研究生院，主要研究方向为宏观经济与房地产。

张慧芳 博士（后），硕士生导师，现为宁波大学教授，宁波大学公共管理研究所所长。主要从事房地产及土地经济与管理、投融资与城市建设经济与管理方面教学与科研工作。先后在《投资研究》、《中国房地产金融》、《中国行政管理》等学术刊物上发表论文 30 余篇，出版个人专著 1 部，主编、参编著作和教材 10 余部，作为技术负责人主持国家科技部软科学重大招标课题 1 项，主持省部级课题 4 项，作为主要成员参与国家级、省部级等课题 20 余项。

蔡书凯　安徽工程大学副教授，2012 年毕业于浙江大学管理学院，获管理学博士学位，同年进入中国社会科学院财经战略研究院应用经济系博士后流动站，主要研究方向为全域城镇化。

杨　慧　中国社会科学院财经战略研究院博士后，研究方向为城市经济、房地产经济。

李　超　经济学博士，中国社会科学院财经战略研究院助理研究员，研究方向为区域经济协调发展与产业结构演进。

刘尚超　中国社会科学院财经战略研究院实习研究员，金融学博士生。

魏劲琨　现就职于国家发展改革委员会城市和小城镇改革发展中心。毕业于中国社会科学院研究生院，获经济学博士学位。主要研究领域为城市经济、房地产政策、产业结构。

刘　伟　现在中国社会科学院经济学部工作。中国社会科学院研究生院 2010 级金融学硕士研究生毕业。主要研究领域为金融市场、房地产经济和城市经济。作为核心成员参与编著城市竞争力蓝皮书。

杨　杰　中国社会科学院研究生院 2012 级金融学博士研究生，2010 年毕业于北京师范大学，获经济学硕士学位，2006 年毕业于南开大学，获工学学士学位，目前主要研究方向为城市与房地产金融。

中国社会科学院财经战略研究院
城市与房地产经济研究室简介

中国社会科学院财经战略研究院城市与房地产经济研究室现有专职研究人员 6 名，主要研究领域为城市经济与房地产经济。其前身是在原国务委员、中国社会科学院院长李铁映的倡导下于 1999 年成立的城镇住宅研究室，2003 年更改为现名。2009 年，研究室被纳入中国社会科学院重点学科建设工程。

近年来，研究室在城市竞争力、城市化、城市产业集群、城市营销、房地产市场结构、房地产周期、住房金融、住房公共政策、土地经济、住房证券化、住房保障等领域进行了较为深入的研究，并处于国内较为领先的地位，部分研究成果在国际上也产生了较大的社会和学术影响。《中国城市竞争力报告》获孙冶方经济学著作奖，是中国社会科学院重要的学术品牌之一。《全球城市竞争力报告》定期在英国出版并面向全球发行，成果备受关注。作为国内首个房地产相关国家社科基金重大课题的研究支撑机构，研究室在中国房地产发展对策研究方面也取得了重要突破。成立十多年来，研究室先后与海外近 20 个国家的高校、科研机构和学者开展学术交流，并在部分研究项目上建立了合作机制。

研究室的目标是发展成为城市与房地产研究领域的国内重要中心，同时进一步扩大国际交流、国际合作，提高国际学术影响力。

中国社会科学院城市与竞争力研究中心简介

　　中国社会科学院城市与竞争力研究中心是 2010 年 4 月 26 日成立的一个有关城市与竞争力的院级非实体研究中心。中国社科院财经战略研究院研究员倪鹏飞任中心主任。中心主要由中国社科院财经战略研究院城市与房地产经济研究室和城市竞争力课题组的研究人员组成，同时邀请国内外专家学者以不同的形式参与研究。

　　近年来，中国社会科学院的这支研究团队在城市与竞争力方面做了许多的创新探索，他们关于中国城市竞争力的研究获得了"孙冶方经济科学奖"，关于中国住房发展的研究获国家重大社科基金支持。"城市竞争力蓝皮书"等已成为中国社会科学院重要的学术品牌，在国内外产生十分广泛的影响，进一步确立了中国社会科学院在这些领域的全国领先地位，也为中央及地方政府的相关决策提供参考。他们还组织和联合全世界的城市竞争力研究专家，成立全球城市竞争力项目组，与世界银行集团及世界著名城市学者开展相关领域的高端合作，举办城市竞争力国际论坛，扩大了中国社会科学院在这些国际学术领域的话语权和影响力。

　　中心的主要任务是组织国内外各界相关研究人员，开展与城市经济、城市管理、城市化、城市竞争力、房地产经济、房地产金融相关的学术研究，发表城市与房地产相关的研究论文、出版专著和研究报告；开展国内外学术交流，组织中心学者进行国际学术访问；组织国内外相关领域专家、城市市长等各界人士召开城市竞争力国际论坛以及相关学术会议；与相关单位开展合作研究、社会实践、专项调研等活动；承担国内外政府、企业、非政府组织等委托，开展相关的政策和战略咨询研究；接收研究生实习、学者学术访问，举办高级研修班等多种形式的培训，培养学以致用的学术和城市管理人才。

摘　要

　　本报告从宏观背景、市场主体、市场体系、公共政策和年度主题五个方面，对中国住宅市场体系做了全面系统的分析、预测与评价，并给出了相关政策建议。本报告具体内容包括：在评述 2013 年第 4 季度～2014 年第 3 季度住房及相关市场走势的基础上，预测了 2015 年住房及相关市场的发展变化；通过构建中国住房指数体系，量化评估了住房市场各关键领域的发展状况；剖析了住房市场及其相关领域协调健康发展所面临的主要问题与挑战，针对性地提出了相关政策建议。

　　2013～2014 年分析显示：全球住房市场整体强劲反弹，但我国住房市场与全球住房市场走势背离；固定资产投资回落明显，房地产投资增速下滑拖累经济增长；市场下行促使行业加速整合，寡头格局初现雏形；国内投资增速整体下滑，海外投资规模剧增；政策性住房金融机构作用得到强化，合作性住房金融机构功能定位趋于清晰化；金融机构信贷存在从房地产领域向其他领域调整的迹象，但涉房信贷依然在多数金融机构的信贷投放结构中居首位；住房投资投机全面退潮，商品住宅首现过剩；城市间市场分化加剧，一线城市回落幅度最大；土地市场整体下行，区域差异愈加显著；宏观政策出现拐点，限购限贷相继退出；住房市场监管对"楼市"逐步放松，对"腐败"逐步缩紧；棚户区改造成"重磅"，共有产权房成为保障性住房的新亮点。

　　2015 年预测认为：全球住房市场将受益于经济复苏而持续增长，但是发展的不平衡将加剧；境外置业的成本不断下降，发达经济体将进一步分流我国中高端住房市场需求；供给结构性过剩将成经济"新常态"，投资"潮涌"效应趋弱将抑制需求过度波动；行业集中度进一步加速提升，开发投资速度持续放缓；金融体系调降房地产融资权重的过程有望持续，但房地产信贷占比依然居投放首位；商品房价格软着陆，开发商面临大抉择；一、二线城市房价将继续下滑，三、四线城市房价将稳中有降；各级政府将密集推出救市政策，限购政策有望全面退出。

中国住房市场健康均衡发展所面临的主要问题与挑战是：房企负债水平激增，偿债能力恶化；保障性住房融资支持依然存在很大缺口，公积金运管问题已经积重难返；房地产信贷融资权重居高不下，经济结构转型极其复杂；住房相对过剩时代提前到来，改善性需求难以全面启动；商品房需求主要靠投资投机支撑，真实库存积压与住房空置状况较为严重；近年土地供应量过多过快，三四线城市土地供应严重过剩；供地量与不同能级城市不相匹配，土地市场分化进一步加剧；土地出让金监管存在缺陷，住房市场重事前审批轻事中监管；保障房价格偏高门槛高，农民工面临市场失灵和政策失灵；经济发展方式转变要求对房地产地位进行重新判断，但地方政府仍然从短期角度来看待住房问题。

报告建议：以国开行住房金融事业部建立为契机，构建保障房政策性金融支持平台；废除公积金运作"地方粮票"，建构全国性的住房公积金管理和运作平台；加速房贷证券化推进步伐，同时有效防控房地产金融风险；深化住房供给机制改革，避免重走需求刺激老路；以放开城镇居民自建房为契机，重构住房开发模式；建立新的土地出让金分配机制，抑制地方政府推高地价的强烈欲望；将土地出让金审计制度与反腐"新常态"相结合，定期审计长期坚持；发展保障房的二级市场，盘活错配闲置的保障房；适当鼓励无房户"集资建房"，降低住房保障成本。

Abstract

This report made a comprehensive and systematic analysis, prediction and assessment, and put forward the political proposal from five aspects: macroscopic background, market players, market system, public policy and annual topics. Specifically, the report includes: commentary of housing and related market performance from 2013 fourth quarter to 2014 third quarter; prediction of housing and related market development trends in 2015; quantitative assessment of the housing market in key areas state of development by constructing housing indices system; analysis of the housing market and its related fields in terms of main problems and challenges, and relevant policy recommendations put forward accordingly.

Analysis of 2013 ~ 2014 reveals that, global housing market rebound strongly, but domesticate housing market in China has an opposite trend; fixed assets investment dropped significantly, real estate investment with a lowering growth rate dragged down economic growth; unfavorable market circumstance prompted the integration of the market, the oligopoly began to emerge; there was a general decline in the growth rate of domestic investment, while foreign investment surged significantly; the role of financial institutions that make housing policies have been strengthened, cooperative housing finance institution's functions were getting clear; there was a sign that financial credit diverge from housing market to other fields, but it remained to be the dominant in most financial institutions; housing investment speculation reduced comprehensively, there was a surplus in commodity housing provision for the first time; regional differences become more significant and first-tier cities suffered the biggest drop; land market turned down generally with more differentiated regional local markets as well; macroeconomic policy was closing to the turning point with the exists of loan and purchasing limits policies; the regulations were gradually loosened for the "housing market" and tightened for the "corruption"; reconstruction and improvement for the lower income settlement became increasingly important and common property housing was highlighted.

It is predicted that in 2015: the housing market will benefit from the global economic recovery and sustained growth, but the development imbalance will be exacerbated; developed economies will further extract the Chinese high end housing demand with the lowering costs for foreign housing purchase; structural surplus in demand would be the economic "new normal", the weakening "tide" effect of investment will curb excessive volatility of demand; industrial concentration would accelerate further, speed of development and investment for housing firms will continue to slow down; the process that financial system to cut the weight of real estate financing is expected to continue, but the proportion of real estate credit will still rank first; housing prices will land softly, developers will face important decisions; in first and second tier cities housing prices will continue to decline and in third and fourth cities housing prices will decline stably; all levels of governments will launch intensive rescue policies, the purchasing limit policy is expected to be fully abrogated.

The main issues and challenges confronted by the Chinese housing market are: housing firms´ debt level surge dramatically with weakened solvency; the affordable housing finance is significantly insufficient, the problem of housing provident fund is stubborn and hard to tackle; housing credit weight remains in the high level, economic restructuring is overly complex; housing surplus emerges ahead of time, improvement need is difficult to be released; commodity housing demand is mainly contributed by investment speculation, inventory and housing vacancy is serious in practice; land supply increase to much in recent years, particularly for the third and fourth tier cities; land provision amount cannot match the need for different city levels, regional difference is strengthened; the administration of land transferring fees is incomplete, the regulation of housing market emphasize the prior approval rather than regulating in the process; the price for affordable housing is relatively high and migrate workers face the problems brought by the market failure and policy failure; economic development patterns require re-determine the status of real estate, but the local government still holds the short-term perspective considering the housing problem.

The report suggest: embracing the opportunity brought by the establishment of housing finance division of China Development Bank, to build the affordable housing policy financial support platform; repeal the "local food stamps" mode in fund operation, to construct a national housing fund management and operation platform; to accelerate the pace of mortgage securitization while make real estate financial risks in control, deepen the reform of housing supply mechanism, to avoid re-take the old path to stimulate demand; take the opportunity of releasing the restrictions on rural residential housing construction, to reconstruct housing development model; to establish new land transfer distribution mechanism, inhibit local governments′strong desire for pushing up the housing prices; to combine the land transfer audit system and anti-corruption "new normal" and persist to audit regularly; to develop affordable housing in the secondary market, revitalize the mismatched idle affordable housing; properly encourage "cooperatively financed housing " and reduce the cost of security housing.

目　录

Ⓖ Ⅲ 市场主体

Ⓖ Ⅳ 市场体系

Ⓖ Ⅴ 公共政策

皮书数据库阅读**使用指南**

CONTENTS

Gɪ I   General Report

Gɪ II   Macroeconomic Background

Gɪ III   Participants of Chinese Housing Market

GⅣ　Chinese Housing Market System

GⅤ　Chinese Housing Policies

总 报 告

General Report

G.1

第一章

中国住房发展分析与展望
（2014～2015）

倪鹏飞

一　形势判断：2014年住房市场经历
逐步加深的三重调整

2013年中国住房市场经历了在疯狂上涨中隐现调整迹象。从2014年第一季度开始进入调整状态，2014年第三季度进入全面调整期。

2013年1～12月，中国商品住房销售面积为115723万平方米，同比增长17.5%；商品房销售额为67695亿元，同比增长26.6%；2014年1～2月，中国城镇商品住房的销售额开始下降，并快于销售面积的下降，意味着新建商品住房价格开始总体下降；2014年1～9月，中国商品住房销售面积为 67669 万平方米, 同比下降 10.3%; 商品房销售额为 40516 亿元, 同比下降 10.8%。销售量与销售额均出现较大负增长。

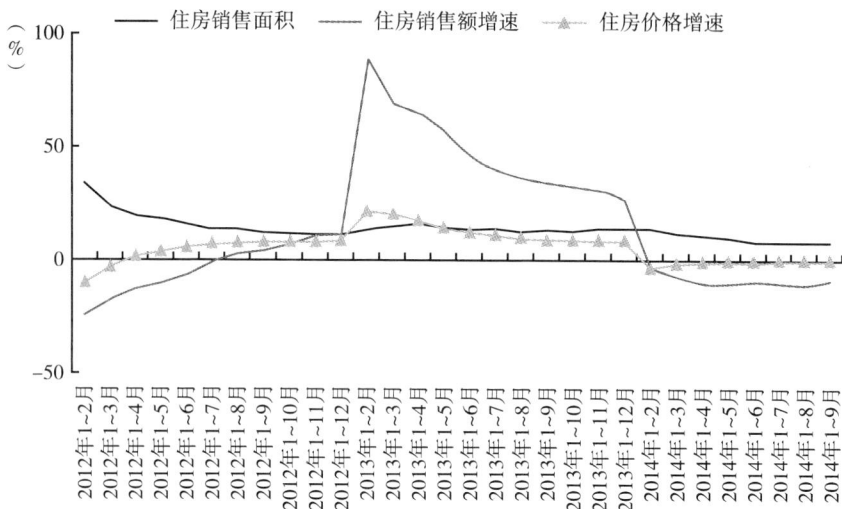

图 1-1 中国城镇商品住房价格、销售面积、销售额增长率变化

数据来源: 国家统计局。

2014 年, 大中城市楼市房价由全线快涨逐步转变成普遍下跌, 房价下跌城市个数迅速增加。2013 年 12 月, 70 个大中城市中, 房价环比上涨的有 65 个, 持平的有 3 个, 环比下降的仅 2 个。到 2014 年 9 月, 环比下降的城市急增至 69 个。

2014 年下半年开始, 房价跌幅增大, 多数大中城市房价开始跌破 2013 年同期价格。2013 年 12 月, 70 个大中城市中, 房价同比下降的城市仅 1 个。到 2014 年 9 月, 房价同比下降的城市增加至 58 个, 但仍有 10 个城市房价高于上年同期价格。

这次调整与此前相比具有: 性质上一次性由正转负, 规模上缓步下行, 程度上逐步加深, 范围上逐步扩大等特点。这是在新的宏观背景下, 在住房市场发展关键阶段, 各方主体通过市场相互博弈而进行的一次自发调整。

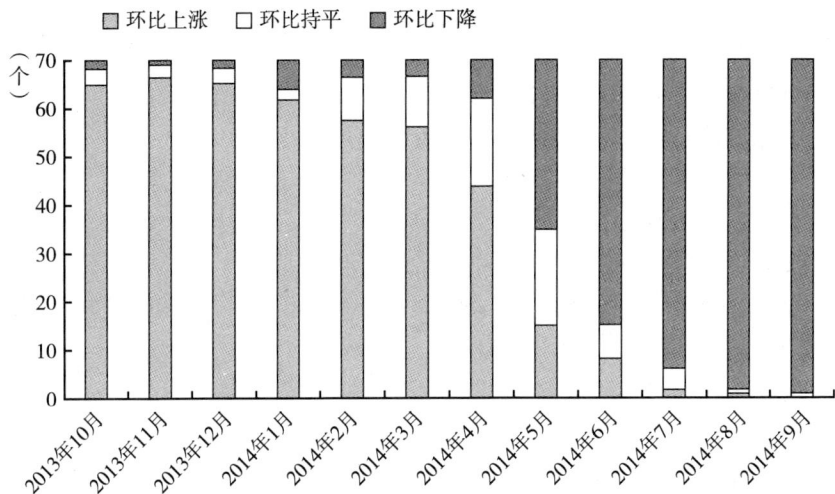

图1-2 中国70个大中城市新建商品住宅价格环比上涨、持平与下降个数

数据来源：国家统计局。

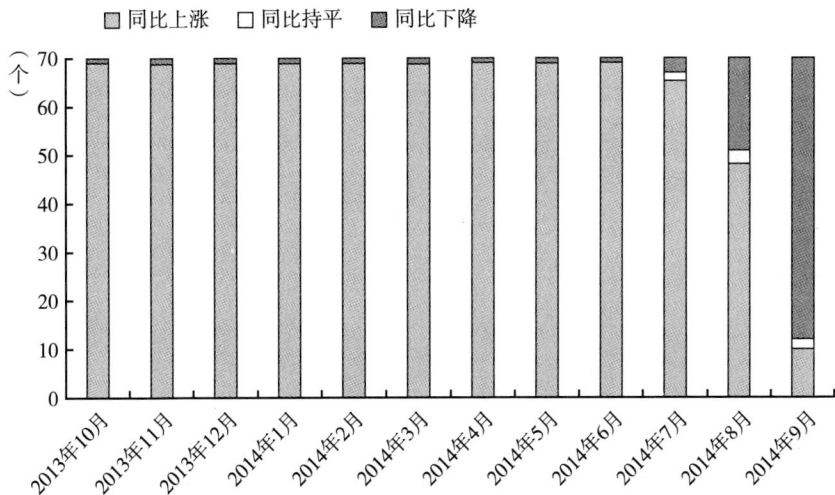

图1-3 中国70个大中城市新建商品住宅价格同比上涨、持平与下降个数

数据来源：国家统计局。

本次调整宏观背景与 2008 年、2011 年及以前几次调整有许多不同。

第一，中国经济步入"新常态"。在经历 30 多年 10% 左右的高速度之后，中国经济开始进入增长平稳、经济结构优化、经济驱动力转换的新常态。宏观经济与住房发展的关系或将发生悄然变化。

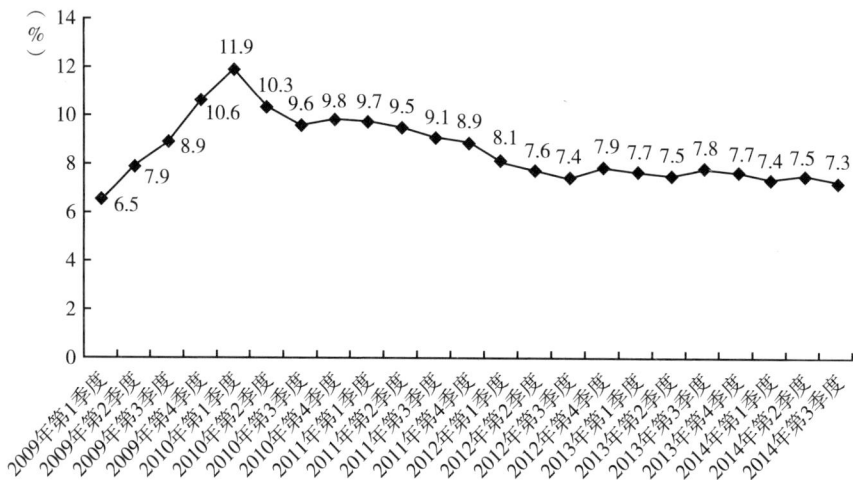

图 1－4　2009 年第 1 季度至 2014 年第 3 季度国内生产总值季度同比增速

资料来源：国家统计局网站（http：//www.stats.gov.cn）。

第二，保障房建设取得实质性进展。2008～2013 年城镇保障性住房面积达 1400 万套。2014 年 1～9 月底，全国城镇保障性安居工程已开工 720 万套，基本建成 470 万套。到 2014 年 9 月底，已累计解决 4000 多万户（1.2 亿人）城镇家庭的住房困难。

第三，改革全面深化与治理经济理念转变。党的十八大和十八届三中全会后，全面深化改革获得实质性快速推进，治理经济的理念转向充分发挥市场的决定作用，政府宏观调控转为区间调控。

第四，国际经济与住房形势有了新的变化。2013～2014 年，全球经济继续放缓，但是经济增速不再下降。与之前年份相比，2013～2014 年全球住房市场已经反弹至新的高峰（如图 1－5）。2013 年，"莱坊"全球住房价格指数的年度增长率达到 8.4%，不但远高于 2012 年 4.6% 的增长率，也是

1995 年以来的最高值①。进入 2014 年，住房市场的增速仍然较高，第一季度同比增长率达到 7.1%，第二季度下降为 5.2%，仍处于较高水平②。

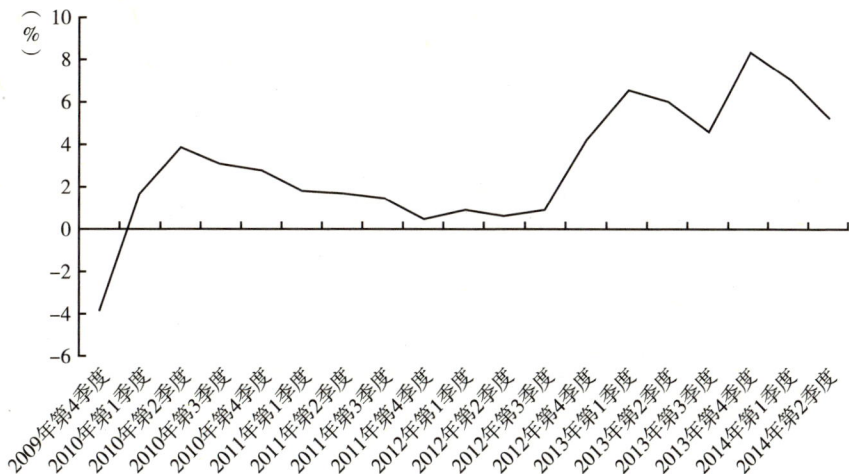

图 1-5 从 2009 年第四季度至 2014 年第二季度莱坊（Knight Frank）
全球房价指数 12 个月累计增长率

资料来源：Knight Frank Residential Research。

2013~2014 年的中国住房市场与全球房地产市场联系紧密，并且已经与海外局部地区住房高端市场形成竞争格局，海外置业的高速增长分流了国内高端住房市场的需求，也抑制了房地产企业的住房建设投资。

本次调整是住房市场三期调整的重合，也决定中国住房市场从"卖方市场"进入"买方市场"时代。

第一，这是一个长期走势的调整（长周期衰退）。按照国际经验，2013 年将成为中国住房市场由规模扩张向质量提升的转折期。从存量供给看，城镇居民住房 2013 年人均达到 33 平方米，户均达到 1:1，中国住房短缺的时

---

① 参见 Knight Frank《2014 年第一季度全球房产价格指数研究报告》（http：//www. knightfrank. com/research/global – house – price – index – q1 – 2014 – 2059. aspx）。

② 参见 Knight Frank《2014 年第二季度全球房产价格指数研究报告》（http：//www. knightfrank. com/research/global – house – price – index – q2 – 2014 – 2331. aspx）。

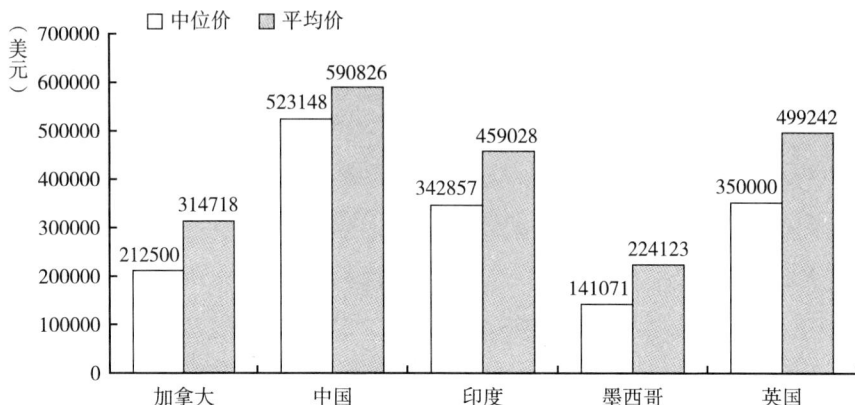

图1-6　2013年4月至2014年3月主要国家居民在美国所购住房的均价

资料来源：http：//www.realtor.org/。

代结束。从增量需求看，2010～2015年是中国人口结构拐点发生期，劳动力人口、城镇人口及婚龄人口的变化导致住房需求的变化，共同促成国内房地产在长周期上出现向下拐点。住房市场发展，将由高速增长到中速增长、加速增长向减速增长，从"卖方市场"到"买方市场"转变。

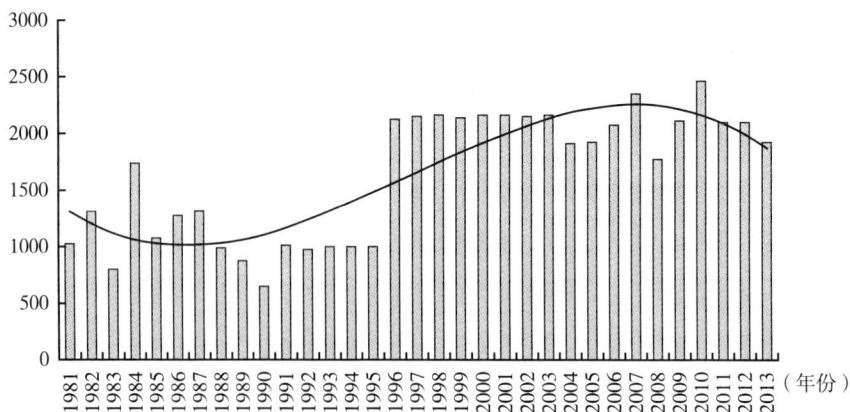

图1-7　中国城镇新增人口的变化

资料来源：国家统计局网站（http：//www.stats.gov.cn）。

第二，这是一个中期波动的调整（中周期衰退）。是一次延迟了5年房地产中周期的调整。从国际经验看，房地产存在着10年左右一次的中周期。自改革开放以来，中国存在一个10年左右一次的中周期。第一个周期：1978～1989年；第二个周期：1990～1997年；第三个周期已经在1997～2008年初步发生，遇到世界金融危机，政府大规模的刺激政策打断了市场调整的过程，并由衰退迅速转向高涨，从而使这一周期延长至2013年。

第三，这是一个短期波动的调整（短周期衰退）。自1998年以来，中国房地产市场每3年左右会出现一次周期性波动过程（见图1-8），分别是：1998～2001，2001～2004，2004～2008，2008～2011，2011～2014年共5个短周期。

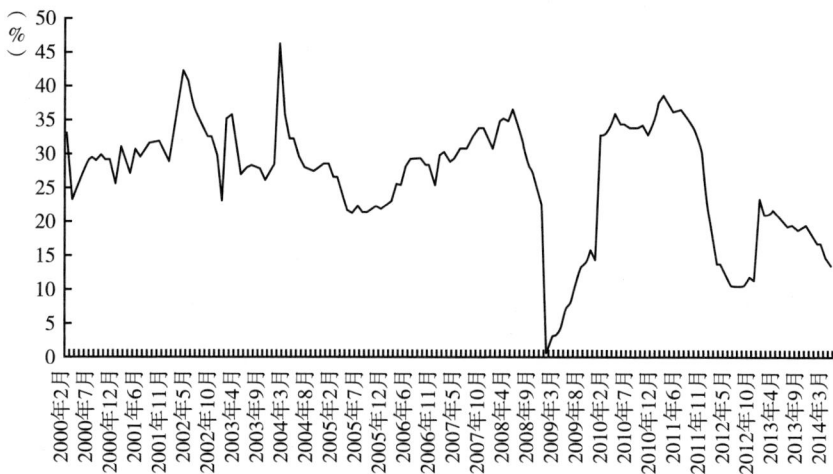

图1-8　中国房地产住宅投资—累计增长

资料来源：国家统计局网站（http：//www.stats.gov.cn）。

这是开发商行为、消费者行为、地方政府行为、金融机构行为、中央政府行为的博弈结果，是一次住房市场自发的调整。最主要的原因有三个方面。

第一，基本原因：供给过度。2013年中国房地产几乎达到疯狂的程度。一是需求得到过度释放：2013年1～12月，中国商品住房销售面积为115723

万平方米，同比增长 17.5%，其中，期房销售面积 99549.24 万平方米，同比增长 17.8%；商品房销售额为 67695 亿元，同比增长 26.6%；二是供给在最近几年获得过度增加：2013 年 1~12 月，中国商品住宅开发投资额为 58951 亿元，同比增长 19.4%，由此带来了供大于求。2013 年 12 月底，中国新建商品住房待售面积 32403 万平方米，同比增长 37.2%。到 2014 年 9 月底，中国新建商品住房待售面积增加至 37676 平方米，同比增长 28.5%。

第二，关键原因：预期改变。宏观背景的变化以及三期调整的重合，尤其在 2014 年初，受传言影响，市场预期迅速发生重大变化。2014 年初开始，市场预期发生改变。在住房市场上，就购房者整体而言，受预期影响，购房意愿急剧下降，同时刚性需求和改善性需求在 2013 年获得提前释放，开发商投资信心下降，住房新开工面积出现负增长。2014 年 1~9 月，中国商品住宅新开工面积为 91754 万平方米，同比下降 13.5%。与此同时，至 2014 年 9 月，租金指数同比上涨 2.6%，较上年末涨幅下降 2.1 个百分点。在土地市场上，房地产企业购地热情下降，地方政府面对收入锐减的压力，增加优质地块出让比例。这导致土地市场价升量跌。2014 年 1~9 月，中国房地产开发土地购置面积为 24014 万平方米，同比下降 4.6%。中国房地产开发土地成交价款为 6781 亿元，同比增长 11.5%。

第三，直接原因：资金紧缩。住房金融同时连着房地产的供给与需求。在金融市场上，金融机构预期的改变，一方面导致开发商资金来源紧张，影响住房投资；另一方面导致抵押贷款下降，影响住房需求，最终也影响住房开发投资。2013 年 1~12 月，房地产开发企业到位资金同比增长 26.5%，个人按揭同比增长 33.3%，而 2014 年 1~9 月份，则为 2.3% 和 -4.9%。

面对逐步转向深度和全面的调整，地方政府陆续采取一些应对政策，中央政府：一方面，不再采取行政或经济调控救市措施，另一方面，借助市场发生变化的机遇，允许地方政府和金融机构解除行政性限购和限贷政策，稳定住房消费。尽管如此，受预期影响金融机构住房资金供给增速依然在逐步下滑。

表1-1　房地产开发企业本年资金及增速

指标	绝对量(亿元) (2014.1~9)	同比增长(%) (2014.1~9)	绝对量(亿元) (2013.1~12)	同比增长(%) (2013.1~12)
房地产开发企业到位资金	89869	2.3	122122	26.5
其中:国内贷款	16288	11.8	19673	33.1
利用外资	430	9.9	534	32.8
自筹资金	37535	11.5	47425	21.3
其他资金	35616	-9.1	54491	28.9
其中:定金及预收款	21582	-11.1	34499	29.9
个人按揭贷款	9794	-4.9	14033	33.3

数据来源：国家统计局。

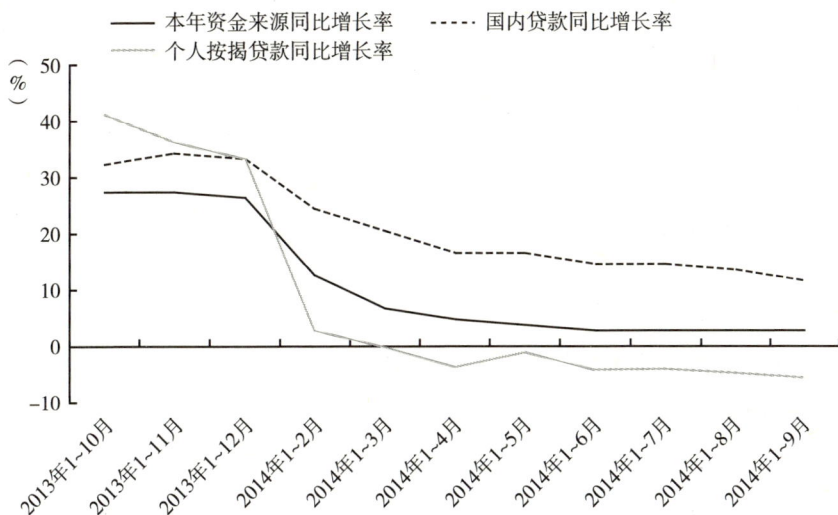

图1-9　房地产开发企业本年资金来源增速

数据来源：国家统计局。

二　问题与风险：结构性问题突出，局部性风险加大

1. 住房市场：潜在性供给过剩严重，结构性失衡突出

第一，潜在供给过大。过去几年竣工面积快速增加，尤其2011、2012、

2013 年均接近 20 亿平方米，人均住房面迅速提升，住房短缺时代提前结束。按照每年城镇人均 1 平方米的快速增长，每年住房总增长 8 亿平方米左右，加上拆迁重置，每年不应超过 12 亿平方米。但若按照过去几年每年增加 20 亿平方米左右的增长，未来住房存在严重的潜在过剩。

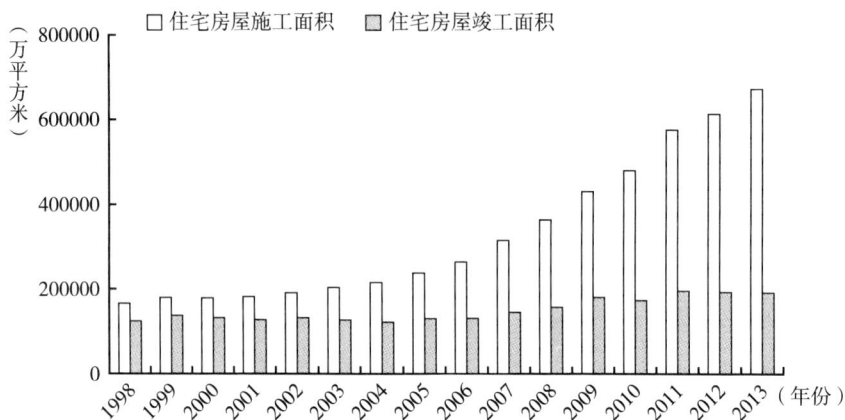

图 1-10　中国住房房屋施工与竣工量（1998~2013）

与此同时，从 2005 年开始，住房施工面积高速增长：2013 年超过 60 亿平方米，是竣工量的三倍多，不少地方已经出现了竣工缓慢、长期不完工和烂尾的现象。

第二，区域性结构失衡。一、二线大城市行政级别高，基础设施和公共服务好，人口聚集势头猛，住房需求旺，但是这些城市土地供应量相对紧张，住房供给相对滞后；三、四线城市小城镇，行政级别低，基础设施和公共服务差，人口聚集速度相对较慢，甚至下降，住房需求小，但这些城市土地供应大，住房供给相对过剩。从实际情况看，一些地方的鬼城、空城现象比较严重。

第三，阶层性结构失衡。根据第六次人口普查数据及本文估算：2010 年 4.4 亿城市非流动人口中的 2.2 亿基本解决了住房问题，其中，19.1% 两套房以上，3.5% 三套房以上。2.2 亿城市流动人口中的 0.88 亿基本解决住房，2.2 亿流动人口的 1.32 亿存在严重的问题。

总体上，住房结构市场问题具有必然性也是总体可控的，这些问题主要是市场发挥不够和政府保障不足造成的。

2. 住房金融：结构失衡加剧，风险概率增大

第一，房地产融资在全社会融资中的比重不降反升。第二，房地产融资市场的集中度过高。中国银行业房地产贷款占总贷款的 20% 左右，其中，个人购房贷款占到整个房地产贷款的 67% 左右。第三，个人按揭贷款余额规模巨大（接近 10 万亿元），面临期限错配、利率和房价下跌恶意断供风险。资产证券化约束条件多。第四，高成本、经济下行和信托人的债权刚性对付，使房地产信托违约风险加大。第五，销售不畅、资金紧张、融资成本高，使开发企业资金链断裂和违约风险加大。

3. 住房用地：供大于求，价升量跌

第一，过去 10 年地价远高于房价上涨。2003～2013 年全国商品住房成交价涨幅为 145%，但全国主要城市的居住地价涨幅达到了 332%。第二，2014 年前三季度房价下降，地价上涨。2014 年前三季度在土地成交面积减少 24% 的情况下，楼面地价上涨达 5%，一线城市成交面积减少 31%，地价增长 57%。第三，全国土地市场总体供大于求。2014 年 1～9 月，全国 300 个城市共推出住宅类用地面积 34594 万平方米，同比减少 20%。1～9 月，全国 300 个城市共成交面积 26605 万平方米，同比减少 28%。

4. 宏观经济：经济下行压力大，结构调整与短期增长有冲突

第一，阶段性问题。中国经济处在衰退还未见底状态中：产能过剩，需求不足，物价下降（见图 1－11），企业倒闭，失业率上升。自 2012 年以来，实际在岗的城镇就业人员增加数目开始减少，2014 年前三季度乃至全年，城镇就业人员增加数相比上年同期仍然会继续减少。第二，结构性问题。结构调整内在动力不足，经济新的增长点正在形成。第三，体制改革、结构调整与短期增长的矛盾。改革红利释放有个过程，体制改革与结构调整对短期增长具有收缩效应。

5. 宏观政策：宏观政策面临两难，政策引导预期遭遇挑战

第一，货币供应难以有效传到实体经济尤其是中小企业。当前，一方

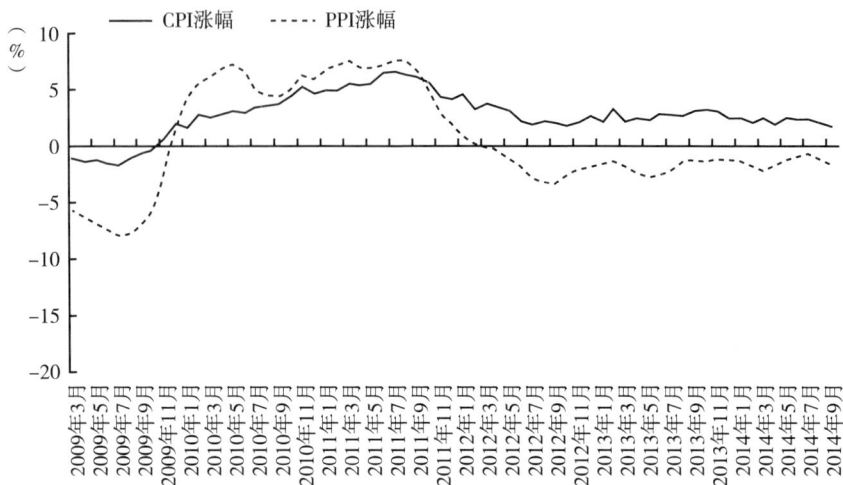

图 1-11　CPI 与 PPI 月度涨幅

面，货币供给余额超过百万亿，利率和法定准备金率偏高，货币供给增长率偏低：2014 年 9 月底，广义货币（M2）余额 120.21 万亿元，同比增长 12.9%，比上年末低 0.7 个百分点；社会融资规模增长较慢，2014 年前三季度社会融资规模为 12.84 万亿元，比上年同期少 1.12 万亿元，中小企业融资难、融资贵十分严峻。房地产抵押贷款和开发融资也面临难与贵的问题。

第二，经济下行和房地产下行导致政府收入减少，但支出仍要增加。经济下行导致财政收入下降，房地产市场调整，尤其是地方政府的房地产税和土地出让金大幅增加。而刺激经济增长、增加住房等社会保障支出增加，政府一般性支出面临挑战，长期实施扩张性的财政政策更是压力巨大。

第二，政府宏观政策对社会预期的有效引导面临挑战。过去十年，中央在住房市场的调控中拥有相当的主动性，即市场主体对中央的调控政策具有敏感性，也即政府政策能够很有效引导市场预期。未来随着买方市场时代的到来，以及此前调控政策效应在市场主体中反复体验，中央政策有效引导市场预期面临一定挑战，政策不仅难以得到市场主体的积极回应，甚至可能产生逆向选择。此前一些地方政府解除限购政策，以及 9 月 30 日央行出台贷款放松的政策，没有达到预期的效果即是例证。

三 总体影响：有利于长期可持续发展，增加了短期压力与风险

1. 有利影响：促进未来住房市场健康发展，促进经济转型和结构调整

本轮调整是住房市场自发调整，是前期过度高涨后的周期性衰退和调整，具有必然性与合理性，调整总体上比较温和，风险可控，无论对房地产、宏观经济和社会民生都具有一定的积极意义。

第一，有利于实现住房市场的供求平衡。短期内，价格和销售面积下降，引致投资增速下降，开工面积和土地购置面积负增长，进而导致未来减少和消化库存，实现供求再平衡。长期内，有利于认清未来趋势变化，调整预期，降低投资增速，减少施工面积，降低住房的潜在供给。第二，有利于主要通过市场解决居民的住房问题。通过市场解决大多数人的住房问题既公平又有效率，但是过去住房短缺导致的价格增长远高于收入增长，影响居民住房问题的解决。住房进入买方市场，住房适当过剩及其调整，有利于价格下降和平稳增长，减轻居民购房压力。第三，通过危机和衰退，有利于淘汰落后房企，优化资源配置和提高经济效益。第四，有利于经济结构调整。住房市场调整，房地产投资的利润下降、竞争加剧和风险增加，有利于改变长期以来资源向房地产领域集中的局面，增加了市场主体经济结构调整的动力。第五，有利于促进居民自主创业。前期的住房投资虽然抑制了前期的创业，但是提前拥有住房资产，抵押贷款融资，也有利于大众后续的创业。

2. 不利影响：拖累了短期经济增长，增加系统性金融风险

第一，降低了经济增长和就业。在宏观经济下行压力大的背景下，住房投资下降降低经济增长。初步测算：2014 年房地产投资对宏观经济增长（7.4%）直接贡献为 0.48 个百分点，比 2013 年对经济增长（7.7%）的直

接贡献下降了 0. 35 个百分点，可以说经济增长下降的百分点主要是由房地产投资下降贡献的。房地产投资相关产业属于劳动密集型产业，投资下降也影响就业的增加。

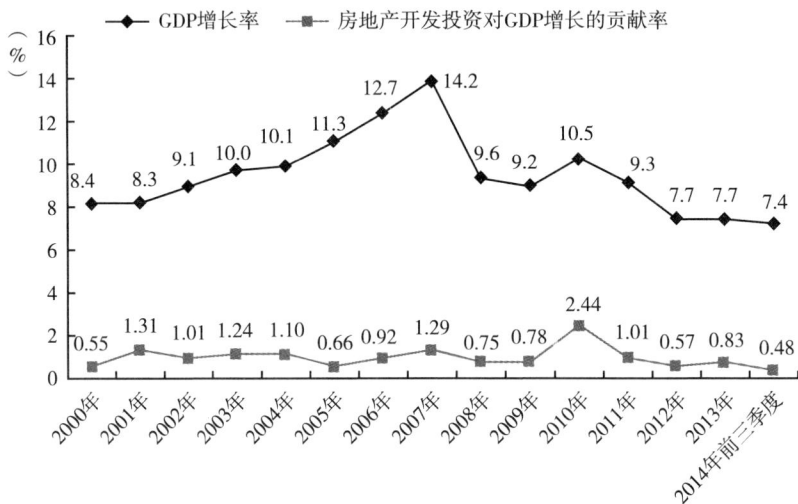

图 1 – 12　GDP 增长率与房地产开发投资对 GDP 增长的拉动点数

第二，影响了政府收入增加。目前房地产税收与土地出让收益占政府尤其是地方政府收入中的比重较大。不少地方政府的房地产税收占地方税收的 40% ~60%，土地出让金收入也接近地方税收收入规模，住房市场调整使许多地方政府面临入不敷出的压力。

第三，增加系统性金融风险。库存增加，空置严重，结构失衡，房价下跌，政府收入减少，增加抵押贷款恶意断供、开发企业资金链断裂、政府还贷违约等风险。这些情况如果出现并蔓延，将面临系统性金融风险。其中，开发商资金链断裂和政府债务违约风险最高。

四　未来预测：2015年住房市场走势双重分化

四大宏观背景，三期调整重合以及"买房市场"的到来，决定本次住房市场调整与此前相比：第一，调整（衰退与复苏）时间更长、速度更慢、程度更深；第二，不同层级的城市调整时间、速度和程度也不同。一线、二线城市需求旺、消化快、时间短、程度深。三四线城市需求弱、消化慢、时间长、程度浅。第三，未来住房市场将进入中速增长的常态，中国房地产进入"白银时代"。2015年的住房市场走势：整体延续衰退，一二线城市2015年下半年、三四线城市2016年下半年复苏。

金融市场：2014年第四季度，住房市场受到宏观政策放开行政措施以及稳定消费政策正向影响，住房抵押贷款和土地开发融资将有所改善。但受到整体预期的影响，金融机构资金供应会持续谨慎，首套住房抵押贷款的利率优惠有限。

住房市场：2014年4季度销售总量和价格有所回升。2015年，住房销售量价回升幅度不会太大。主要基于以下几方面的正反向因素作用：第一，库存规模大，市场预期难以较大改观。第二，世界经济与住房市场的持续复苏，美国等量化宽松货币政策的退出，以及境外置业的成本不断下降，导致资本外流，海外置业增加。第三，产能过剩严重局面没有根本改变，社会需求总体不足，经济增长进一步放缓。但是，第一，居民收入增长仍然较快，城镇化积极推进，刚性需求继续释放。第二，房地产投资过快下滑威胁经济增长底线，中央政府将继续采取正向调控政策。在此背景下，市场走势二重分化：第一，短期波动周期由衰退转向复苏，中长期波动周期仍处在衰退调整中；第二，一、二季度市场需求不振，开发商以价换量，市场将继续走弱。三季度以后，一、二线城市有望逐渐转暖回升，三、四线城市将继续面临调整，整个调整将在2015年难以走向复苏。但是，住房租赁市场表现相对温和增长。

住房投资：受季节因素影响和住房保障投资任务完成影响，2014年4季度，投资、开工、施工和竣工将继续下降。2015年，投资、开工、施工和竣工将有所改善，投资保持在10%的增幅水平。

土地市场：开发商资金缓解购地意愿有所增强，地方政府积极作为，一、二线城市土地市场2014年4季度将逐步好转，三、四线城市前期供地过多，市场复苏将延至2015年下半年。

表 1 - 2 2013 年全国房地产开发和销售情况

指标	2013 年绝对量	比上年增长(%)	2014 年 1 ~ 9 月绝对量	同比增长(%)	2015 年绝对量(预测)	比上年增长(%)(预测)
GDP	568845	7.7	419908	7.4	654317	7.2
房地产开发投资(亿元)	86013	19.8	68751	12.5	105968	10
住宅开发投资(亿元)	58951	19.4	46725	11.3	65435	9
住宅施工面积(万平方米)	486347	13.4	479017	8.1		7
住宅新开工面积(万平方米)	145845	11.6	91754	- 13.5		- 8
住宅竣工面积(万平方米)	78741	- 0.4	43269	5.1	80000	0.1
土地购置面积(万平方米)	38814	8.8	24014	- 4.6	37261	0
土地成交价款(亿元)	9918	33.9	6781	11.5	10909	10
商品住宅销售面积(万平方米)	115723	17.5	67669	- 10.3	98364	0
商品住宅销售额(亿元)	67695	26.6	40516	- 10.8	57540	0
商品住宅房待售面积(万平方米)	32403	37.2	37676	28.5	48941	20
房地产开发企业到位资金(亿元)	122122	26.5	89869	2.3	145162	11.4

五 对策建议

应针对住房发展趋势，解决房地产存在的问题，化解房地产问题所带来的风险，促进房地产健康持续发展，进而有利于"稳增长，调结构，惠民生，促改革"宏观目标的实现。2015 年政策建议如下。

1. 完善政府调控住房市场的政策与方法

第一，采取区间调控政策。通过研究，选择关键指标，利用科学方法，制定标准界定住房市场的预警区间，实施风险提示、政策调控或行政管制。在合理的绿色景气区间（例如：房价涨跌低于 15%，存销比在 6 ~ 12 个月之间，经济增长率 7% ~ 8% 之间），采取中性经济政策；超出合理区间，在比较热或冷的黄色景气区间（例如：房价涨跌介于 15% ~ 30%，存销比小于 6 个月或者 12 ~ 18 个月之间，经济增长率 7% ~ 8% 之间），采取逆向调控经济政策；在过热或过冷的红色景气区间（例如：房价涨跌大于 30%，存销比小于6个月或大于18个月，经济增长率6%～10%之外），可采取行政性管制措施。第二，分类或定向调控的政策。按照区间调控的标准，针对不同城市，实行中央指导、各城市差别调控的办法。

2. 取消若干行政性管制措施，让市场在调整中发挥决定性作用

住房周期性波动是住房市场的自然现象，也有利于住房市场健康发展。过去十年住房短缺和制度不完善，导致住房市场投机盛行和房价暴涨，对住房市场实施必要行政管制是正确的，但是也给市场带来了许多问题。本次调整具有必然性，也是第一次市场自发的调整，调整的幅度比较温和，多数城市的各项指标均在可控的范围之内。第一，政府应抓住供需环境宽松的良机，解除或减少政府行政管制，退出对市场的直接干预，让市场在调整中发挥决定性作用。通过住房市场机制，削减住房价格泡沫，消化新增住房库存，降低住房存量空置，实现住房总量和结构的动态均衡。第二，目前不应再出台新的行政性管制措施。

3. 采取必要的刺激政策，以稳定住房消费

在经济下行压力加大、住房需求仍然是长期客观存在的背景下，住房市场需要调整，但是应将调整的时间延长、幅度减小，确保一定幅度的住房投资增长，有利于居民住房需求的满足，也有利于经济的平稳增长。为此，第一，合理引导市场预期。通过信息发布、风险提示等措施，引导形成住房市场将进入中速增长和买方市场时代的稳定、谨慎、乐观的预期，金融机构规范供给资金，居民稳定住房消费，开发商以量换价。第二，在宏观经济下行压力大和物价增幅较低、融资成本过高以及稳定住房预期的背景下，适当降低利率，增加流动性，有利于增加住房需求，减少库存，稳定价格。

4. 加快改革，为市场发挥决定性的调节作用创造环境

没有完善的制度体系，市场不仅无法完成自发调节的任务，还很有可能使问题更加尖锐，尤其在住房短缺时代，这是当时行政管制的原因，在告别住房短缺时代，改革并完善住房市场制度，既有必要也具备了条件。2015年应在住房及相关制度改革上取得实质性重大进展。第一，完善住房保障制度体系，推行"共有产权住房"制度；第二，完善房产税收制度，建立直

接面向个人的房产税征管制度,扩大物业税开征试点;第三,改革集体土地转换国有的制度,改革完善土地的储备、交易、收益分配等制度。第四,建立新的住房财政制度,增加中央政府对住房公共服务的分担份额,扩大地方政府税费收入的分成比重;第五,完善住房金融制度体系。首先,中央政府新建或改造国家开发银行,建立国家住房发展银行。其次,改革公积金制度,建立中国住房公积金储蓄银行集团,建构统一的全国性的住房公积金管理和运作平台。再次,建立住房抵押贷款证券化制度,建立抵押贷款的二级市场。第六,建立和完善住房租赁制度,建立商品房的"承租者保护,承租者市民待遇"的制度。

5. 培育新增长点,继续发挥房地产对经济增长的促进作用

必须认识住房对整个宏观经济的影响将逐步减弱,因为 GDP 的规模越来越大,住房需求未来将是减速的增长,所以它有一个逐步减速的过程。发挥房地产对经济增长的带动作用应挖掘新的增长点。第一,加快保障房建设。住房保障具有改善民生和促进经济增长的双重作用,棚户区改造投资对宏观经济正面影响也是很积极的。第二,促进旅游、文化、养生、产业地产的发展。随着人民收入水平的提高,旅游、文化、养老、医疗、教育、体育等消费及服务进入快速发展期,相关的地产也面临巨大的发展潜力和空间,政府应适应居民需求结构的变化,采取政策措施,促使相关产业发展。首先,编制科学的相关产业发展规划,引导产业有序发展。其次,创造相关产业发展的环境和条件。这些产业既涉及私人住房设施和服务又涉及公共基础设施和服务,应创新相关地产的融资模式、开发与经营模式,探索"PPP"模式的多种表现形式。一方面,发挥政府在提供公共基础设施供给方面的优势,另一方面,鼓励民营企业与民间资金参与这些产业的投资、融资、开发和经营。第三,促进互联网与房地产业融合。用互联网改造房地产业,并通过互联网促进房地产融资、开发、消费和服务,带动经济增长。

宏 观 背 景

Macroeconomic Background

G.2

第二章

世界经济与住房市场形势分析与预测

郭宏宇

一 2013~2014年全球经济形势分析

（一）全球经济形势：已处谷底，脆弱复苏

2013~2014年，全球经济继续放缓，但是经济增速不再下降。由于2011年以来的经济增速下降可视为经济周期的下降阶段，所以2013年的经济增速趋稳表明世界经济已经到达此轮经济周期的低谷，即将迎来全球经济的整体回升。与1982年和1991年的经济低谷相比较，本轮经济周期尽管受欧债危机等因素的冲击，仍能实现较高的经济增长率，这无疑得益于新兴经济体较高的经济增速与其占全球经济的较高比重。因此，新兴经济体的发展已经改变了全球经济周期的发展，全球经济在2.4%便已达到低谷阶段，不会继续下行。（如表2-1）。

表 2 - 1   1982 ~ 2013 年部分年度世界 GDP 增长率

年份	1982	1991	2003	2007	2008	2009	2010	2011	2012	2013
IMF 数据	0.527	1.716	2.844	3.957	1.496	-2.006	4.136	2.935	2.431	2.496
世界银行数据	0.4	1.31	2.7	4.0	1.4	-2.2	4.0	2.8	2.2	2.2

注：基于不变价与市场汇率计算。
资料来源：IMF 网站、世界银行网站。

正由于新兴经济体在全球经济中起到越来越大的影响，所以全球经济走势主要取决于发达经济体和新兴经济体。前者在存量上具有优势，后者在增量上具有优势。发达经济体的经济增速较低，但已经趋稳；新兴经济体经济增速较高，但已经出现下降势头。虽然均受国际金融危机的冲击，但是发达经济体受到的冲击较大，2013 年的经济增长率为 1.391%，低于 2001 年 1.446% 的低谷增速；新兴经济体受到的冲击较小，2013 年的经济增长率为 4.739%，仍高于 2001 年 3.788% 的低谷增速（如图 2 - 1）。

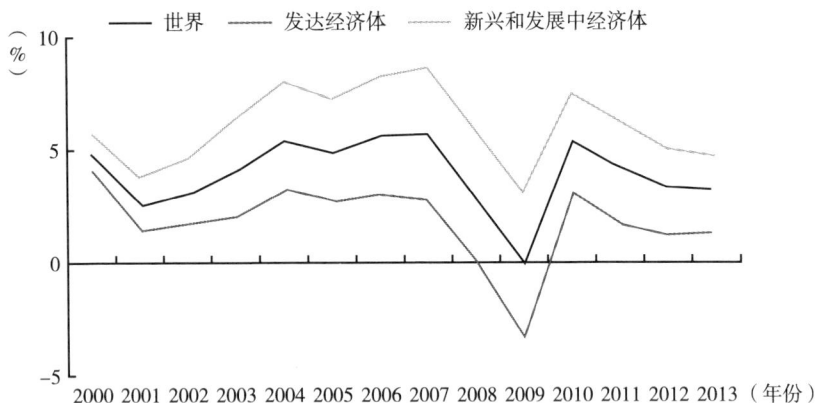

图 2 - 1   2000 ~ 2013 年全球 GDP 年度增长率*

资料来源：IMF: World Economic Outlook Database, October 2014。
* 由于 IMF 的数据更新，2012 年及之前各年度的数据较上一年有所变化。

新兴经济体的经济增速仍呈整体下降趋势，但略有放缓。我们主要考虑核心的金砖五国。在金砖五国中，除中国、印度仍具有较高的经济增速之外，其余三国的经济增速都已下降到较低的水平（如图 2 - 2）。这表明部分新兴经济体已经基本失去内在经济增长动力，并且与发达经济体依赖程度越高的新兴经济体，其经济增速下降越为明显。但是，独立性较强的新兴经济体，其内在经济增长可以维持下去，经济增速也可以处于较高的水平，一些国家（如印度）甚至有缓慢增强的迹象。

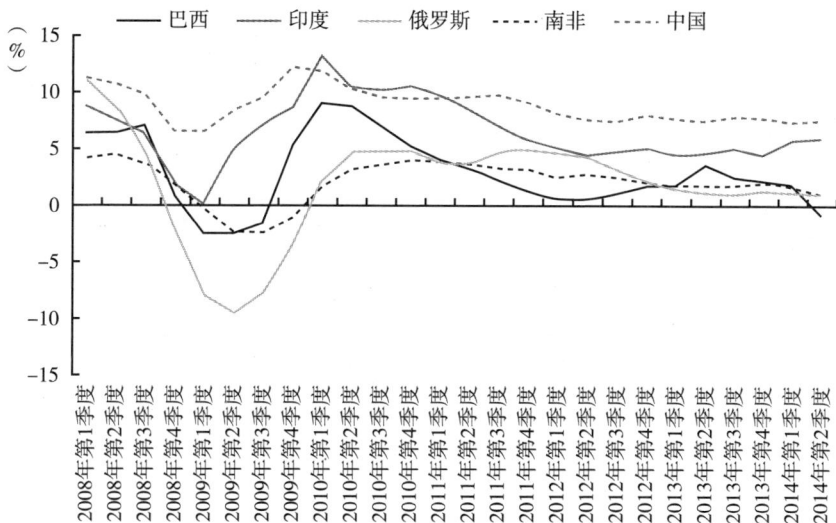

图 2 - 2　2008 年第 1 季度至 2014 年第 2 季度金砖五国国内生产总值季度增长率

资料来源：OECD 网站。

　　发达经济体经济整体触底反弹，主要发达经济体从 2013 年第三季度起均出现增速回升。但是发达经济体的内部差别也非常显著。美国的经济反弹最好，其经济增速已经接近次贷危机之前的水平，波动幅度也较小；日本的经济增速虽然在强力刺激政策之下回到较高水平，但其波动幅度过大，增长的基础并不稳固；欧元区的经济增速则仍处在较低水平，虽有回升，但是仍大幅低于次贷危机之前的增速（如图 2 - 3）。因此，发达经济体的经济复苏仍是结构性的。

　　总体来看，2013~2014 年的全球经济已经到达本轮经济周期的低谷，开始出现复苏迹象，但是全球的经济复苏并非同步，而是明显分化。这种分化既体现在发达经济体与新兴经济体之间，也体现在发达经济体与新兴经济

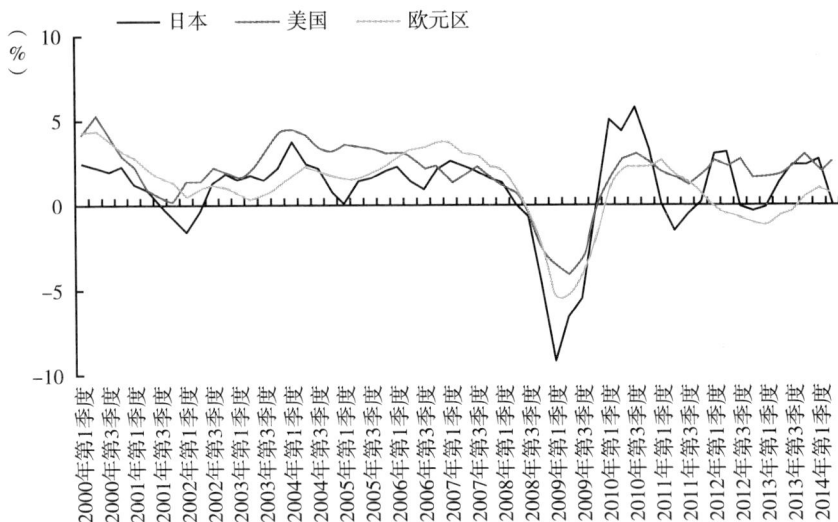

图 2-3 2000~2014 年 G3 国内生产总值季度增长率

资料来源：OECD 网站。

体的内部，是新旧危机叠加（如乌克兰危机与欧债危机）和部分新兴经济体内在经济增长动力减弱的共同结果。由于这些危机和增长动力的地缘差异非常明显，所以可能带来全球经济发展在地缘上的不平衡，使得全球经济复苏进程仍显脆弱。

2013~2014 年的全球通胀程度逐渐下降，低于预期的通胀是全球范围的产出较高缺口和较大幅度商品价格下跌的结果，是经济复苏的潜在风险。其中，发达经济体的通胀较低，并且延续下降趋势；新兴与发展中经济体的通胀水平较高，并且下降趋势放缓（如图 2-4）。所以，尽管通胀下降对经济增速的抑制作用在各类经济体同时存在，但是发达经济体受到的影响更大。并且相对而言，发达经济体的通胀受其货币政策影响而呈现更高程度的波动。

分经济体来看，2013 年，发达经济体的通胀水平整体下降，但是各国通胀下降的原因区别较大：美国通胀水平的下降与量化宽松政策基本同步，可认为是量化宽松政策逐步退出的结果；欧元区通胀水平则未随货币政策的

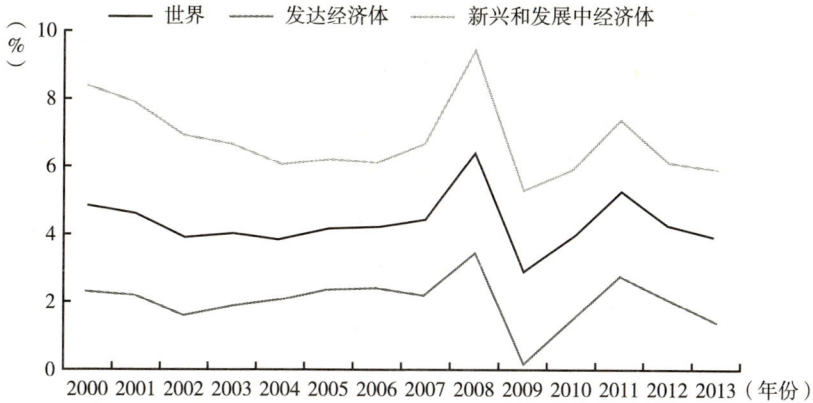

图 2-4 2000~2013 年世界消费价格指数年均同比增长

资料来源：IMF 网站。

逐步扩张而上升，更多地表现为宏观经济的紧缩；较为特殊的是日本，2013~2014 年的通胀水平急剧上升，这主要是受安倍内阁所推行的高度宽松政策的影响，难以长期持续（如图 2-5）。总的来看，货币政策力度的差异与欧债危机的冲击是导致发达经济体内部通胀水平分化的两个主要原因。

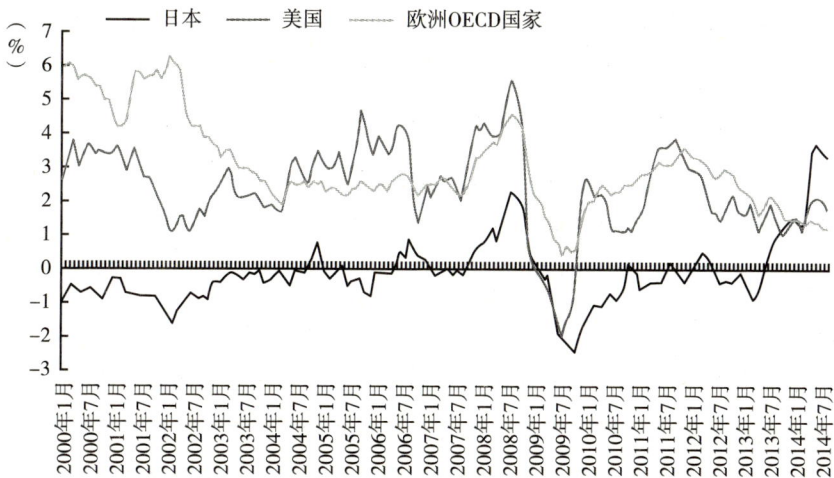

图 2-5 2000~2014 年 G3 消费价格指数同比增长

资料来源：OECD 网站。

新兴经济体的通胀已经趋稳。2013～2014年，金砖国家的通胀已经处于平稳状态，并且除中国之外，其余金砖国家的通胀水平几乎一致（如图2-6）。总体来看，新兴经济体通胀接近于合理水平。

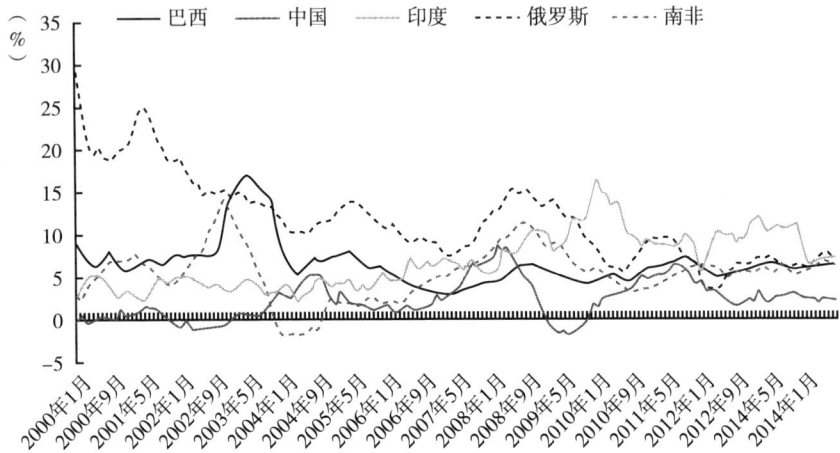

图2-6　2000～2014年金砖五国消费价格指数同比增长

资料来源：OECD网站。

金融方面，2013～2014年，全球的融资成本基本稳定，利率水平不再大幅波动。但是，发达经济体和新兴经济体在融资成本上的差距仍很明显。

发达经济体的融资成本已经稳定在极低的水平（如图2-7）。一方面，欧洲央行和日本央行货币政策均变得更加宽松，另一方面，美国的量化宽松政策虽然逐步退出，但是量化宽松政策本身是利率已经降无可降后的产物，退出量化宽松政策并不意味着货币政策立即变为紧缩。因此，发达经济体之间的利率趋同既对应着经济增速下降，又是货币政策竞争的结果。在汇率贬值的竞争压力下，没有哪个发达经济体有大幅提高利率的意愿，这使得发达经济体的利率水平均处于极低的纳什均衡状态。

新兴经济体的融资成本则居高不下。2013年金砖国家的利率水平基本稳定，进入2014年后，俄罗斯、巴西的利率开始出现较明显上升，印度、南非大致不变，只有中国在2014年8月略有下降（如图2-8）。因此，总

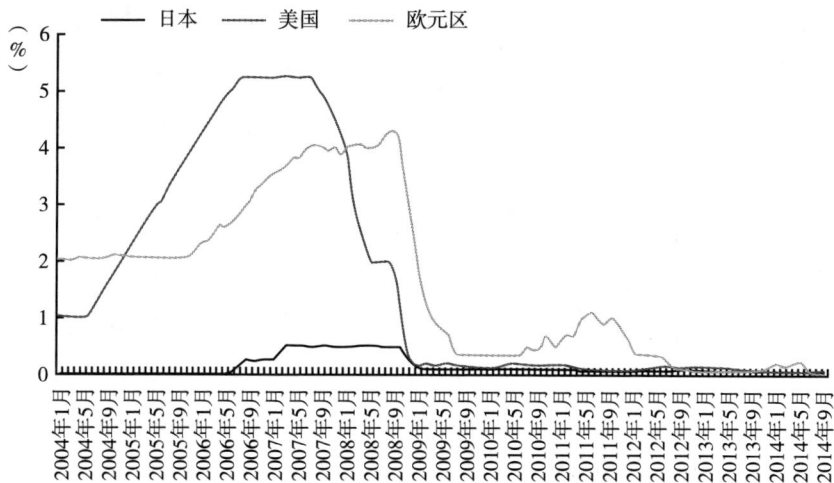

图2-7　2004~2014年G3的即期利率

资料来源：OECD网站。

的来看新兴经济体的融资成本明显高于发达经济体，并有提高的压力，这显示新兴经济体面临资本不足的压力。

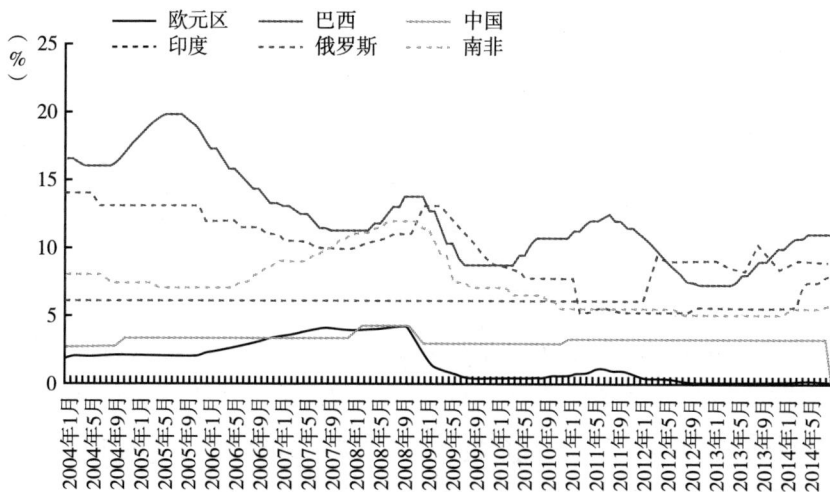

图2-8　2004~2014年欧元区与金砖五国的利率

注1：利率为银行间市场及回购利率。

2：中国2013年8月数据空缺。

资料来源：OECD网站。

2013～2014 年的全球就业形势继续好转，并且新兴经济体的就业形势
继续好于发达经济体。2013 年，无论是发达经济体还是新兴经济体，失业
率均维持了 2012 年的水平，其中，新兴经济体失业率较低，发达经济体失
业率仍然大幅高于危机之前的平均水平（如图 2-9）。在发达经济体内部，
核心国家的就业状况要好于平均水平，并且核心发达经济体与其他发达经济
体的就业差距持续增加，G7①与 OECD 平均水平之间的差距已经达到 1 个百
分点（如图 2-10）。新兴经济体的失业率趋于理想水平，金砖五国中，除南
非之外，失业率均收敛至 4%～5%，低于次贷危机之前，且接近自然失业率
（如图 2-11）。总的来看，虽然全球就业整体向好，但是非核心发达经济体和
个别新兴经济体的就业形势仍然严峻，这是全球经济复苏的又一潜在风险。

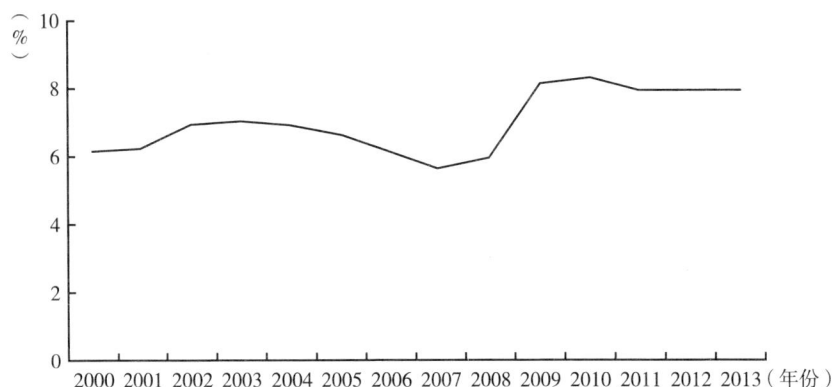

图 2-9　2000～2013 年 OECD 国家的年平均失业率

资料来源：OECD 网站。

2013～2014 年的全球贸易增速有所好转，不但新兴经济体延续了之前
增速回升的趋势，发达经济体的对外贸易也触底反弹。尽管发达经济体与新
兴经济体的出口增速仍未达到危机之前与之后的较高水平，但是国际贸易复
苏的迹象已经比较显著（如图 2-12）。

---

①　西方七个最大的工业化国家（美国、英国、法国、德国、日本、意大利和加拿大）。

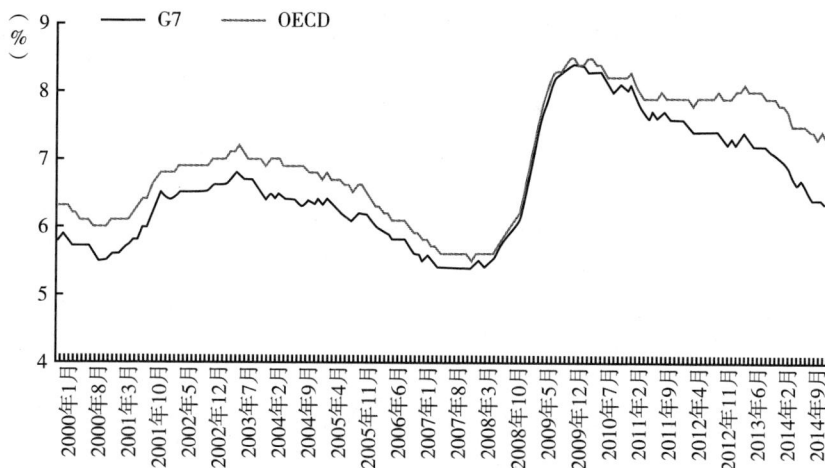

图 2 – 10　2000 年 1 月至 2014 年 9 月 OECD 国家的月平均失业率

注：失业率数据为调整后的失业率（Harmonised Unemployment Rate），经季节调整。
资料来源：OECD 网站。

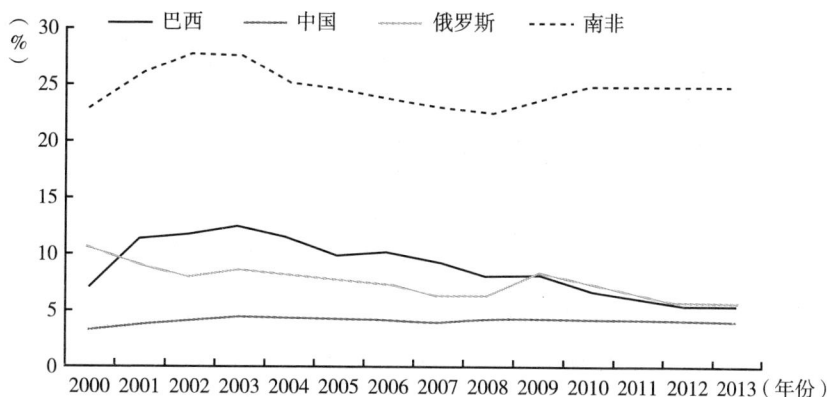

图 2 – 11　2000 ~ 2013 年巴西、中国、俄罗斯与南非的年平均失业率

资料来源：IMF 网站。

　　总的来看，全球经济增长已经到达经济周期的谷底，开始整体复苏。但是经济复苏是不平衡的，存在较高的潜在风险。发达经济体与新兴经济体的不平衡在地域上非常明显，亚洲金砖国家的经济增速虽有回落，但是仍远好于欧洲非核心发达经济体。

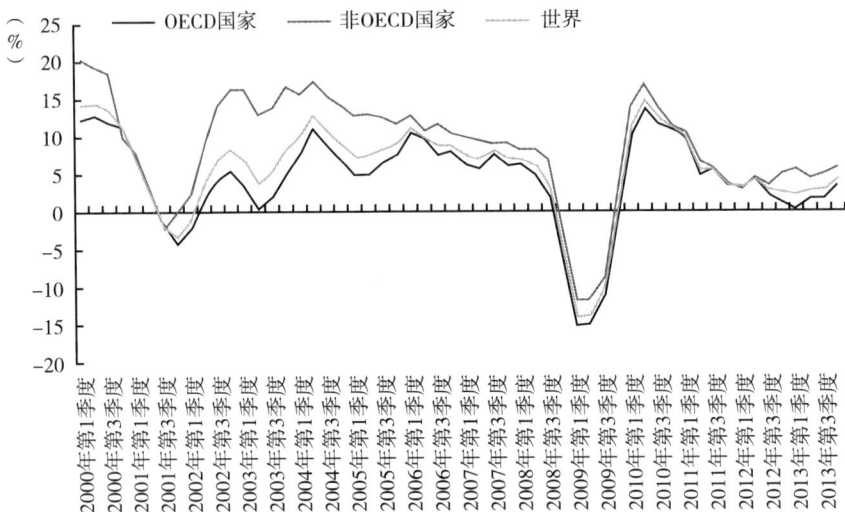

图 2 - 12　2000 ~ 2013 年世界货物与服务出口季度同比增长

注：以 2005 年美元计算。
资料来源：根据 OECD 网站数据计算得出。

我国经济与全球经济继续保持紧密联系。2013 ~ 2014 年，中国大陆仍是全球经济增长的主要带动者。从经济总量上看，根据 IMF 公布的世界国家与地区 GDP 数据，中国大陆在 2013 年的 GDP 为 9.1814 万亿美元，占全球 GDP 总量的 12.4%，仍位居第二[①]。从经济增速看，根据 IMF《世界经济展望（2014 年 10 月）》的数据，中国在 2013 年全球各国与地区的 GDP 增速中排第 17 位，但是排名在中国之前的国家主要是亚洲与非洲的新兴经济体，以及在战乱中的南苏丹、叙利亚，经济总量远远小于中国大陆，而经济总量较高的美国、日本、欧盟等国家和地区的经济增速又远远落后于中国，所以，全球经济增长仍主要归因于中国大陆经济的较高发展速度。2013 年，中国大陆对全球经济增长的贡献率达到 36.4%，尽管因中国大陆经济增速的下滑而低于 2012 年的贡献率，但仍然是全球经济增长的主要引擎[②]。

---

① IMF 的统计显示，以购买力平价（PPP）计算，中国的 GDP 将在 2014 年超过美国，成为全球最大经济体。
② 现价美元。以上数据引自 IMF 网站或根据 IMF 网站数据计算。

我国与世界的关联主要体现在国际贸易上，2013 年，我国进出口稳中有升。全年货物进出口总额 41600 亿美元，已经成为全球货物贸易第一大国。进出口同样在我国经济中占有重要地位，虽然贸易顺差仅占 GDP 的 2.8%[1]，但是进出口总额与 GDP 的比值为 45.4%，仍然在我国宏观经济中占据举足轻重的地位。

相对而言，资本流动在我国和世界经济的交流中影响不大。2013 年，我国资本和金融项目顺差 3262 亿美元，其中，直接投资净流入 1850 亿美元，证券投资净流入 605 亿美元，其他投资净流入 776 亿美元。国际储备资产增加 4314 亿美元，其中，外汇储备资产增加 4327 亿美元[2]。总的来看，对 GDP 的影响并不大。

（二）全球住房市场形势：全球房价整体高速增长，但存在危机阶段与地域差异

2013～2014 年的全球住房市场强劲反弹。2013 年，莱坊全球住房价格指数的年度增长率达到 8.4%，不但远高于 2012 年 4.6% 的增长率，也是 1995 年以来的最高值[3]。进入 2014 年，住房市场的增速仍然较高，第一季度同比增长率达到 7.1%，第二季度下降为 5.2%，仍处于较高水平[4]。在莱坊跟踪的 54 个国家和地区中，有 39 个呈同比上涨趋势，1 个持平，14 个下降。与之前年份相比，2013～2014 年的全球住房市场已经反弹至新的高峰（如图 2-13）。

2013～2014 年的各国与地区住房市场反弹有明显的危机阶段差异。后危机国家反弹显著，2014 年第二季度，爱尔兰的住房价格同比增长 12.5%，在莱坊跟踪的 54 个国家和地区中居第 3 位；冰岛的住房价格同比增长 8.4%，

---

① 根据国家统计局《2013 年国民经济和社会发展统计公报》计算。

② 数字取自外汇管理局发布的《2013 年第四季度及全年国际收支平衡表》。

③ 参见 Knight Frank《2014 年第一季度全球房产价格指数研究报告》（http：//www.knightfrank. com/research/global - house - price - index - q1 - 2014 - 2059. aspx）。

④ 参见 Knight Frank《2014 年第二季度全球房产价格指数研究报告》（http：// www. knightfrank. com/research/global - house - price - index - q2 - 2014 - 2331. aspx）。

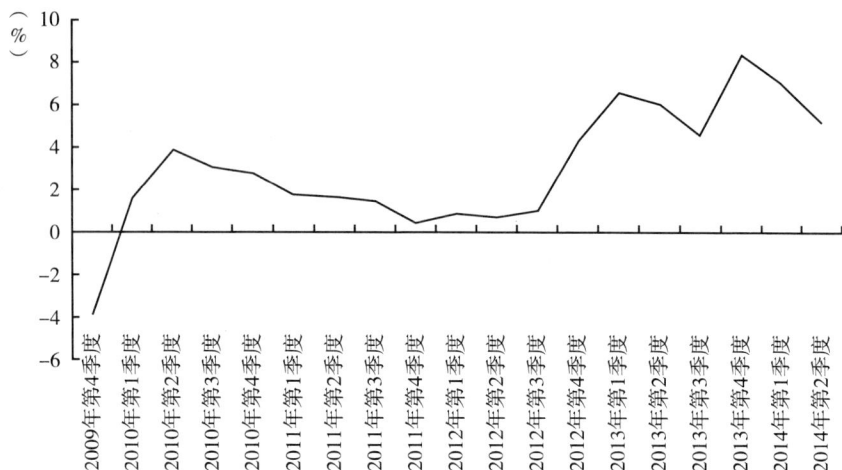

图 2 - 13　2009 年第 4 季度至 2014 年第 2 季度莱坊（Knight Frank）
全球房价指数 12 个月累计增长率

资料来源：Knight Frank Residential Research。

在莱坊跟踪的 54 个国家和地区中居第 9 位；美国的住房价格同比增长 6.2%，在莱坊跟踪的 54 个国家和地区中居第 19 位①。处于欧债危机冲击之下的欧元区住房市场仍普遍低迷，在 2014 年第二季度住房价格增速后十位的国家和地区中，除新加坡之外，均为欧元区或积极准备加入欧元区的国家②。

2013～2014 年的各国与地区住房市场反弹仍存在明显的地域差异，而之前高速增长的东亚与东南亚未能保持领头羊地位。部分亚洲新兴经济体的住房市场开始低迷。香港的住宅价格在 2013 年停滞不前，直到 2014 年 6 月之后才重拾上升趋势（如图 2 - 14）；印度尼西亚的住房价格虽然在 2013 年下半年出现快速上升，但是在进入 2014 年后增速下降（如图 2 - 15）；新加坡的住房市场则持续低迷，并在 2013 年第四季度之后连续出现负增长（如图 2 - 16）。作为发达经济体，日本 2013～2014 年的住房市场虽然处于次贷危机之后的最好时期，但是起伏过大，并且有数月的住房市场价格同比下降，仍未走出

① 但是美国房价在 2014 年第一季度的增长率达到 10.3%，居第 9 位。数据来源同前。
② 数据来源同上。

低迷状态（如图 2 – 17）。与以往年份不同的是南美的房价异军突起，哥伦比亚、巴西进入莱坊所跟踪 54 国住房价格增速的前十名。

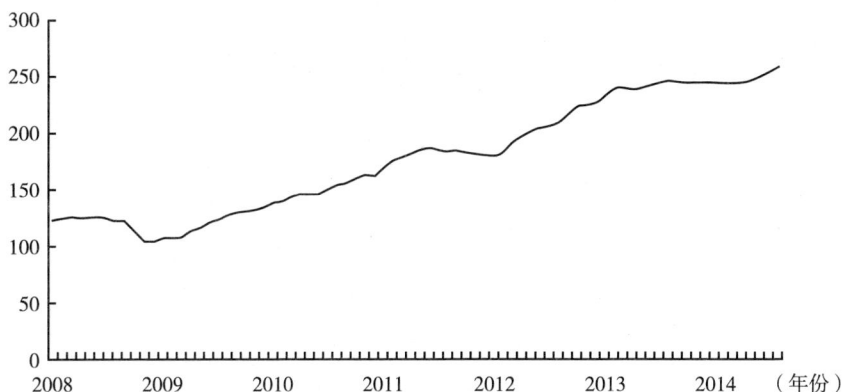

图 2 – 14　2008 ~ 2014 年香港私人住宅售价指数

注：指数的基期为 1999 = 100。

资料来源：差饷物业估价署网站 http：//www. rvd. gov. hk/。

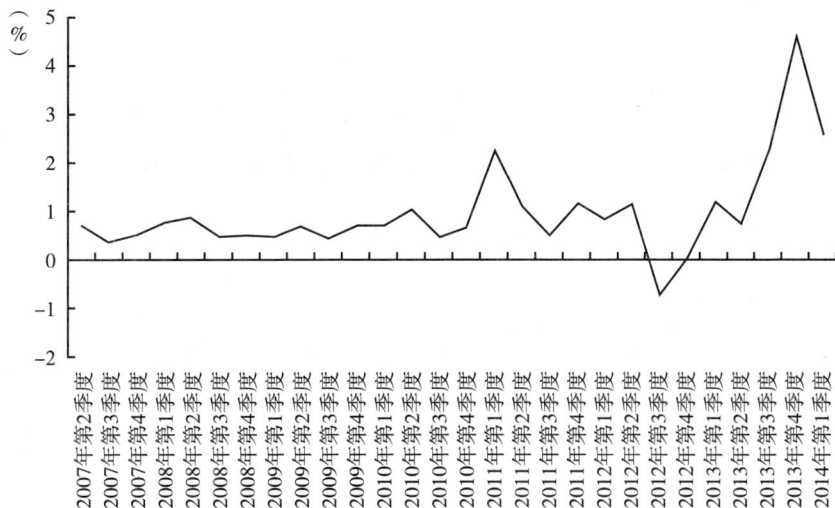

图 2 – 15　2007 ~ 2014 年印度尼西亚房屋价格指数

注：与上一季度环比。

资料来源：http：//www. globalpropertyguide. com/。

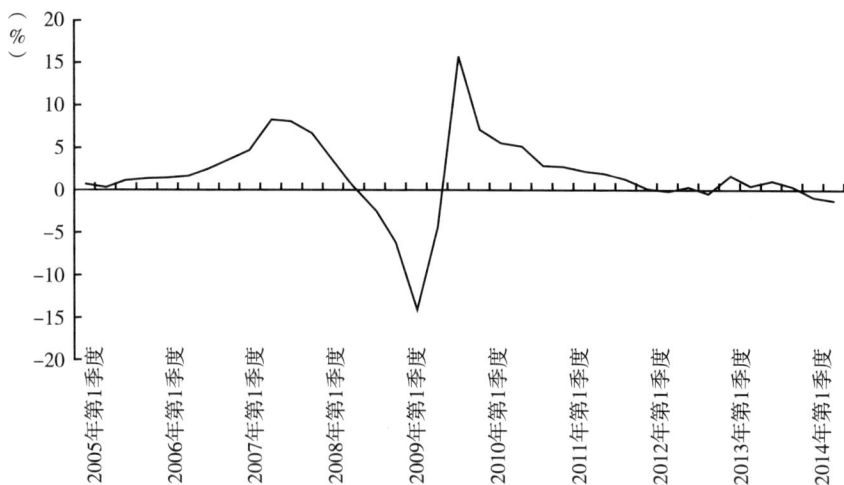

图2－16　2005～2014年新加坡房屋价格指数环比增长率

注：与上一季度环比。

资料来源：http：//www.globalpropertyguide.com/。

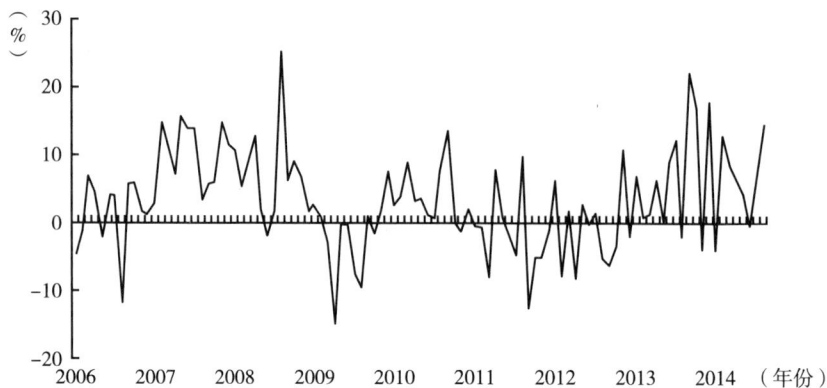

图2－17　2006～2014年日本首都圈新建住宅每平方米单价同比增长率

注：首都圈＝东京都＋神奈川县＋埼玉县＋千叶县。

资料来源：日本土地综合研究所网站http：//www.lij.jp/。

　　北美房地产延续了较好的走势。2013～2014年，美国的房屋价格指数呈现较强的上升趋势，虽然上升趋势在2014年有所放缓，但是仍处于复苏的进程中（如图2－18）；加拿大的住房市场发展良好，房屋价格指数在小幅波动中持续上行（如图2－19）。

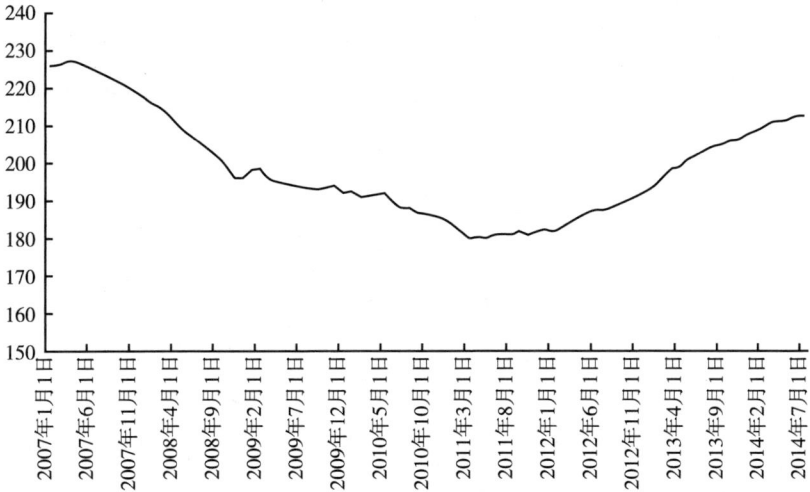

图 2 - 18　2007 ~ 2014 年美国房屋价格指数

注：房屋购买价格指数（purchase - only index），经季节调整。
资料来源：FHFA 网站。

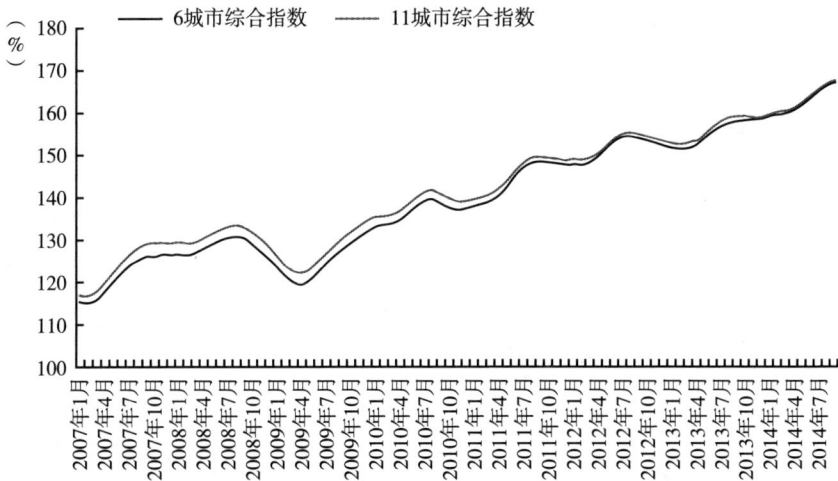

图 2 - 19　2007 ~ 2014 年加拿大房屋价格指数

资料来源：http：//housepriceindex. ca/Default. aspx。

欧洲的住房市场因危机阶段不同而产生显著差异。欧元区核心国（如德国和法国）的住房市场虽然保持增长，但是增速持续下降（如图 2-20、图 2-21）；危机所在国（如希腊）的房地产市场仍在持续下跌（如图 2-22）；

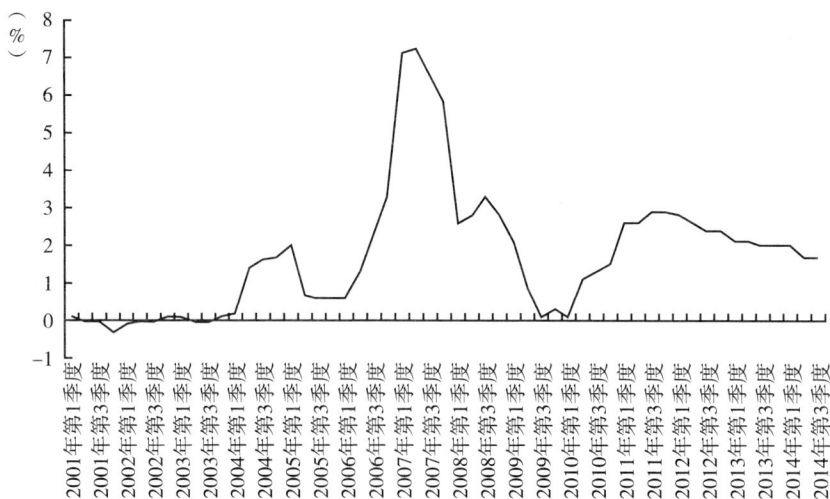

图 2-20　2001～2014 年德国房屋价格指数季度同比

注：住宅建筑用地价格指数。

资料来源：https：//www. destatis. de/。

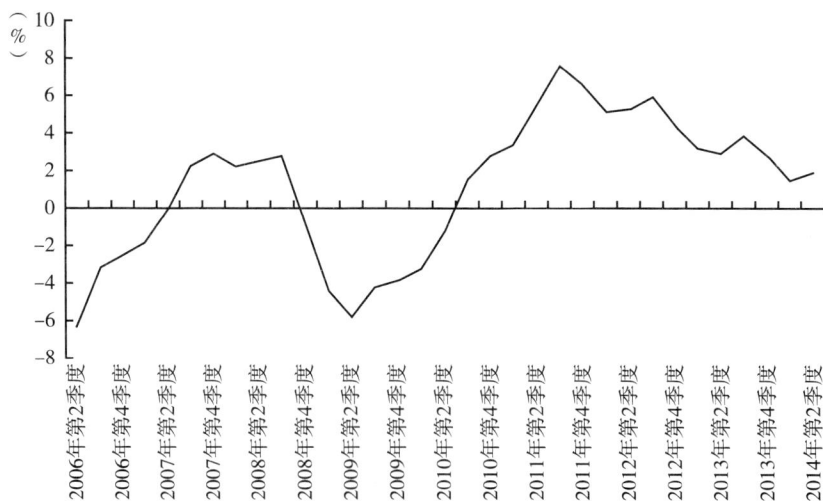

图 2-21　2006～2014 年法国房屋价格指数季度同比

资料来源：http：//www. bdm. insee. fr/。

后危机国家（如冰岛）的住房市场则开始复苏，在 2013～2014 年出现较明显的反弹（如图 2－23）。

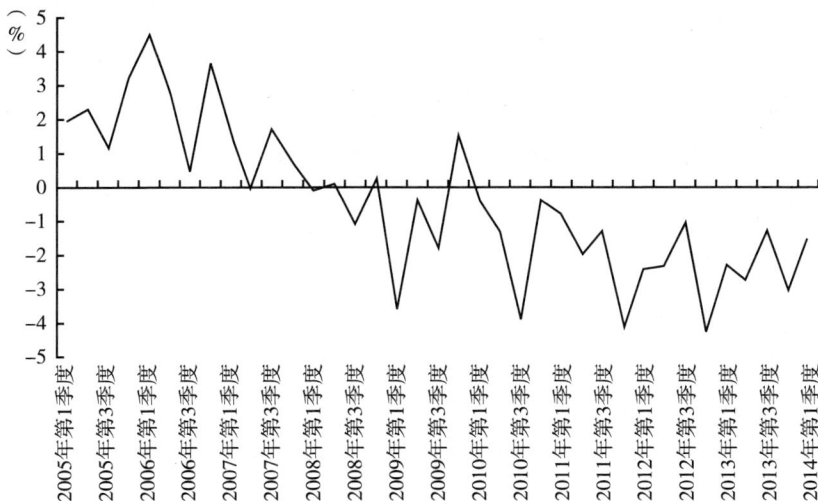

图 2－22　2005～2014 年希腊房屋价格指数环比增长率

注：与上一季度环比。

资料来源：http：//www．globalpropertyguide．com/。

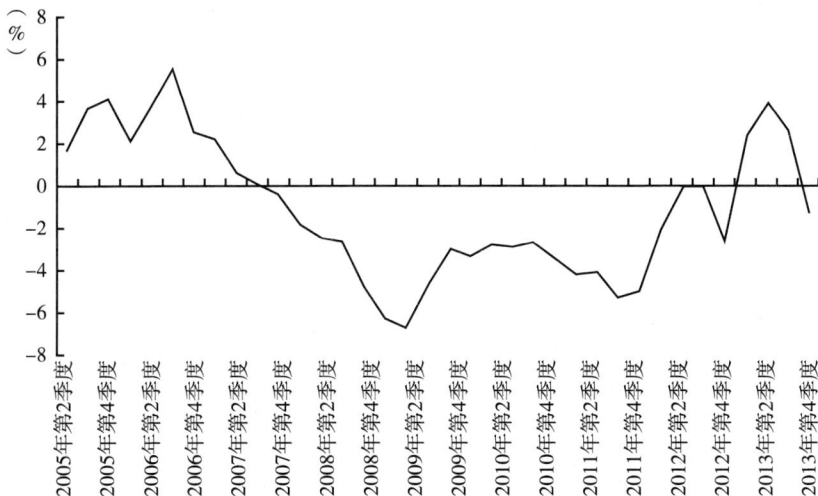

图 2－23　2005～2014 年冰岛住房价格指数环比增速

注：与上一季度环比。

资料来源：http：//www．globalpropertyguide．com/。

总体来看，2013～2014 年的世界房地产市场以地理位置和危机阶段为划分。地理位置方面，由于欧债危机冲击的局部影响远大于全球影响，所以不同地域国家和地区的住房市场差异显著，北美市场延续复苏，南美市场异军突起，亚洲市场显出疲态，欧洲市场呈现分化；危机阶段方面，由于未来预期与资本流动的共同作用，不同国家或地区差异也非常显著，危机所在国市场持续低迷，危机周边国市场受到拖累，后危机国家市场则出现反弹。

（三）我国住房市场的全球定位：受地缘因素影响显著，与发达经济体的高端住房市场出现竞争

2013～2014 年的中国住房市场与全球住房市场的关联度进一步增加。这种关联并非是与全球住房市场的简单同向或反向关联，而是随着全球住房市场的结构变化，在局部市场表现出较强的关联。

首先，地缘因素的影响更加显著。继 2012～2013 年我国住房市场和东南亚住房市场同步上扬之后，2013～2014 年我国住房市场和东南亚住房市场也同步出现疲态。我们以北京和典型城市房价相比较（如表 2－2），2014 年第 2 季度，北京的房价指数季度同比上涨幅度显著低于亚洲之外的新兴经济体城市以及从金融危机中恢复的发达经济体城市，与东南亚其他新兴经济体的住房市场增速比较接近。我国住房市场与亚洲住房市场的同步不能用资本流动来解释，2014 年 1～9 月，我国利用外资与外商直接投资在房地产开发企业实际到位资金中的比重均不足 0.5%[①]，外资对我国住房市场投资的影响并不大。相对而言，地缘因素带来的经济增长预期变化可能是更重要的影响渠道。世界银行、IMF 乃至亚洲开发银行均普遍调整东南亚的经济增长预期，而我国一方面与东南亚国家有密切的经贸往来，另一方面又积极推动与东南亚国家的经济合作，这将使得我国经济增长更多地受东南亚国家经济增速下降的冲击，并强化未来经济增速放缓的预期。住房市场与金融市场关

---

① 根据中经网统计数据库数据计算。

系密切，对未来的潜在经济增速预期有较明显的反应，从而表现为我国住房市场与东南亚经济乃至东南亚住房市场的一致变动。

表2-2 典型城市的房价指数变化

城市	季度同比（%）			季度环比（%）
	2013年第2季度	2014年第2季度	变动方向	2014年第2季度
洛杉矶（美国）	—	12.8	—	—
伦敦（英国）	—	5.4	—	2.9
迪拜（阿联酋）	17.99	33.26	↑	5.47
旧金山（美国）	—	10.3	—	—
香港（中国）	13.89	-0.86	↓	1.82
迈阿密（美国）	—	11.0	—	—
圣保罗（巴西）	6.78	5.37	↓	0.75
北京（中国）	11.11	2.31	↓	-1.98
马卡蒂CBD（菲律宾）	8.60	2.31	↓	-0.66
东京（日本）	5.81	2.63	↓	-0.35
塔林（爱沙尼亚）	7.27	16.72	↑	0.31
维也纳（奥地利）	5.98	3.94	↓	0.21
芝加哥（美国）	—	4.0	—	—
新加坡	2.38	-5.02	↓	-1.21
纽约长岛（美国）	—	3.8	—	—

注：美国城市数据取自CoreLogic Case - Shiller Home Price Indexes，为2014年7月的月度同比增速，英国城市数据取自全英房贷协会网站，其他城市数据取自global property guide，由于资料来源限制，纽约长岛2012年第二季度的数据以纽约整体的数据代替。

资料来源：http://finance.yahoo.com/、http://www.nationwide.co.uk/、http://www.globalpropertyguide.com/。

其次，资本流出对房地产业形成冲击。全球住房市场对我国住房市场供给的直接影响主要通过资本向房地产业的流入来实现。但是，2014年1~9月，在房地产开发企业实际到位资金中，利用外资部分仅有429.8亿元，不到全部房地产开发企业实际到位资金的0.5%。相对而言，房地产业流出对我国住房市场供给的冲击更强一些。一方面，我国以房地产市场为调控对象，房地产企业资金成本上升，另一方面，房地产业的人力成本正在增加，2013~2014年，房地产业的工资比重较之前有显著的上升（如图2-24）。成本的增加促使我国房地产业向海外扩张，而全球房地产市场的强劲反弹又

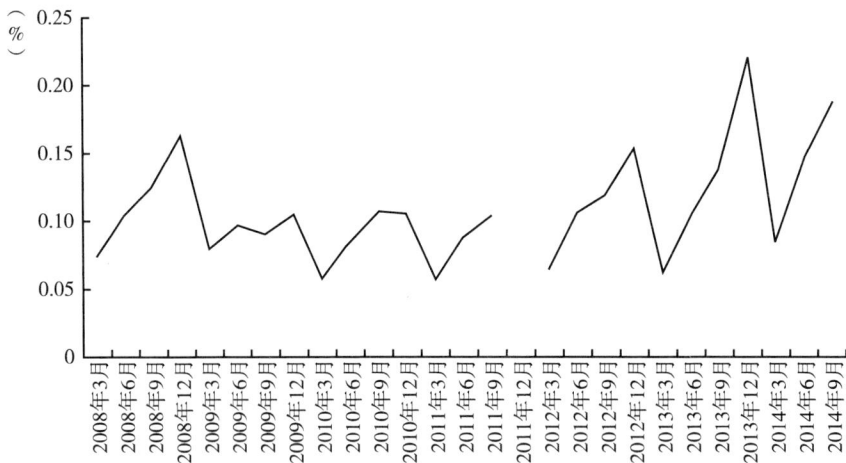

图 2 - 24　2008 ~ 2014 年我国房地产业工资占总投资比重

注：房地产业总投资取房地产开发企业投资资金来源合计数，房地产产业工资取城镇单位就业人员工资总额中的房地产产业工资总额，其中，2011 年 12 月份数据空缺。

资料来源：中经网统计数据库。

促使房地产商通过向海外业务的转移进行套现。根据商务部公布的数据，2013 年，我国建筑业的对外投资为 65.3 亿美元，占全部对外投资的 7.2%，同比增长 129.1%，是对外投资增速最快的领域①。房地产业的对外投资虽然在总量上不及建筑业，但是也实现了较快增长，尤其是在 2014 年上半年，中国境外住宅项目投资总额较上年同期飙升 84%，达到 15 亿美元②。进入 2014 年后，中国的大型房地产企业尤其是千亿级企业，陆续公布了对外投资计划，至 4 月份投资总额已达到 600 亿元人民币，预计 2014 年全年超过 100 亿美元③。房地产企业的对外投资使得我国住房市场供给向国外转移，但是，根据仲量联行的一项调查，在中国对外房地产投资中，商业房地产

---

① 参见商务部《2013 年度中国对外直接投资统计公报》。

② 参见《中国对外房地产投资额达 85 亿美元境外布局加速》，中证网，http://www.cs.com.cn/ssgs/fcgs/201410/t20141018_ 4538288. html。

③ 参见《今年中国房企境外投资或将超百亿美元还有大动作》，海联会网站，http://www.coiun.com/news/html/? 751. html。

投资额约占3/4①，所以对全球住房市场的总体影响有限。

最后，移民潮推动海外高端房价。经济的全球化使得人力资源不再固化在某一国家，海外居住或移民规模快速增长。《国际人才蓝皮书：中国国际移民报告（2014）》显示，截至2013年，中国已成为全球第四大移民输出国，且移民更倾向流入发达国家和地区，在加拿大多伦多、英国伦敦等海外置业热门城市中，境外买家当中有20%～40%来自中国②。在我国公民向国外的移民过程中，住房市场的高端客户流失显著，《2014汇加顾问·胡润中国投资移民白皮书》显示，中国富豪移民投资的项目主要是海外置业，在富豪海外投资项目中占最大比重，超过四成。其中，海外置业七成为了自住，1/3为投资，平均投入600万元人民币。洛杉矶、旧金山和温哥华是富豪最青睐的海外置业城市，近四成富豪选择独栋别墅，近一半选择学区房③。我国的境外购房需求在局部地区中高端住房市场需求中占较高的比重。美国全国房地产经纪人协会（national association of realtors，NAR）的数据显示，从2013年4月到2014年3月，美国房地产市场中来自外国投资者的交易额达到922亿美元，远高于2012～2013年同期的682亿美元。其中，来自中国的购买量为220亿美元，占全部交易量的24%，且置业地点集中在洛杉矶、旧金山、纽约、西雅图和休斯敦等大城市④，我国居民在海外市场的购房均价也显著高于其他国家居民（如图2-25）。这表明，我国对局部地区住房高端市场有着显著影响，并且影响程度呈扩大趋势。随着部分发达经济体走出金融危机的阴影，其经济增速的回升和房地产市场的复苏会进一步吸引中国富裕移民的流入，"购房移民"和"以房养学"已经成为主要

---

① 参见《中国对外房地产投资额达85亿美元境外布局加速》，中证网，http://www. cs. com. cn/ssgs/fcgs/201410/t20141018_ 4538288. html。

② 《〈国际人才蓝皮书：中国国际移民报告（2014）〉发布》，新华网，http://news. xinhuanet. com/house/sh/2014-02-07/c_ 119231579. htm。

③ 尚启：《2014汇加顾问·胡润中国投资移民白皮书》，《上海企业》2014年第7期。

④ 参见《Where are Global Buyers Searching in the United States?》，美国全国房地产经纪人协会网站，www. realtor. org/articles/where-are-global-buyers-searching-in-the-united-states。

的模式[①]。总的来看，2013~2014 年的中国住房市场已经与全球房地产市场联系紧密，并且已经与海外局部地区住房高端市场形成竞争格局，海外置业的高速增长分流了国内高端住房市场的需求，也抑制了房地产企业的住房建设投资。

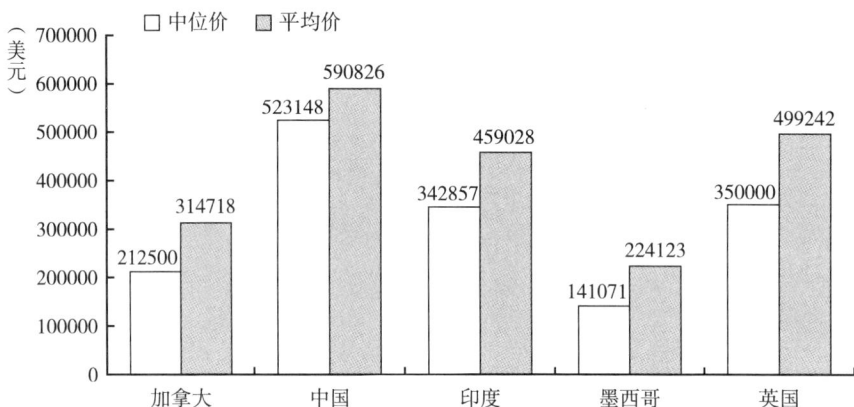

图 2-25　2013 年 4 月至 2014 年 3 月主要国家居民在美国所购住房的均价

资料来源：http://www.realtor.org/。

二　2014~2015 年全球经济与住房市场形势预测

（一）2014~2015 年全球经济形势预测：小幅结构性复苏

2014~2015 年的全球经济将会小幅复苏，并且呈现较为明显的分化。在发达经济体中，欧洲之外的经济体会有较明显的经济增速，欧洲经济体则将持续低迷。在新兴经济体中，东亚与东南亚新兴经济体的增速将继续维持在较低水平，非洲与中亚的新兴经济体将出现较高的增速，南美洲的新兴经济体可能再度陷入停滞。

---

① 洛涛、张晓梅、杜瑶：《国内楼市波动助推海外置业潮》，《经济参考报》2014 年 10 月 10 日第 022 版。

发达经济体与新兴经济体仍然决定全球经济的基本走势。2013～2014年的经济数据显示出发达经济体与新兴经济体之间，以及各自内部的分化加快。尽管欧债危机、乌克兰危机甚至非洲疫情的影响趋于全球化，但是它们对所在地区的局域性影响程度明显大于全球。基于这一结论，我们认为2014～2015年将是全球经济结构性复苏的年度。

在发达经济体中，美国的经济复苏前景较好。虽然2014年第一季度因气候影响而出现0.1%的极低经济增速，但是经济增速在第二季度便回升到4.6%①，这表明美国经济已经正式进入回升周期，短期冲击并不会改变这一长期趋势。日本的经济刺激政策虽然在2013年取得一定成效，经济增速达到1.6%，但是刺激政策的作用正在消退，不适当的政治政策进一步对经济增长造成压力。在2014年5月1日公布的《经济及物价形势展望报告》中，日本银行预测2014年的经济增速为0.5%～1.4%。但是，安倍政权的强硬政策造成的后果可能更为严重。日本银行列出了四大风险因素，分别是出口增速的不确定性、消费税上升、企业与家庭的经济增长预期以及对财政可持续性的信心②。这四大风险因素均与日本政府的政策关系密切。即使强硬的姿态能增强对日本企业和家庭财政可持续性的信心，但是由此所带来的税收上升、出口下降将会进一步抑制日本经济。因此，日本在2014～2015年的经济增速可能有更明显的下降。欧元区的经济形势可能较2013～2014年更差。首先，希腊等债务危机国形势恶化。如希腊的国债收益率在2014年10月飙升，中欧国家的股票指数也纷纷大幅下挫。其次，欧盟核心国经济低迷。2014年10月德国经济智库ZEW公布的经济景气判断指数跌至-3.6，连续10个月下滑。虽然德国Markit综合采购经理人指数（PMI）在2014年9月升至54.1，高于8月的53.7，但是这一指数主要由服务业扩张推升，制造业仍然萎缩。最后，乌克兰危机使得欧洲的能源供应紧张，其影响将在2014年冬季充分显示出来。综合美国、日本和欧盟的情况，我们

---

① 美国商务部在2014年9月公布的修订数，高于之前估测的4.2%。

② 参见日本银行：《Outlook for Economic Activity and Prices》，www. boj. or. jp/en/mopo/outlook/gor1404b. pdf。

认为 2014～2015 年的发达经济体将呈现结构性复苏，美国和后危机国家的经济反弹将与欧元区、日本的经济低迷共存。

进一步观察发达经济体消费者的未来经济预期，美国和欧元区的未来经济预期均较差，而且已经比较接近。但是，消费者对美国的未来经济预期略好于欧元区，并且呈反弹迹象（图 2 - 26）。因此，一方面 2014～2015 年的美国经济增速将好于欧元区，另一方面美国经济的反弹幅度不会很高。

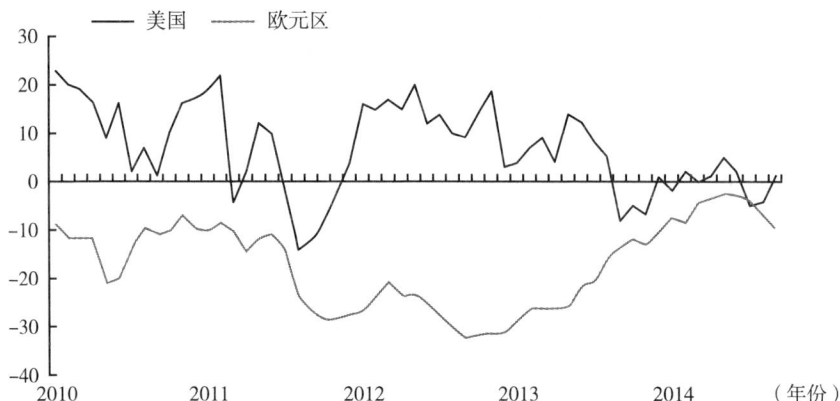

图 2 - 26　2010～2014 年美国与欧元区的未来经济趋势预期

注：未来经济预期指标为 Consumer opinions 中的 Economic situation Future tendency。
资料来源：OECD 网站。

新兴经济体的消费者预期变得平稳。我们以巴西、印度尼西亚和中国作为代表经济体：巴西的消费者信心水平呈较大幅度下降，但是已经出现回升趋势；中国的消费者信心有所回调，并相对稳定[①]；印度尼西亚的消费者信心水平则呈稳步上升趋势（如图 2 - 27）。因此，在 2014～2015 年的全球经济复苏中，新兴经济体经济增速分化将日渐明显。

2014～2015 年的全球通胀程度将持续放缓。对发达经济体而言，美国

[①] 其他机构编制的中国消费者信心指数有非常乐观的估计，如上海财经大学发布的中国消费者信心指数连续 3 个季度保持在 111 点的历史高点。参见罗兰：《消费信心缘何急剧上升》，《人民日报（境外版）》2014 年 10 月 17 日第 002 版。

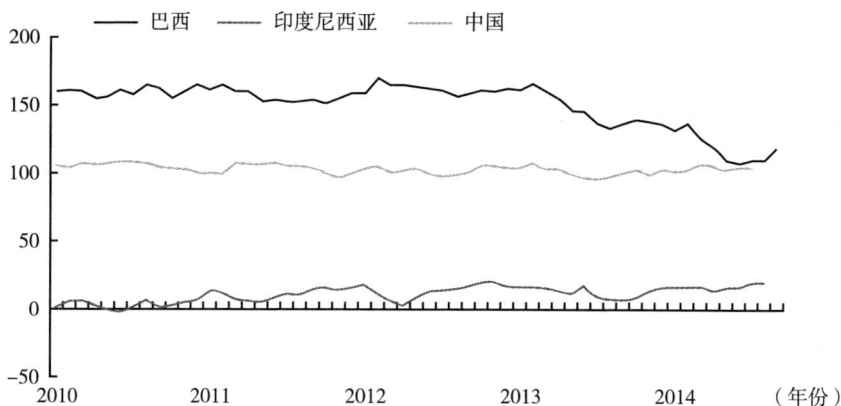

图 2 - 27　2010～2014 年巴西、印度尼西亚与中国的消费者信心指数

注：中国空缺 2014 年 8、9 月数据，印度尼西亚空缺 2014 年 9 月数据。

资料来源：OECD 网站。

的第三轮量化宽松政策已经结束，由于美国金融市场已经快速复苏，出于对通胀的担忧，下一轮量化宽松政策的可能性并不高，2014～2015 年的通胀水平也会继续维持在较低水平；日本虽然持续货币扩张，但是短期内难以摆脱通货紧缩，其目标也仅是温和的通胀；欧盟虽然进行货币政策的扩张，但是未结束的欧债危机与乌克兰危机叠加，市场上的流动性会持续不足。因此，发达经济体的通胀水平会有进一步下降的趋势。对新兴经济体而言，由于部分国家或地区的经济出现低迷趋势，货币政策会有一定程度的扩张，但是，出于对前一阶段经济过热的担忧，货币扩张的幅度不会太高。因此，通胀水平稳中趋降的趋势会持续下去。总的来看，2014～2015 年的全球通胀程度会下降到一个较低的水平，但是下降的幅度不会很大。

2014～2015 年的全球利率将出现分化。发达经济体和新兴经济体之间的利率差已经维持多年，也将继续下去。资本自由流动下的货币政策竞争使得发达经济体不得不维持低利率，新兴经济体较高投资需求带来较高的利率水平，较高的平均经济增速也可支撑较高的利率水平，这使得新兴经济体和发达经济体之间的利率差可能进一步加大。利率差的加大会使得新兴经济体继续从发达经济体吸收资本，也会带来资本在发达经济体内部和新兴经济体内部的进一步流动。总的来看，后危机的发达经济体和新发展的新兴经济体会吸引更多的资本流入。

2014~2015 年的全球贸易将出现反弹。首先，全球经济触底反弹，各国进口增加，出口也被他国的进口带动。其次，在全球化的背景下，经济复苏后的跨国消费增加，并带动国际贸易增长。再次，跨国资本流动的增长进一步推动国际分工，并带来跨国商品流动。因此，未来一年的全球贸易可能出现一定程度的反弹。

2014~2015 年的全球通胀会继续放缓。从发达经济体来看，虽然总体上货币政策呈扩张趋势，但是金融危机的冲击尚未完全结束，流动性仍然不足，导致货币扩张难以推动物价水平的上升，通货膨胀预期也持续下降。由于日本尚未走出通货紧缩，所以我们侧重观察英国、美国和欧元区的消费者对未来通货膨胀的预期。进入 2014 年后，美国消费者的通胀预期稳定在较低水平，欧元区消费者的通胀预期也降至美国的较低水平，英国的通胀预期虽然较高，但是也呈明显的下降趋势（如图 2 - 28）。因此，发达经济体的通胀水平将继续下降。新兴经济体的通胀在 2014 年已经趋于稳定，如果不存在大的冲击，这一稳定趋势将继续维持下去。因此，未来一年的全球通胀将进一步小幅下降。

图 2 - 28　2010~2014 年英国、美国和欧元区的通货膨胀预期

注：通货膨胀预期指标为消费价格指数的未来趋势。
资料来源：OECD 网站。

2014～2015 年，我国对全球经济增长和稳定将继续起到突出的作用。虽然我国经济增速较之前有所下降，但是仍然支撑着较高的进口规模与进口增速。一方面，我国已经成为全球第一大贸易国，是全球贸易的重要组成部分，与欧洲等国的经济合作有助于带动这些国家走出金融危机；另一方面，我国积极推动贸易自由化，在 WTO 的基础上积极推动区域贸易合作，带动全球贸易的回升。经济稳定方面的贡献，一是保持较高的经济增速，使得全球经济不致衰落，二是始终避免恶性的货币政策竞争，促成金融危机中的国际合作。

2014～2015 年，国际贸易对我国的短期影响仍然显著。我国巨大的出口规模形成对境外需求的依赖，随着全球经济的复苏，我国的出口也会回升，并带来净出口增速的加快。但是，发达国家与发展中国家内部的分化将改变我国的贸易结构。随着欧洲经济的低迷、美国经济的复苏以及传统新兴经济体的衰落，与美国等后危机国家和新的新兴经济体的贸易比重将增加，我国出口的产品结构也会逐步由劳动密集型产品向技术与资本密集型产品转变。

2014～2015 年，资本流动对我国的影响将逐步增加。一方面，随着我国经济结构的调整和部分产品市场的饱和，过剩的产能将向境外流出；另一方面我国是全球分工的重要组成部分，经济结构的调整带来全球范围的国际分工调整，外资的投资领域也将发生较大变化，产生大量的重置投资。因此，资本流动将对我国经济增速的产业结构调整产生更大的影响。

（二）2014～2015年全球住房市场预测：全球房价的不平衡增长

全球经济走势、物价水平和融资成本是影响全球住房市场的重要因素，这些因素的影响方向并不相同，但是总的来看，我们认为推动因素是主要的，2014～2015 年的全球住房市场将继续表现为不平衡的反弹。

触底回升的经济周期是全球住房市场的主要推动力量。随着全球经济触底反弹，全球住房市场的需求将较快增加，促使全球住房市场出现较高幅度的上涨；但是，各经济体经济低迷与复苏程度的不同，将促使资本从经济低迷的经济体流向经济复苏的经济体，尤其是后危机的发达经济体，受益于资本管制的高度宽松，资本流入会更加迅猛，并带动住房市场的较快发展。部分新兴经济体的住房市场则随着增长动力的弱化而出现低迷，这些缺乏增长动力的经济体出现较强的资本外流趋势，带来新兴经济体住房市场增速的进一步放缓。

通胀水平差异将促使全球住房市场不平衡发展。虽然一般认为通胀与房地产市场的走势正向关联，但是2013～2014年的全球通胀水平下降并未妨碍全球住房市场的强劲反弹。可以预期2014～2015年的预期通胀水平下降也不会对全球住房市场产生大的冲击。但是，发达经济体与新兴经济体的通胀差异可能使得全球住房市场更加不平衡。新兴经济体较高的通胀水平促使其货币贬值，发达经济体的房地产投资收益在兑换回本国货币时会有更高的收益，这进一步促使房地产投资从新兴经济体流向已经走出危机的发达经济体，从而加剧发达经济体与新兴经济体的住房市场分化。

发达经济体较低的融资成本加剧了全球住房市场的不平衡。2014～2015年，发达经济体的低利率将普遍存在，但是，一国的低利率未必会促进本国住房市场的发展。在资本自由流动的条件下，低利率具有很强的外部性，企业或家庭可以较容易地从经济前景不好的国家融资，并投资于经济前景较好的国家或地区的住房市场。其结果是，大量的货币用于满足货币兑换与风险对冲的金融市场，而危机国家或地区的宽松货币政策成为后危机经济体住房市场上涨的重要推动力量，从而加剧全球住房市场的不平衡。

地缘危机也在一定程度上推动住房市场的不平衡发展。乌克兰危机越演越烈，欧盟与俄罗斯的冲突将增加欧盟经济下挫的风险。同样，日本在东亚的不适举措也会带来东亚与东南亚政治风险的增加，对日本与东南亚的住房市场产生抑制作用。虽然这些危机对全球住房影响不太大，但仍会在一定程度上冲击危机所在地的住房市场。

因此，2014～2015年的全球住房市场将出现不平衡增长。在整体增长的同时，各国或地区的住房市场将以主要危机源为中心，由低迷到高涨。具体而言，美国、爱尔兰等后危机国家远离欧债危机等危机源，住房市场会有较快发展，欧元区则因为陷入欧债危机，住房市场会持续低迷。新兴经济体中，非洲及中亚国家，远离危机源，住房市场也会发展迅速，但是作为新兴经济体的金砖国家将呈现住房市场的低迷状态。

（三）2014～2015年世界经济对我国住房市场的影响：高端住房市场面临激烈竞争，一、二线城市受到显著冲击

在2014～2015年，世界经济对我国住房市场的影响将从一线城市延伸到二线城市，并对我国的高端住房市场产生较大冲击。

第一，东亚与东南亚较差的经济增速预期会抑制我国住房市场。随着我国房地产市场整体出现疲态，人们对未来房地产市场的预期高度易变。虽然2014～2015年的全球经济可能出现小幅增长，但是东亚与东南亚的经济增速放缓将促使我国居民下调经济增长预期，进而带来住房市场预期的下降。受南非、巴西等金砖国家经济增速放缓的影响，金砖国家的概念有所弱化，"薄荷四国"[①]等新的新兴经济体开始兴起，这将引导国际资本流向较新的新兴经济体，使得东亚新兴经济体住房市场的吸引力下降。我国作为已经持续较长增长时期的新兴经济体，在新旧新兴经济体的竞争下更易被看空，从而形成对未来经济增长的较差预期，并进一步导致住房市场预期的下降，从而抑制住房市场的回暖。示范效应会进一步强化东南亚住房市场低迷对我国的冲击。2014～2015年，已经过房地产泡沫高涨期的东南亚新兴国家将延续住房市场的低迷态势，这些住房市场的低迷态势会对我国住房市场产生示范效应，从而进一步抑制我国住房市场的预期。对于和东南亚国家相邻的二线城市而言，受东南亚的住房市场示范效应的影响会更加强烈。

第二，产业升级在短期内难以带动沿海一、二线城市的住房市场。一方面，我国所提出的中国-东盟自贸区升级版等概念都蕴含着产业升级目标。"腾笼换鸟"等战略改变了沿海地区一、二线城市原有的产业结构，也使得沿海地区一、二线城市的外来人口购房需求下降。而新产业带来的住房需求

---

① 墨西哥、印度尼西亚、尼日利亚和土耳其。

尚不明显。2014 年，广州的新商务区和甲级办公楼租赁市场发展迅速①，这些高端商业区虽然在未来可能带动中高端住房需求，但是短期来看，并未对沿海一、二线城市的高端住房市场产生明显影响。另一方面，产业升级导致货币政策压力的弱化不足以带动我国住房市场的大幅反弹。由于美元在全球货币体系的重要地位，美国量化宽松政策对各国的货币政策产生巨大的压力。随着美国第三轮量化宽松政策的结束，我国的货币政策压力也随之降低，可以不必对货币扩张可能导致的货币政策竞争过度关心。但是，货币扩张带来住房市场高涨的前提是其他行业缺乏信贷需求或是信贷供给不畅，这使得扩张的货币流入住房市场并带来住房市场上涨预期的自我实现，而目前的产业结构升级恰恰产生了庞大的信贷需求。如产业升级顺利进行，那么住房市场对信贷资金将不具备特别的吸引力，扩张的货币政策也难以推动住房市场的上扬。

第三，房地产企业的海外投资削弱了境内的住房市场供给。仲量联行的数据显示，2014 年中国对外房地产投资的实际增长主要来源于对住宅开发用地的购买，2014 年第一季度中国海外住宅开发投资额同比飙升 80%，尤以英国、澳大利亚和美国最受中国机构投资者的青睐②。因此，房地产企业已经在大陆与海外的住房市场之间进行权衡。由于开发商以发达经济体为主要投资地，所以发达经济体的中高端住房市场与一、二线城市的中高端住房市场开始同台竞争。随着美国等后危机经济体经济与住房市场的持续复苏，以及我国住房市场出现低迷态势，发达经济体将进一步分流我国住房市场供给。

第四，房地产业的外资增长无助于住房市场的回暖。我国房地产行业的外商投资企业资本金流入依然较高，外管局数据显示，2014 年前三季度净流入 201 亿美元，为 2009 年以来同期净流入的最高水平。但是，外资主要流向商业、旅游地产项目，并且以直接收购物业为主，极少直接参与拿地开

---

① 仲量联行：《2014 年第二季度广州房地产市场回顾》，http：//www.joneslanglasalle.com.cn/china/zh - cn/research。

② 高伟：《国内遇冷房企海外掀起投资热》，《经济参考报》2014 年 5 月 9 日第 003 版。

发建设①。因此，房地产业的外资增长对我国住房市场的带动作用并不大。

第五，海外置业抑制我国的高端住房市场需求。在金融危机的冲击下，发达经济体试图通过投资移民等方式来吸引资本流入，以带动经济复苏，并在住房购买上给予一定的激励，这使得海外置业的价格与环境等优势逐渐凸显。并且随着越来越多的中介机构进入境外住房市场，境外置业的成本也不断下降，这将分流走一、二线城市大量的高端住房需求。仲量联行数据显示，2014 年第二季度广州市一手高端住宅成交量虽有低位回暖，但是第三季度相比上季度环比降低 32.3%②。

总体来看，在 2014～2015 年，世界经济对我国住房市场的总影响是负面的，一、二线城市，尤其是一、二线城市的高端住房市场将承受较大的冲击。

与之相对，2014～2015 年，全球住房市场将受益于我国住房市场。从供给来看，我国房地产企业的境外扩张进程将加快；从需求来看，我国境外置业的增加直接提升了境外住房市场的需求。虽然我国住房市场在供给和需求总量方面影响尚很小，但是由于我国房地产业的海外转移与海外置业在地域上和类别上高度集中，所以对局部地区的局部房地产市场影响显著，尤其对后危机发达经济体城市的高端住房市场会形成较强的推动力量。

参考文献

IMF：《World Economic Outlook（October 2014）》，www. imf. org.

Knight Frank：《Global house prices saw record growth in 2013》，www. knightfrank. com.

Knight Frank：《Europe Records Weakest House Price Growth》，www. knightfrank. com.

---

① 王大贤：《投机外资"输血"房地产市场》，《中国财经报》2014 年 4 月 19 日第 008 版。

② 仲量联行：《2014 年第三季度广州房地产市场回顾》，http：//www. joneslanglasalle. com. cn/china/zh－cn/research。

第三章
中国宏观经济与住房市场形势
分析与预测

吕风勇

一　2014年宏观经济运行的基本特点

2014年前三季度，中国经济增速再度出现一定程度的下降，特别是工业生产波动幅度进一步加大，社会物价水平涨幅也呈现回落趋势。由于中央有效维持了适度的"稳增长"政策，国民经济表现总体仍属平稳，但是，"稳增长"政策效应的递减、房地产投资增速的下滑以及部分产业特别是重化工行业产能的过剩，仍然使国民经济中结构调整和经济增长的矛盾、地方政府债务负担过重与财政能力弱化的矛盾、经济体制改革与短期经济平稳运行的矛盾有所加重。

1. 经济增长率持续下降，增长与发展的矛盾再次显现

前三季度我国经济增长率为7.4%，低于2013年同期0.3个百分点，其中，第一季度经济增长为7.4%，第二季度略上升至7.5%，第三季度再次下滑到7.3%。分产业看，前三季度第二产业增加值增速为7.4%，第三产业增加值增速为7.9%，都比上年同期降低0.5个百分点。经济增速的再次放缓，使得增长与发展的矛盾进一步突出。在这种情况下，必然引发增长与发展的矛盾。1~8月份，全国规模以上工业企业实现利润总额增长10.0%，比上年同期下滑3.5个百分点，国有及国有控股工业企业利润总额增速下降到只有5.3%，比上年同期下滑4.2个百分点。尽管2014年三季度城镇新增

就业人员数达到 1082 万，但就业人员增长率只有 1.5%，而上年同期为 4.1%；全国财政收入增速也出现了回落，1~8 月为 8.1%，比上年同期回落 0.5 个百分点，其中地方本级公共财政收入增速更是放缓至 6.6%，比上年同期回落 5.1%。短期增长乏力，必然波及远期发展能力，由此引发增长与发展的矛盾在所难免。图 3-1 描述了 2009 年第 1 季度至 2014 年第 3 季度国内生产总值季度同比增速。

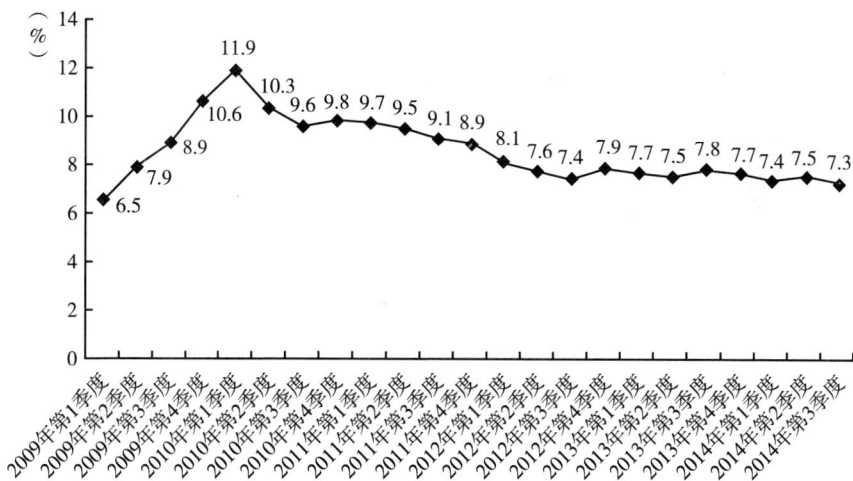

图 3-1 2009 年第 1 季度至 2014 年第 3 季度国内生产总值季度同比增速

资料来源：国家统计局网站（http：//www.stats.gov.cn）。

2. 消费需求增长缺乏必要支撑，消费投资结构调整难度增大

前三季度，我国社会消费品零售总额同比增长 12.0%，较上年同期降低 0.9 个百分点。社会消费品零售总额增速的下滑，既受消费热点转换的影响，也有部分消费品价格增速下行的原因，既受到房地产市场成交量萎缩导致的家居用品消费增速回落的冲击，甚至某种程度上也受到体制改革短期紧缩效应的影响。其中，建筑及装潢材料、家用电器和音像器材、家具等居住类项目的消费增速都出现了较大幅度回落，分别比上年同期回落 6.0 个、6.1 个和 6.9 个百分点，表明房地产市场疲弱的负面影响逐步开始显现；同时，金银珠宝消费增速比上年同期降低了 3.1%，这主要受到金银

市场价格向下波动的影响。社会消费品零售总额增速再度下降，将迟滞投资消费结构的转换进程，并对经济运行稳定产生不利影响，需要引起我们的密切关注。（见图3－2）

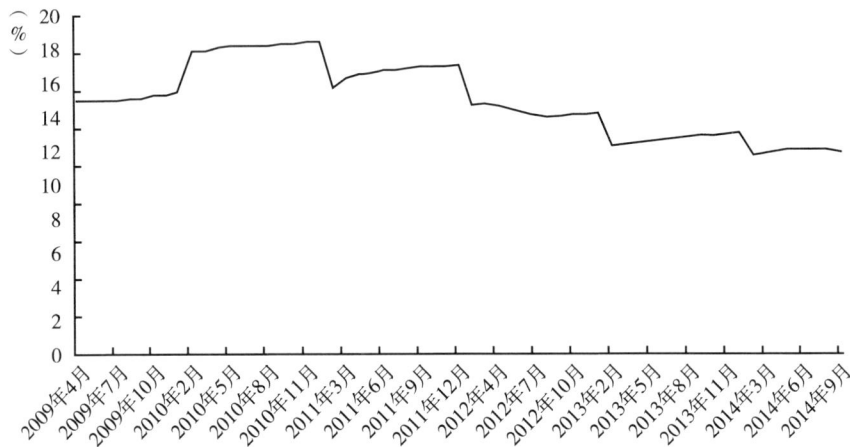

图3－2 社会消费品零售总额月度累计同比增速

资料来源：国家统计局网站（http：//www.stats.gov.cn）。

3. CPI 和 PPI 增速双双回调，宏观运行和企业经营持续承压

2014 年 1~9 月，工业生产者出厂价格同比下降 1.6%，工业生产者购进价格同比下降 1.8%。其中，9 月份，全国工业生产者出厂价格同比下降 1.8%，降幅比上月扩大 0.6 个百分点，环比下降 0.4%，工业生产者购进价格同比下降 1.9%，环比下降 0.4%。PPI 持续负增长，主要因为上游采掘业价格降幅较大，而且，上游工业品产能过剩与库存偏高也加剧了工业领域通缩压力。9 月份黑色金属材料类、黑色金属矿采选业、黑色金属冶炼和压延加工业（钢铁）价格分别同比增长 -6.1%、-12.6%、-7.9%，汽车制造业价格同比也下降了 0.4%。PPI 持续负增长，还对全国居民消费价格产生了较大的负向冲击。1~9 月平均，全国居民消费价格总水平比上年同期上涨 2.1%。其中，9 月份，全国居民消费价格指数（CPI）同比上涨 1.6%，比 8 月份回落 0.4 个百分点，不仅为年内新低，也创下了 2010 年 2

月以来的最低点。除了工业品价格走低对 CPI 上涨产生明显的抑制作用外，食品特别是粮食价格的走稳也对 CPI 走势具有较大的影响。未来一段时间，工业品价格向下调整和食品价格走势趋稳仍是影响 CPI 走势的主导因素，并将在一定程度上侵蚀企业利润。（见图 3 - 3）

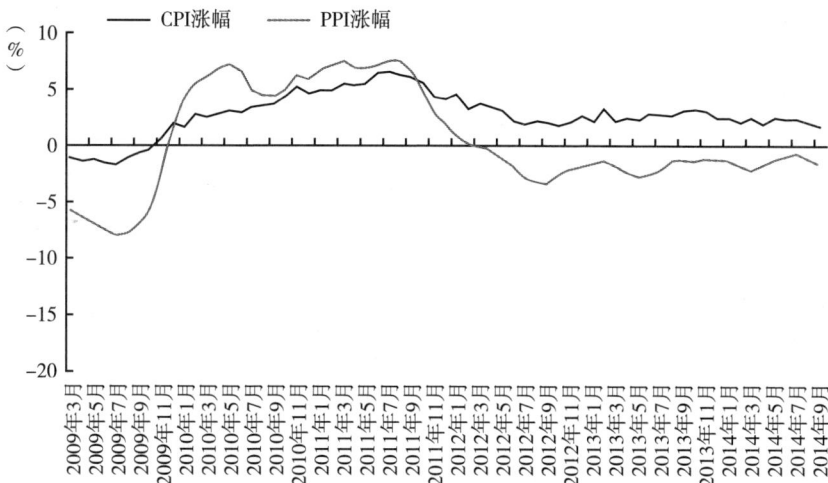

图 3 - 3 CPI 与 PPI 月度涨幅

4. 固定资产投资回落明显，房地产投资增速下滑拖累经济增长

前三季度，全国固定资产投资同比增长 16.1%，较 2013 年同期回落 4.1 个百分点。其中，房地产开发投资增速由上年同期的 19.7% 回落到 12.5%，制造业投资增速由上年同期的 18.5% 回落到 13.8%。分行业看，黑色金属冶炼和压延加工业、有色金属冶炼和压延加工业、通用设备制造业、汽车制造业、计算机通信和其他电子设备制造业等制造业投资增速比上年同期都有明显的回落，第三产业中的交通运输、仓储和邮政业、水利、环境和公共设施管理业等政府主导投资的服务业投资增速也出现了一定程度的回落。特别是房地产业投资，正是房地产业投资增速相对上年同期 7.2 个百分点的回落幅度，才导致了全国固定资产投资增速较上年同期的明显下滑。图 3 - 4 描述了全国固定资产投资和房地产开发投资完成额累计同比增速状况。

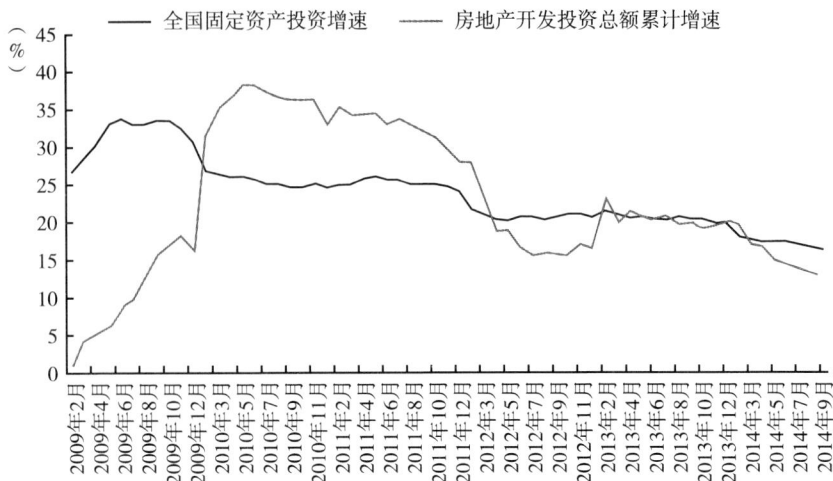

图 3-4 全国固定资产投资和房地产开发投资完成额累计同比增速

5. 国际经济回升缓慢，外部需求不足的挑战有增无减

尽管 2014 年以来美国经济出现一定复苏势头，但欧盟和日本等地区和国家复苏缓慢，新兴市场经济国家经济增长继续承受经济下行压力。表 3-1 显示，2014 年以来，OECD 国家季度经济增长率比 2013 年总体有所提升，但金砖五国中，除了印度经济增长增长率略有提升外，巴西、俄罗斯和南非都有较明显的下降，我国则略降。在这种情形下，我国经济、特别是外贸出口增长和整个国民经济发展继续面临外部需求下降的冲击与挑战。根据国家海关总署公布的数据，前三季度，按美元计算，我国进出口总值同比增长 1.8%，其中出口增长 3.6%，进口同比下降 0.1%。尽管第三季度我国进出口总值同比增长率提高到 7.2%，但主要由于外贸刺激政策和体制改革带来的短期效应，长期影响还不确定。相反，制造业向东南亚等周边国家转移在加快，我国劳动密集型产品在欧美日等主要市场的份额持续下降，2014 年上半年，我国纺织品、服装等七大类劳动密集型产品占欧美日发达经济体的份额分别下滑了 0.1、0.4 和 2.8 个百分点；而同期越南的同类产品，在欧美日市场的份额则分别上升 0.2、0.7 和 1.1 个百分点。这反映出我国传统产业国际竞争力在削弱，我国产品的外部需求将继续趋于疲弱。

表 3 – 1　2012 年以来 OECD 国家与金砖五国季度经济增长率变化状况

单位：%

	OECD 国家	巴西	印度	俄罗斯	南非	中国
2012 年第 1 季度	1.79	0.71	5.23	5.07	2.51	8.10
2012 年第 2 季度	1.59	0.57	4.51	4.27	2.66	7.60
2012 年第 3 季度	1.19	1.03	4.75	3.12	2.53	7.40
2012 年第 4 季度	0.69	1.80	5.15	1.49	2.17	7.90
2013 年第 1 季度	0.78	1.80	4.53	1.16	1.76	7.70
2013 年第 2 季度	1.10	3.53	4.62	1.03	1.91	7.50
2013 年第 3 季度	1.58	2.47	5.12	1.08	1.76	7.80
2013 年第 4 季度	2.18	2.17	4.55	1.60	2.13	7.70
2014 年第 1 季度	1.97	1.83	5.77	0.74	1.78	7.36
2014 年第 2 季度	1.90	- 0.82	5.90	0.80	1.12	7.50

数据来源：OECD 网站。

6. 法定准备金率继续高企，中小企业融资难问题依然严峻

在很多国家倾向于零准备金率的大环境下，我国法宝准备金率却一直居高不下。为服务"三农"、加大涉农和小微贷款投放，4 月 16 日国务院常务会议决定对符合要求的县域农村商业银行和合作银行适当降低存款准备金率。这是一个流动性松动信号，但其影响范围很有限。因为，一般商业银行准备金率仍高达 21%，仍然是融资高成本的第一源泉。其第一表象是货币供给增长率偏低。截至 9 月底，广义货币（M2）余额 120.21 万亿元，同比增长 12.9%，比上年末低 0.7 个百分点；狭义货币（M1）余额 32.72 万亿元，同比增长 4.8%，增速比上年末低 4.5 个百分点。其第二表象是社会融资规模增长较慢。2014 年前三季度社会融资规模为 12.84 万亿元，比上年同期少 1.12 万亿元。其中，除了人民币贷款、企业债券净融资和非金融企业境内股票融资外，其他融资类型的融资规模都有所下降，外币贷款同比少增 1409 亿元，委托贷款同比少增 329 亿元，信托贷款同比少增 1.23 万亿元，未贴现的银行承兑汇票，同比少增 5173 亿元。在这一背景下，中小微企业融资难融资贵问题必然依然严峻。在这种情况下，信托贷款、委托贷款

必然持续高企，高利贷成为普遍现象。图3-5描绘了货币与全社会固定资产投资的相对变化情况，表明尽管我国货币供给量已超百万亿，但是由于结构性通货膨胀严重，对于正常的固定资产投资而言，货币供给仍然显得捉襟见肘，亟须在总量和结构方面进行深刻调整。

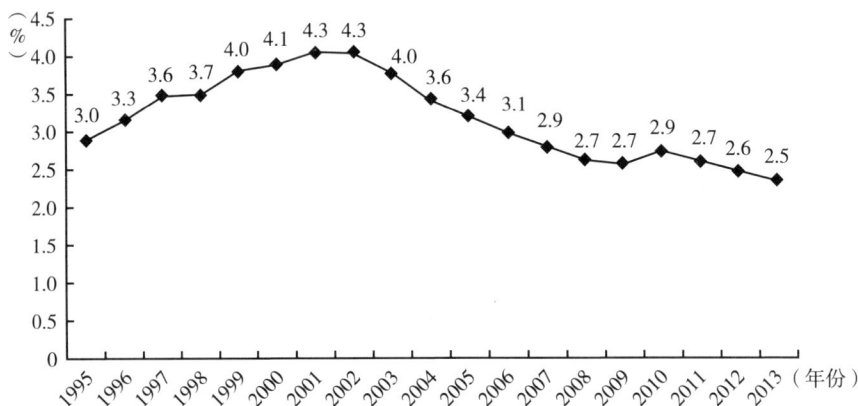

图3-5 货币供应量M2与全社会固定资产投资完成额的比率

数据来源：国家统计局网站。

二 宏观经济运行中存在的主要矛盾

经济再度出现明显下行，不仅是因为受到结构持续深刻调整的负面冲击，也因为受到宏观调控政策缺乏连续性的不利影响。结构调整将有助于维持经济的长期稳定发展，提升增长潜力和效率，在短期却会产生一定的紧缩效应，影响宏观经济稳定。因此，结构调整是一个长期渐进的过程，将长期对经济的稳定运行产生冲击，这就内在要求以"稳增长"政策来抵消其部分不利影响，降低结构调整成本，减少结构调整可能遇到的阻力，为经济的长期发展营造稳定有利的环境。所以，当前宏观经济运行中存在的主要矛盾就表现在两个方面：一是结构调整的紧缩效应仍在，二是"稳增长"的效应递减。

（一）结构调整紧缩效应仍在，增加了经济下行压力

被动性结构调整所具有的紧缩效应，不仅是导致短期经济下行的内生力量，也将长期对经济稳定运行构成威胁。总的来看，当前我国经济处于增速换档期和结构调整期，但是所处的具体阶段有差别。经济增速的成功转换取决于三方面的因素：一是需求应由曾经的超高速增长逐渐恢复到长期潜在增长水平，二是要素成本上升和产能过剩引致的紧缩性效应逐渐削弱或消失，三是新的供给结构形成并自行创造出更为丰富多样的需求。就需求角度来看，目前经济增速已经降落到比较合理的区间，基本完成了由高速向中高速的转换。但是，从供给角度来看，结构调整还远没有完成，它所具有的紧缩效应仍明显大于它所带来的需求效应，可能推动经济增速最终跌出合理区间。而且，第三产业增加值比重的上升、内部需求比重的增加等，分别是第二产业增加值增速更快放缓、外部需求萎靡不振引致的，结构调整具有很强的被动性而缺乏必要的主动性，导致在经济结构出现改善的同时却没带来相应的需求增长。当前我国还存在结构升级缓慢的问题，从而经济增长难以摆脱对社会投资的严重依赖，进一步降低了自身运行的稳定性，在外需萎靡和内需乏力的双重冲击下，更容易出现较大幅度的波动。被动性结构调整将长期成为我国经济发展的一个根本矛盾，直到经济体制改革获得成功、主动性结构调整占据主导，那时的结构调整才可能具有更显著的正面需求效应，否则将一直对经济运行产生压力。

（二）"稳增长"效应减弱，经济增长缺乏政策支撑

"稳增长"政策的不连续及效应减弱，将会使经济增长进一步失去底部支撑。宏观调控的目标有两种：一是经济暂时周期性衰退时，要防止因经济过度失速而造成的社会恐慌和经济损失，并最终促使经济尽快回复至正常的增长通道；二是经济增速趋势性下滑时，应设法延缓下滑的时期和降低下滑的强度，为结构调整赢取时间，避免因经济过快过度陷入衰退带来的经营风险和财务风险。2010 年以来，我国经济处于由高速向中高速转换的时期，

政府创新宏观调控方式，摒弃强刺激而注重微调节，比较成功促使经济实现了软着陆，已实现了第一类宏观调控目标。但是，由于结构调整带来的紧缩效应仍在发酵，经济仍然存在较大的下行压力，第二类宏观调控目标应该成为当前政策操作的首选。然而，由于我国政府直接调控经济的能力在减弱，以及因过分强调结构调整和担忧金融风险而束缚了"稳增长"的政策操作，"稳增长"政策呈现一种非连续性，政策效应也呈现递减趋势。三季度，电力、热力、燃气及水的生产和供应业、水利、环境和公共设施管理业的投资增速下滑，表明了"稳增长"投资政策的力度在减弱；同时，货币供应量增速也降至12.1%，金融机构存款准备金率居高不下，中小微企业的融资难融资贵问题比过去有过之而无不及，也反映出货币政策在实际效果上存在着紧缩的倾向。"稳增长"政策的不连续及效应减弱，也对我国经济下行起到了推波助澜的作用。

经济增长的表征是总量增长，需要扩大消费和投资等短期宏观政策的支持；发展的主题是结构，需要体制改革等长期制度安排的支撑。当前，体制改革、结构调整正在顺序推进中，经济的潜在增长力正在逐步得到释放。但是，由于体制改革和结构调整在短期具有很强的紧缩性，对宏观经济的稳定运行已造成较严重的冲击，所以也需要短期内行之有效的以需求管理为特征的宏观调控政策的出台，以一定程度上抵冲经济下行的压力。

三　2014～2015年宏观经济运行趋势分析与预测

在新的历史时期，社会供给和社会需求的增长速度会略有下滑，但是供需矛盾会趋于缓和，经济结构的协调性进一步增强，经济运行的稳定性将逐渐提高。这主要体现在三个方面。

一是"三化叠加"带来的需求效应逐渐衰减，供给结构性过剩将成经济"新常态"。2000年以后，全球化、城镇化和重工业化的"三化叠加"释放出来的旺盛需求推动了中国经济的高速增长。然而，当前阶段这些因素的影响都逐渐减弱。不仅如此，"三化叠加"旺盛需求刺激的加工贸易产能和重工业产能，由于要素成本和需求结构的变化，也出现了结构性过剩趋势，部分过剩产能可以由逐渐增长需求来消化，但也有部分产能特别是低附加值的加工出口行业产能会长期过剩，只能伺机退出或转移。

二是体制改革增强市场决定性作用，投资"潮涌"效应趋弱将抑制需求过度波动。过去相当长一段时期，政府对经济干预过多，国有企业行为市场化程度不足，导致地方政府和国有企业为了 GDP 或企业规模产生投资冲动，特别是在"三化叠加"的时代更是引起投资"潮涌"现象的出现，并在经济"退潮"之时带来了严重的产能过剩问题。在新的历史时期，随着经济体制改革的深入推进，市场决定性作用将大为增强，地方政府对 GDP 规模的追求热情将得到抑制，国有企业经理人经营行为将受到更严格的约束，这样它们投资冲动带来的投资"潮涌"效应和需求过热现象也将受到削弱，从而需求将更为平滑，对供给的冲击也会减轻，供需矛盾相当程度上会得到缓解。

三是"萨伊定律"适用性增强，供给创造需求能力上升将会有效平滑供需内在矛盾。中国经济的转型升级和迅速推进的体制改革，将会显著降低市场的各类交易成本和寻租成本，科技创新能力也将进一步增强，从而企业供给能力将进一步释放，产品生产成本和销售价格会趋于下降，进而创造出更多的需求，"萨伊定律"所谓供给创造需求的论断，将在新的历史时期更多得到验证，将有效平滑供需矛盾带来的经济波动。

尽管中国经济未来将呈现新的运行态势和特征，经济运行将更加稳定和健康，但就短期而言，由于结构调整存在的紧缩效应，以及"稳增长"政策的效应减弱，中国经济仍将面临一定向下运行的压力。因此，2014 年第 4季度和 2015 年将基本保持稳定运行，并且经济增速会略有走低。

投资需求方面：2014 年前三季度，房屋新开工面积同比下降 9.3%，土地购置面积下降 4.6%，商品房待售面积增长 28.0%，同时，鉴于房地产价格相对城镇人均可支配收入仍然偏高，市场成交量难以有效放大，房地产开发投资的预期风险增加而预期收益下降，这将会对房地产开发投资增长产生不利影响。从宏观层面来说，由于经济增长进一步放缓，产能过剩严重的局面没有根本改变，社会总需求总体不足，这也将对房地产市场产生不利冲击。不过，由于居民收入增长仍然较快，特别是房地产投资的过快下滑已经威胁到宏观经济稳定，从而中央政府有可能矫正过去较为严格的房地产调控政策，将会对房地产市场产生积极的影响。这些因素决定了未来房地产开发投资增速将进一步回落，但是回落幅度仍然将会有限。受房地产开发投资和房地产成交量增速持续放缓的影响，以及部分行业产能过剩依然存在的影响，制造业投资也将呈现稳中趋降的特征。政府为"稳增长"将会适当扩大投资规模，但受地方投资能力和政策效应递减的约束，政府主导投资增速也难以有效提升。综合这些因素，全社会固定资产投资增速在第4季度和2014年将呈现稳中趋降的特征。

消费需求方面：9月份，社会消费品零售总额同比增长11.6%，较8月份略低0.3个百分点。其中，粮油食品和饮料烟酒、家用电器和音像器材、石油及制品、建筑及装潢材料等项目消费增速都有较大的降幅。9月份社会消费品零售总额增速的再度放缓，既有部分消费品价格增速下行的原因，也受到房地产市场成交量萎缩导致的家居用品消费增速回落的冲击。而且，由于未来房地产投资和房地产成交量仍然难以有效出现较快增长，相关产品的消费需求仍然会受到较大程度的抑制。尽管随着体制改革的深入推进以及电子商务的发展，物流成本将趋于降低，垄断过度加价有望得到破除，从而对消费产生一定的刺激作用，不过总体来看，在深化体制改革、需求依旧疲弱、物价涨幅回落等因素的共同影响下，我国消费增长将呈现稳中有降趋势，未来增速仍然难以有较大幅度的回升。同时，政府控制公款消费的决策对消费产生的不利影响也在发酵，短期内仍会对消费增速的恢复和提升产生抑制作用。不仅如此，尽管前三季度城镇新增就业人员1082万人，增长率却下降到只有1.5%，而且前三季度城镇人均可支配收入也呈现逐季回落的趋势。综合这些因素，社会消费品零售总额在2014年第4季度和2015年也将呈稳中略降的趋势。

进出口方面：虽然世界绝大部分国家经济复苏的稳健性有所增长，但是由于我国生产要素成本的升高，相对东南亚等一些国家已经明显偏高，以劳动密集型产业为代表的加工贸易将继续出现萎缩。在世界经济有所复苏的情况下，我国的一般贸易将有所恢复，但是由于世界经济结构和贸易结构的深刻调整，一般贸易的增长也难以实现较快增长。综合这些因素，2014 年第 4 季度和2015 年，我国对外贸易仍会实现一定程度的增长，但是增速不会太高。

结合上面的分析，具体来说，2014 年，中国经济将同比增长 7.4%，居民消费价格指数将达到 1.9%，全社会固定资产投资将同比增长 15.9%，社会消费品零售总额将同比增长 11.9%，贸易顺差将达到 2900 亿美元左右，进出口总额增长率按美元计算将达到 1.0%。2015 年，中国经济增长率将达到 7.2%，居民消费价格指数将上涨 2.0%，全社会固定投资增长率将为15.0%，社会消费品零售总额增长率将至 11.5%，贸易顺差将达到 3200 亿美元左右，进出口总额增长率将达到 3.0%。包括 2014 年和 2015 年在内的主要宏观经济指标预测值见表 3 - 2。

表 3 - 2　2014～2015 年主要宏观经济指标预测值

指标	2014 年	2015 年
GDP 增长率(%)	7.4	7.2
居民消费价格指数上涨率(%)	1.9	2.0
全社会固定资产投资增长率(%)	15.9	15.0
房地产开发投资增长率(%)	11.5	10.5
社会商品零售总额增长率(%)	11.9	11.5
贸易顺差(亿美元)	2900	3200
进出口总增长率(%)	1.0	3.0

四　宏观经济运行与房地产市场的相互影响

（一）房地产市场对宏观经济运行的影响

1. 房地产投资增速放缓导致其对经济增长的直接贡献率大幅下降

2014 年前三季度，全国房地产开发投资同比名义增长 12.5%，增速比上年同期回落 7.2 个百分点。其中，住宅投资增长 11.3%，增速比上年回落 8.2 个百分点。房地产投资增速下滑对经济增长产生了明显的不利影响，据课题组测算，房地产投资增速的下降对 GDP 增长的直接贡献率回落了约 0.35 个百分点，如果考虑到投资乘数效应与对家居等消费产品的影响，其对经济增长的影响程度会更大。图 3 - 6 描述了 GDP 增长率与房地产开发投资对 GDP 增长的贡献率状况。从图 3 - 6 中不难看出，房地产投资对经济增长的直接贡献率已经下降到只有 0.48 个百分点，创下 2000 年以来的新低。这一现象值得高度警惕。

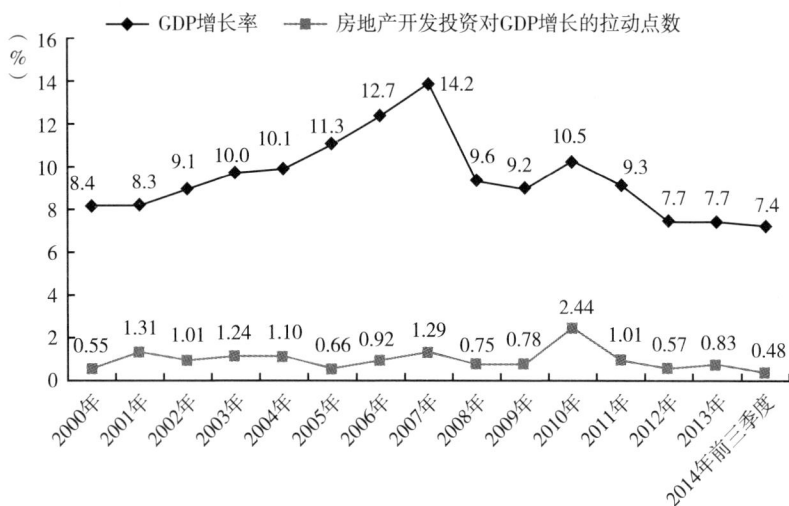

图 3 - 6　GDP 增长率与房地产开发投资对 GDP 增长的拉动点数

2. 房地产市场成交量下降导致居民消费增速放缓，对经济运行形成进一步的冲击

房地产成交量的波动会对装修装潢、家具和家电等居民消费形成影响，从而对经济运行产生冲击。2014 年前三季度，房地产开发商品房销售面积比上年同期下降了 8.6%，房地产开发住宅销售面积比上年同期下降了 10.3%，而 2013 年同期二者分别上升了 23.3% 和 23.9%。图 3 - 7 描述了房地产开发商品房和住宅成交量的增速变化。与此相对应，2014 年前三季

权威·前沿·原创

SSAP

社会科学文献出版社

皮 书 系 列

2015年

盘点年度资讯 预测时代前程

社会科学文献出版社 学术传播中心 编制

社会科学文献出版社
SOCIAL SCIENCES ACADEMIC PRESS (CHINA)

社会科学文献出版社成立于1985年，是直属于中国社会科学院的人文社会科学专业学术出版机构。

成立以来，特别是1998年实施第二次创业以来，依托于中国社会科学院丰厚的学术出版和专家学者两大资源，坚持"创社科经典，出传世文献"的出版理念和"权威、前沿、原创"的产品定位，社科文献立足内涵式发展道路，从战略层面推动学术出版的五大能力建设，逐步走上了学术产品的系列化、规模化、数字化、国际化、市场化经营道路。

先后策划出版了著名的图书品牌和学术品牌"皮书"系列、"列国志"、"社科文献精品译库"、"全球化译丛"、"气候变化与人类发展译丛"、"近世中国"等一大批既有学术影响又有市场价值的系列图书。形成了较强的学术出版能力和资源整合能力，年发稿5亿字，年出版图书1400余种，承印发行中国社科院院属期刊70余种。

依托于雄厚的出版资源整合能力，社会科学文献出版社长期以来一直致力于从内容资源和数字平台两个方面实现传统出版的再造，并先后推出了皮书数据库、列国志数据库、中国田野调查数据库等一系列数字产品。

在国内原创著作、国外名家经典著作大量出版，数字出版突飞猛进的同时，社会科学文献出版社在学术出版国际化方面也取得了不俗的成绩。先后与荷兰博睿等十余家国际出版机构合作向海外推出了《经济蓝皮书》《社会蓝皮书》等十余种皮书的英文版、俄文版、日文版等。截至目前，社会科学文献出版社共推出各类学术著作的英文版、日文版、俄文版、韩文版、阿拉伯文版等共百余种。

此外，社会科学文献出版社积极与中央和地方各类媒体合作，联合大型书店、学术书店、机场书店、网络书店、图书馆，逐步构建起了强大的学术图书的内容传播力和社会影响力，学术图书的媒体曝光率居全国之首，图书馆藏率居于全国出版机构前十位。

上述诸多成绩的取得，有赖于一支以年轻的博士、硕士为主体，一批从中国社科院刚退出科研一线的各学科专家为支撑的300多位高素质的编辑、出版和营销队伍，为我们实现学术立社，以学术的品位、学术价值来实现经济效益和社会效益这样一个目标的共同努力。

作为已经开启第三次创业梦想的人文社会科学学术出版机构，社会科学文献出版社结合社会需求、自身的条件以及行业发展，提出了新的创业目标：精心打造人文社会科学成果推广平台，发展成为一家集图书、期刊、声像电子和数字出版物为一体，面向海内外高端读者和客户，具备独特竞争力的人文社会科学内容资源供应商和海内外知名的专业学术出版机构。

社长致辞

　　我们是图书出版者，更是人文社会科学内容资源供应商；

　　我们背靠中国社会科学院，面向中国与世界人文社会科学界，坚持为人文社会科学的繁荣与发展服务；

　　我们精心打造权威信息资源整合平台，坚持为中国经济与社会的繁荣与发展提供决策咨询服务；

　　我们以读者定位自身，立志让爱书人读到好书，让求知者获得知识；

　　我们精心编辑、设计每一本好书以形成品牌张力，以优秀的品牌形象服务读者，开拓市场；

　　我们始终坚持"创社科经典，出传世文献"的经营理念，坚持"权威、前沿、原创"的产品特色；

　　我们"以人为本"，提倡阳光下创业，员工与企业共享发展之成果；

　　我们立足于现实，认真对待我们的优势、劣势，我们更着眼于未来，以不断的学习与创新适应不断变化的世界，以不断的努力提升自己的实力；

　　我们愿与社会各界友好合作，共享人文社会科学发展之成果，共同推动中国学术出版乃至内容产业的繁荣与发展。

社会科学文献出版社社长
中国社会学会秘书长

2015 年 1 月

❖ 皮书起源 ❖

"皮书"起源于十七、十八世纪的英国，主要指官方或社会组织正式发表的重要文件或报告，多以"白皮书"命名。在中国，"皮书"这一概念被社会广泛接受，并被成功运作、发展成为一种全新的出版形态，则源于中国社会科学院社会科学文献出版社。

❖ 皮书定义 ❖

皮书是对中国与世界发展状况和热点问题进行年度监测，以专业的角度、专家的视野和实证研究方法，针对某一领域或区域现状与发展态势展开分析和预测，具备权威性、前沿性、原创性、实证性、时效性等特点的连续性公开出版物，由一系列权威研究报告组成。皮书系列是社会科学文献出版社编辑出版的蓝皮书、绿皮书、黄皮书等的统称。

❖ 皮书作者 ❖

皮书系列的作者以中国社会科学院、著名高校、地方社会科学院的研究人员为主，多为国内一流研究机构的权威专家学者，他们的看法和观点代表了学界对中国与世界的现实和未来最高水平的解读与分析。

❖ 皮书荣誉 ❖

皮书系列已成为社会科学文献出版社的著名图书品牌和中国社会科学院的知名学术品牌。2011年，皮书系列正式列入"十二五"国家重点出版规划项目；2012~2014年，重点皮书列入中国社会科学院承担的国家哲学社会科学创新工程项目；2015年，41种院外皮书使用"中国社会科学院创新工程学术出版项目"标识。

经 济 类

经济类皮书涵盖宏观经济、城市经济、大区域经济，
提供权威、前沿的分析与预测

经济蓝皮书

2015 年中国经济形势分析与预测

李　扬 / 主编　　2014 年 12 月出版　　定价 :69.00 元

◆　本书课题为"总理基金项目"，由著名经济学家李扬领衔，联合数十家科研机构、国家部委和高等院校的专家共同撰写，对 2014 年中国宏观及微观经济形势，特别是全球金融危机及其对中国经济的影响进行了深入分析，并且提出了 2015 年经济走势的预测。

城市竞争力蓝皮书

中国城市竞争力报告 No.13

倪鹏飞 / 主编　　2015 年 5 月出版　　估价 :89.00 元

◆　本书由中国社会科学院城市与竞争力研究中心主任倪鹏飞主持编写，汇集了众多研究城市经济问题的专家学者关于城市竞争力研究的最新成果。本报告构建了一套科学的城市竞争力评价指标体系，采用第一手数据材料，对国内重点城市年度竞争力格局变化进行客观分析和综合比较、排名，对研究城市经济及城市竞争力极具参考价值。

西部蓝皮书

中国西部发展报告（2015）

姚慧琴　徐璋勇 / 主编　　2015 年 7 月出版　　估价 :89.00 元

◆　本书由西北大学中国西部经济发展研究中心主编，汇集了源自西部本土以及国内研究西部问题的权威专家的第一手资料，对国家实施西部大开发战略进行年度动态跟踪，并对 2015 年西部经济、社会发展态势进行预测和展望。

中部蓝皮书

中国中部地区发展报告（2015）

喻新安 / 主编　　2015 年 5 月出版　　估价 :69.00 元

◆　本书敏锐地抓住当前中部地区经济发展中的热点、难点问题，紧密地结合国家和中部经济社会发展的重大战略转变，对中部地区经济发展的各个领域进行了深入、全面的分析研究，并提出了具有理论研究价值和可操作性强的政策建议。

世界经济黄皮书

2015 年世界经济形势分析与预测

王洛林　张宇燕 / 主编　　2014 年 12 月出版　　估价 :69.00 元

◆　本书为"十二五"国家重点图书出版规划项目，中国社会科学院创新工程学术出版资助项目，作者来自中国社会科学院世界经济与政治研究所。该书总结了 2014 年世界经济发展的热点问题，对 2015 年世界经济形势进行了分析与预测。

中国省域竞争力蓝皮书

中国省域经济综合竞争力发展报告（2015）

李建平　李闽榕　高燕京 / 主编　　2015 年 3 月出版　估价 :198.00 元

◆　本书充分运用数理分析、空间分析、规范分析与实证分析相结合、定性分析与定量分析相结合的方法，建立起比较科学完善、符合中国国情的省域经济综合竞争力指标评价体系及数学模型，对 2013~2014 年中国内地 31 个省、市、区的经济综合竞争力进行全面、深入、科学的总体评价与比较分析。

城市蓝皮书

中国城市发展报告 No.8

潘家华　魏后凯 / 主编　2015 年 9 月出版　　估价 :69.00 元

◆　本书由中国社会科学院城市发展与环境研究中心编著，从中国城市的科学发展、城市环境可持续发展、城市经济集约发展、城市社会协调发展、城市基础设施与用地管理、城市管理体制改革以及中国城市科学发展实践等多角度、全方位地立体展示了中国城市的发展状况，并对中国城市的未来发展提出了建议。

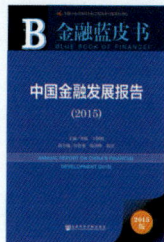

金融蓝皮书

中国金融发展报告（2015）

李　扬　王国刚／主编　2014年12月出版　估价：69.00元

◆　由中国社会科学院金融研究所组织编写的《中国金融发展报告（2015）》，概括和分析了2014年中国金融发展和运行中的各方面情况，研讨和评论了2014年发生的主要金融事件。本书由业内专家和青年精英联合编著，有利于读者了解掌握2014年中国的金融状况，把握2015年中国金融的走势。

低碳发展蓝皮书

中国低碳发展报告（2015）

齐　晔／主编　2015年3月出版　估价：89.00元

◆　本书对中国低碳发展的政策、行动和绩效进行科学、系统、全面的分析。重点是通过归纳中国低碳发展的绩效，评估与低碳发展相关的政策和措施，分析政策效应的制度背景和作用机制，为进一步的政策制定、优化和实施提供支持。

经济信息绿皮书

中国与世界经济发展报告（2015）

杜　平／主编　2014年12月出版　估价：79.00元

◆　本书由国家信息中心继续组织有关专家编撰。由国家信息中心组织专家队伍编撰，对2014年国内外经济发展环境、宏观经济发展趋势、经济运行中的主要矛盾、产业经济和区域经济热点、宏观调控政策的取向进行了系统的分析预测。

低碳经济蓝皮书

中国低碳经济发展报告（2015）

薛进军　赵忠秀／主编　2015年5月出版　估价：69.00元

◆　本书是以低碳经济为主题的系列研究报告，汇集了一批罗马俱乐部核心成员、IPCC工作组成员、碳排放理论的先驱者、政府气候变化问题顾问、低碳社会和低碳城市计划设计人等世界顶尖学者、对气候变化政策制定、特别是中国的低碳经济经济发展有特别参考意义。

社会政法类

社会政法类皮书聚焦社会发展领域的热点、难点问题，
提供权威、原创的资讯与视点

社会蓝皮书

2015年中国社会形势分析与预测

李培林　陈光金　张　翼/主编　2014年12月出版　定价:69.00元

◆　本报告是中国社会科学院"社会形势分析与预测"课题组2014年度分析报告，由中国社会科学院社会学研究所组织研究机构专家、高校学者和政府研究人员撰写。对2014年中国社会发展的各个方面内容进行了权威解读，同时对2015年社会形势发展趋势进行了预测。

法治蓝皮书

中国法治发展报告 No.13（2015）

李　林　田　禾/主编　2015年2月出版　估价:98.00元

◆　本年度法治蓝皮书一如既往秉承关注中国法治发展进程中的焦点问题的特点，回顾总结了2014年度中国法治发展取得的成就和存在的不足，并对2015年中国法治发展形势进行了预测和展望。

环境绿皮书

中国环境发展报告（2015）

刘鉴强/主编　2015年5月出版　估价:79.00元

◆　本书由民间环保组织"自然之友"组织编写，由特别关注、生态保护、宜居城市、可持续消费以及政策与治理等版块构成，以公共利益的视角记录、审视和思考中国环境状况，呈现2014年中国环境与可持续发展领域的全局态势，用深刻的思考、科学的数据分析2014年的环境热点事件。

反腐倡廉蓝皮书

中国反腐倡廉建设报告 No.4

李秋芳　张英伟 / 主编　2014 年 12 月出版　定价 :79.00 元

◆　本书抓住了若干社会热点和焦点问题，全面反映了新时期新阶段中国反腐倡廉面对的严峻局面，以及中国共产党反腐倡廉建设的新实践新成果。根据实地调研、问卷调查和舆情分析，梳理了当下社会普遍关注的与反腐败密切相关的热点问题。

女性生活蓝皮书

中国女性生活状况报告 No.9（2015）

韩湘景 / 主编　2015 年 4 月出版　估价 :79.00 元

◆　本书由中国妇女杂志社、华坤女性生活调查中心和华坤女性消费指导中心组织编写，通过调查获得的大量调查数据，真实展现当年中国城市女性的生活状况、消费状况及对今后的预期。

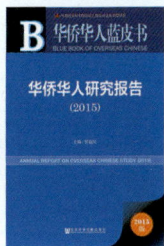

华侨华人蓝皮书

华侨华人研究报告 (2015)

贾益民 / 主编　2015 年 12 月出版　估价 :118.00 元

◆　本书为中国社会科学院创新工程学术出版资助项目，是华侨大学向世界提供最新涉侨动态、理论研究和政策建议的平台。主要介绍了相关国家华侨华人的规模、分布、结构、发展趋势，以及全球涉侨生存安全环境和华文教育情况等。

政治参与蓝皮书

中国政治参与报告（2015）

房　宁 / 主编　2015 年 7 月出版　估价 :105.00 元

◆　本书作者均来自中国社会科学院政治学研究所，聚焦中国基层群众自治的参与情况介绍了城镇居民的社区建设与居民自治参与和农村居民的村民自治与农村社区建设参与情况。其优势是其指标评估体系的建构和问卷调查的设计专业，数据量丰富，统计结论科学严谨。

行 业 报 告 类

行业报告类皮书立足重点行业、新兴行业领域，
提供及时、前瞻的数据与信息

房地产蓝皮书

中国房地产发展报告 No.12（2015）

魏后凯 李景国/主编 2015 年 5 月出版 估价：79.00 元

◆ 本书汇集了众多研究城市房地产经济问题的专家、学者关于城市房地产方面的最新研究成果。对 2014 年我国房地产经济发展状况进行了回顾，并做出了分析，全面翔实而又客观公正，同时，也对未来我国房地产业的发展形势做出了科学的预测。

保险蓝皮书

中国保险业竞争力报告（2015）

姚庆海 王 力/主编 2015 年 12 出版 估价：98.00 元

◆ 本皮书主要为监管机构、保险行业和保险学界提供保险市场一年来发展的总体评价，外在因素对保险业竞争力发展的影响研究；国家监管政策、市场主体经营创新及职能发挥、理论界最新研究成果等综述和评论。

企业社会责任蓝皮书

中国企业社会责任研究报告（2015）

黄群慧 彭华岗 钟宏武 张 蒽/编著
2015 年 11 月出版 估价：69.00 元

◆ 本书系中国社会科学院经济学部企业社会责任研究中心组织编写的《企业社会责任蓝皮书》2015 年分册。该书在对企业社会责任进行宏观总体研究的基础上，根据 2014 年企业社会责任及相关背景进行了创新研究，在全国企业中观层面对企业健全社会责任管理体系提供了弥足珍贵的丰富信息。

投资蓝皮书

中国投资发展报告（2015）

杨庆蔚 / 主编　　2015 年 4 月出版　　估价 :128.00 元

◆　　本书是中国建银投资有限责任公司在投资实践中对中国投资发展的各方面问题进行深入研究和思考后的成果。投资包括固定资产投资、实业投资、金融产品投资、房地产投资等诸多领域，尝试将投资作为一个整体进行研究，能够较为清晰地展现社会资金流动的特点，为投资者、研究者、甚至政策制定者提供参考。

住房绿皮书

中国住房发展报告（2014~2015）

倪鹏飞 / 主编　　2014 年 12 月出版　　估价 :79.00 元

◆　　本报告从宏观背景、市场主体、市场体系、公共政策和年度主题五个方面，对中国住宅市场体系做了全面系统的分析、预测与评价，并给出了相关政策建议，并在评述 2013~2014 年住房及相关市场走势的基础上，预测了 2014~2015 年住房及相关市场的发展变化。

人力资源蓝皮书

中国人力资源发展报告（2015）

余兴安 / 主编　　2015 年 9 月出版　　估价 :79.00 元

◆　　本书是在人力资源和社会保障部部领导的支持下，由中国人事科学研究院汇集我国人力资源开发权威研究机构的诸多专家学者的研究成果编写而成。作为关于人力资源的蓝皮书，本书通过充分利用有关研究成果，更广泛、更深入地展示近年来我国人力资源开发重点领域的研究成果。

汽车蓝皮书

中国汽车产业发展报告（2015）

国务院发展研究中心产业经济研究部 中国汽车工程学会

大众汽车集团（中国）/ 主编　2015 年 7 月出版　　估价 :128.00 元

◆　　本书由国务院发展研究中心产业经济研究部、中国汽车工程学会、大众汽车集团（中国）联合主编，是关于中国汽车产业发展的研究性年度报告，介绍并分析了本年度中国汽车产业发展的形势。

国别与地区类

国别与地区类皮书关注全球重点国家与地区，
提供全面、独特的解读与研究

亚太蓝皮书

亚太地区发展报告（2015）

李向阳 / 主编　　2015 年 1 月出版　　估价：59.00 元

◆　本书是由中国社会科学院亚太与全球战略研究院精心打造的品牌皮书，关注时下亚太地区局势发展动向里隐藏的中长趋势，剖析亚太地区政治与安全格局下的区域形势最新动向以及地区关系发展的热点问题，并对 2015 年亚太地区重大动态做出前瞻性的分析与预测。

日本蓝皮书

日本研究报告（2015）

李　薇 / 主编　　2015 年 3 月出版　　估价：69.00 元

◆　本书由中华日本学会、中国社会科学院日本研究所合作推出，是以中国社会科学院日本研究所的研究人员为主完成的研究成果。对 2014 年日本的政治、外交、经济、社会文化作了回顾、分析与展望，并收录了该年度日本大事记。

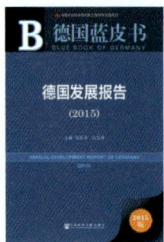

德国蓝皮书

德国发展报告（2015）

郑春荣　伍慧萍 / 主编　　2015 年 6 月出版　　估价：69.00 元

◆　本报告由同济大学德国研究所组织编撰，由该领域的专家学者对德国的政治、经济、社会文化、外交等方面的形势发展情况，进行全面的阐述与分析。德国作为欧洲大陆第一强国，与中国各方面日渐紧密的合作关系，值得国内各界深切关注。

国际形势黄皮书

全球政治与安全报告（2015）

李慎明 张宇燕 / 主编　2014 年 12 月出版　估价 :69.00 元

◆　本书为"十二五"国家重点图书出版规划项目、中国
社会科学院创新工程学术出版资助项目，为"国际形势黄
皮书"系列年度报告之一。报告旨在对本年度国际政治及
安全形势的总体情况和变化进行回顾与分析，并提出一定
的预测。

拉美黄皮书

拉丁美洲和加勒比发展报告（2014~2015）

吴白乙 / 主编　2015 年 4 月出版　估价 :89.00 元

◆　本书是中国社会科学院拉丁美洲研究所的第 14 份关于
拉丁美洲和加勒比地区发展形势状况的年度报告。 本书对
2014 年拉丁美洲和加勒比地区诸国的政治、经济、社会、
外交等方面的发展情况做了系统介绍，对该地区相关国家
的热点及焦点问题进行了总结和分析，并在此基础上对该
地区各国 2015 年的发展前景做出预测。

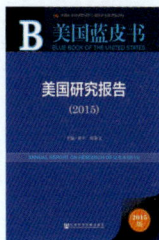

美国蓝皮书

美国研究报告（2015）

黄　平　郑秉文 / 主编　2015 年 7 月出版　估价 :89.00 元

◆　本书是由中国社会科学院美国所主持完成的研究成果，
它回顾了美国 2014 年的经济、政治形势与外交战略，对
2014 年以来美国内政外交发生的重大事件以及重要政策进
行了较为全面的回顾和梳理。

大湄公河次区域蓝皮书

大湄公河次区域合作发展报告（2015）

刘　稚 / 主编　2015 年 9 月出版　　估价 :79.00 元

◆　云南大学大湄公河次区域研究中心深入追踪分析该区
域发展动向，以把握全面，突出重点为宗旨，系统介绍和
研究大湄公河次区域合作的年度热点和重点问题，展望次
区域合作的发展趋势，并对新形势下我国推进次区域合作
深入发展提出相关对策建议。

地方发展类

地方发展类皮书关注大陆各省份、经济区域，
提供科学、多元的预判与咨政信息

北京蓝皮书

北京公共服务发展报告（2014~2015）

施昌奎 / 著　　2015年2月出版　估价：69.00元

◆　本书是由北京市政府职能部门的领导、首都著名高校的教授、知名研究机构的专家共同完成的关于北京市公共服务发展与创新的研究成果。内容涉及了北京市公共服务发展的方方面面，既有综述性的总报告，也有细分的情况介绍，既有对北京各个城区的综合性描述，也有对局部、细部、具体问题的分析，对年度热点问题也都有涉及。

上海蓝皮书

上海经济发展报告（2015）

沈开艳 / 主编　　2015年1月出版　估价：69.00元

◆　本书系上海社会科学院系列之一，报告对2015年上海经济增长与发展趋势的进行了预测，把握了上海经济发展的脉搏和学术研究的前沿。

广州蓝皮书

广州经济发展报告（2015）

李江涛　朱名宏 / 主编　　2015年5月出版　估价：69.00元

◆　本书是由广州市社会科学院主持编写的"广州蓝皮书"系列之一，本报告对广州2014年宏观经济运行情况作了深入分析，对2015年宏观经济走势进行了合理预测，并在此基础上提出了相应的政策建议。

文 化 传 媒 类

文化传媒类皮书透视文化领域、文化产业，
探索文化大繁荣、大发展的路径

新媒体蓝皮书

中国新媒体发展报告 No.5（2015）

唐绪军 / 主编　　　2015 年 6 月出版　　　估价 :79.00 元

◆　本书由中国社会科学院新闻与传播研究所和上海大学合作编写，在构建新媒体发展研究基本框架的基础上，全面梳理 2014 年中国新媒体发展现状，发表最前沿的网络媒体深度调查数据和研究成果，并对新媒体发展的未来趋势做出预测。

舆情蓝皮书

中国社会舆情与危机管理报告（2015）

谢耘耕 / 主编　　　2015 年 8 月出版　　　估价 :98.00 元

◆　本书由上海交通大学舆情研究实验室和危机管理研究中心主编，已被列入教育部人文社会科学研究报告培育项目。本书以新媒体环境下的中国社会为立足点，对 2014 年中国社会舆情、分类舆情等进行了深入系统的研究，并预测了 2015 年社会舆情走势。

文化蓝皮书

中国文化产业发展报告（2015）

张晓明　王家新　章建刚 / 主编　　　2015 年 4 月出版　　　估价 :79.00 元

◆　本书由中国社会科学院文化研究中心编写。 从 2012 年开始，中国社会科学院文化研究中心设立了国内首个文化产业的研究类专项资金——"文化产业重大课题研究计划"，开始在全国范围内组织多学科专家学者对我国文化产业发展重大战略问题进行联合攻关研究。本书集中反映了该计划的研究成果。

经济类

G20国家创新竞争力黄皮书
二十国集团（G20）国家创新竞争力发展报告（2015）
著(编)者:黄茂兴 李闽榕 李建平 赵新力
2015年9月出版 / 估价:128.00元

产业蓝皮书
中国产业竞争力报告（2015）
著(编)者:张其仔　2015年5月出版 / 估价:79.00元

长三角蓝皮书
2015年全面深化改革中的长三角
著(编)者:张伟斌　2015年1月出版 / 估价:69.00元

城乡一体化蓝皮书
中国城乡一体化发展报告（2015）
著(编)者:付崇兰 汝信　2015年12月出版 / 估价:79.00元

城市创新蓝皮书
中国城市创新报告（2015）
著(编)者:周天勇 旷建伟　2015年8月出版 / 估价:69.00元

城市竞争力蓝皮书
中国城市竞争力报告（2015）
著(编)者:倪鹏飞　2015年5月出版 / 估价:89.00元

城市蓝皮书
中国城市发展报告NO.8
著(编)者:潘家华 魏后凯　2015年9月出版 / 估价:69.00元

城市群蓝皮书
中国城市群发展指数报告（2015）
著(编)者:刘新静 刘士林　2015年1月出版 / 估价:59.00元

城乡统筹蓝皮书
中国城乡统筹发展报告（2015）
著(编)者:潘晨光 程志强　2015年3月出版 / 估价:59.00元

城镇化蓝皮书
中国新型城镇化健康发展报告（2015）
著(编)者:张占斌　2015年5月出版 / 估价:79.00元

低碳发展蓝皮书
中国低碳发展报告（2015）
著(编)者:齐晔　2015年3月出版 / 估价:89.00元

低碳经济蓝皮书
中国低碳经济发展报告（2015）
著(编)者:薛进军 赵忠秀　2015年5月出版 / 估价:69.00元

东北蓝皮书
中国东北地区发展报告（2015）
著(编)者:马克 黄文艺　2015年8月出版 / 估价:79.00元

发展和改革蓝皮书
中国经济发展和体制改革报告（2015）
著(编)者:邹东涛　2015年11月出版 / 估价:98.00元

工业化蓝皮书
中国工业化进程报告（2015）
著(编)者:黄群慧 吕铁 李晓华　2015年11月出版 / 估价:89.00元

国际城市蓝皮书
国际城市发展报告（2015）
著(编)者:屠启宇　2015年1月出版 / 估价:69.00元

国家创新蓝皮书
中国创新发展报告（2015）
著(编)者:陈劲　2015年6月出版 / 估价:59.00元

环境竞争力绿皮书
中国省域环境竞争力发展报告（2015）
著(编)者:李闽榕 李建平 王金南
2015年12月出版 / 估价:148.00元

金融蓝皮书
中国金融发展报告（2015）
著(编)者:李扬 王国刚　2014年12月出版 / 估价:69.00元

金融信息服务蓝皮书
金融信息服务发展报告（2015）
著(编)者:鲁广锦 殷剑峰 林义相　2015年6月出版 / 估价:89.00元

经济蓝皮书
2015年中国经济形势分析与预测
著(编)者:李扬　2014年12月出版 / 定价:69.00元

经济蓝皮书·春季号
2015年中国经济前景分析
著(编)者:李扬　2015年5月出版 / 估价:79.00元

经济蓝皮书·夏季号
中国经济增长报告（2015）
著(编)者:李扬　2015年7月出版 / 估价:69.00元

经济信息绿皮书
中国与世界经济发展报告（2015）
著(编)者:杜平　2014年12月出版 / 估价:79.00元

就业蓝皮书
2015年中国大学生就业报告
著(编)者:麦可思研究院　2015年6月出版 / 估价:98.00元

临空经济蓝皮书
中国临空经济发展报告（2015）
著(编)者:连玉明　2015年9月出版 / 估价:79.00元

民营经济蓝皮书
中国民营经济发展报告（2015）
著(编)者:王钦敏　2015年12月出版 / 估价:79.00元

农村绿皮书
中国农村经济形势分析与预测（2014~2015）
著(编)者:中国社会科学院农村发展研究所
　　　国家统计局农村社会经济调查司
2015年4月出版 / 估价:69.00元

农业应对气候变化蓝皮书
气候变化对中国农业影响评估报告（2015）
著(编)者:矫梅燕　2015年8月出版 / 估价:98.00元

企业公民蓝皮书
中国企业公民报告（2015）
著(编)者:邹东涛　2015年12月出版 / 估价:79.00元

气候变化绿皮书
应对气候变化报告（2015）
著(编)者:王伟光 郑国光　2015年10月出版 / 估价:79.00元

区域蓝皮书
中国区域经济发展报告（2015）
著(编)者:梁昊光　2015年4月出版 / 估价:79.00元

全球环境竞争力绿皮书
全球环境竞争力报告（2015）
著(编)者:李建建 李闽榕 李建平 王金南
2015年12月出版 / 估价:198.00元

人口与劳动绿皮书
中国人口与劳动问题报告（2015）
著(编)者:蔡昉　2015年11月出版 / 估价:59.00元

世界经济黄皮书
2015年世界经济形势分析与预测
著(编)者:王洛林 张宇燕　2014年12月出版 / 估价:69.00元

世界旅游城市绿皮书
世界旅游城市发展报告（2015）
著(编)者:鲁勇 周正宇 宋宇　2015年6月出版 / 估价:88.00元

西北蓝皮书
中国西北发展报告（2015）
著(编)者:张进海 陈冬红 段庆林　2014年12月出版 / 估
价:69.00元

西部蓝皮书
中国西部发展报告（2015）
著(编)者:姚慧琴 徐璋勇　2015年7月出版 / 估价:89.00元

新型城镇化蓝皮书
新型城镇化发展报告（2015）
著(编)者:李伟　2015年10月出版 / 估价:89.00元

新兴经济体蓝皮书
金砖国家发展报告（2015）
著(编)者:林跃勤 周文　2015年7月出版 / 估价:79.00元

中部竞争力蓝皮书
中国中部经济社会竞争力报告（2015）
著(编)者:教育部人文社会科学重点研究基地
　　　　南昌大学中国中部经济社会发展研究中心
2015年9月出版 / 估价:79.00元

中部蓝皮书
中国中部地区发展报告（2015）
著(编)者:喻新安　2015年5月出版 / 估价:69.00元

中国省域竞争力蓝皮书
中国省域经济综合竞争力发展报告（2015）
著(编)者:李建平 李闽榕 高燕京
2015年3月出版 / 估价:198.00元

中三角蓝皮书
长江中游城市群发展报告（2015）
著(编)者:秦尊文　2015年1月出版 / 估价:69.00元

中小城市绿皮书
中国中小城市发展报告（2015）
著(编)者:中国城市经济学会中小城市经济发展委员会
　　　　《中国中小城市发展报告》编纂委员会
　　　　中小城市发展战略研究院
2015年1月出版 / 估价:98.00元

中央商务区蓝皮书
中国中央商务区发展报告（2015）
著(编)者:中国商务区联盟
　　　　中国社会科学院城市发展与环境研究所
2015年10月出版 / 估价:69.00元

中原蓝皮书
中原经济区发展报告（2015）
著(编)者:李英杰　2015年6月出版 / 估价:88.00元

社会政法类

北京蓝皮书
中国社区发展报告（2015）
著(编)者:于燕燕　2015年6月出版 / 估价:69.00元

殡葬绿皮书
中国殡葬事业发展报告（2015）
著(编)者:李伯森　2015年3月出版 / 估价:59.00元

城市管理蓝皮书
中国城市管理报告（2015）
著(编)者:谭维克 刘林　2015年10月出版 / 估价:158.00元

城市生活质量蓝皮书
中国城市生活质量报告（2015）
著(编)者:中国经济实验研究院　2015年6月出版 / 估价:59.00元

城市政府能力蓝皮书
中国城市政府公共服务能力评估报告（2015）
著(编)者:何艳玲　2015年7月出版 / 估价:59.00元

创新蓝皮书
创新型国家建设报告（2015）
著(编)者:詹正茂　2015年3月出版 / 估价:69.00元

慈善蓝皮书
中国慈善发展报告（2015）
著(编)者:杨团　2015年5月出版 / 估价:79.00元

大学生蓝皮书
中国大学生生活形态研究报告（2015）
著(编)者:张新洲　2015年12月出版 / 估价:69.00元

法治蓝皮书
中国法治发展报告No.13（2015）
著(编)者:李林　田禾　2015年2月出版 / 估价:98.00元

反腐倡廉蓝皮书
中国反腐倡廉建设报告No.4
著(编)者:李秋芳　张英伟　2014年12月出版 / 定价:79.00元

非传统安全蓝皮书
中国非传统安全研究报告（2015）
著(编)者:余潇枫　魏志江　2015年6月出版 / 估价:79.00元

妇女发展蓝皮书
中国妇女发展报告（2015）
著(编)者:王金玲　2015年9月出版 / 估价:148.00元

妇女教育蓝皮书
中国妇女教育发展报告（2015）
著(编)者:张李玺　2015年1月出版 / 估价:78.00元

妇女绿皮书
中国性别平等与妇女发展报告（2015）
著(编)者:谭琳　2015年12月出版 / 估价:99.00元

公共服务蓝皮书
中国城市基本公共服务力评价（2015）
著(编)者:钟君　吴正杲　2015年12月出版 / 估价:79.00元

公共服务满意度蓝皮书
中国城市公共服务评价报告（2015）
著(编)者:胡伟　2015年12月出版 / 估价:69.00元

公民科学素质蓝皮书
中国公民科学素质报告（2015）
著(编)者:李群　许佳军　2015年6月出版 / 估价:79.00元

公益蓝皮书
中国公益发展报告（2015）
著(编)者:朱健刚　2015年5月出版 / 估价:78.00元

管理蓝皮书
中国管理发展报告（2015）
著(编)者:张晓东　2015年9月出版 / 估价:98.00元

国际人才蓝皮书
中国国际移民报告（2015）
著(编)者:王辉耀　2015年1月出版 / 估价:79.00元

国际人才蓝皮书
中国海归发展报告（2015）
著(编)者:王辉耀　苗绿　2015年1月出版 / 估价:69.00元

国际人才蓝皮书
中国留学发展报告（2015）
著(编)者:王辉耀　苗绿　2015年9月出版 / 估价:69.00元

国家安全蓝皮书
中国国家安全研究报告（2015）
著(编)者:刘慧　2015年5月出版 / 估价:98.00元

行政改革蓝皮书
中国行政体制改革报告（2014~2015）
著(编)者:魏礼群　2015年3月出版 / 估价:89.00元

华侨华人蓝皮书
华侨华人研究报告（2015）
著(编)者:贾益民　2015年12月出版 / 估价:118.00元

环境绿皮书
中国环境发展报告（2015）
著(编)者:刘鉴强　2015年5月出版 / 估价:79.00元

基金会蓝皮书
中国基金会发展报告（2015）
著(编)者:刘忠祥　2015年6月出版 / 估价:69.00元

基金会绿皮书
中国基金会发展独立研究报告（2015）
著(编)者:基金会中心网　2015年8月出版 / 估价:88.00元

基金会透明度蓝皮书
中国基金会透明度发展研究报告（2015）
著(编)者:基金会中心网 清华大学廉政与治理研究中心
2015年9月出版 / 估价:78.00元

教师蓝皮书
中国中小学教师发展报告（2015）
著(编)者:曾晓东　2015年7月出版 / 估价:59.00元

教育蓝皮书
中国教育发展报告（2015）
著(编)者:杨东平　2015年5月出版 / 估价:79.00元

科普蓝皮书
中国科普基础设施发展报告（2015）
著(编)者:任福君　2015年6月出版 / 估价:59.00元

劳动保障蓝皮书
中国劳动保障发展报告（2015）
著(编)者:刘燕斌　2015年6月出版 / 估价:89.00元

老龄蓝皮书
中国老年宜居环境发展报告(2015)
著(编)者:吴玉韶　2015年9月出版 / 估价:79.00元

连片特困区蓝皮书
中国连片特困区发展报告（2015）
著(编)者:冷志明　游俊　2015年3月出版 / 估价:79.00元

民间组织蓝皮书
中国民间组织报告(2015)
著(编)者:潘晨光　黄晓勇　2015年8月出版 / 估价:69.00元

民调蓝皮书
中国民生调查报告（2015）
著(编)者:谢耘耕　2015年5月出版 / 估价:128.00元

民族发展蓝皮书
中国民族区域自治发展报告（2015）
著(编)者:王希恩 郝时远　2015年6月出版 / 估价:98.00元

女性生活蓝皮书
中国女性生活状况报告No.9（2015）
著(编)者:《中国妇女》杂志社 华坤女性生活调查中心
华坤女性消费指导中心
2015年4月出版 / 估价:79.00元

企业国际化蓝皮书
中国企业国际化报告(2015)
著(编)者:王辉耀　2015年10月出版 / 估价:79.00元

汽车社会蓝皮书
中国汽车社会发展报告（2015）
著(编)者:王俊秀　2015年1月出版 / 估价:59.00元

青年蓝皮书
中国青年发展报告No.3
著(编)者:廉思　2015年4月出版 / 估价:59.00元

区域人才蓝皮书
中国区域人才竞争力报告（2015）
著(编)者:桂昭明 王辉耀　2015年6月出版 / 估价:69.00元

群众体育蓝皮书
中国群众体育发展报告（2015）
著(编)者:刘国永 杨桦　2015年8月出版 / 估价:69.00元

人才蓝皮书
中国人才发展报告（2015）
著(编)者:潘晨光　2015年8月出版 / 估价:85.00元

人权蓝皮书
中国人权事业发展报告（2015）
著(编)者:中国人权研究会 2015年8月出版 / 估价:99.00元

森林碳汇绿皮书
中国森林碳汇评估发展报告（2015）
著(编)者:闫文德 胡文臻　2015年9月出版 / 估价:79.00元

社会保障绿皮书
中国社会保障发展报告（2015）
著(编)者:王延中　2015年6月出版 / 估价:79.00元

社会工作蓝皮书
中国社会工作发展报告（2015）
著(编)者:民政部社会工作研究中心
2015年8月出版 / 估价:79.00元

社会管理蓝皮书
中国社会管理创新报告（2015）
著(编)者:连玉明　2015年9月出版 / 估价:89.00元

社会蓝皮书
2015年中国社会形势分析与预测
著(编)者:李培林 陈光金 张 翼
2014年12月出版 / 定价:69.00元

社会体制蓝皮书
中国社会体制改革报告（2015）
著(编)者:龚维斌　2015年5月出版 / 估价:79.00元

社会心态蓝皮书
中国社会心态研究报告（2015）
著(编)者:王俊秀 杨宜音　2015年10月出版 / 估价:69.00元

社会组织蓝皮书
中国社会组织评估发展报告（2015）
著(编)者:徐家良 廖鸿　2015年12月出版 / 估价:69.00元

生态城市绿皮书
中国生态城市建设发展报告（2015）
著(编)者:刘举科 孙伟平 胡文臻
2015年6月出版 / 估价:98.00元

生态文明绿皮书
中国省域生态文明建设评价报告（ECI 2015）
著(编)者:严耕　2015年9月出版 / 估价:85.00元

世界社会主义黄皮书
世界社会主义跟踪研究报告（2015）
著(编)者:李慎明　2015年3月出版 / 估价:198.00元

水与发展蓝皮书
中国水风险评估报告（2015）
著(编)者:王浩　2015年9月出版 / 估价:69.00元

土地整治蓝皮书
中国土地整治发展研究报告No.2
著(编)者:国土资源部土地整治中心　2015年5月出版 / 估价:89.00元

危机管理蓝皮书
中国危机管理报告（2015）
著(编)者:文学国　2015年8月出版 / 估价:89.00元

形象危机应对蓝皮书
形象危机应对研究报告（2015）
著(编)者:唐钧　2015年6月出版 / 估价:149.00元

医改蓝皮书
中国医药卫生体制改革报告（2015～2016）
著(编)者:文学国 房志武　2015年12月出版 / 估价:79.00元

医疗卫生绿皮书
中国医疗卫生发展报告（2015）
著(编)者:申宝忠 韩玉珍　2015年4月出版 / 估价:75.00元

应急管理蓝皮书
中国应急管理报告（2015）
著(编)者:宋英华　2015年10月出版 / 估价:69.00元

政治参与蓝皮书
中国政治参与报告（2015）
著(编)者:房宁　2015年7月出版 / 估价:105.00元

政治发展蓝皮书
中国政治发展报告（2015）
著(编)者:房宁 杨海蛟　2015年5月出版 / 估价:88.00元

中国农村妇女发展蓝皮书
流动女性城市融入发展报告（2015）
著(编)者:谢丽华　2015年11月出版 / 估价:69.00元

宗教蓝皮书
中国宗教报告（2015）
著(编)者:金泽 邱永辉　2015年9月出版 / 估价:59.00元

行业报告类

保险蓝皮书
中国保险业竞争力报告（2015）
著(编)者:王力　2015年12月出版 / 估价:98.00元

彩票蓝皮书
中国彩票发展报告（2015）
著(编)者:益彩基金　2015年10月出版 / 估价:69.00元

餐饮产业蓝皮书
中国餐饮产业发展报告（2015）
著(编)者:邢颖　2015年6月出版 / 估价:69.00元

测绘地理信息蓝皮书
智慧中国地理空间智能体系研究报告（2015）
著(编)者:徐德明　2015年1月出版 / 估价:98.00元

茶业蓝皮书
中国茶产业发展报告（2015）
著(编)者:杨江帆　李闽榕　2015年1月出版 / 估价:78.00元

产权市场蓝皮书
中国产权市场发展报告（2015）
著(编)者:曹和平　2015年12月出版 / 估价:79.00元

电子政务蓝皮书
中国电子政务发展报告（2014~2015）
著(编)者:洪毅　杜平　2015年2月出版 / 估价:79.00元

杜仲产业绿皮书
中国杜仲橡胶资源与产业发展报告（2015）
著(编)者:胡文臻　杜红岩　俞锐
2015年9月出版 / 估价:98.00元

房地产蓝皮书
中国房地产发展报告No.12（2015）
著(编)者:魏后凯　李景国　2015年5月出版 / 估价:79.00元

服务外包蓝皮书
中国服务外包产业发展报告（2015）
著(编)者:王晓红　刘德军　2015年6月出版 / 估价:89.00元

工业设计蓝皮书
中国工业设计发展报告（2015）
著(编)者:王晓红　于炜　张立群　2015年9月出版 / 估价:138.00元

互联网金融蓝皮书
中国互联网金融发展报告（2015）
著(编)者:芮晓武　刘烈宏　2015年8月出版 / 估价:79.00元

会展蓝皮书
中外会展业动态评估年度报告（2015）
著(编)者:张敏　2015年1月出版 / 估价:78.00元

金融监管蓝皮书
中国金融监管报告（2015）
著(编)者:胡滨　2015年5月出版 / 估价:69.00元

金融蓝皮书
中国商业银行竞争力报告（2015）
著(编)者:王松奇　2015年12月出版 / 估价:69.00元

客车蓝皮书
中国客车产业发展报告（2015）
著(编)者:姚蔚　2015年12月出版 / 估价:85.00元

老龄蓝皮书
中国老年宜居环境发展报告（2015）
著(编)者:吴玉韶　党俊武　2015年9月出版 / 估价:79.00元

流通蓝皮书
中国商业发展报告（2015）
著(编)者:荆林波　2015年5月出版 / 估价:89.00元

旅游安全蓝皮书
中国旅游安全报告（2015）
著(编)者:郑向敏　谢朝武　2015年5月出版 / 估价:98.00元

旅游景区蓝皮书
中国旅游景区发展报告（2015）
著(编)者:黄安民　2015年7月出版 / 估价:79.00元

旅游绿皮书
2015年中国旅游发展分析与预测
著(编)者:宋瑞　2015年1月出版 / 估价:79.00元

煤炭蓝皮书
中国煤炭工业发展报告（2015）
著(编)者:岳福斌　2015年12月出版 / 估价:79.00元

民营医院蓝皮书
中国民营医院发展报告（2015）
著(编)者:庄一强　2015年10月出版 / 估价:75.00元

闽商蓝皮书
闽商发展报告（2015）
著(编)者:王日根　李闽榕　2015年12月出版 / 估价:69.00元

能源蓝皮书
中国能源发展报告（2015）
著(编)者:崔民选　王军生　2015年8月出版 / 估价:79.00元

农产品流通蓝皮书
中国农产品流通产业发展报告（2015）
著(编)者:贾敬敦　张东科　张玉玺　孔令羽　张鹏毅
2015年9月出版 / 估价:89.00元

企业蓝皮书
中国企业竞争力报告（2015）
著(编)者:金碚　2015年11月出版 / 估价:89.00元

企业社会责任蓝皮书
中国企业社会责任研究报告（2015）
著(编)者:黄群慧　彭华岗　钟宏武　张蒽
2015年11月出版 / 估价:69.00元

汽车安全蓝皮书
中国汽车安全发展报告（2015）
著(编)者:中国汽车技术研究中心　2015年4月出版 / 估价:79.00元

汽车蓝皮书
中国汽车产业发展报告（2015）
著(编)者:国务院发展研究中心产业经济研究部
　　中国汽车工程学会 大众汽车集团（中国）
2015年7月出版 / 估价:128.00元

清洁能源蓝皮书
国际清洁能源发展报告（2015）
著(编)者:国际清洁能源论坛（澳门）
2015年9月出版 / 估价:89.00元

人力资源蓝皮书
中国人力资源发展报告（2015）
著(编)者:余兴安　2015年9月出版 / 估价:79.00元

软件和信息服务业蓝皮书
中国软件和信息服务业发展报告（2015）
著(编)者:陈新河 洪京一　2015年12月出版 / 估价:198.00元

上市公司蓝皮书
上市公司质量评价报告（2015）
著(编)者:张跃文 王力　2015年10月出版 / 估价:118.00元

食品药品蓝皮书
食品药品安全与监管政策研究报告（2015）
著(编)者:唐民皓　2015年7月出版 / 估价:69.00元

世界能源蓝皮书
世界能源发展报告（2015）
著(编)者:黄晓勇　2015年6月出版 / 估价:99.00元

碳市场蓝皮书
中国碳市场报告（2015）
著(编)者:低碳发展国际合作联盟
2015年11月出版 / 估价:69.00元

体育蓝皮书
中国体育产业发展报告（2015）
著(编)者:阮伟 钟秉枢　2015年4月出版 / 估价:69.00元

投资蓝皮书
中国投资发展报告（2015）
著(编)者:杨庆蔚　2015年4月出版 / 估价:128.00元

物联网蓝皮书
中国物联网发展报告（2015）
著(编)者:黄桂田　2015年1月出版 / 估价:59.00元

西部工业蓝皮书
中国西部工业发展报告（2015）
著(编)者:方行明 甘犁 刘方健 姜凌 等
2015年9月出版 / 估价:79.00元

西部金融蓝皮书
中国西部金融发展报告（2015）
著(编)者:李忠民　2015年8月出版 / 估价:75.00元

新能源汽车蓝皮书
中国新能源汽车产业发展报告（2015）
著(编)者:中国汽车技术研究中心
　　日产（中国）投资有限公司 东风汽车有限公司
2015年8月出版 / 估价:69.00元

信托市场蓝皮书
中国信托业市场报告（2015）
著(编)者:李旸　2015年1月出版 / 估价:198.00元

信息产业蓝皮书
世界软件和信息技术产业发展报告（2015）
著(编)者:洪京一　2015年8月出版 / 估价:79.00元

信息化蓝皮书
中国信息化形势分析与预测（2015）
著(编)者:周宏仁　2015年8月出版 / 估价:98.00元

信用蓝皮书
中国信用发展报告（2015）
著(编)者:田侃　2015年4月出版 / 估价:69.00元

休闲绿皮书
2015年中国休闲发展报告
著(编)者:刘德谦　2015年6月出版 / 估价:59.00元

医药蓝皮书
中国中医药产业园战略发展报告（2015）
著(编)者:裴长洪 房书亭 吴篠心　2015年3月出版 / 估价:89.00元

邮轮绿皮书
中国邮轮产业发展报告（2015）
著(编)者:汪泓　2015年9月出版 / 估价:79.00元

支付清算蓝皮书
中国支付清算发展报告（2015）
著(编)者:杨涛　2015年5月出版 / 估价:45.00元

中国上市公司蓝皮书
中国上市公司发展报告（2015）
著(编)者:许雄斌 张平 2015年9月出版 / 估价:98.00元

中国总部经济蓝皮书
中国总部经济发展报告（2015）
著(编)者:赵弘　2015年5月出版 / 估价:79.00元

住房绿皮书
中国住房发展报告（2014~2015）
著(编)者:倪鹏飞　2014年12月出版 / 估价:79.00元

资本市场蓝皮书
中国场外交易市场发展报告（2015）
著(编)者:高峦　2015年8月出版 / 估价:79.00元

资产管理蓝皮书
中国资产管理行业发展报告（2015）
著(编)者:智信资产管理研究院　2015年7月出版 / 估价:79.00元

文化传媒类

传媒竞争力蓝皮书
中国传媒国际竞争力研究报告（2015）
著(编)者:李本乾　2015年9月出版 / 估价:88.00元

传媒蓝皮书
中国传媒产业发展报告（2015）
著(编)者:崔保国　2015年4月出版 / 估价:98.00元

传媒投资蓝皮书
中国传媒投资发展报告（2015）
著(编)者:张向东　2015年7月出版 / 估价:89.00元

动漫蓝皮书
中国动漫产业发展报告（2015）
著(编)者:卢斌 郑玉明 牛兴侦　2015年7月出版 / 估价:79.00元

非物质文化遗产蓝皮书
中国非物质文化遗产发展报告（2015）
著(编)者:陈平　2015年3月出版 / 估价:79.00元

非物质文化遗产蓝皮书
中国少数民族非物质文化遗产发展报告（2015）
著(编)者:肖远平 柴立　2015年4月出版 / 估价:79.00元

广电蓝皮书
中国广播电影电视发展报告（2015）
著(编)者:杨明品　2015年7月出版 / 估价:98.00元

广告主蓝皮书
中国广告主营销传播趋势报告（2015）
著(编)者:黄升民　2015年5月出版 / 估价:148.00元

国际传播蓝皮书
中国国际传播发展报告（2015）
著(编)者:胡正荣 李继东 姬德强
2015年7月出版 / 估价:89.00元

国家形象蓝皮书
2015年国家形象研究报告
著(编)者:张昆　2015年3月出版 / 估价:79.00元

纪录片蓝皮书
中国纪录片发展报告（2015）
著(编)者:何苏六　2015年9月出版 / 估价:79.00元

科学传播蓝皮书
中国科学传播报告（2015）
著(编)者:詹正茂　2015年4月出版 / 估价:69.00元

两岸文化蓝皮书
两岸文化产业合作发展报告（2015）
著(编)者:胡惠林 李保宗　2015年7月出版 / 估价:79.00元

媒介与女性蓝皮书
中国媒介与女性发展报告（2015）
著(编)者:刘利群　2015年8月出版 / 估价:69.00元

全球传媒蓝皮书
全球传媒发展报告（2015）
著(编)者:胡正荣　2015年12月出版 / 估价:79.00元

世界文化发展蓝皮书
世界文化发展报告（2015）
著(编)者:张庆宗 高乐田 郭熙煌
2015年5月出版 / 估价:89.00元

视听新媒体蓝皮书
中国视听新媒体发展报告（2015）
著(编)者:庞井君　2015年6月出版 / 估价:148.00元

文化创新蓝皮书
中国文化创新报告（2015）
著(编)者:于平 傅才武　2015年4月出版 / 估价:79.00元

文化建设蓝皮书
中国文化发展报告（2015）
著(编)者:江畅 孙伟平 戴茂堂
2015年4月出版 / 估价:138.00元

文化科技蓝皮书
文化科技创新发展报告（2015）
著(编)者:于平 李凤亮　2015年1月出版 / 估价:89.00元

文化蓝皮书
中国文化产业供需协调增长测评报告（2015）
著(编)者:王亚南 郝朴宁 张晓明 祁述裕
2015年2月出版 / 估价:79.00元

文化蓝皮书
中国文化消费需求景气评价报告（2015）
著(编)者:王亚南 张晓明 祁述裕 郝朴宁
2015年2月出版 / 估价:79.00元

文化蓝皮书
中国文化产业发展报告（2015）
著(编)者:张晓明 王家新 章建刚
2015年4月出版 / 估价:79.00元

文化蓝皮书
中国公共文化投入增长测评报告(2015)
著(编)者:王亚南　2015年5月出版 / 估价:79.00元

文化蓝皮书
中国文化政策发展报告（2015）
著(编)者:傅才武 宋文玉 燕东升　2015年9月出版 / 估价:98.00元

文化品牌蓝皮书
中国文化品牌发展报告（2015）
著(编)者:欧阳友权　2015年4月出版 / 估价:79.00元

文化遗产蓝皮书
中国文化遗产事业发展报告（2015）
著(编)者:苏杨 刘世锦　2015年12月出版 / 估价:89.00元

文学蓝皮书
中国文情报告（2015）
著(编)者:白烨　2015年5月出版 / 估价:49.00元

新媒体蓝皮书
中国新媒体发展报告（2015）
著(编)者:唐绪军　2015年6月出版 / 估价:79.00元

新媒体社会责任蓝皮书
中国新媒体社会责任研究报告（2015）
著(编)者:钟瑛　2015年10月出版 / 估价:79.00元

移动互联网蓝皮书
中国移动互联网发展报告（2015）
著(编)者:官建文　2015年6月出版 / 估价:79.00元

舆情蓝皮书
中国社会舆情与危机管理报告（2015）
著(编)者:谢耘耕　2015年8月出版 / 估价:98.00元

地方发展类

安徽经济蓝皮书
芜湖创新型城市发展报告（2015）
著(编)者:杨少华 王开玉　2015年4月出版 / 估价:69.00元

安徽蓝皮书
安徽社会发展报告（2015）
著(编)者:程桦　2015年4月出版 / 估价:79.00元

安徽社会建设蓝皮书
安徽社会建设分析报告（2015）
著(编)者:黄家海 王开玉 蔡宪　2015年4月出版 / 估价:69.00元

澳门蓝皮书
澳门经济社会发展报告（2015）
著(编)者:吴志良 郝雨凡　2015年4月出版 / 估价:79.00元

北京蓝皮书
北京公共服务发展报告（2014~2015）
著(编)者:施昌奎　2015年2月出版 / 估价:69.00元

北京蓝皮书
北京经济发展报告（2015）
著(编)者:杨松　2015年4月出版 / 估价:79.00元

北京蓝皮书
北京社会治理发展报告（2015）
著(编)者:殷星辰　2015年4月出版 / 估价:79.00元

北京蓝皮书
北京文化发展报告（2015）
著(编)者:李建盛　2015年4月出版 / 估价:79.00元

北京蓝皮书
北京社会发展报告（2015）
著(编)者:缪青　2015年5月出版 / 估价:79.00元

北京旅游绿皮书
北京旅游发展报告（2015）
著(编)者:北京旅游学会　2015年7月出版 / 估价:88.00元

北京律师蓝皮书
北京律师发展报告（2015）
著(编)者:王隽　2015年12月出版 / 估价:75.00元

北京人才蓝皮书
北京人才发展报告（2015）
著(编)者:于淼　2015年1月出版 / 估价:89.00元

北京社会心态蓝皮书
北京社会心态分析报告（2015）
著(编)者:北京社会心理研究所　2015年1月出版 / 估价:69.00元

北京社会组织蓝皮书
北京社会组织发展研究报告(2015)
著(编)者:李东松 唐军　2015年2月出版 / 估价:79.00元

北京社会组织蓝皮书
北京社会组织发展报告（2015）
著(编)者:温庆云　2015年9月出版 / 估价:69.00元

滨海金融蓝皮书
滨海新区金融发展报告（2015）
著(编)者:王爱俭 张锐钢　2015年9月出版 / 估价:79.00元

城乡一体化蓝皮书
中国城乡一体化发展报告（北京卷）（2015）
著(编)者:张宝秀 黄序　2015年4月出版 / 估价:69.00元

创意城市蓝皮书
北京文化创意产业发展报告（2015）
著(编)者:张京成　2015年11月出版 / 估价:65.00元

创意城市蓝皮书
无锡文化创意产业发展报告（2015）
著(编)者:谭军 张鸣年　2015年10月出版 / 估价:75.00元

创意城市蓝皮书
武汉市文化创意产业发展报告（2015）
著(编)者:袁堃 黄永林　2015年11月出版 / 估价:85.00元

创意城市蓝皮书
重庆创意产业发展报告（2015）
著(编)者:程宇宁　2015年4月出版 / 估价:89.00元

创意城市蓝皮书
青岛文化创意产业发展报告（2015）
著(编)者:马达 张丹妮　2015年6月出版 / 估价:79.00元

福建妇女发展蓝皮书
福建省妇女发展报告（2015）
著(编)者:刘群英　2015年10月出版 / 估价:58.00元

甘肃蓝皮书
甘肃舆情分析与预测（2015）
著(编)者:郝树声 陈双梅　2015年1月出版 / 估价:69.00元

甘肃蓝皮书
甘肃文化发展分析与预测（2015）
著(编)者:周小华 王福生　2015年1月出版 / 估价:69.00元

甘肃蓝皮书
甘肃社会发展分析与预测（2015）
著(编)者:安文华　2015年1月出版 / 估价:69.00元

甘肃蓝皮书
甘肃经济发展分析与预测（2015）
著(编)者:朱智文 罗哲　2015年1月出版 / 估价:69.00元

甘肃蓝皮书
甘肃县域经济综合竞争力评价（2015）
著(编)者:刘进军　2015年1月出版 / 估价:69.00元

广东蓝皮书
广东省电子商务发展报告（2015）
著(编)者:程晓　2015年12月出版 / 估价:69.00元

广东蓝皮书
广东社会工作发展报告（2015）
著(编)者:罗观翠　2015年6月出版 / 估价:89.00元

广东社会建设蓝皮书
广东省社会建设发展报告（2015）
著(编)者:广东省社会工作委员会　2015年10月出版 / 估价:89.00元

广东外经贸蓝皮书
广东对外经济贸易发展研究报告（2015）
著(编)者:陈万灵　2015年5月出版 / 估价:79.00元

广西北部湾经济区蓝皮书
广西北部湾经济区开放开发报告（2015）
著(编)者:广西北部湾经济区规划建设管理委员会办公室
　　　　广西社会科学院广西北部湾发展研究院
2015年8月出版 / 估价:79.00元

广州蓝皮书
广州社会保障发展报告（2015）
著(编)者:蔡国萱　2015年1月出版 / 估价:65.00元

广州蓝皮书
2015年中国广州社会形势分析与预测
著(编)者:张强 陈怡霓 杨秦　2015年5月出版 / 估价:69.00元

广州蓝皮书
广州经济发展报告（2015）
著(编)者:李江涛 朱名宏　2015年5月出版 / 估价:69.00元

广州蓝皮书
广州商贸业发展报告（2015）
著(编)者:李江涛 王旭东 荀振英　2015年6月出版 / 估价:69.00元

广州蓝皮书
2015年中国广州经济形势分析与预测
著(编)者:庾建设 沈奎 郭志勇　2015年6月出版 / 估价:79.00元

广州蓝皮书
中国广州文化发展报告（2015）
著(编)者:徐俊忠 陆志强 顾涧清　2015年6月出版 / 估价:69.00元

广州蓝皮书
广州农村发展报告（2015）
著(编)者:李江涛 汤锦华　2015年8月出版 / 估价:69.00元

广州蓝皮书
中国广州城市建设与管理发展报告（2015）
著(编)者:董皞 冼伟雄　2015年7月出版 / 估价:69.00元

广州蓝皮书
中国广州科技和信息化发展报告（2015）
著(编)者:邹采荣 马正勇 冯元　2015年7月出版 / 估价:79.00元

广州蓝皮书
广州创新型城市发展报告（2015）
著(编)者:李江涛　2015年7月出版 / 估价:69.00元

广州蓝皮书
广州文化创意产业发展报告（2015）
著(编)者:甘新　2015年8月出版 / 估价:79.00元

广州蓝皮书
广州志愿服务发展报告（2015）
著(编)者:魏国华 张强　2015年9月出版 / 估价:69.00元

广州蓝皮书
广州城市国际化发展报告（2015）
著(编)者:朱名宏　2015年9月出版 / 估价:59.00元

广州蓝皮书
广州汽车产业发展报告（2015）
著(编)者:李江涛 杨再高　2015年9月出版 / 估价:69.00元

贵州房地产蓝皮书
贵州房地产发展报告（2015）
著(编)者:武廷方　2015年1月出版 / 估价:89.00元

贵州蓝皮书
贵州人才发展报告（2015）
著(编)者:于杰 吴大华　2015年3月出版 / 估价:69.00元

贵州蓝皮书
贵州社会发展报告（2015）
著(编)者:王兴骥　2015年3月出版 / 估价:69.00元

贵州蓝皮书
贵州法治发展报告（2015）
著(编)者:吴大华　2015年3月出版 / 估价:69.00元

贵州蓝皮书
贵州国有企业社会责任发展报告（2015）
著(编)者:郭丽　2015年10月出版 / 估价:79.00元

海淀蓝皮书
海淀区文化和科技融合发展报告（2015）
著(编)者:孟景伟 陈名杰　2015年5月出版 / 估价:75.00元

海峡西岸蓝皮书
海峡西岸经济区发展报告（2015）
著(编)者:黄端　2015年9月出版 / 估价:65.00元

杭州都市圈蓝皮书
杭州都市圈发展报告（2015）
著(编)者:董祖德 沈翔　2015年5月出版 / 估价:89.00元

杭州蓝皮书
杭州妇女发展报告（2015）
著(编)者:魏颖　2015年6月出版 / 估价:75.00元

河北经济蓝皮书
河北省经济发展报告（2015）
著(编)者:马树强 金浩 张贵　2015年4月出版 / 估价:79.00元

河北蓝皮书
河北经济社会发展报告（2015）
著(编)者:周文夫　2015年1月出版 / 估价:69.00元

河南经济蓝皮书
2015年河南经济形势分析与预测
著(编)者:胡五岳　2015年3月出版 / 估价:69.00元

河南蓝皮书
河南城市发展报告（2015）
著(编)者:王建国 谷建全　2015年1月出版 / 估价:59.00元

河南蓝皮书
2015年河南社会形势分析与预测
著(编)者:刘道兴 牛苏林　2015年1月出版 / 估价:69.00元

河南蓝皮书
河南工业发展报告（2015）
著(编)者:龚绍东　2015年1月出版 / 估价:69.00元

河南蓝皮书
河南文化发展报告（2015）
著(编)者:卫绍生　2015年1月出版 / 估价:69.00元

河南蓝皮书
河南经济发展报告（2015）
著(编)者:完世伟 喻新安　2015年12月出版 / 估价:69.00元

河南蓝皮书
河南法治发展报告（2015）
著(编)者:丁同民 闫德民　2015年3月出版 / 估价:69.00元

河南蓝皮书
河南金融发展报告（2015）
著(编)者:喻新安 谷建全　2015年4月出版 / 估价:69.00元

河南商务蓝皮书
河南商务发展报告（2015）
著(编)者:焦锦淼 穆荣国　2015年5月出版 / 估价:88.00元

黑龙江产业蓝皮书
黑龙江产业发展报告（2015）
著(编)者:于渤　2015年9月出版 / 估价:79.00元

黑龙江蓝皮书
黑龙江经济发展报告（2015）
著(编)者:张新颖　2015年1月出版 / 估价:69.00元

黑龙江蓝皮书
黑龙江社会发展报告（2015）
著(编)者:王爱丽 艾书琴　2015年1月出版 / 估价:69.00元

湖北文化蓝皮书
湖北文化发展报告（2015）
著(编)者:江畅 吴成国　2015年5月出版 / 估价:89.00元

湖南城市蓝皮书
区域城市群整合
著(编)者:罗海藩　2014年12月出版 / 估价:59.00元

湖南蓝皮书
2015年湖南电子政务发展报告
著(编)者:梁志峰　2015年4月出版 / 估价:128.00元

湖南蓝皮书
2015年湖南社会发展报告
著(编)者:梁志峰　2015年4月出版 / 估价:128.00元

湖南蓝皮书
2015年湖南产业发展报告
著(编)者:梁志峰　2015年4月出版 / 估价:128.00元

湖南蓝皮书
2015年湖南经济展望
著(编)者:梁志峰　2015年4月出版 / 估价:128.00元

湖南蓝皮书
2015年湖南县域经济社会发展报告
著(编)者:梁志峰　2015年4月出版 / 估价:128.00元

湖南蓝皮书
2015年湖南两型社会发展报告
著(编)者:梁志峰　2015年4月出版 / 估价:128.00元

湖南县域绿皮书
湖南县域发展报告No.2
著(编)者:朱有志　2015年4月出版 / 估价:69.00元

沪港蓝皮书
沪港发展报告（2015）
著(编)者:尤安山　2015年9月出版 / 估价:89.00元

吉林蓝皮书
2015年吉林经济社会形势分析与预测
著(编)者:马克　2015年1月出版 / 估价:79.00元

济源蓝皮书
济源经济社会发展报告（2015）
著(编)者:喻新安　2015年4月出版 / 估价:69.00元

健康城市蓝皮书
北京健康城市建设研究报告（2015）
著(编)者:王鸿春　2015年3月出版 / 估价:79.00元

江苏法治蓝皮书
江苏法治发展报告（2015）
著(编)者:李力 龚廷泰　2015年9月出版 / 估价:98.00元

京津冀蓝皮书
京津冀发展报告（2015）
著(编)者:文魁 祝尔娟　2015年3月出版 / 估价:79.00元

经济特区蓝皮书
中国经济特区发展报告（2015）
著(编)者:陶一桃　2015年4月出版 / 估价:89.00元

辽宁蓝皮书
2015年辽宁经济社会形势分析与预测
著(编)者:曹晓峰　2015年1月出版 / 估价:79.00元

南京蓝皮书
南京文化发展报告（2015）
著(编)者:南京文化产业研究中心
2015年10月出版 / 估价:79.00元

内蒙古蓝皮书
内蒙古反腐倡廉建设报告（2015）
著(编)者:张志华 无极　2015年12月出版 / 估价:69.00元

浦东新区蓝皮书
上海浦东经济发展报告（2015）
著(编)者:沈开艳 陆沪根　2015年1月出版 / 估价:59.00元

青海蓝皮书
2015年青海经济社会形势分析与预测
著(编)者:赵宗福　2015年1月出版 / 估价:69.00元

人口与健康蓝皮书
深圳人口与健康发展报告（2015）
著(编)者:曾序春　2015年12月出版 / 估价:89.00元

山东蓝皮书
山东社会形势分析与预测（2015）
著(编)者:张华 唐洲雁　2015年6月出版 / 估价:89.00元

山东蓝皮书
山东经济形势分析与预测（2015）
著(编)者:张华 唐洲雁　2015年6月出版 / 估价:89.00元

山东蓝皮书
山东文化发展报告（2015）
著(编)者:张华 唐洲雁　2015年6月出版 / 估价:98.00元

山西蓝皮书
山西资源型经济转型发展报告（2015）
著(编)者:李志强　2015年5月出版 / 估价:98.00元

陕西蓝皮书
陕西经济发展报告（2015）
著(编)者:任宗哲 石英 裴成荣　2015年2月出版 / 估价:69.00元

陕西蓝皮书
陕西社会发展报告（2015）
著(编)者:任宗哲 石英 牛昉　2015年2月出版 / 估价:65.00元

陕西蓝皮书
陕西文化发展报告（2015）
著(编)者:任宗哲 石英 王长寿　2015年3月出版 / 估价:59.00元

陕西蓝皮书
丝绸之路经济带发展报告（2015）
著(编)者:任宗哲 石英 白宽犁
2015年8月出版 / 估价:79.00元

上海蓝皮书
上海文学发展报告（2015）
著(编)者:陈圣来　2015年1月出版 / 估价:69.00元

上海蓝皮书
上海文化发展报告（2015）
著(编)者:蒯大申 郑崇选　2015年1月出版 / 估价:69.00元

上海蓝皮书
上海资源环境发展报告（2015）
著(编)者:周冯琦 汤庆合 任文伟
2015年1月出版 / 估价:69.00元

上海蓝皮书
上海社会发展报告（2015）
著(编)者:周海旺 卢汉龙　2015年1月出版 / 估价:69.00元

上海蓝皮书
上海经济发展报告（2015）
著(编)者:沈开艳　2015年1月出版 / 估价:69.00元

上海蓝皮书
上海传媒发展报告（2015）
著(编)者:强荧 焦雨虹　2015年1月出版 / 估价:79.00元

上海蓝皮书
上海法治发展报告（2015）
著(编)者:叶青　2015年4月出版 / 估价:69.00元

上饶蓝皮书
上饶发展报告（2015）
著(编)者:朱寅健　2015年3月出版 / 估价:128.00元

社会建设蓝皮书
2015年北京社会建设分析报告
著(编)者:宋贵伦 冯虹　2015年7月出版 / 估价:79.00元

深圳蓝皮书
深圳劳动关系发展报告（2015）
著(编)者:汤庭芬　2015年6月出版 / 估价:75.00元

深圳蓝皮书
深圳经济发展报告（2015）
著(编)者:张骁儒　2015年7月出版 / 估价:79.00元

深圳蓝皮书
深圳社会发展报告（2015）
著(编)者:叶民辉 张骁儒　2015年7月出版 / 估价:89.00元

深圳蓝皮书
深圳法治发展报告（2015）
著(编)者:张骁儒　2015年4月出版 / 估价:79.00元

四川蓝皮书
四川文化产业发展报告（2015）
著(编)者:侯水平　2015年2月出版 / 估价:69.00元

四川蓝皮书
四川企业社会责任研究报告（2015）
著(编)者:侯水平 盛毅　2015年4月出版 / 估价:79.00元

四川蓝皮书
四川法治发展报告（2015）
著(编)者:郑泰安　2015年2月出版 / 估价:69.00元

四川蓝皮书
2015年四川生态建设报告
著(编)者:四川省社会科学院
2015年2月出版 / 估价:69.00元

四川蓝皮书
四川省城镇化发展报告（2015）
著(编)者:四川省城镇发展研究中心
2015年2月出版 / 估价:69.00元

四川蓝皮书
2015年四川社会发展形势分析与预测
著(编)者:郭晓鸣 李羚　2015年2月出版 / 估价:69.00元

四川蓝皮书
2015年四川经济发展报告
著(编)者:杨钢　2015年2月出版 / 估价:69.00元

天津金融蓝皮书
天津金融发展报告（2015）
著(编)者:王爱俭 杜强　2015年9月出版 / 估价:89.00元

图们江区域合作蓝皮书
中国图们江区域合作开发发展报告（2015）
著(编)者:李铁 朱显平 吴成章　2015年4月出版 / 估价:79.00元

温州蓝皮书
2015年温州经济社会形势分析与预测
著(编)者:潘忠强 王春光 金浩　2015年4月出版 / 估价:69.00元

扬州蓝皮书
扬州经济社会发展报告（2015）
著(编)者:丁纯　2015年12月出版 / 估价:89.00元

云南蓝皮书
中国面向西南开放重要桥头堡建设发展报告（2015）
著(编)者:刘绍怀　2015年12月出版 / 估价:69.00元

长株潭城市群蓝皮书
长株潭城市群发展报告（2015）
著(编)者:张萍　2015年1月出版 / 估价:69.00元

郑州蓝皮书
2015年郑州文化发展报告
著(编)者:王哲　2015年9月出版 / 估价:65.00元

中医文化蓝皮书
北京中医文化发展报告（2015）
著(编)者:毛嘉陵　2015年4月出版 / 估价:69.00元

珠三角流通蓝皮书
珠三角商圈发展研究报告（2015）
著(编)者:林至颖 王先庆　2015年7月出版 / 估价:98.00元

国别与地区类

阿拉伯黄皮书
阿拉伯发展报告（2015）
著(编)者:马晓霖　2015年4月出版 / 估价:79.00元

北部湾蓝皮书
泛北部湾合作发展报告（2015）
著(编)者:吕余生　2015年8月出版 / 估价:69.00元

大湄公河次区域蓝皮书
大湄公河次区域合作发展报告（2015）
著(编)者:刘稚　2015年9月出版 / 估价:79.00元

大洋洲蓝皮书
大洋洲发展报告（2015）
著(编)者:喻常森　2015年8月出版 / 估价:89.00元

德国蓝皮书
德国发展报告（2015）
著(编)者:郑春荣 伍慧萍　2015年6月出版 / 估价:69.00元

东北亚黄皮书
东北亚地区政治与安全（2015）
著(编)者:黄凤志 刘清才 张慧智
2015年3月出版 / 估价:69.00元

东盟黄皮书
东盟发展报告（2015）
著(编)者:崔晓麟　2015年5月出版 / 估价:75.00元

东南亚蓝皮书
东南亚地区发展报告（2015）
著(编)者:王勤　2015年4月出版 / 估价:79.00元

俄罗斯黄皮书
俄罗斯发展报告（2015）
著(编)者:李永全　2015年7月出版 / 估价:79.00元

非洲黄皮书
非洲发展报告（2015）
著(编)者:张宏明　2015年7月出版 / 估价:79.00元

国际形势黄皮书
全球政治与安全报告（2015）
著(编)者:李慎明 张宇燕　2014年12月出版 / 估价:69.00元

韩国蓝皮书
韩国发展报告（2015）
著(编)者:刘宝全 牛林杰　2015年8月出版 / 估价:79.00元

加拿大蓝皮书
加拿大发展报告（2015）
著(编)者:仲伟合　2015年4月出版 / 估价:89.00元

拉美黄皮书
拉丁美洲和加勒比发展报告（2014~2015）
著(编)者:吴白乙　2015年4月出版 / 估价:89.00元

美国蓝皮书
美国研究报告（2015）
著(编)者:黄平 郑秉文　2015年7月出版 / 估价:89.00元

缅甸蓝皮书
缅甸国情报告（2015）
著(编)者:李晨阳　2015年8月出版 / 估价:79.00元

欧洲蓝皮书
欧洲发展报告（2015）
著(编)者:周弘　2015年6月出版 / 估价:89.00元

葡语国家蓝皮书
葡语国家发展报告（2015）
著(编)者:对外经济贸易大学区域国别研究所　葡语国家研究中心
2015年3月出版 / 估价:89.00元

葡语国家蓝皮书
中国与葡语国家关系发展报告·巴西（2014）
著(编)者:澳门科技大学　2015年1月出版 / 估价:89.00元

日本经济蓝皮书
日本经济与中日经贸关系研究报告（2015）
著(编)者:王洛林 张季风　2015年5月出版 / 估价:79.00元

日本蓝皮书
日本研究报告（2015）
著(编)者:李薇　2015年3月出版 / 估价:69.00元

上海合作组织黄皮书
上海合作组织发展报告（2015）
著(编)者:李进峰 吴宏伟 李伟
2015年9月出版 / 估价:89.00元

世界创新竞争力黄皮书
世界创新竞争力发展报告（2015）
著(编)者:李闽榕 李建平　赵新力
2015年1月出版 / 估价:148.00元

土耳其蓝皮书
土耳其发展报告（2015）
著(编)者:郭长刚 刘义　2015年7月出版 / 估价:89.00元

亚太蓝皮书
亚太地区发展报告（2015）
著(编)者:李向阳　2015年1月出版 / 估价:59.00元

印度蓝皮书
印度国情报告（2015）
著(编)者:吕昭义　2015年5月出版 / 估价:89.00元

印度洋地区蓝皮书
印度洋地区发展报告（2015）
著(编)者:汪戎　2015年3月出版 / 估价:79.00元

中东黄皮书
中东发展报告（2015）
著(编)者:杨光　2015年11月出版 / 估价:89.00元

中欧关系蓝皮书
中欧关系研究报告（2015）
著(编)者:周弘　2015年12月出版 / 估价:98.00元

中亚黄皮书
中亚国家发展报告（2015）
著(编)者:孙力 吴宏伟　2015年9月出版 / 估价:89.00元

中国皮书网
www.pishu.cn

发布皮书研创资讯，传播皮书精彩内容
引领皮书出版潮流，打造皮书服务平台

栏目设置：

□ 资讯：皮书动态、皮书观点、皮书数据、
　　皮书报道、皮书发布、电子期刊
□ 标准：皮书评价、皮书研究、皮书规范
□ 服务：最新皮书、皮书书目、重点推荐、在线购书
□ 链接：皮书数据库、皮书博客、皮书微博、在线书城
□ 搜索：资讯、图书、研究动态、皮书专家、研创团队

　　中国皮书网依托皮书系列"权威、前沿、原创"的优质内容资源，通过文字、图片、音频、视频等多种元素，在皮书研创者、使用者之间搭建了一个成果展示、资源共享的互动平台。

　　自 2005 年 12 月正式上线以来，中国皮书网的 IP 访问量、PV 浏览量与日俱增，受到海内外研究者、公务人员、商务人士以及专业读者的广泛关注。

　　2008 年、2011 年，中国皮书网均在全国新闻出版业网站荣誉评选中获得"最具商业价值网站"称号；2012 年，获得"出版业网站百强"称号。

　　2014 年，中国皮书网与皮书数据库实现资源共享，端口合一，将提供更丰富的内容，更全面的服务。

权威报告　热点资讯　海量资源

当代中国与世界发展的高端智库平台

皮书数据库 www.pishu.com.cn

皮书数据库是专业的人文社会科学综合学术资源总库，以大型连续性图书——皮书系列为基础，整合国内外相关资讯构建而成。包含七大子库，涵盖两百多个主题，囊括了近十几年间中国与世界经济社会发展报告，覆盖经济、社会、政治、文化、教育、国际问题等多个领域。

皮书数据库以篇章为基本单位，方便用户对皮书内容的阅读需求。用户可进行全文检索，也可对文献题目、内容提要、作者名称、作者单位、关键字等基本信息进行检索，还可对检索到的篇章再做二次筛选，进行在线阅读或下载阅读。智能多维度导航，可使用户根据自己熟知的分类标准进行分类导航筛选，使查找和检索更高效、便捷。

权威的研究报告，独特的调研数据，前沿的热点资讯，皮书数据库已发展成为国内最具影响力的关于中国与世界现实问题研究的成果库和资讯库。

皮书俱乐部会员服务指南

1. 谁能成为皮书俱乐部成员？
- 皮书作者自动成为俱乐部会员
- 购买了皮书产品（纸质书/电子书）的个人用户

2. 会员可以享受的增值服务
- 免费获赠皮书数据库100元充值卡
- 加入皮书俱乐部，免费获赠该纸质图书的电子书
- 免费定期获赠皮书电子期刊
- 优先参与各类皮书学术活动
- 优先享受皮书产品的最新优惠

3. 如何享受增值服务？
（1）免费获赠100元皮书数据库体验卡
第1步 刮开皮书附赠充值的涂层（右下）；
第2步 登录皮书数据库网站
（www.pishu.com.cn），注册账号；

第3步 登录并进入"会员中心"—"在线充值"—"充值卡充值"，充值成功后即可使用。

（2）加入皮书俱乐部，凭数据库体验卡获赠该书的电子书
第1步 登录社会科学文献出版社官网
（www.ssap.com.cn），注册账号；
第2步 登录并进入"会员中心"—"皮书俱乐部"，提交加入皮书俱乐部申请；
第3步 审核通过后，再次进入皮书俱乐部，填写页面所需图书、体验卡信息即可自动兑换相应电子书。

4. 声明
解释权归社会科学文献出版社所有

皮书俱乐部会员可享受社会科学文献出版社其他相关免费增值服务，有任何疑问，均可与我们联系。
图书销售热线：010-59367070/7028 图书服务QQ：800045692 图书服务邮箱：duzhe@ssap.cn
数据库服务热线：400-008-6695 数据库服务QQ：2475522410 数据库服务邮箱：database@ssap.cn
欢迎登录社会科学文献出版社官网（www.ssap.com.cn）和中国皮书网（www.pishu.cn）了解更多信息

皮书大事记

☆ 2014年8月,第十五次全国皮书年会(2014)在贵阳召开,第五届优秀皮书奖颁发,本届开始皮书及报告将同时评选。

☆ 2013年6月,依据《中国社会科学院皮书资助规定(试行)》公布2013年拟资助的40种皮书名单。

☆ 2012年12月,《中国社会科学院皮书资助规定(试行)》由中国社会科学院科研局正式颁布实施。

☆ 2011年,部分重点皮书纳入院创新工程。

☆ 2011年8月,2011年皮书年会在安徽合肥举行,这是皮书年会首次由中国社会科学院主办。

☆ 2011年2月,"2011年全国皮书研讨会"在北京京西宾馆举行。王伟光院长(时任常务副院长)出席并讲话。本次会议标志着皮书及皮书研创出版从一个具体出版单位的出版产品和出版活动上升为由中国社会科学院牵头的国家哲学社会科学智库产品和创新活动。

☆ 2010年9月,"2010年中国经济社会形势报告会暨第十一次全国皮书工作研讨会"在福建福州举行,高全立副院长参加会议并做学术报告。

☆ 2010年9月,皮书学术委员会成立,由我院李扬副院长领衔,并由在各个学科领域有一定的学术影响力、了解皮书编创出版并持续关注皮书品牌的专家学者组成。皮书学术委员会的成立为进一步提高皮书这一品牌的学术质量、为学术界构建一个更大的学术出版与学术推广平台提供了专家支持。

☆ 2009年8月,"2009年中国经济社会形势分析与预测暨第十次皮书工作研讨会"在辽宁丹东举行。李扬副院长参加本次会议,本次会议颁发了首届优秀皮书奖,我院多部皮书获奖。

皮书数据库
www.pishu.com.cn

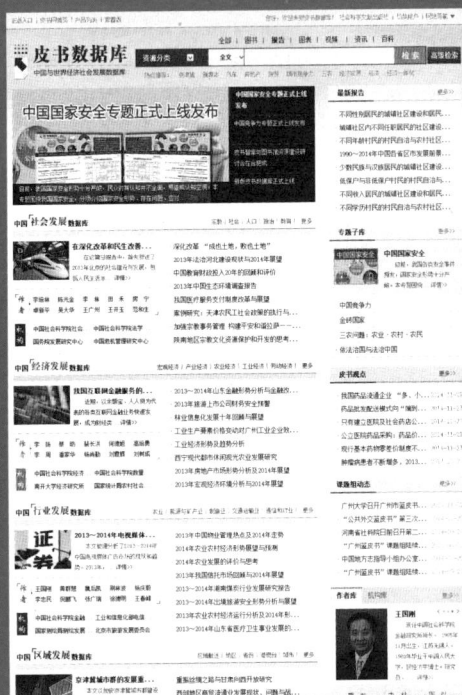

皮书数据库三期

• 皮书数据库（SSDB）是社会科学文献出版社整合现有皮书资源开发的在线数字产品，全面收录"皮书系列"的内容资源，并以此为基础整合大量相关资讯构建而成。

• 皮书数据库现有中国经济发展数据库、中国社会发展数据库、世界经济与国际政治数据库等子库，覆盖经济、社会、文化等多个行业、领域，现有报告30000多篇，总字数超过5亿字，并以每年4000多篇的速度不断更新累积。

• 新版皮书数据库主要围绕存量+增量资源整合、资源编辑标引体系建设、产品架构设置优化、技术平台功能研发等方面开展工作，并将中国皮书网与皮书数据库合二为一联体建设，旨在以"皮书研创出版、信息发布与知识服务平台"为基本功能定位，打造一个全新的皮书品牌综合门户平台，为您提供更优质更到位的服务。

更多信息请登录

中国皮书网
http://www.pishu.cn

中国皮书网
http://www.pishu.cn

皮书微博
http://weibo.com/pishu

皮书博客
http://blog.sina.com.cn/pishu

皮书微信
皮书说

请到各地书店皮书专架/专柜购买，也可办理邮购

咨询/邮购电话：010-59367028 59367070   邮 箱：duzhe@ssap.cn
邮购地址：北京市西城区北三环中路甲29号院3号楼华龙大厦13层读者服务中心
邮 编：100029
银行户名：社会科学文献出版社
开户银行：中国工商银行北京北太平庄支行
账 号：0200010019200365434
网上书店：010-59367070   qq：1265056568
网 址：www.ssap.com.cn   www.pishu.cn

度，建筑及装潢材料消费额增速放缓至 13.8%，比上年回落 6.9 个百分点；家具消费增速放缓至 14.5%，比上年同期回落 6.1 个百分点；家用电器和音像器材增速放缓至 8.7%，也比上年同期回落 6.1% 个百分点。图 3-8 反映了 2014 年前三季度社会消费品零售总额同比增速的变化情况。从图 3-8 中不难看出，2014 年前三季度，除了金银珠宝由于价格下跌导致购买需求减少较多外，与房地产市场高度相关的建筑及装潢材料、家具和家用电器和音像器材相对上年同期增速回落幅度都大于其他社会消费项目零售额的增速回落幅度，这也导致了社会消费零售总额增速由上年同期的 12.9% 回落到 12.0%。

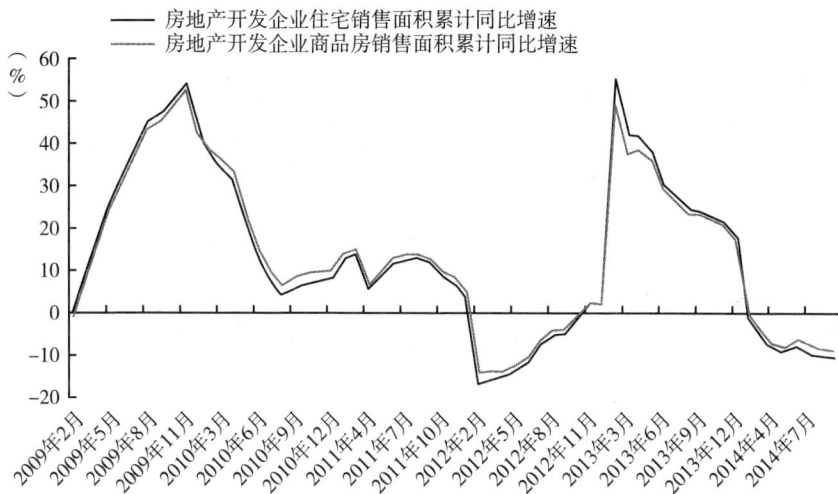

图 3-7　房地产开发商品房和住宅成交量的增速变化

3. 房地产市场的低迷对地方财政收入产生了不利影响，增加地方债务偿债风险和投资能力

受房地产投资增速下滑和房地产开发商品房成交量萎缩的影响，全国税收收入特别是地方税收收入明显回落，而土地成交量的减少也对地方土地整理和拍卖收入产生了不利影响。2014 年前三季度，全国公共财政收入累计增长 8.1%，比上年同期回落 0.5 个百分点。其中中央财政收入增长 6.0%，

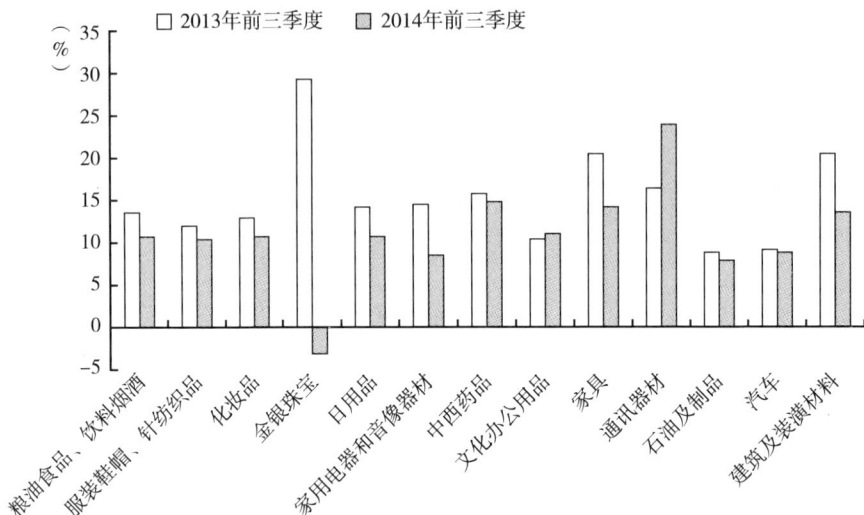

图 3 - 8 2014 年社会消费品零售总额分项目增速变化情况

比上年同期还提高 1.5 个百分点，但是地方财政收入增长 10.1%，比上年
同期回落了 2.6 个百分点，特别是 9 月份，地方财政收入增长只有 6.6%，
比上年同期大幅回落 8.9 个百分点。从税收构成来看，2014 年前三季度，
全国增值税和营业税合计同比增速只有 5.2%，比上年同期回落了 4.0 个百
分点，这很大程度是受到了房地产市场低迷导的影响。同时 2014 年前三季
度，尽管地方政府土地拍卖收入为 31290 亿元，比上年同期增长了 15.1%，
但地方政府卖地收入同比增速连续三个季度下滑，而且自 7 月份增速降为个
位数后，9 月份同比进入下降通道，为 - 21.1%。地方政府土地拍卖收入的
增长主要得益于近年土地价格的攀升，但是由于土地整理支出也会相应增
加，地方政府土地拍卖收入可支配份额已经有所下降，可支配财力也将随着
土地成交量的持续减少而逐渐捉襟见肘，从而对地方债务偿债风险和投资能
力产生冲击。

（二）宏观经济运行对房地产市场的影响

不仅房地产市场会对宏观经济运行产生影响，而且宏观经济运行也会对

房地产市场产生影响，突出表现在经济发展情况会对就业情况、收入水平和汇率等产生影响，继而对房地产市场产生影响，同时，宏观经济运行情况又会影响财政和金融等宏观调控政策的走向，继而对房地产市场产生影响。

1. 城镇就业人员增速放缓，抑制房地产市场需求的较快增长

尽管近年我国城镇就业人员每年增加上千万人，但是自 2012 年以来，退出工作岗位的人员也在逐渐增加，每年在岗的城镇就业人员增加数目已经开始减少。2010 年，我国城镇就业人员增加了 1365 万人，2011 年、2012 年和 2013 年则分别增加 1227 万人、1188 万人和 1138 万人，呈现逐渐递减之势头。尽管 2014 年前三季度城镇新增就业人员达到 1082 万人，但是增长率只有 1.5%，而 2013 年前三季度这一增长率为 4.1%，出现了明显的回落。如果考虑到退休等离岗人员的增长，2014 年前三季度乃至全年，城镇就业人员增加数相比上年同期仍然会继续减少，估计 2014 年全年只在 1100 万人左右。城镇新增就业人员增速的放缓和城镇就业人员增加额的减少，势必在当前乃至今后一段时期对房地产市场需求产生抑制作用。

2. 宏观经济不景气导致收入水平增速放缓，也会对房地产需求产生冲击

2014 年前三季度，全国农村居民人均现金收入 8527 元，同比名义增长 11.8%，相比上年同期回落 0.7 个百分点；全国城镇居民人均可支配收入 22044 元，同比名义增长 9.3%，相比上年同期回落 0.2 个百分点。根据城乡一体化住户调查，9 月末，农村外出务工劳动力 17561 万人，同比增加 169 万人，增长 1.0%，相比上年同期回落 2.1 个百分点，外出务工劳动力月均收入 2797 元，增长 10.0%，相比上年同期回落 3.0 个百分点。收入水平的下降会影响居民住房支付能力的增长，特别是收入增速下降产生的悲观预期，会降低居民对购买和持有房地产的需求。

3. 汇率贬值预期渐浓，资本外流趋势的形成会抑制对房地产投资的增长

美国联邦储备委员会 10 月 FOMC 的声明给六年来近 4 万亿美元的 QE 画上了句号。美联储在声明中宣布相当长一段时间维持联邦基金利率目标区间在 0 ~ 0.25% 不变，但从 11 月开始停止购债。此次声明中，美联储承认目前就业增加稳健，同时也指出短期内通胀仍存在下行风险。对于市场关注的加息时间问题，本次声明并未给出新的暗示。但是，由于美国就业恢复逐渐形成趋势并稳定下来，经济增速进一步提升，美国 2015 年加息的可能性越来越大。伴随着这种加息预期，美国汇率将逐渐走强，而人民币可能会发生一定程度的贬值，这将导致资本出现外流，房地产开发商利用外部资金的难度越来越大，从而会抑制房地产投资的增长。

4. 宏观经济不景气会导致宏观调控政策趋于宽松，房地产市场将从中受益

2014 年前三季度，我国经济增长率只有 7.4%，比上年又下降了 0.3 个百分点。不仅如此，各类数据显示，未来我国经济仍将承受较大的下行压力，向下突破 7.0% 增速的可能性越来越大。由于经济过快过度下滑会对国民经济各方面产生严重的影响，宏观调控政策趋于宽松的可能性越来越大，特别是针对房地产的压制政策有望进一步放松。最典型的是，中央银行在 2014 年 9 月 30 日发布了首套房首付最低 30%，贷款利率最低 7 折放贷新政，将对房地产市场产生较大的积极影响。2014 年，预计中央银行在货币供给量、存款准备金率和社会融资方面都会有更加积极的行动，对房地产市场来说将起到一定的刺激作用。同时，由于经济的不景气，经济稳定还需一定程度上借重房地产市场，房地产税等严厉调控措施将不会出台，也将消除潜在购房者的心头之忧，从而有助于房地产市场的发展。

五　"稳字当头，有进有为"原则下的政策操作

习近平总书记多次强调要统筹"稳增长"、"调结构"和"促改革"的关系，坚持稳中求进，推动经济持续健康发展。由于结构调整的紧缩性和长期性，"稳增长"政策也应该成为一种长期的宏观调控趋向，这就要求妥善处理经济短期稳定与经济长期增长的关系。总体来说，应该遵循"稳字当头，有进有为"的原则。"为"就是积极做好短期增长政策安排，"进"就是搞好长期调整与发展部署，通过有"进"有"为"来实现"稳"经济的目标。"稳增长"具有两方面的涵义：一是短期"稳增长"事实上具有内在

的长期属性，要做好长期"稳增长"的准备，这是由结构调整的长期性以及在初期结构调整所具有的紧缩效应决定的；二是"稳增长"要舍弃大规模刺激政策，应转而更加注重调节的适度性和政策的持续性，避免进一步加剧结构扭曲和延缓结构调整进步。正是在这样的意义上，"稳增长"和结构调整事实上是一个问题的两个方面，都着眼于经济的长期发展，只不过在这一点上结构调整追求的目标和所要发挥的作用表现得更为直接，而"稳增长"则是对结构调整带来的某些效应进行修正和调节，以保证结构调整的顺利进行，从而对促进长期发展的作用表现得更为间接而已。特别在当前阶段，我国经济存在着以上所述的突出矛盾和问题，就更需妥善处理"稳增长"和"调结构"关系，特别是要坚持"稳增长"政策的可预期性和连续性，避免对经济带来不必要的负面冲击。当前要用更多的精力探索那些既有助于扩大内部需求、又有助于结构调整的政策措施，坚持短期要稳、长期有进的原则，从而将"稳增长"与"调结构"有机地结合起来，促进二者的良性互动。

首先，营造一个宽松的宏观政策环境。这是稳增长的基础和前提。尽管货币供给仍然维持较为宽松的态势，社会融资规模增速却有所下降，而且企业对资金的渴求仍然没有得到有效疏解，资金供不应求的局面仍在持续，因此，需要进一步放松货币政策操作，但同时也要促进金融资源配置结构的改善。为避免资金的注入扩大地方政府债务和房地产市场风险，需要对地方债务严格管控，并减少房地产开发贷款或按揭贷款的比例。事实上，由于2014年以来房价高企、成交量下降带来的市场风险有所增加，金融资源流入房地产等领域的规模会自动得到抑制。在这样的情形下，通过降低存款准备金等货币政策操作，将有利于促进资金更多地流入实体经济，从而实现促进实体经济复苏的目的。

其次，促进短期投资刺激与长期结构调整相结合。这是"稳增长"和"调结构"最能契合的着力点。当前，适度加大政府主导投资的规模，部分抵消投资增长放缓对经济产生的紧缩效应，仍然是必要的，但是，应主要增加对那些既能带动短期需求，又能促进长期有效供给项目或者民生改善项目的投资。当前，要特别注重通过新型城镇化作为抓手来统筹结构调整和扩大投资，这既包括城镇棚户区改造、低收入群体保障房投资、农民工市民化所需要的医疗公共服务设施建设等，也包括都市区重新规划建设、城市产业项目再转移等。

再次，放松管制和破除垄断，引导社会资源自由流动，扩大实体经济的投资机会。这是扩张短期需求和提高长期供给效率的最为直接有效的途径。垄断行业领域国有经济比重过高，民营资本进入壁垒重重，已经严重制约了资金在社会各部门之间的自由流动，更加抑制了生产效率的提高。重新调整国有经济布局，继续推动国有经济退出非竞争性领域，引入社会资本增加垄断性行业的竞争性，规范包括国有企业及国资部门在内的国有经济主体的市场竞争行为，不仅可以在短期有效扩大社会投资，也能够在长期提高供给效率和优化供给结构。

最后，促进新的有效供给的形成，使供给自行创造需求。这是扩大当前需求并增强经济内生增长动力的根本所在。结构调整的任务绝不仅仅是做减法，更要做加法，即不仅要去过剩产能和去高杠杆，更要促进新的产业的发展，促进新的供给结构的形成，并使之如萨伊定律所描述的"自行创造需求"。当前，要高度重视服务业的发展，特别是生活服务业和文教娱乐业等方面的发展，这就要求降低这些行业的各类税费，并通过城市重新布局降低房租和交通成本，同时破除不必要的管制和障碍，真正使这些行业蓬勃发展，创造而不是制造出更加丰富多样的精神文化产品，从而激发出人们的潜在需求。

市 场 主 体

Participants of Chinese Housing Market

G.4
第四章
中国住房企业分析与展望

一 2013~2014年度中国住房企业发展概况

（一）市场环境：住房市场进入结构性发展的"新常态"，交易
量价全面回落

整体来看，中国房地产产业 2012~2013 年度整体高歌猛进的势头未能
延续至 2013~2014 年度。在 2013~2014 年度全国经济增速放缓的背景下，
商品房销售量价均有回落，市场进入主动调整期。2014 年初商品房交易量
价毫无征兆地进入缩减通道，标志着整个房地产业从流动性推动、总量增长
的初期发展阶段进入由市场需求决定的内生性、结构性发展的新常态。虽然分
类指导、双向调控的思路已逐步形成，限购、限贷等调控政策已开始有序放松，

但市场需求方的观望情绪依然浓郁。需求的减弱一方面来自上一年度得到了充分释放、本年度呈现下行趋势的刚性需求；另一方面主要来自于市场主体对房地产未来走势没有把握，因此交易行为愈趋谨慎。而受到房地产业开发的周期性因素影响，年度新增供给量达到了近五年的最高水平；供过于求的市场形势也造成了住房企业库存去化压力陡增，危及其发展甚至生存。由此，国房景气指数在2014年9月降至94.8%，已十分接近2012年9月94.4%的最低水平。

从区域市场的层面看，一线与二、三线城市的分化进一步明显：一线城市和个别二、三线城市成交均价同比涨幅收窄，成交量跌幅远超二、三线城市；大多二、三线城市成交量跌幅处在15%至30%区间，成交均价出现下调态势；同时二、三线城市内部分化逐渐加剧，尤其2014年第三季度起，厦门、保定、石家庄等少部分城市商品房价格逆势上扬，而其余多数二、三线城市则出现不同程度的价格回落。

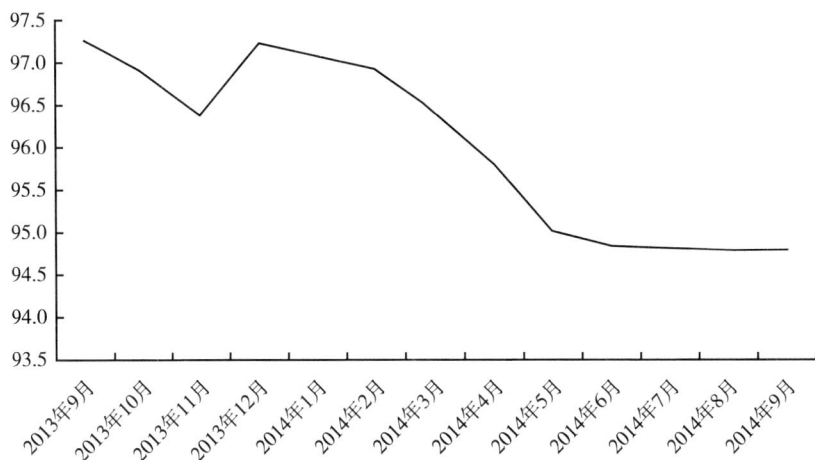

图4-1 国房景气指数

数据来源：同花顺 iFinD。

（二）行业结构：市场下行促使行业加速整合，寡头格局初现雏形

虽然2013~2014年度房地产市场整体行情黯淡，但万科、恒大等一批领军企业依旧业绩斐然：万科前三季度销售额接近1500亿元，恒大销售面积也

超过 1300 万平方米；更值得注意的是，龙头房企的销售额、销售面积的增速均远高于整体市场的负增长水平，其中部分房企 2013～2014 年度的销售额与销售面积增速甚至高于 2012～2013 年度增长水平，逆市增长势头强劲。2014年前三季度销售额最多同时也是销售面积最大的七家千亿级房企包括：万科地产、绿地集团、恒大集团、保利集团、碧桂园、中海地产、万达集团。从下面两图中可以看出，无论是销售额还是销售面积，Top10、Top30 的房企近几年业绩的增长势头都保持稳健。虽然 2013 年全面回暖的市场行情没有为这些领军企业的业绩带来预期之中的突飞猛进，但 2012 年与 2014 年市场下行的不利环境也并未对其造成明显的负面影响。而处于第一梯队之外，规模相对较小房企的业绩则出现了明显分化，华润置地、首开股份等公司的业绩均有明显下滑；旭辉、阳光城等周转速率较快的房企则实现了业绩的较快增长。

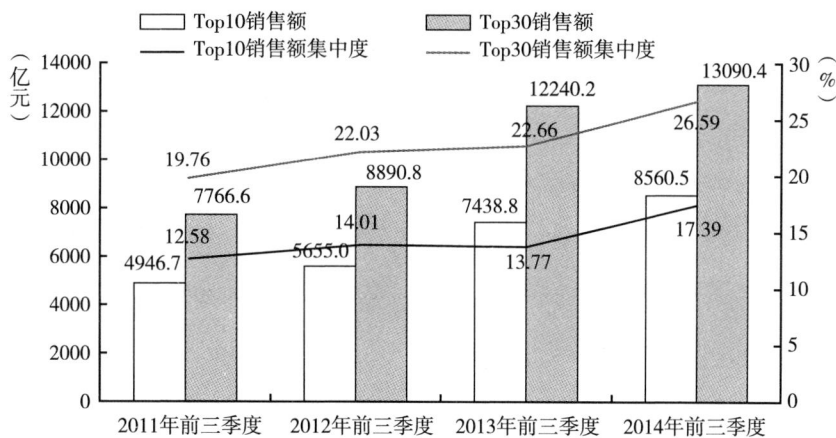

图 4－2　2011～2014 年 Top10、Top30 房企销售额与集中度

数据来源：同花顺 iFinD。

在房地产市场容量缩减的同时大型房企仍然保持平稳较快的业绩增长率，这也就意味着小型房企正在被加速挤出。大浪淘沙，全面下行的市场环境促使房地产行业加速整合，2013～2014 年度行业集中度急速提升。在房地产业起步初期的"黄金时代"，急速膨胀的市场规模和与之伴随的巨大利润空间吸引了大量资本涌入，许多效率低下、管理落后的开发商仅依靠个别

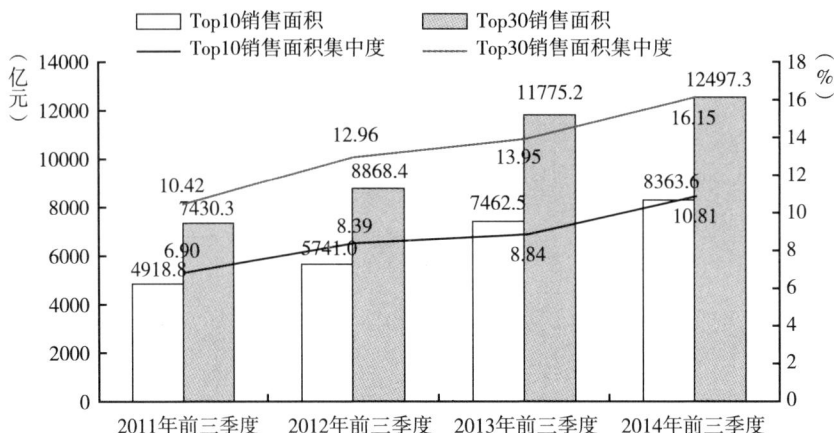

图 4 - 3　2011 ~ 2014 年 Top10、Top30 房企销售面积与集中度

数据来源：同花顺 iFinD。

项目或买卖土地就能坐享高额利润。然而随着房地产市场规制和监管措施的逐步完善，市场竞争强度已逐步升级；尤其进入 2014 年以来市场供求矛盾逐渐凸显，在交易萎缩、库存积压的条件下，规模小、效益差的房企更会加速失去其赖以生存的狭小市场空间。相比于小型房企，大型寡头在融资、拿地、开发、产品、销售、品牌和管理等全方位均具有压倒性优势；相反，中小型房企则更容易受到下行市场环境的负面影响，资金链吃紧、周转率低下等问题致使这些企业被加速淘汰出局，处在下行通道中的市场更会加剧强者更强、弱者更弱的马太效应。因此，在市场萎缩和巨头鲸吞的双重压力下，众多中小型房企无可避免地被挤出或兼并，房地产市场的寡头格局正在形成。

表 4 - 1　2014 年前三季度房企销售金额 TOP10

排名	公司名称	销售金额(亿元)	排名	公司名称	销售金额(亿元)
1	万科地产	1482.7	6	碧桂园	811.0
2	绿地集团	1328.0	7	万达集团	796.0
3	恒大地产	979.2	8	世茂房地产	506.6
4	保利地产	916.9	9	华润置地	449.0
5	中海地产	844.2	10	融创中国	446.9

资料来源：参见新浪房产《2014 年前三季度中国房企销售榜单》，2014 年 10 月 1 日。

表 4 - 2　2014 年前三季度房企销售面积 TOP10

排名	公司名称	成交面积(万平方米)	排名	公司名称	成交面积(万平方米)
1	恒大地产	1388.3	6	中海地产	659.9
2	绿地集团	1320.0	7	万达集团	596.9
3	万科地产	1257.7	8	世茂房地产	415.6
4	碧桂园	1209.0	9	华夏幸福	412.0
5	保利地产	730.0	10	华润置地	374.2

资料来源：参见新浪房产《2014 前三季度中国房企销售榜单》，2014 年 10 月 1 日。

（三）企业素质

1. 企业数量：逐渐缩减

除 2008 年涌现了一波短暂的房企退市潮外，过去十年中住房企业的数量基本与房地产市场的兴衰呈高度正相关关系：即市场繁荣发展时住房企业数量迅猛增加，而行业不景气、市场规模增速放缓时住房企业数量增幅也随之减小。根据国家统计局公布的数据，2012 年房地产开发企业个数达到 89859 个。随着 2013~2014 年度房地产市场下行与行业集中度的大幅提升，数量巨大但竞争力较弱的中小型房企纷纷主动或被迫退市，房企数量明显减少，预计两年内会有 30%~40% 的房企遭到淘汰，而且数量缩减的趋势短期内不可能出现反弹。沪港深三市的房地产上市公司数量出现小幅下降，由 2013 年第三季度末的 159 家减至 2014 年第三季度末的 156 家。另外，房地产行业的萎靡形势与逐渐下滑的利润率同样促使大量主营业务非房地产业的企业加速退出。诸如华东医药、北大荒、水井坊等来自医药生物、食品饮料、农林牧渔各行业的多家上市公司均已全面剥离房地产业务或明确表示即将退出。

2. 交易活动：日益旺盛

房地产行业整体下行的市场环境在加速淘汰落后企业的同时也为具有竞争力的企业带来了大量结构性的市场空间，因此对于专业化能力强的企业，目前无疑是调整企业规模、部署企业战略的黄金时期。2014 年 1~9 月，房地产行业已完成和进行中的并购金额合计 1054.04 亿元，同比大幅增长

90%。同时嗅觉灵敏的海外投资者也已捕捉到中国房地产业加速整合所带来的巨大机遇，2014 年前三季度以中国房地产行业为目标的入境并购交易总额已逾 100 亿美元，同比增长 37.4%，占同期入境并购总额的 31.8%。除公司产权交易外，房地产项目交易也日益旺盛。北京、上海等多地的产权交易所挂牌转让的房地产项目数量同比大幅增长，房地产行业成为最活跃的交易板块。虽然大多数转让项目目前经营状况不佳，其评估值却经常出现大幅溢价，充分表明了交易各方对未来地产项目及土地储备的增值预期。

3. 经营业务：各展所长

不难预见，未来在竞争日趋激烈的房地产市场"新常态"中，产品和服务的质量以及项目开发的效率将会成为房企赖以生存发展的核心竞争力，而片面侧重开发项目数量以及规模的模式势必难以为继。因此，虽然大多房企目前仍然强调周转速率，力图通过保障资金链供应来平稳度过行业调整期，行业领先者已开始着手部署未来新常态下的战略规划。这些行业翘楚或转型企业定位、或布局多元化经营业务、或深耕自身业务领域，都各展所长并希望能借此在未来新常态的市场中拔得头筹。如万科提出定位转型为"城市配套服务商"并着手布局住宅地产、消费体验地产和产业地产三大业务；恒大则秉持"立即开发、快速建设、大规模开发、快速销售，快速周转"的开发模式在一、二、三线城市均衡布局，同时依靠其多年在快消品、体育、文化等领域积累的丰富经验正式步入"多元 + 规模 + 品牌"战略阶段。

二　2013~2014 年度中国住房企业经营状况

（一）销售额同比下降，销售策略重返"以价换量"，销售手段呈多样化、信息化趋势

2014 年 1~9 月商品房销售总额为 49227.01 亿元，同比下降 8.9%，商品房销售面积为 77131.82 万平方米，同比下降 8.6%，其中：商品住宅销售额 40516.11 亿元，同比下降 10.8%，商品住宅销售面积 67668.61 亿平方

米,同比下降10.3%。虽然商业营业用房的销售额与销售面积同比增长较快,但其占商品房业务比重较低,而住宅市场交易量价下行是总体商品房销售数据下降的主要原因。虽然办公楼销售面积降幅较小,但由于价格下跌的原因,其销售额同比降幅达到19.7%。商品房销售指标负增长的原因一方面是观望情绪主导下的市场供求失衡,交易量价萎缩,另一方面也由于2013年房地产市场迅猛发展,销售数据达到了前所未有的高位而导致增长指标的基数过大。

一方面,由于2014年需求不振和2013年的过度投资,库存数量巨大、去化速率不高以致资金回笼慢已成为当前困扰绝大多数房企的主要问题;另一方面,刚性需求目前仍然是支撑楼市的主要力量,其往往对价格变动较为敏感,因此效果明显、方式直接的"以价换量"、"降价抢收"又重新成为房企销售策略的主旋律。此外,房企的销售手段也逐渐多样化、信息化,许多房企开展了如送车位、零首付购房、午夜开盘、团购买房等形式多样的销售活动。电商营销也成为多地楼盘的主要营销模式,诸如微信、微博、平台的互动营销,网上拍卖,七天内无理由退订等营销模式层出不穷。虽然这些销售手段的效果还有待观察,但能否顺应消费偏好、创新销售方式,这无疑是住房企业核心竞争力的重要方面,应该予以足够重视。

(二)开发投资额增速整体下滑,海外投资规模剧增

2014年1~9月房地产累计投资值68751.21亿元,同比累计增长水平由2013年的20%左右下滑至12.5%,其中住宅投资46724.74亿元,累计增长11.3%,住宅投资仍以90平方米以下住房投资为主,办公楼和商业营业用房投资增长率均为22.8%,较2013年均有不同程度的下滑。土地购置方面,2014年1~9月房地产土地购置费累计6780.73亿元,土地购置面积24014.10万平方米,同比下降4.6%,新开工施工面积131410.97万平方米,同比下降9.3%。房地产开发投资增速下降主要是开发商主动应对销售下滑、库存压力巨大的理性调整,而开发投资额变动相对温和也在一定程度上反映了房企对未来房地产市场仍持谨慎的观望态度。

与此同时，房企出海投资规模与频率进一步飞速增长，根据《2014 上半年中企海外房地产投资报告》，2014 年上半年中资企业（主要为房企）海外投资成交总额已逾 120 亿美元，而 2013 年全年投资额仅为 150 亿美元，仅万达、绿地等七家房企在 2014 年上半年海外投资额就超过 600 亿元，投资领域涵盖住宅、酒店、旅游、综合配套项目等。此外，诸如开源控股、新华联、雅居乐等中小企业也纷纷开始出海投资，抢占海外市场。众多房企热衷出海投资一方面是国内市场日趋成熟，未来发展的不确定因素较多，另一方面华人在海外购房的需求呈指数型增长，创造了广阔的市场空间。

（三）融资增速大幅回落，国内外融资成本逐渐增高，自筹资金占比逐步上升

2014 年 1 ~ 9 月住房企业到位资金总额 89868.91 亿元，同比增长 4.2%，较 2013 年同期的 27.2% 大幅回落，其中自筹资金与定金及预付款仍占主导地位，分别占比 41.8% 和 24.0%，国内贷款、个人按揭贷款及其他资金所占相对比重较轻，分别占比 18.1% 和 15.6%，利用外资仅占 0.5%。

整体来说，2013 ~ 2014 年度房企融资成本逐渐上升，从国内渠道来看，虽然停滞三年之后房地产再融资已在 2014 年 3 月正式开闸，但 2013 年 10 月至 2014 年 9 月共 56 家房企公布了再融资计划，预期融资超过 600 亿元，但其中仅有 11 家房企的申请获批，融资总额也仅为 201 亿元，对于众多房企庞大的资金缺口来说无异于杯水车薪。银行信贷方面，实施差别化信贷、严控风险的紧缩信贷政策仍然是商业银行的业内共识，而交易萎缩、前路未明的市场行情更使间接融资难度加大、成本提高。大型房企所偏好的海外融资也面临着成本上升的压力，虽然 2013 年证监会已简化了企业境外上市的申报和审核程序，但受到国内市场波动、QE 逐步退出与人民币对美元汇率持续走低等宏观因素的影响，评级机构及海外投资者的态度更趋谨慎，房企海外融资成本已普遍提高至 7% 以上。而中小企业的融资渠道则更为狭窄，民间借贷与信托融资是其资金来源的重要渠道，但两者年化资金成本率均在 20% 以上，这无疑更使处于全面困境之中的中小房企雪上加霜。因此在外部

融资渠道不畅的环境下，有能力的房企逐渐开始重视通过内部渠道自行筹措资金以纾解资金链压力。

（四）经营管理欠规范，产品质量堪忧，社会责任有待提高

住房企业经营管理问题频发，社会各界对其社会责任缺失的指责也不绝于耳：官商勾结巧取豪夺土地开发权，偷逃、拖欠相关税款，未取得资质便违规销售、巧立名目乱收费用等等不胜枚举。一方面，在目前商品住房价格竞争日趋激烈的环境下，房企欠规范的经营行为又带来了新的问题：少数开发商为快速回笼资金打破行业价格同盟，对在售楼盘大幅降价从而引发"业主维权"等激烈争端；更有甚者在降价宣传时发布虚假信息欺诈、蒙骗消费者；个别品牌房企也被披露出非法出售购房者个人信息等恶劣行为。这些乱象表明过去黄金十年之中房地产行业利润高、门槛低，导致开发商鱼龙混杂，为增加营收而不择手段；而根本在于监管制度缺失，惩罚力度不够，房企违法成本太低。另一方面，住房产品的质量也十分堪忧，即便是以产品质量和信誉著称的一些龙头企业也在全国范围内频频遭到业主举报，相关问题涉及住房品质粗糙、安全隐患多、使用功能不健全等等多个方面。究其原因，一方面是市场下行压力下房企库存增加，在快周转策略下现金流紧绷的企业只重视销售业绩而无暇顾及产品质量问题，另一方面住房预售制度、不健全的监管体系、买卖双方信息不对称以及购房者维权意识淡薄等因素都易促使房企产生道德风险，损害购房者权益。

三　2013～2014年度中国住房企业绩效评估

（一）价格竞争、成本上涨等因素致使房企赢利能力继续下滑

赢利能力是指企业通过销售产品或服务赚取利润的能力，主要由净资产收益率、总资产报酬率、销售收益率、成本费用利润率、资本收益率等财务指标度量。相比于2012～2013年度，2013～2014年度房企各项赢利

指标普遍有所下滑，其中销售收益率与成本费用利润率下滑最为明显。究其原因，首先是行业整体销售不振，迫于加快去化速率和回笼资金的压力，多数企业倾向采取简便易行的降价促销策略，由此造成了整体房地产市场价格竞争愈加激烈的氛围，致使销售价格与销售数量共同下降，削减了利润来源。其次，房企生产销售成本的增加也挤压了相当一部分利润空间，从销售收益率和成本费用利润率的下滑不难看出，房企在竭尽全力、通过多种营销策略促进销售的同时，也为之花费了巨大成本；企业融资成本逐渐升高致使利润进一步流失；此外，土地、税收、建安等客观成本的上涨更无法避免。而从宏观角度看，房企的赢利能力从黄金时代的畸高回落至正常区间正是房地产业进入内生性、结构性增长的新常态的重要表现，也符合行业发展的客观规律。

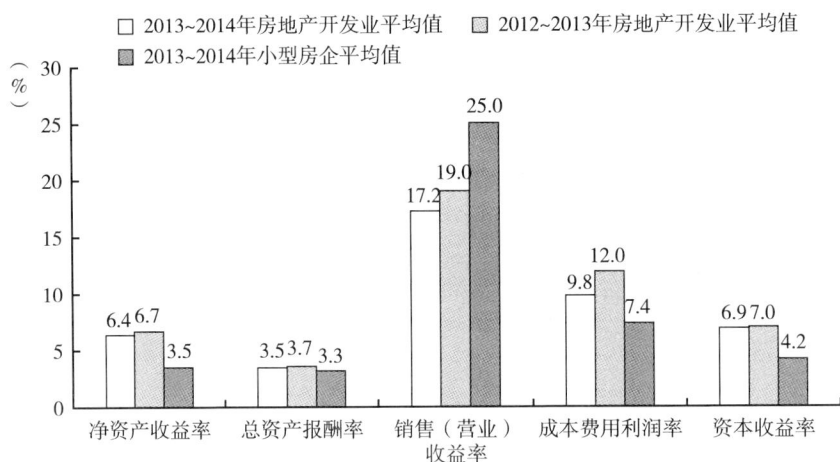

图4-4 上市房地产企业赢利能力状况

数据来源：同花顺 iFinD。

（二）资金紧张、融资渠道单一导致房企负债水平激增，偿债能力恶化

房地产行业本身具有项目开发周期长、资金回笼慢的特点，因此与其

他行业的企业相比，房地产企业通常具有较高的负债水平。但是一旦企业负债水平过高、债务增长过快就会带来巨大的财务违约风险，如果高负债成为行业的普遍现状甚至有可能引发金融危机。房地产行业作为国民经济的支柱产业，其负债水平必须维持在合理区间。企业的负债水平以及偿债压力可以通过资产负债率和带息负债比率两个指标测度：资产负债率反映了企业负债总额占资产总额的比重；而带息负债比率测度的是某一时间节点企业带息负债总额与负债总额的比率，反映了企业未来偿债压力的大小。由图 4 - 5 可知 2013～2014 年度房企负债水平提升，且小型房企负债水平显著高于行业平均值，财务风险较大。负债水平的提升一方面由于销售回款下降、项目支出增加导致房企资金紧张；另一方面银行贷款仍然是房企融资的主要渠道，资本市场融资尚有较大阻力。直接偿债能力方面，速动比率能反映企业将流动资产直接变现偿还流动债务的能力，现金流动负债比率可以从现金流量角度测度企业当期偿付短期负债能力。现金流动负债比率行业平均水平较低是因为企业间差距较大，偿债能力强的企业达到18%，而资金紧张的小型企业一般现金偿债能力较差，个别现金净流量为负值的企业该指标数据甚至为 - 15%。

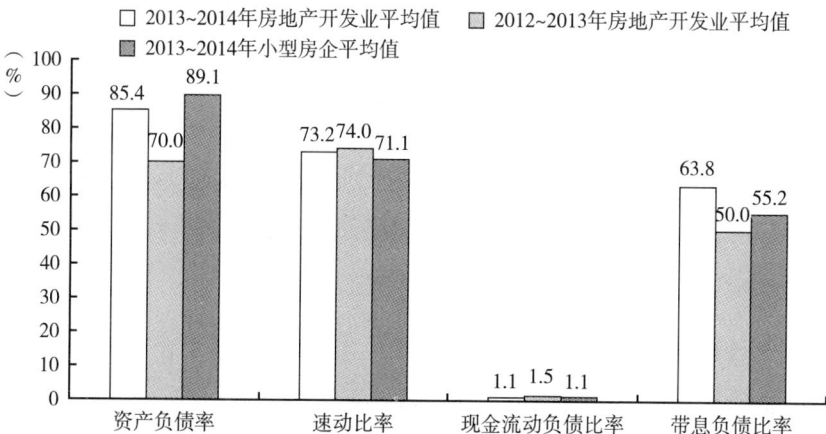

图 4 - 5 上市房地产企业负债状况

数据来源：同花顺 iFinD

（三）周转速率慢、融资成本高困扰多数中小型房企，风险加剧

在市场需求整体萎缩的环境中，众多产品竞争力弱、项目较少的中小型房企都陷入了销售大幅下降、利润迅速减少的困境。加之大多数中小房企的项目都布局在地价相对低廉的二、三线城市，而二、三线城市居高不下的库存量更使这些周转速率较慢的企业的销售步履维艰。在领军房企实行以高周转为目标的以价换量策略的同时，中小型企业本来就微薄的利润已难以承受价格战引致的利润损失。仅从上市公司来看，多家房企净利润出现明显下滑甚至亏损，其中大部分为资产总额在 50 亿元以下的中小房企，如荣丰控股、深物业、世荣兆业等。然而若不进行降价促销则会直接导致资金链断裂或负债剧增，无异于坐以待毙。此外，中小房企由于具有较大的风险和较差的偿债能力，其往往无法获得足额、低成本的银行贷款，而信贷以及资本市场融资同样对企业有严格的审核标准，而这些中小企业往往在不达标之列。融资渠道收窄、融资成本提高进一步推升了其资金链断裂的风险，风险提升的同时又加剧了中小房企的融资困境，使其陷入难以逃离的恶性循环。另外，2013 年度房地产开发投资项目迅猛增长，为完成新增项目的开发、确保周转率，多数资金短缺的中小房企 2014 年度只能大量举债来填补高额的建设款、土地款及雇员佣金支出，致使企业负债率大幅提升，债务违约、资金链断裂风险激增。

四　中国住房企业2014～2015年度发展展望

（一）行业集中度进一步加速提升

从微观层面来看，与中小型房企相比，大型房企具有投资开发能力强，管理运营模式成熟，项目分布广泛，周转速率较快，涉足业务领域广泛，风险较低，融资渠道宽、成本低，人才储备足等多方面优势，而市场观望态度的逐渐浓郁与需求的持续走弱则加剧了房企规模对其业绩的影响，马太效应加速显现。目前部分中小企业由于资金链吃紧而又无法以低成本融资，只能

采取出售股权或项目勉强维持企业运营，而最终被大企业收购或直接淘汰出局的中小房企也不在少数。在短期内强者更强、弱者越弱的外部市场环境和内部企业特性都不会改变，因此可以预计行业集中度会加速提升。从宏观的行业层面看，住房企业集中度提升至寡头垄断的水平是必然的发展趋势，一是房地产业属于典型的资本密集型产业，具有投资大、风险高、周期久、供应链长、地域性强等特点，因而具有明显的规模经济。二是房地产业受外部经济因素冲击、政策因素影响，波动幅度大，可预测性弱，因此只有抗风险能力强的大型房企能够保障生存并得以发展壮大。

（二）开发投资速度持续放缓，竞争更趋品牌化

随着房地产市场高速增长时代的终结，住房企业由粗放式增长逐渐转变为平稳型发展。在通过高周转率保障现金流的同时，住房企业也不再仅仅注重销售规模、利润增长等短期的业务指标，而是逐渐实行品牌化战略，用提升产品及服务附加值的方式来提升利润空间。在投资开发方面，库存数量巨大，整体市场供大于求已成为共识，因此房企会在逐步降低开发投资速度的同时，进一步以住房需求为导向，侧重迎合以刚性需求为主体的市场结构，提供具有创新性、针对性的产品与配套服务。同时企业间投资收购、房企同互联网等其他产业的不断融合也会进一步加速，业态的不断发展创新将会使房企投资进一步多元化，不仅仅局限于住房产品的竞争会更趋激烈、更趋品牌化。

（三）大型房企融资渠道更加多元化、市场化，资金压力会逐步得到缓解

央行、银监会在2014年9月30日发布的《关于进一步做好住房金融服务工作的通知》中明确指出要继续支持房地产开发企业的合理融资需求，并且强调"支持符合条件的房地产企业在银行间债券市场发行债务融资工具"和"积极稳妥开展房地产投资信托基金（REITs）试点"。非金融企业债务融资工具目前主要有短期融资券（CP）、中期票据（MTN）、中小企业

集合票据（SMECN）等多种类型，目前已有多家上市房企正式公布中期票据的发行申请。相比于开发贷款、公司债券等融资渠道，中期票据融资具有融资期限跨度大、融资成本低的先天优势，因此备受房企关注。然而不难预见的是监管机构对发债企业的资质会做出严格要求，短时间内能够从中期票据开闸中收益的一定是运营稳健、风险可控的少数大中型房企。

由于房地产行业周期和银行信贷、资本市场融资都与宏观经济周期密切相关，房企经常会面临资金过剩或资金短缺的周期性困境，而受经济周期影响较小的 REITs 则能够为房企提供更为灵活稳定的资金，同时也能盘活巨量流动性较差的房地产资产。由于还需要建立并完善相关法律法规、资产管理、财税等多方面配套制度和体系，真正 REITs 的推出尚需时日，但市场主管部门及金融机构支持房企合理融资的明确态度无疑给苦陷于资金链困境的房企带来了积极的转好预期。

五　促进住房企业平稳健康发展的政策建议

（一）完善政策法规，健全监管机制，合理引导舆论，维护市场秩序

在住房市场下行，房企问题频发、风险攀升的情况下，完善政策法规、加强房企监管显得尤为必要。税务、工商、国土、住建等部门需要进一步厘清房企在生产经营活动中的不规范、不合法行为，在监管职能划分清晰的前提下，对违法违规企业的惩治措施需要进一步加强，切实达到以儆效尤的目的。此外，在严禁领导干部滥用职权参与或干涉房地产商经营活动的同时，也需要加大对违法违纪者的查处力度，坚决杜绝妨碍市场秩序、侵犯消费者权益、损害公共利益的企业行为。多部门联动协调监管的机制也应尽快建立和完善，增大房企违规成本，使违规失信企业在生产经营各个环节都寸步难行。同时金融部门对房企面临的风险也应充分认识，对房地产业信贷业务应保持理性谨慎态度。对于媒体和公众对房企的舆论也需要加强引导和管理，

一方面是监管方通过官方途径向社会公布真实可靠的信息，避免发出带有明显感情倾向的言论，合理引导、纠正社会公众"妖魔化"房地产开发商的非理性言论；另一方面也要对媒体与房企勾结炒作房价、房地产新闻广告化、娱乐化的现象予以严格管控。

（二）大规模房企需专注产品价值，创新发展模式，提升核心竞争力

市场的主动回调已充分说明了目前住房供过于求的整体形势，房企也逐渐告别了黄金时代高增长、高利润、低水平的发展模式，片面强调"以价促量"而损及利润率的策略只能是短期缓解资金链压力的权宜之计，并不能作为企业长远的竞争战略。若想在未来成熟的市场环境下和激烈的竞争中崭露头角，房企一方面要尽早对自身素质精耕细作，创新管理模式、赢利模式以及投融资模式，另一方面则要开拓新市场，积极规划蓝海战略，把握发展机遇。许多标杆企业的经验都值得借鉴：如万科首推的项目合作制，规定项目职业经理人及管理人员必须同公司一起投资持股，充分调动员工积极性，有效降低了代理成本。开拓新市场方面，光明集团通过涉足养生养老行业，提升了其土地及住房产品的附加值，以期有效抢占未来新兴市场的份额。碧桂园则依靠创新并切实执行"全民营销"模式成功跻身千亿级房企集团。此外，随着移动互联、大数据等信息技术的飞速发展，部分龙头房企已与互联网巨头公司达成合作意向或签署合作协议，通过拥抱信息化浪潮更准确地把握市场需求、创造商户价值、推动商业模式的转型升级。

（三）中小规模房企需保证去化速度，注重开源节流

未来房地产行业利润率整体逐渐下滑已成定局，对于资金压力较大、融资难、融资贵且仅靠少量项目维系的小型房企来说，维持运营、免遭淘汰应是其首要任务，而其中的关键就是要保证稳定的销售额和低成本的资金来源。在确保库存可以及时去化的前提下，中小型企业可以通过发挥自身竞争优势，准确定位市场需求，来争取一定的市场份额。同时建议中小企业主动

放弃一、二线城市的市场，到需求相对较旺盛的三、四线城市开拓业务。因为首先一、二线城市是行业领军企业的必争之地，中小房企的生存空间狭小；其次一、二线城市土地及开发项目所需投资额度巨大，对开发商的业务素质要求也更为严苛，中小房企往往不具备开发能力。小型房企积极开源同时也需节流，一方面提高加速推进项目运营的标准化流程，另一方面也需要注重企业内部的成本管理，通过完善相关制度、明确细化成本控制方案、避免高成本营销等方式有效地降低运营成本对企业利润空间的挤压。此外，小规模房企还可以利用自身规模小、船小好调头的特点，灵活选择经营产品与业务领域，必要时出售项目或公司股权以避免遭受更大的损失。

六 住房上市公司指数：住房企业100指数分析

（一）指数构建

1. 指标选取

住房上市公司100指数以全面、客观、重点突出为评价原则，分别从规模、效率和增长三个要素，每个方面各选取两个财务指标对沪深两市上市住房企业进行分析评价。其中规模要素包括住房企业的营业收入与资产总计两个指标，营业收入可以客观反映公司的经营状况以及市场份额；资产总计则是以货币形式反映住房企业所拥有并可利用的经济资源。效率因素相应地反应住房上市企业的创利效率，由营业利润率和总资产净利润率体现。营业利润率为营业利润与营业总收入（包括主营业务收入与其他业务收入）之比，总资产净利润率为企业净利润与资产总额的比重。在日趋激烈的房地产市场竞争中，企业的创利能力很大程度上决定了其现金周转以及成本管理效率，从而关乎其是否能更好地生存发展。增长要素主要测度的是企业规模的增长，集中反映了企业的发展速度与未来的竞争潜力，由营业收入增长率和总资产增长率构成。以上所有六个财务指标都与住房企业的市场表现和发展潜力正相关，即数值越高越好。

住房上市公司 100 指数的六个指标测度的都是本年度前三季度的数据。具体来说，资产总计为 2014 年 9 月的企业数据，而营业收入、营业利润以及净利润等指标均为企业 2014 年 1 月到 2014 年 9 月的财务数据。营业收入增长率与总资产增长率的计算基数相应为 2013 年 1~9 月营业收入与 2013 年 9 月资产总额。

2. 数据来源

"住房 100 指数"指标体系中的所有数据均由上市公司的年报、季报公布的数据整理而成，通过同花顺 FinD 软件获得。公司样本为剔除个别经营状况不稳定的企业之后的 132 家沪深上市的住房企业。

3. 计算方法

各指标数据经过整理之后，先进行标准化（即去量纲化）处理，再通过主成分分析法合成各企业的指数并根据指数大小完成排序。主成分分析法是将多个变量通过线性变换以得出较少主成分因子的多元统计方法，一般以数据的降维为目的。在主成分分析的过程中需要提取因子，可以将各因子对整体数据的方差贡献度作为因子的权重，分别乘以相应因子的数值后再将乘积加总便可得到某一样本的指数；所以主成分分析法也常常被用于多指标体系的指数合成与综合评价。其优点是在保留原数据大部分信息（通常在85% 以上）的基础上，将多个指标转化为几个相互独立的综合因子；其权数是基于各指标数据的内在结构分析得出的，数据的结构是决定相应指标权重的唯一因素，因此相比于主观赋权或等权加总等方法，主成分分析法更能客观反映原始数据的结构，并在一定程度上降低或避免了一些可能由主观偏见对评价结果造成的不利影响。

（二）"住房100"上市企业概况

从上市房企注册地的分布情况来看，东多西少的格局得到了进一步的加强，绝大部分上市的住房企业集中在北京、上海、天津等直辖市以及广东、浙江、江苏、福建等沿海省份；并且上海、北京、浙江等地注册的上市房企数量均有明显增加，较上一年度分别增加了 12 家、6 家和 3 家。而中西部省份注册的上市房企则较为稀少，甘肃、西藏等省份仅有一家上市房企，而陕西、宁夏等省份目前仍没有上市房企。

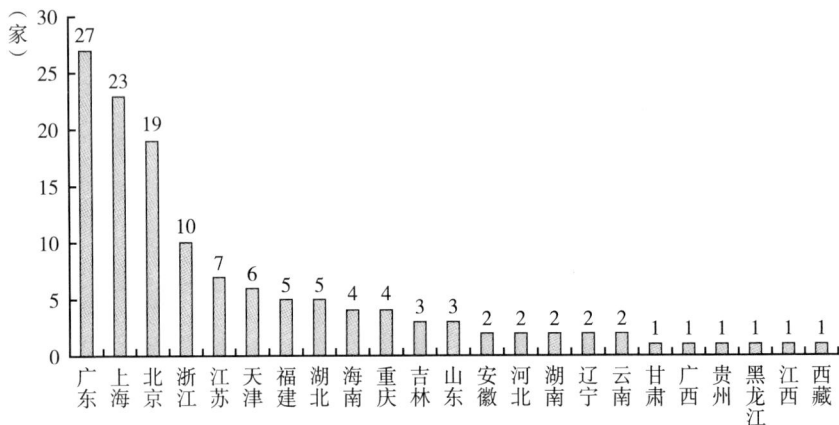

图4-6　住房上市公司注册地分布情况

数据来源：同花顺 iFinD。

从上市房企的业务范围来看，共有80家房企经营业务仅限于住房开发、销售以及相关经营业务如物业、中介服务等，此类房企总计占比60.6%。剩余52家上市房企的经营业务则较为多元，其副业主要集中在建筑、贸易、餐饮、食品饮料等产业。由于行业调整促使相当一部分上市房企开始布局多元化战略，因此经营范围较广的上市房企数量较上一年度有了显著增加。

从上市房企的经营性质来看，私营企业与一般国有经营性企业分别有54家和48家，央企共有12家，集体所有制企业有3家，其他企业共15家。

图4-8依据上市房企经营性质划分，分别描绘了央企、私企等几类上市房企2014年前三季度营业收入与资产总额的关系。由图可知，总体来说所有上市房企的营业收入与资产总额成正相关关系；总体趋势线与45度斜线平行。其中央企和一般国有经营性企业普遍规模较大；散点图中整体分布靠近图右上方区域。私营企业的规模跨度则非常巨大，但主要以中小规模为主；散点图中大多分布在左下方区域。从资产周转率（即营业收入与资产总额比值）来看，各类型企业周转率都非常相近；散点图中主要围绕45度

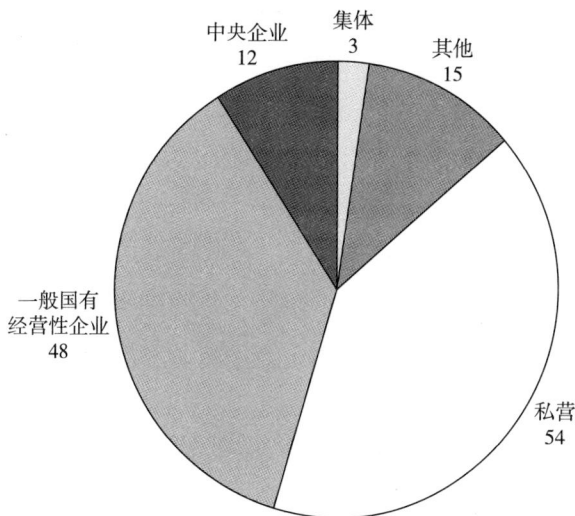

图 4 - 7 住房上市公司经营性质

数据来源：同花顺 iFinD。

斜线上下波动。但值得注意的是，个别国营企业资金周转效率非常低下；另一方面私营企业资金周转效率同样剧烈分化，部分私企周转效率明显领先行业水平，同样也有部分私企效率明显低下。

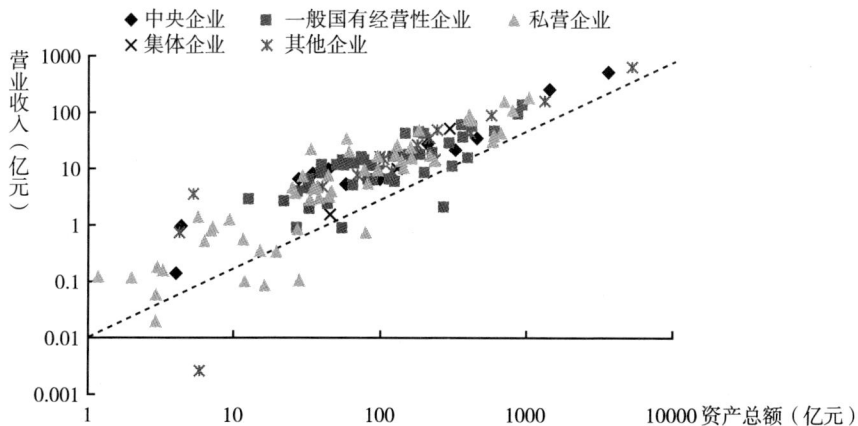

图 4 - 8 住房上市公司经营性质与规模关联度

数据来源：同花顺 iFinD。

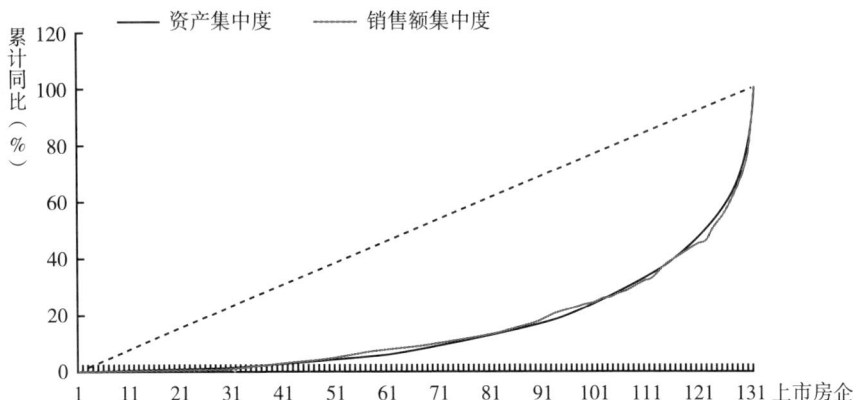

图 4 - 9   住房上市公司资产及销售集中度洛伦兹曲线

数据来源：同花顺 iFinD。

从上市房企的集中度来看，无论是资产总额还是销售收入，大型房企的规模急剧膨胀，导致集中度加速提升；反应集中度的洛伦兹曲线变得愈加陡峭。

（三）指数分析解读

表 4 - 3 为 132 家上市房企六项财务指标的描述统计数据，总资产净利润率与营业利润率较上年同期相比均有不同程度下滑。此外注意到营业收入增长率均值与标准差均异常偏高，原因是受到房地产项目周期以及回款迟滞的影响，个别企业 2014 年前三季度营业收入较 2013 年同期出现巨幅增长，因此同时拉升了行业平均水平与标准差。

表 4 - 3   各指标描述统计量

	均值	标准差
资产总计	2.4451E10	5.69709E10
营业总收入	3.0803E9	7.57871E9
总资产净利润率	0.0118130	0.02405373
营业利润率	0.0855099	1.80094660
总资产增长率	0.1853301	0.25140275
营业收入增长率	1.7693744	13.83111462

KMO 与 Bartlett 的检验结果表明，原始数据之间相关性较强，适合对其进行因子分析。由表 4-4 可见，每个因子的载荷都基本集中在两到三个预设的财务指标上，因此可以将主成分分析后得出的三个因子分别看作规模、效率和增长因素，整体结果较为吻合指标体系的设定预期。

表 4-4　主成分因子载荷矩阵

	因子 1	因子 2	因子 3
营业总收入	0.988	-0.095	0.045
资产总计	0.985	-0.117	-0.003
营业利润率	0.082	0.823	-0.071
总资产净利润率	0.141	0.429	-0.775
总资产增长率	0.154	0.593	0.619
营业收入增长率	-0.085	0.114	0.244

因子的方差贡献度体现了其反应原始数据结构的程度，也就意味着因子的方差贡献度越高，其解释能力越强、与原始数据包含的信息越吻合，因此在指数的合成计算中所占比重也应越大。由表 4-5 可见，规模因素对住房企业的综合竞争力起主导作用，效率因素与增长因素作用相对较弱，比重各占 1/4 左右。

表 4-5　各因子方差贡献度及其在住房 100 指数中的指标权重

	方差贡献度(%)	累积方差贡献度(%)	因子权重
因子 1(规模)	33.40	33.20	0.47
因子 2(效率)	20.83	53.02	0.29
因子 3(增长)	17.49	71.72	0.24

由图 4-10 可见，首先，位于图中右上方的企业数量极为稀少，这意味着房企的高效率和快增长难以同时达到，即企业需要在赢利效率和增长速度之间做出权衡。如果房企侧重成本控制与创利效率，则需要付出较低增长速度的代价；相应的，谋求快速增长则往往需要承受低赢利效率的压力。此类企业最典型的有高效率、低增长的小型房企大连控股，高增长、低效率的荣

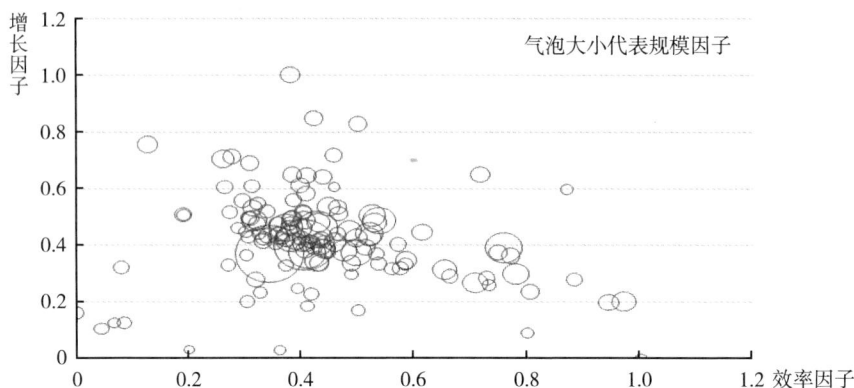

图 4 - 10 住房上市公司各因子分布情况

安地产等。光宇发展、深物业等中等规模的房企则相对较好地平衡了效率与增长的矛盾。处于市场整体下行的行业环境之中的多数房企在权衡两方面要素时更倾向于重视效率因素，因为经营效率直接决定了企业是否能够在行业加速调整的大背景下继续生存。这点反应在图 4 - 10 中即位于图右下方的房企数量远多于图左上方的企业数量。

其次，虽然大规模房企在增长速度和经营效率方面都不具备明显优势，但是随着企业规模的扩大，受到市场容量、管理难度等多方面原因的限制，企业增长速度减缓与效率降低是其进入成熟发展阶段后的必然趋势。

再者，效率与增长指标均以规模为基数计算，如果计算赢利与销售的绝对数量，大型房企仍具有巨大优势。另外，分布于图 4 - 10 左下方、效率与增长均不占优的企业则大多为中小规模的房企。

表 4 - 6 住房上市公司：住房 100 指数及各因子指数

企业名称	住房 100 指数	排名	因子 1（规模）		因子 2（效率）		因子 3（增长）	
			指数	排名	指数	排名	指数	排名
万　　科	1.00	1	1.00	1	0.34	96	0.37	92
保利地产	0.83	2	0.77	2	0.41	70	0.40	79
招商地产	0.48	3	0.36	3	0.43	56	0.46	49
华夏幸福	0.48	4	0.28	5	0.76	10	0.39	84

续表

企业名称	住房100指数	排名	因子1（规模）		因子2（效率）		因子3（增长）	
			指数	排名	指数	排名	指数	排名
荣盛发展	0.41	5	0.22	7	0.54	24	0.49	40
电子城	0.39	6	0.08	35	0.38	84	1.00	1
金地集团	0.39	7	0.28	4	0.41	63	0.37	90
世联行	0.37	8	0.08	40	0.72	14	0.65	11
广宇发展	0.36	9	0.07	47	0.50	33	0.83	4
海德股份	0.36	10	0.04	121	0.87	5	0.60	18
首开股份	0.36	11	0.23	6	0.37	89	0.46	46
泰禾集团	0.35	12	0.12	17	0.97	2	0.20	121
深物业	0.35	13	0.07	49	0.42	59	0.85	3
中天城投	0.34	14	0.15	11	0.53	28	0.51	33
阳光城	0.34	15	0.13	14	0.78	8	0.30	108
金科股份	0.33	16	0.19	9	0.50	35	0.37	91
世茂股份	0.33	17	0.16	10	0.52	30	0.44	55
金融街	0.32	18	0.19	8	0.38	83	0.42	67
中国高科	0.31	19	0.06	64	0.46	45	0.72	6
迪马股份	0.31	20	0.08	34	0.94	3	0.20	122
华发股份	0.30	21	0.13	15	0.71	15	0.27	114
陆家嘴	0.30	22	0.11	21	0.53	27	0.48	41
中弘股份	0.30	23	0.08	43	0.77	9	0.36	95
泛海控股	0.30	24	0.12	18	0.65	17	0.31	107
城投控股	0.30	25	0.11	23	0.45	46	0.53	24
中洲控股	0.29	26	0.07	56	0.75	11	0.38	89
北京城建	0.29	27	0.12	16	0.49	38	0.45	51
宁波富达	0.29	28	0.10	24	0.26	122	0.70	8
华业地产	0.29	29	0.08	36	0.61	18	0.45	53
天保基建	0.29	30	0.07	57	0.44	50	0.64	13
上实发展	0.29	31	0.08	44	0.41	65	0.65	12
中房地产	0.29	32	0.05	97	0.88	4	0.28	112
中国国贸	0.28	33	0.07	48	0.38	81	0.65	10
新湖中宝	0.28	34	0.13	13	0.48	39	0.38	87
福星股份	0.27	35	0.11	22	0.43	55	0.48	42
冠城大通	0.27	36	0.10	27	0.52	29	0.43	61
滨江集团	0.27	37	0.14	12	0.32	106	0.49	39
大名城	0.27	38	0.07	53	0.80	6	0.24	117

企业名称	住房100指数	排名	因子1（规模）		因子2（效率）		因子3（增长）	
			指数	排名	指数	排名	指数	排名
浙江广厦	0.27	39	0.07	45	0.28	118	0.71	7
浦东金桥	0.27	40	0.07	52	0.40	76	0.61	14
丰华股份	0.27	41	0.00	132	0.26	123	0.95	2
万业企业	0.26	42	0.07	63	0.31	110	0.69	9
华远地产	0.26	43	0.09	28	0.50	34	0.43	62
嘉宝集团	0.26	44	0.07	62	0.41	67	0.58	19
信达地产	0.26	45	0.09	32	0.59	19	0.35	96
珠江实业	0.26	46	0.06	69	0.47	41	0.54	23
北辰实业	0.26	47	0.10	25	0.46	43	0.41	74
黑牡丹	0.25	48	0.09	29	0.41	69	0.49	38
银亿股份	0.25	49	0.10	26	0.40	74	0.46	48
中粮地产	0.25	50	0.11	20	0.44	48	0.39	85
京能置业	0.25	51	0.06	70	0.47	40	0.51	30
阳光股份	0.25	52	0.06	79	0.73	13	0.29	111
荣安地产	0.25	53	0.09	33	0.13	127	0.76	5
国兴地产	0.25	54	0.03	129	0.46	44	0.61	16
南国置业	0.24	55	0.06	78	0.57	22	0.40	78
新华联	0.24	56	0.07	46	0.52	31	0.39	82
嘉凯城	0.24	57	0.11	19	0.43	57	0.34	97
华联股份	0.24	58	0.06	75	0.66	16	0.29	110
华鑫股份	0.24	59	0.05	84	0.39	79	0.56	21
深振业	0.24	60	0.06	72	0.40	72	0.52	27
南京高科	0.24	61	0.08	42	0.38	82	0.49	37
市北高新	0.23	62	0.04	116	0.73	12	0.26	115
海南椰岛	0.23	63	0.05	87	0.31	108	0.61	15
香江控股	0.23	64	0.08	38	0.32	107	0.53	25
顺发恒业	0.23	65	0.07	58	0.38	80	0.50	36
鲁商置业	0.23	66	0.09	30	0.39	78	0.41	71
海南高速	0.23	67	0.05	95	0.40	71	0.52	28
中华企业	0.22	68	0.09	31	0.36	93	0.43	59
卧龙地产	0.22	69	0.05	88	0.47	42	0.44	54
大连控股	0.22	70	0.03	127	1.00	1	0.00	132
云南城投	0.22	71	0.08	39	0.49	37	0.34	99
亿城投资	0.22	72	0.06	68	0.30	116	0.56	20

企业名称	住房100指数	排名	因子1（规模）		因子2（效率）		因子3（增长）	
			指数	排名	指数	排名	指数	排名
格力地产	0.22	73	0.07	54	0.38	85	0.46	50
大龙地产	0.22	74	0.06	80	0.26	121	0.60	17
万通地产	0.22	75	0.06	66	0.44	51	0.42	66
世荣兆业	0.22	76	0.05	102	0.59	20	0.33	101
天房发展	0.22	77	0.07	50	0.44	52	0.39	81
中茵股份	0.22	78	0.05	91	0.58	21	0.32	105
天地源	0.22	79	0.07	61	0.43	54	0.42	69
苏州高新	0.22	80	0.08	41	0.40	73	0.41	76
天业股份	0.22	81	0.05	101	0.53	26	0.37	93
中体产业	0.21	82	0.06	82	0.34	98	0.52	26
三湘股份	0.21	83	0.05	86	0.54	25	0.34	100
运盛实业	0.21	84	0.05	99	0.32	103	0.55	22
渝开发	0.21	85	0.06	73	0.36	94	0.48	44
宋都股份	0.21	86	0.06	67	0.45	47	0.38	88
万泽股份	0.21	87	0.05	94	0.38	86	0.48	43
中航地产	0.21	88	0.08	37	0.43	53	0.34	98
苏宁环球	0.21	89	0.07	51	0.41	68	0.38	86
莱茵置业	0.21	90	0.06	65	0.31	109	0.50	35
华丽家族	0.21	91	0.05	106	0.56	23	0.32	106
新黄浦	0.21	92	0.06	76	0.40	75	0.43	63
沙河股份	0.20	93	0.05	104	0.44	49	0.41	73
广宇集团	0.20	94	0.05	89	0.42	60	0.41	75
凤凰股份	0.20	95	0.05	90	0.42	62	0.41	72
栖霞建设	0.20	96	0.07	55	0.34	97	0.43	58
中国武夷	0.20	97	0.06	74	0.36	91	0.44	57
合肥城建	0.20	98	0.06	77	0.32	104	0.48	45
深深房	0.20	99	0.05	83	0.31	111	0.50	34
大港股份	0.19	100	0.06	81	0.37	88	0.42	68
盈方微	0.19	101	0.03	128	0.80	7	0.09	129
宝安地产	0.19	102	0.05	100	0.42	58	0.39	83
美好集团	0.19	103	0.07	60	0.33	100	0.42	70
中江地产	0.19	104	0.05	93	0.27	119	0.52	29
东华实业	0.19	105	0.05	103	0.41	66	0.40	80
粤宏远A	0.19	106	0.05	96	0.37	90	0.43	64

企业名称	住房100指数	排名	因子1（规模）		因子2（效率）		因子3（增长）	
			指数	排名	指数	排名	指数	排名
西藏城投	0.18	107	0.05	85	0.33	99	0.43	65
华联控股	0.18	108	0.05	105	0.36	95	0.41	77
津滨发展	0.18	109	0.06	71	0.19	126	0.51	31
银润投资	0.17	110	0.04	114	0.33	102	0.44	56
亚太实业	0.17	111	0.04	120	0.49	36	0.30	109
天润控股	0.17	112	0.04	113	0.30	115	0.45	52
上海新梅	0.17	113	0.04	115	0.29	117	0.46	47
宜华地产	0.17	114	0.04	111	0.31	112	0.43	60
绵世股份	0.16	115	0.04	110	0.19	125	0.51	32
多伦股份	0.16	116	0.04	117	0.37	87	0.33	103
京投银泰	0.15	117	0.07	59	0.32	105	0.28	113
绿景控股	0.14	118	0.04	119	0.30	114	0.36	94
南通科技	0.14	119	0.04	109	0.42	61	0.23	119
世纪星源	0.14	120	0.04	123	0.50	32	0.17	124
深大通	0.13	121	0.04	124	0.39	77	0.25	116
长春经开	0.13	122	0.04	112	0.27	120	0.33	102
天伦置业	0.12	123	0.03	125	0.41	64	0.19	123
中房股份	0.11	124	0.04	122	0.33	101	0.23	118
天津松江	0.11	125	0.05	98	0.31	113	0.20	120
九龙山	0.08	126	0.05	92	0.08	129	0.32	104
中润资源	0.05	127	0.03	130	0.36	92	0.03	131
深国商	0.02	128	0.05	108	0.08	128	0.13	126
荣丰控股	0.01	129	0.05	107	0.00	132	0.16	125
武昌鱼	0.01	130	0.03	126	0.07	130	0.13	127
同达创业	0.00	131	0.02	131	0.20	124	0.03	130
金丰投资	0.00	132	0.04	118	0.04	131	0.11	128

第五章
中国住房需求主体分析与预测

李 超

一 2013～2014年住房需求主体分析

（一）购房者：理性回归，分化加剧

1. 购房者观望情绪浓厚，成交量持续不振

从 2014 年前三个季度的楼市销售情况来看，住房成交量持续低迷、购房者观望情绪浓厚，即便是被誉为"金九银十"的传统销售旺季也并未给萧条的楼市带来转机。2014 年前 3 季度，商品房销售面积和销售额分别同比下降 8.6 和 8.9 个百分点。中国指数研究院的百城房价指数显示，2014 年 9 月新建住宅平均价格已出现连续 5 个月下跌的情况，并且跌幅进一步扩大了 0.33 个百分点。其中，与 2013 年 9 月同比下降的城市多达 71 个，最高跌幅高达 14.79%（菏泽市）；同比上涨的城市仅为 29 个，最高涨幅为 14.20%（厦门市）。据搜房网 2014 年 9 月对北京、上海、深圳、武汉、西安、杭州、无锡、长沙等八个城市开展调查后发布的《金九银十楼市置业心态调查》显示，受访者对"金九银十"降价预期较为明显。虽然 2014 年以来限购政策在全国范围内相继退出，以及央行和银监会修改了首套房的认定标准，但是所释放出的需求离预期差距仍较大。从上半年的调控思路来看，未来楼市将更多依靠市场力量即实际的购买力和合理的购房需求来支撑。限购、松绑等行政调控手段的相继退出，既不能理解为释放政府救市的

信号，也不意味着住房市场的放任自流，而是"新常态"和市场理性回归的开端。

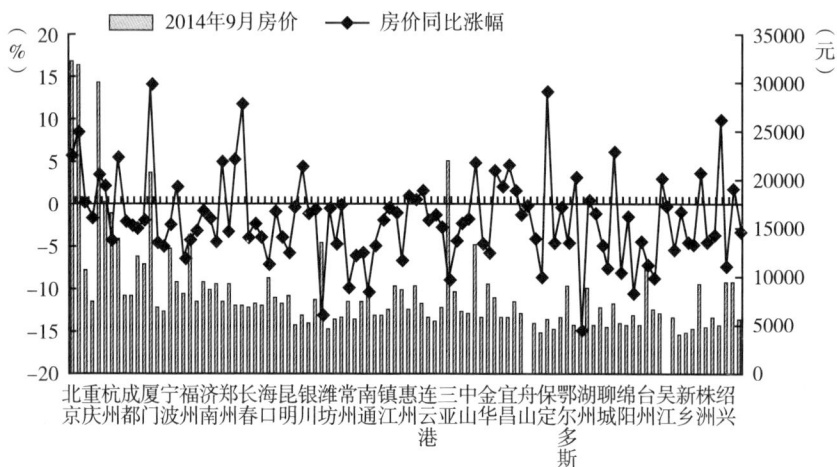

图 5 – 1　2014 年 9 月百城样本均价及房价同比涨幅变化

数据来源：根据中指系统相关数据整理。

　　经过十多年的快速发展之后，房地产市场增长幅度开始放缓，未来市场的复杂程度会大幅度提升，房地产市场的主要问题已经由长期以来的总量供给不足向结构性失调演变。根据第六次全国人口普查数据和近几年住房竣工等数据推算，2013 年全国城镇户均住房在 1.0 套左右，城镇家庭的住房拥有率已达 87%（CHFS，2014）。总体来看，中国住房市场供求状况已由供不应求向供求基本平衡转变，住房总量供给不足的矛盾已经得到基本解决，但是东部地区和重点城市的局部供给矛盾依然存在。从发达国家住房市场的经验来看，房地产市场的快速发展时期一般出现在人口规模扩张而住房供给不足的时期。而一旦越过户均一套住宅的门限值后，房地产市场的扩张速度将会有所放缓。

　　2. 购房需求持续分化，人口结构因素凸显

　　2014 年前三季度，住房需求的区域分化格局在下行期进一步持续。部分新增人口数量有限、人口持续净流出的三四线城市，房地产市场的下行压

力较大。但人口持续净流入的地区，特别是北上广深及部分热点二线城市，潜在购房需求仍十分强劲。从中国指数研究院 2014 年 9 月的房价同比数据来看，北京、上海、广州、深圳等一线城市的房价同比涨幅分别为 5.85%、8.71%、2.22% 和 3.51%，均高于全国平均水平。而同比跌幅最大的十个城市中，基本上为二、三线城市。从成交面积来看，一线城市成交面积环比上月回落 5%，同比下降 35%，市场回暖遇难。一线 4 个城市成交量涨跌各半，其中深圳成交面积环比增幅最大，为 5.33%；二线代表城市成交面积环比上涨 4%，同比下降 10%，其中兰州环比涨幅最大；三线代表城市成交面积环比回升 6%，同比下降 27%，其中汕头环比下降幅度最为明显。图 5-2 显示，城市的人口基本面对住房需求和房价的影响非常明显，本轮房价涨幅较高的几个城市大部分为长三角、珠三角、环渤海地区的中心城市及周边地区。其中，受京津冀一体化及北京部分功能外迁因素的影响，河北部分城市的房价呈现了短期上扬的局面。

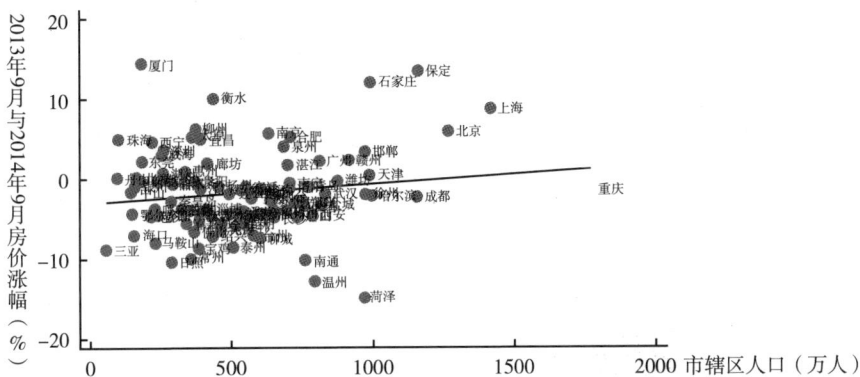

图 5-2 市辖区人口数量与房价同比涨幅相关关系

数据来源：根据中指系统相关数据整理。

从 2014 年 9 月各城市的房价表现来看，北上广深等一线城市以及三亚、厦门、杭州等热点二线城市的房价位居全国大城市前列，其中北京、上海、深圳的房价分别达到每平方米 32281、31859 元和 30168 元，这与其绝对劳动人口占比①有很大关系。因为中国当前的经济增长模式仍以劳动投入型为主，经济发展速度较快的城市和区域往往对劳动年龄人口吸引力相对较高，这种局面会加速中青年劳动力向上述沿海发达城市集聚，进一步降低了东部地区的人口抚养比并导致住房刚性需求的相对增加。与此同时，这些一线城市和热点二线城市的人均住房面积偏低、住宅的租赁率较高，改善住房条件的愿望也尤为强烈。图5－3和5－4显示，当前的住房需求结构中，刚性需求以及改善性需求对房价的贡献度较高。因为目前仍处于20世纪80年代生育高峰的滞后影响期内，80后的婚房压力和改善性住房需求仍有进一步的释放空间。但由于除北上广深外的大多数城市"供过于求"的基本面依然存在，短期的市场调控很难起到立竿见影的效果。以杭州与南京取消"限购"后的楼市表现来看，虽然成交量有所回升，但房屋均价并没有攀升。所以无论是限购政策放松，还是房贷新政和公积金新政出台，短期内仍难以改变这种供求关系的基本面。

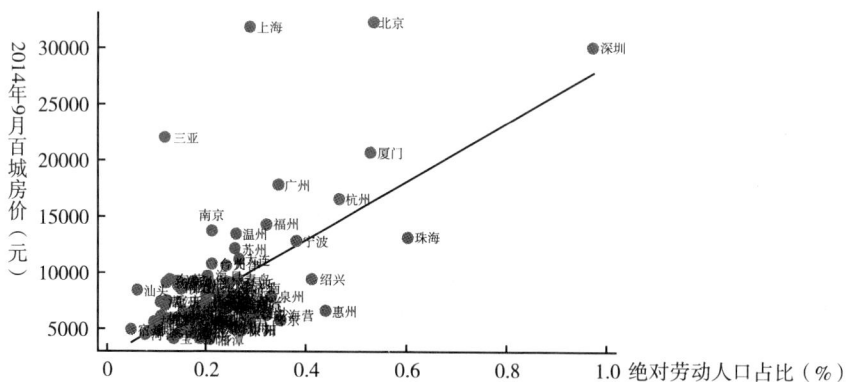

图5－3　刚性需求与百城房价相关关系图

数据来源：根据中指系统相关数据整理。

---

① 绝对劳动人口占比是指城市在业人口数与城市常住人口数量之比，或为劳动参与率。

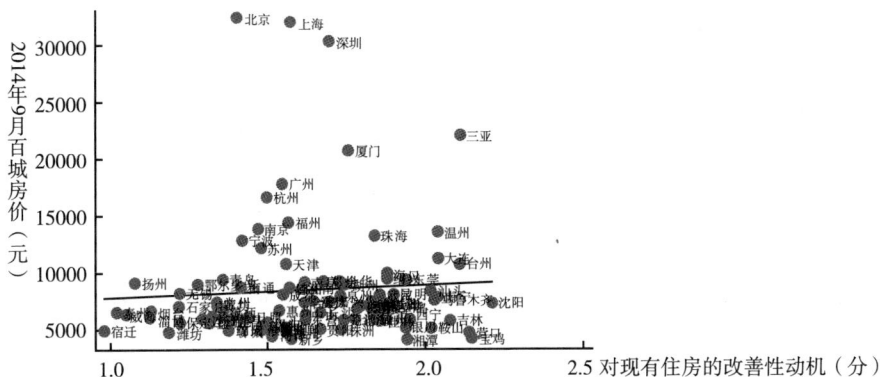

图 5 - 4　改善性需求与百城房价相关关系图

数据来源：根据中指系统相关数据整理。

（二）投资者和投机者

根据中国人民银行《全国储户问卷调查报告》，2013 年第 4 季度到 2014 年第 3 季度，认为房价"高，难以接受"的比例整体上呈现下降之势，在 2014 年第 3 季度跌破 60% 大关。选择"可以接受"和"令人满意"的比例在过去一年中呈现上升之势，但"令人满意"的程度仍整体偏低。在储户对目前房价的整体满意度提升之时，倾向于更多房地产投资的比例却在下降，并且大大低于上年同期水平。在 2014 年第 3 季度，房地产投资甚至未能进入居民首选投资方式的前三位。这也体现了民众买涨不买跌的投资心理，同时也表明了近期市场化的调控手段在对打击投资需求上取得了一定的成效。在对住房价格的预期上，认为未来住房价格将会"上涨"的储户比例也呈现明显下降的趋势，在 2014 年第 3 季度跌到 19.2%；而认为未来住房价格将"基本不变"和"下降"的储户比例则呈现明显上升的态势，表明房价的平稳和下行将是大势所趋。进入 2014 年以来，与房地产投资倾向逐渐降低形成鲜明对照的是，未来 3 个月内准备出手购买住房的储户比例均高于上年同期水平，进一步揭示了当前刚性需求和改善性需求的比例高于投资投机性需求的总体格局。

表5-1　2013年第4季度至2014年第3季度全国储户住房意愿

单位：%

时间	目前房价			倾向于更多房地产投资
	高,难以接受	可以接受	令人满意	
2013 年第 4 季度	66.5	31.1	2.4	17.9
2014 年第 1 季度	64.3	33.0	2.7	16.2
2014 年第 2 季度	63.0	34.2	2.8	14
2014 年第 3 季度	59.5	36.9	3.6	<13.1
时间	预期房价				未来 3 个月准备买房
	上涨	基本不变	下降	看不准	
2013 年第 4 季度	32.5	47.2	7.5	12.8	13.2
2014 年第 1 季度	28.3	48.2	10.2	13.3	15
2014 年第 2 季度	21.2	50.3	15.1	13.4	14.4
2014 年第 3 季度	19.2	51.6	15.8	13.4	14.2

数据来源：根据中国人民银行季度《全国城镇储户问卷调查综述》中的数据整理。

过去多年来投资投机者活跃于住房市场的主要原因在于：住房市场处于卖方市场，住房价格上涨的预期非常强烈，购买住房可以通过二次转手或出租牟取利益；加上股市、外汇和黄金市场等收益率较低而风险较高，在投资渠道选择不多时投资者会选择将大量资金投入房地产市场，推动了住房价格的进一步上涨和住房空置率的提高。鉴于投资投机者的过度活跃对住房市场造成的不良影响，国家有关部门出台了一系列措施打击抑制这种投资投机行为，一定程度上收到了很好的效果。随着市场化调控手段的逐步推进，投资投机行为在二、三线城市已经很难有赢利的预期空间。但在近期相继出台"取消限购"、"房贷松绑"、"购房补贴"以及住房公积金缴存异地互认和转移接续等楼市新政措施后，仍应谨防投资投机性需求在住房基本面较好的一、二线城市死灰复燃。

（三）租房者

由部分投资投机性需求所引致的住房购买行为一定程度上增加了租赁性住房的实际供给量，为租赁市场的发展提供了前提条件。但是从2013年第

4 季度以来相对萧条的住房市场使得买卖市场的总体交易量下降，并且房价下降的预期依然强烈，市场观望情绪浓郁，由购转租的需求量增加导致租赁市场开始活跃。同时，由于城市化进程的推进吸引了大量农村人口和外来人口，一定程度上增加了租房群体；城市发展过程中的城中村和棚户区改造等活动导致了低价租赁住房市场的逐步萎缩，客观上导致了住房租赁价格的逐步攀升。国家统计局发布的 2014 年 9 月居民消费价格变动情况显示，全国居民住房租金价格已经出现连续 57 个月上涨。与 2013 年 9 月相比上涨 2.6%，与 2014 年 8 月相比上涨 0.1%。租房者面临更为严峻的租房形势，租房支出的不断上升一定程度上增加了租房者的生活负担。

表 5 - 2　2014 年 9 月十大城市住房租赁价格指数与二手房销售价格指数

城市	住房租赁价格指数			二手房销售价格指数		
	指数	环比（%）	同比（%）	指数	环比（%）	同比（%）
北京	2208	-0.23	-0.85	5839	-1.12	-3.02
上海	1814	-0.28	1.57	5867	-0.80	5.43
天津	1156	0.79	5.19	3084	-1.25	6.82
重庆	1081	-0.09	7.24	1441	-0.48	5.65
深圳	2344	-0.04	-0.68	5106	-0.60	8.80
广州	1907	-0.11	1.98	3638	-0.55	4.21
杭州	1547	-0.45	-7.31	3586	-1.10	-9.72
南京	1553	0.00	5.65	3099	-0.45	7.38
武汉	1283	-2.58	9.47	1612	-0.56	6.40
成都	1494	-0.99	6.71	1810	-0.88	0.84

数据来源：根据中指系统相关数据整理得来。

虽然住房租赁价格在 2014 年出现持续增长的局面，但仍略低于二手房销售价格涨幅。与全国住房租赁价格连续 57 个月上涨不同，十大城市特别是一线城市的住房租赁价格甚至出现小幅回落。中国指数研究院的数据显示，2014 年 9 月十大城市的住房租赁价格指数除天津出现小幅上涨外，其他九个城市均出现小幅下跌或持平的现象。以北京为例，前三季度租金累计涨幅仅为 0.1%，为五年来最低。据伟业我爱我家市场研究院统计，9 月北京市住宅租金均价为每套 3869 元，环比小幅回落 1.8%，同比上年同期涨幅仅为 2.5%。在租赁市场成交量方面，9 月成交量环比上月回落近一成，与上年同期相比增长 11%。在租赁房源和客源情况方面，9 月北京市租赁市场新增房源环比增加 12%，新增客源方面环比小幅回落 7.2%，租赁市场供求关系明显趋于平衡。随着商品住宅市场成交量的下行以及市场预期的影响，房屋租赁市场将成为很多人解决居住问题的主要渠道，住宅租赁市场的作用也将明显强化。

二 2013~2014年住房需求主体面临的问题

（一）住房需求的空间失配现象严重

第六次人口普查数据显示，全国 8000 多万跨省流动人口中，有 4000 多万人流往十大城市，仅京沪深三市就吸纳了 2600 多万外来人口。全国 15 个典型的人口迁入城市中，广东占 5 席，江苏占 3 席，浙江占 2 席，大多数分布在沿海发达地区，中西部地区只有武汉和成都；而在 15 个典型的人口迁出城市中，河南占 5 席，四川占 3 席，安徽、贵州各占 2 席，大部分都分布在中西部地区。这种人口异地城市化的格局将会导致人口的空间结构向东部沿海地区的大中城市倾斜。与此同时，中国劳动人口的这种跨区域迁移很大程度上表现为"半城市化"状态，户籍制度的存在以及其他有形和无形门槛，导致大量流动人口选择在流入地工作而仍在流出地买房。2013 年的农民工监测数据显示，2.69 亿农民工中只有 0.9% 实现了在所在城市购买住房的愿望，绝大部分农民工选择回老家城镇买房或自建房。这种住房空间失配现象一方面加剧了农民工流出地的住房空置率，导致了资源的严重浪费；另一方面，也无法妥善解决农民工在所在城市的实际住房问题。此外，由于城市规划和交通基础设施的滞后，城市内部的职住不平衡问题凸显，很多上班族居住地与上班地路途较远、交通拥堵，将大量时间耗费在上班途中，严重影响城市生活品质和幸福感。

（二）农民工和"夹心层"的住房问题凸显

国家统计局《2013 年全国农民工监测调查报告》显示，外出农民工中，租房居住（与人合租及独立租赁）的农民工占 36.7%，在单位宿舍居住的农民工所占比重为 28.6%，在工地工棚居住的农民工比重为 11.9%，在生产经营场所居住的比重为 5.8%，而在务工地自购房的比例仅为 0.9%，从雇主或单位得到住房补贴的农民工所占比重仅为 8.2%。并且农民工务工所在城市规模越大，越依靠租房方式解决居住问题。和农民工一样，城市"夹心层"的住房需求问题也一直被忽视，他们一方面收入有限不具备足够的住房支付能力，游离在住房市场之外；另一方面由于其收入超过保障房供给的收入，不具备保障房的申请资格，又被排斥在保障房的申请范围之外。就目前来看，全国大多数城市对这两个阶层的购房需求没有足够的支持力度，许多保障计划未能付诸实施。

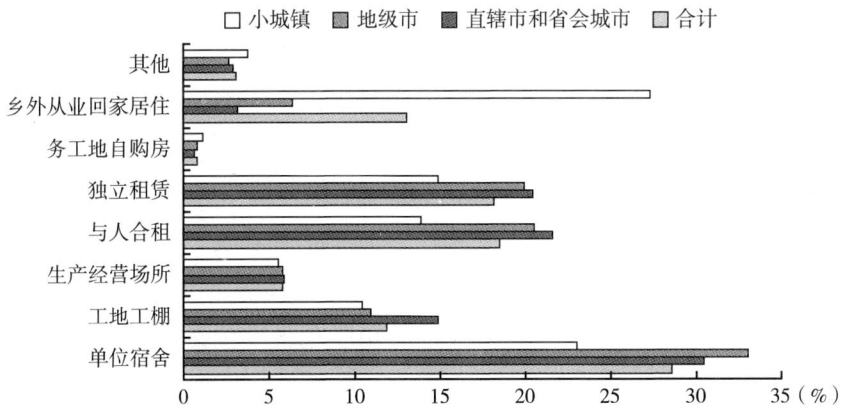

图 5-5　各类城市的农民工住宿解决方式（单位:%）

资料来源：根据《2013 年全国农民工监测调查报告》数据整理。

（三）不同等级城市之间已经呈现明显的住房需求分化态势

中国未来的城镇化格局将带来不同等级城市之间的房价差异。发达国家的城市化经验显示，当人口城市化率在50%以下时，人口主要由农村流向城市，大中小城市的房价涨幅相对较为接近；而一旦城市化率超过50%以后，人口流动方向将逐渐转化为从小城市进入大城市为主，大城市的房价涨幅将超过其他类型城市。而从我国新世纪以来的人口空间结构变化趋势来看，大城市数目和承载的人口比重均出现了迅速的增加，而中小城市和城镇的人口承载比重则出现了相对下降，这种人口流动的趋势跟国际经验是基本吻合的。2013年我国城市化率已达53.37%，已超过50%的转折期。下一阶段的城市化将进一步导致人口的空间结构向东部地区和大中城市倾斜，而由农村向三、四线城市的流入人口将大大小于从三、四线城市的迁出人口。因此，许多三、四线城市的住房需求已经不具备高速扩张的人口基础，而一线城市和基本面较好的二线城市住房刚性需求和改善性需求依然强烈。

（四）以增量为主的调控方式已不适应市场化需求

为了应对20世纪80年代人口生育高峰期所带来住房刚性需求的迅速增加，我国各级政府事实上主要采取了以新建住宅增量为主的调控方式。这种管理思路在过去十多年来供需不平衡时期可以说具有一定的合理性，也发挥了积极作用。但是，随着中国近些年来住房供给的持续增加，住房市场结构已经演变为巨大存量与有限增量的组合。上海易居房地产研究院的监测数据显示，2014年9月重点观察的35个城市新建商品住宅库存总量为28013万平方米，环比增长4.0%，同比增长23.8%，创近五年来历史新高，北京、上海等地的二手房交易量也曾一度超过新房交易量。从横向比较来看，2012年中国城乡人均住宅建筑面积已分别达到32.91和37.09平方米。可以说，住房的总量供给不足矛盾已经得到基本解决，存量住房分配的不平衡现象却开始凸显。主要表现为多套房拥有率和住房空置率的走高以及刚需群体购房能力相对不足。因此，在当前形势下，仍然坚持以增量为主的调控方式已不适应市场化需求，应保证在一定增量供给的前提下去积极盘活二手房市场和租赁市场的存量，以防止总量供给过剩而区域结构失调的现象发生。

三　2014~2015年住房需求主体预测

（一）"限购限贷松绑"情形下的住房需求走势

2014年第3季度以来，以"限购限贷松绑"和"公积金新政"为主要特征的房地产调控措施相继出台，标志着以市场化为主的调控思路进一步确立，而过去常用的行政化调控手段将逐渐退出。而从另一方面来看，在这一系列看似利好的鼓励改善性需求的政策出台之后，市场却并未出现立竿见影的效果。种种迹象表明，未来楼市将更多依靠市场的力量来调控，依靠实在的购买力和合理的购房需求来支撑，住房市场将经历很长时间的"新常态"调整期。

在市场化的政策调控预期下，对于住房新增供应量过大和去库存周期较长的城市，去库存和加大房地产结构调整力度将成为下一阶段调控的重点。虽然目前中国城镇居民户均住房套数已达到1套左右，住房短缺的问题基本解决，但也要看到在现有存量住宅中，住房成套率（同时拥有厨房和卫生间）只有80%，住房舒适度不高、配套设施不健全等问题仍比较突出，特别是一些重点城市的改善性需求仍有进一步释放空间。2014年第3季度以来的市场化调控手段对于支持刚性需求和进一步释放改善性需求提供了政策空间，对于改善类买家入市是一个重大的负担减轻，并有望激活一部分有意入市但困顿在首付款筹措环节的改善需求购房者①。如果按照原先的标准是"认房又认贷"，第二套将会是7成首付，并且利率是基准利率的1.1倍。而此次央行出台的新标准，购买第二套普通住宅的购房者如果还清贷款，也将享受首套房的优惠。这种信贷政策的变化将满足一部分需要改善住房条件而被旧信贷政策限制的需求群体，而当这一部分需求满足之后市场仍将恢复

---

① 由于这部分改善性需求群体的收入在短期内难以出现大的增加，因而其实际支付能力在很大程度上取决于公积金和按揭贷款情况。

正常态势。从总体上看，一线城市和基本面较好的二线城市房地产市场将向土地集约化和功能复合型发展，大量刚性群体的存在将导致这些城市大致呈现"量稳价增"的局面；其他二、三线城市将从规模扩张转变为结构优化，总体呈现"量减价稳"阶段；部分三、四线城市房地产市场需求乏力，可能会面临"有量无价"的萧条局面。

（二）人口结构与生育政策调整下的住房需求走势

目前，除西藏、新疆两个本来人口政策就较为宽松的自治区外，其他省、自治区、直辖市也相继启动了单独两孩政策。但是截至2014年5月31日，全国仅有2.5%符合单独两孩政策条件的夫妇提出再生育申请。为此，关于2015年后全面放开二胎政策也在探讨之中。在"单独两孩"政策放开背景下，假设推高生育率20个百分点，再叠加1980年代生育高峰期的婴儿回声潮，未来三年内年均新生儿数量有可能接近1800万。单独两孩政策全面放开之后，全社会的人口抚养比也会随之增加。而这种人口抚养比的增加在短期内将带来全社会住房需求一定程度的下降。从长期来看，单独两孩政策的放开可以有效防止人口结构的周期性波动给住房市场带来大起大落的影响。一方面，人口抚养比的增加可以增加当前的消费率、减少储蓄率，从而在一定程度上避免了房地产价格的持续上涨；另一方面，出生率的增加可以有效增加未来住房市场的潜在需求主体，使得未来有比较稳定的成年人来接续房地产市场，避免需求主体的急剧减少引发的房价硬着陆。因而从总体上看，单独两孩政策无论从长期还是短期均有利于房地产市场稳健发展，但是就目前的生育率水平而言还无法达到立竿见影的效果。

从家庭代际结构来看，由于计划生育政策的推行，当前的家庭结构呈现小型化的特点。新世纪以来，中国城镇户均人口从3.13人降低至2012年的2.86人，相比于日本的每户2.46人还有一定的下行空间，这将使住房需求在人口总数不变的情况下仍有继续增加的可能性。在房价上升预期的背景下，两代人储蓄同时爆发性释放于当前的房地产市场，故而对当前的住房市场造成空前压力。但是由于当前的劳动年龄人口占比已经位于历史的顶峰水平，2015 年后人口年龄结构将呈现老年人口比例持续升高、中青年人口比例持续下降的局面（如图 5－6 所示），人口刚性需求对 2015 年住房市场的支撑力度也将逐步减弱。但是由于在现有购房年龄人口当中，仍有 2/3 的比例处于改善性需求群体的年龄段，在"限购限贷松绑"、公积金异地接续等市场化调控手段的作用下，这部分改善性需求可能会迎来一个小幅释放的政策空间。因此，综合刚性需求与改善性需求群体的年龄结构来看，2015年后，中国的住房需求结构将逐渐由刚性需求为主转变向以改善性需求为主过渡。

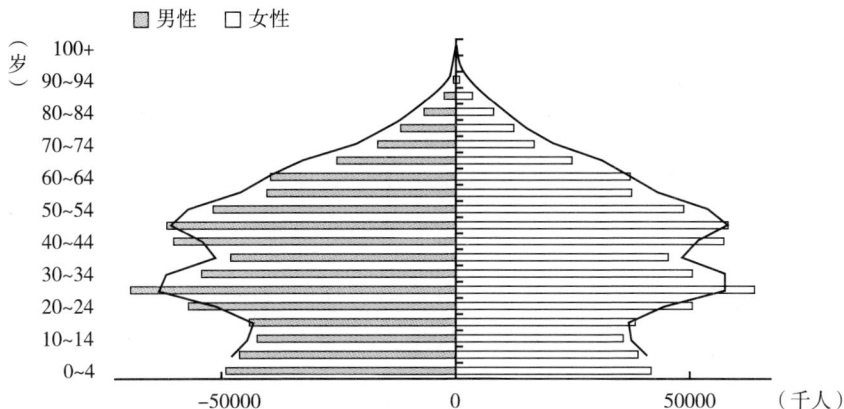

图 5－6　2015 年中国人口结构金字塔图景

注：纵轴为各人口年龄段，横轴负方向为男性人口数量，正方向为女性人口数量（单位：千人）。

资料来源：作者根据联合国经济和社会事务部相关数据资料整理。

四　政策建议

自十八届三中全会首次明确提出市场决定性作用以来，我国的住房市场开始逐渐向稳定健康的方向发展。进一步完善房地产市场相关政策，要根据房地产市场发展阶段的变化，以持续改善居民居住条件为目标，以调整市场供求关系为着力点，着重防范和化解房地产市场风险，将短期调控政策和长期发展政策有机结合起来。针对住房需求领域存在的突出问题，我们提出如下几点政策建议。

（一）逐步完善不动产统一登记制度，加大住房市场的信息公开力度

一个公开、有效、透明的统计信息体系对于住房市场的分析和政策的制定尤为重要，而不动产统一登记则是我国建立房地产长效调控机制的重要环节。第一，政府对市场的调控将更能抓住根本，使调控政策更加精准、有效，加速建设健康有序的房地产市场。第二，不动产统一登记为个人住房信息联网、房地产税改革提供基础。第三，不动产统一登记有助于遏制不合理的、过多的投资投机需求，挤压市场存量房源，促使房地产市场回归理性。第四，不动产统一登记也使不动产交易过程更加透明、安全，有助于调动市场内在动力，合理需求平稳释放。在逐步完善不动产统一登记制度的同时，要建立和完善各有关调控部门的独立和联合新闻发布制度，及时公布政策信息和市场运行情况，杜绝房地产市场相关利益主体的炒作现象。

（二）加快房地产税立法，适时推进改革进程

适时开征房地产税会在很大程度上增加投资投机者的持有成本，从而用市场化的方式来有效抑制这部分投资投机需求。加快房地产税立法，可以进一步规范房地产市场相关主体的行为，避免出现"买涨不买跌"的房地产投资倾向，使"楼市有风险、投资需谨慎"成为一种共识。房地产税立法要在保障基本居住需求的基础上，按照"轻交易、重保有"的总体原则，综合考虑房地产的价格、区位、面积、用途、年限和套型等因素，充分考虑各地的具体情况和各级各部门的主观诉求，确立合理、合法、合规的税率和征收额度，使得房地产税取代土地出让金成为地方财政收入的主要稳定来源，并发挥积极有效的调控作用。

（三）加大保障性住房建设力度，完善住房保障体系

中央和各级地方政府应将保障房的建设力度全面纳入考核体系之中，坚决杜绝"应保未保，非保进保"的不公平现象发生；要积极开辟保障性住房的多元化融资渠道，继续增加政府的保障房财政投入，重点解决好农民工、"夹心层"以及其他特殊困难人群的住房问题；加快完善保障房的配租和配售制度，建立一整套完备的公开公正的公示制度，接受轮候者、社会组织和新闻媒体全方位的监督；加快完善保障房质量管理制度，将保障房的质量安全和区位条件纳入住建部和监察部的问责和约谈范围；各级各部门要积极创造条件，推出多地块、多户型的保障性住房类型，充分尊重和满足保障群体多样化的需求层次，防止"弃房弃购"现象的发生。

（四）支持改善性住房需求，持续改善居民住房条件

当前中国住房需求结构正逐渐由刚性需求为主转变为以改善型需求为主，从二手房交易量大于新房的城市越来越多的现象也可以看出，在未来人口红利逐步消失后，改善型需求将成为去库存化的重要抓手。与此同时，随着我国城乡住房总量供给不足的矛盾逐渐转变为结构性失衡的矛盾以后，积极主动的房地产调控政策需要进一步激活存量市场，充分利用金融、税收等政策杠杆，支持和保护有条件的居民持续换购住房的改善性住房需求行为。鼓励建立政策性中介机构，降低房地产交易环节税费，积极协调解决迁移人口的住房空间失配问题以及大城市居民的职住不平衡矛盾。

参考文献

邓郁松：《下半年房地产走势及政策建议》，转引自新华网：http：//news. xinhuanet. com/fortune/2014 – 07/07/c_ 126721688. htm。

邓郁松：《人口变化与住房市场》，2014 年 4 月 29 日《中国经济时报》。

林采宜：《站在周期转折点上的中国房地产》，2014 年 10 月 13 日《21 世纪经济报

道》。

方胜：《未来房地产市场发展可能呈现两大局面》，2014 年 9 月 26 日《中国经济时报》。

中国指数研究院：《百城价格指数》，http：//industry. soufun. com/index/DataIndex. aspx。

国家信息中心信息资源开发部：《中国房地产市场监测报告》2014 年第 9 期。

国家信息中心、中国房地产信息网：《房地产动态》2014 年第 14 期。

国家信息中心、中国房地产信息网：《房地产动态》2014 年第 19 期。

倪鹏飞：《中国住房发展报告（2012～2013）》，社科文献出版社，2013。

倪鹏飞：《中国住房发展报告（2013～2014）》，社科文献出版社，2014。

国家统计局：《2013 年全国农民工监测调查报告》。

中国人民银行：《2013 年第 4 季度城镇储户问卷调查报告》。

中国人民银行：《2014 年第 1～3 季度城镇储户问卷调查报告》。

楼继伟：《深化财税体制改革，建立现代财政制度》，2014 年 10 月 16 日《中国财经报》。

G.6

第六章
中国住房金融机构分析与预测

高广春

2013 年底四季度以来，在稳增长、调结构、促转型、惠民生国家战略背景下，住房金融机构的演变呈现哪些新的特点？未来将有什么样的趋势？存在哪些问题和挑战？有哪些赖以应对的思路？这些是本章所及的议题。

一 现状分析

（一）2013年四季度以来住房金融机构结构特点分析

2013 年四季度以来，住房金融机构结构的突出特点是合作性住房金融机构和政策性住房金融机构的变革出现了一些新的进展。

首先是作为合作性住房金融机构典型代表的中德住房储蓄银行定位的"合作性"趋于明显。该行网站披露的 2014 年 9 月中旬的"住房储蓄进入中国十周年"大型研讨会的部分内容显示，该行对其定位和运营模式具有明显的"去商业化"和"去政策化"的倾向。（1）在性质定位上，该行明确将自己定义为"专业于住房金融、专注于住房储蓄"、以"三中群体"（中低收入居民购买中小户型、中低价位住房）为服务特色的专业银行。（2）在住房金融机构结构组合的定位中，该行的作用在于有效衔接商业性融资和政策性融资。这一功能性定位在该行中方股东即中国建设银行董事长王洪章的一段表述中清晰可见，"一方面，城镇化过程中，有大量的社会

111

'夹心层'面临着住房'贷款难、贷款贵'的困难,尤其是每年数以千万计的人口从农村转移到城市,其中大多数人缺乏银行信用,往往难以获得商业银行的按揭贷款,又没有住房公积金,住房储蓄可以填补这一空白。另一方面,住房储蓄可与供应端的保障性住房金融有效对接:国家开发性金融机构支持保障房建设,解决建设资金来源及成本问题;住房储蓄为中低收入家庭建立自主购房计划,促进保障房资金回收及住房供需有效平衡,推动住房保障体系资金良性运转。"(3)在产品定位方面,该行也明显地呈现复制德国模式的特点。"将住房储蓄作为主要业务品种,依托德方股东先进技术经验,开发存贷款期限和利率组合更适合中国百姓消费习惯的基础产品,并定制'惠民安居'储蓄计划,解决城镇化居民个性化需求。"

其次,政策性住房金融机构的推进有了新的进展。最为突出的进展是,作为住房保障重要部分的棚户区改造建设融资有了明确的政策性金融支持机构——国家开发银行。2014年7月29日,中国银监会发布《中国银监会关于国家开发银行股份有限公司住宅金融事业部开业的批复》(银监复〔2014〕498号),明列其提供棚户区改造建设资金的业务定位:(1)办理纳入全国棚户区改造规划的棚户区改造及相关城市基础设施工程建设贷款业务;(2)在经批准的额度内办理软贷款回收再贷业务,专项用于支持纳入全国棚户区改造规划的棚户区改造及相关城市基础设施工程建设项目。这意味着,住房保障有了专门的政策性金融机构的支持。

除了住宅金融事业部以外,公积金在持续的诟病声中也推出了新的改革举措。2014年10月9日,三部委联合发布《住房城乡建设部 财政部 中国人民银行关于发展住房公积金个人住房贷款业务的通知》,在公积金异地互认、降低借贷成本和门槛、提高使用效率等方面提出了一些新的解决办法。这些办法旨在帮助中低收入人群和异地流动者使用公积金贷款,其具体实施效果正待观察。

由上,2013年4季度以来,政策性住房金融机构作用的强化与合作性住房金融机构功能定位的清晰化,反映了我国多元化住房金融机构的结构建设有新的推进。

（二）商业性住房金融机构房贷偏好特点分析

本章分析的主要内容是，2013年四季度以来，在国家层面新一届领导班子经济增长"新常态"思维和"稳增长、调结构、促转型"的新战略背景下，商业性金融机构的房地产贷款投放有什么新的特点？这些特点如何影响住房金融机构本身的贷款资产结构分布、质量和收益？

自2003年国务院"18号文"明确房地产业作为国民经济支柱产业的定位以来，房地产业迅速进入高歌猛进、持续繁荣的通道，中国经济出现了所谓全面房地产化的现象，GDP增长因此形成对于房地产的过度依赖。作为现代经济枢纽的金融机构自然也没有错过分享房地产盛宴的机会，配置大量信贷资源进入房地产建设和消费领域，形成所谓银行被房地产绑架的隐忧。

在新一届领导班子新的思维和战略谋划中，出现了一些明显的非同以往的特点，最为突出的是，"新常态"提高了对较低增长率的容忍度，在新战略中赋予"调结构、促转型"更大的权重。这样的筹划意味着中国经济增长正在寻求和建构新的支撑点，在这个过程中，所谓房地产作为国民经济支柱的地位不可避免地会被弱化。相应的，金融机构信贷布局会做出伴随性调整，即调降房贷比重。

那么，自2013年四季度以来，金融机构的信贷配置偏好是否出现了弱化对房地产信贷配置的趋势呢？以下主要从四个视角进行考察和分析。①房贷在各项贷款中的权重视角；②房贷在金融机构按行业贷款投放结构中的位次视角；③金融机构按部门信贷投放中，房贷增速和其他部门贷款增速变化的比较视角；④金融机构按行业分布的信贷质量与房贷质量视角。

1. 房贷在各项贷款中的权重与房贷偏好：出现分化

房贷在各项贷款中的权重即房地产贷款在金融机构各项贷款中的占比（增额占比和余额占比，本报告考察的是增额占比，以重点判断增量变化），该指标可反映金融机构对房地产信贷的偏好程度及其变化趋势。该指标包括三个分项即房贷（房地产贷款即官方统计口径下的房地产企业国内贷＋个人按揭贷款）占金融机构人民币境内各项贷款之比，个人按揭贷款占住户贷款之比和开发贷款占非金融企业贷款之比。

图 6-1 表明，自 2013 年 4 季度以来，金融机构对房地产领域的投放权重在样本月份的走势在 2013 年 4 季度各月均高于上年同期，但在进入 2014 年以后持续走低，各月水平低于上年同期。这表明，金融机构贷款从 2014 年年初便开始收缩对房地产领域的投放，并趋于向房地产其他领域调整。

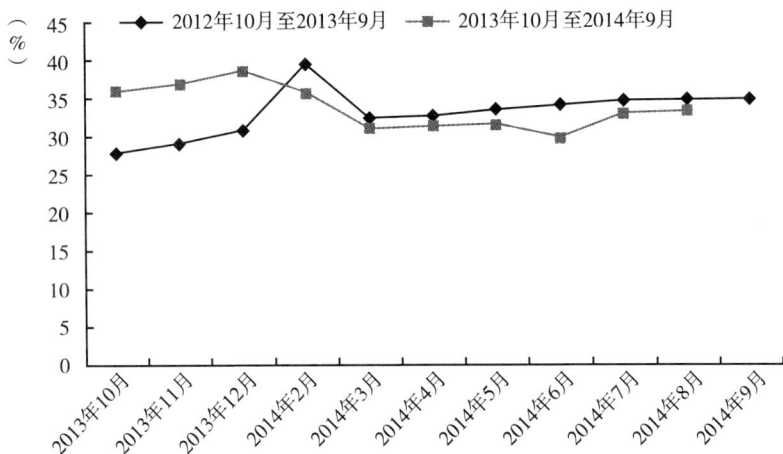

图 6-1 2013 年 4 季度以来房贷（开发贷款＋按揭贷款）金融机构各项贷款中的占比走势

数据来源：依据 wind 资讯相关数据整理。

从金融机构按部门细分的角度讲，金融机构贷款项下有住户贷款和非金融企业贷款，住户贷款包括个人按揭贷款和其他类型的住户贷款，非金融企业贷款项下又包括房地产开发贷款和其他类型的非金融企业贷款。通过考察个人按揭贷款在住户贷款中的比重变化可以发现住户贷款投放结构的调整情况，通过考察房地产开发贷款在非金融企业贷款中的比重变化可以判断，金融机构贷款投放是否存在从房地产企业向其他类型实体企业调整趋势。

图 6-2 表明，自 2013 年四季度以来，房地产开发贷款在金融机构非金融企业贷款投放结构中的权重在样本月份的走势与图 6-2 基本类似，即在 2013 年四季度各月均高于上年同期，但在进入 2014 年以后持续走低。所不同的是开发贷款权重在 2014 年头 4 个月的数据没有达到低于上年同期的水平，而是

基本持平。但 5 月份以后的走低趋势还是比较明显的，特别是 6 月份走低幅度超过 3 个百分点。这表明，从企业贷款分布的角度看，金融机构贷款于 2014 年前三季度在房地产领域同样出现了收缩和向非房地产企业调整的迹象。

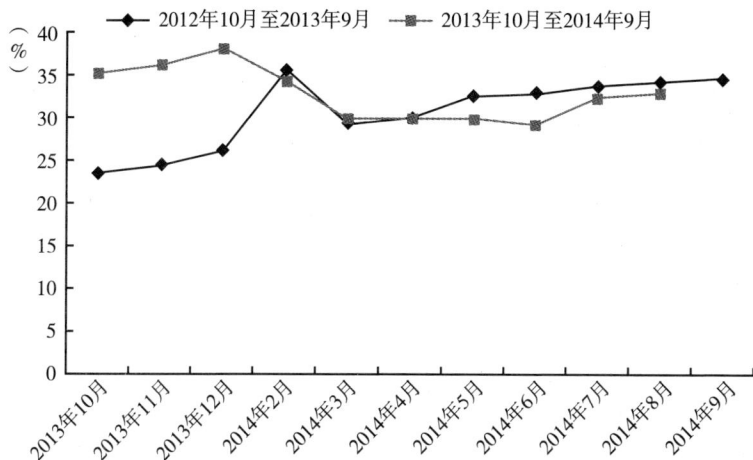

图 6 - 2　2013 年 4 季度以来开发贷款在金融机构非金融企业贷款中的占比走势
数据来源：wind 资讯。

图 6 - 3 给出了自 2013 年 4 季度以来，个人按揭贷款在金融机构住户贷款投放结构中的权重在样本月份的走势。该图显示，个人按揭贷款在 2014 年前 3 季度的走势与前述两个指标恰好相反。即在 2013 年第 4 季度低于上年同期，在 2014 年前 3 季度却高于上年同期。由此，从个人按揭贷款在住户贷款中的占比看，金融机构对个人按揭贷款在 2014 年没有出现前述两个指标结构性收缩的趋势。

有关按揭贷款权重的结论似乎和 2014 年前 3 季度有关个人按揭贷款的一些现象不一致，诸如前 3 季度时不时传出商业银行提高按揭贷款门槛甚至取消首套房贷款利率、停贷等新闻，这样的新闻伴随的结果应该是按揭贷款收缩，上述统计分析却是另一种情况。可能的解释是，从按揭贷款本身的规模变化看，的确出现了收缩趋势，但其在住户贷款结构中的比重并没有收缩反而有微升。图 6 - 4 显示的果然是这样一种情况，该图表明，2014 年以来

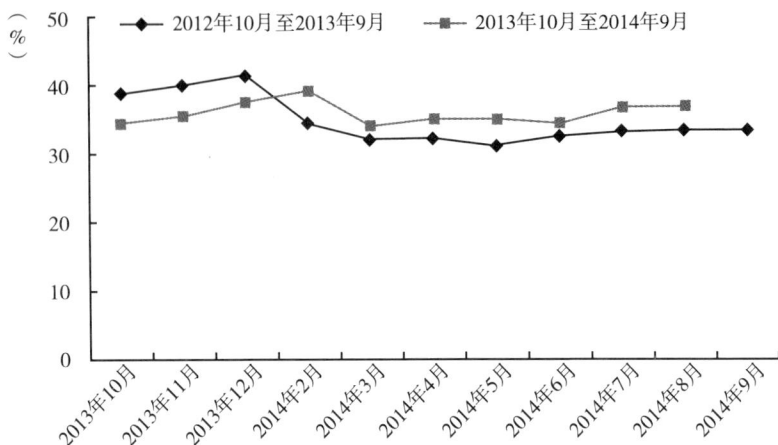

图6-3 2013年4季度以来按揭贷款在金融机构住户贷款中的占比走势

数据来源：wind资讯。

伴随着住户贷款增速的大幅走低，按揭贷款增速也出现了大幅收缩，多数月份为负增长，按揭贷款在住户贷款中的权重却是略有上升，由此在金融机构住户贷款投放结构中，并没有出现贷款向其他类型住户贷款调整的趋势，金融机构依然保持着对按揭贷款较强的结构性偏好。

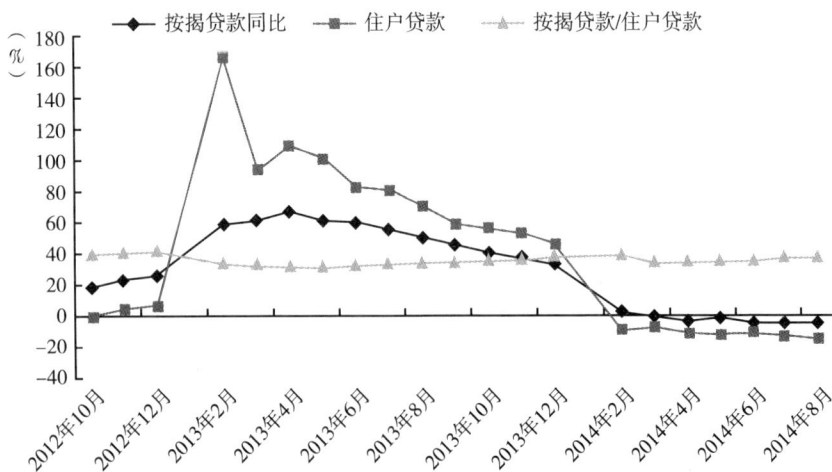

图6-4 2012年4季度以来按揭贷款同比增速走势和
在住户贷款中的占比走势比较

数据来源：wind资讯。

2. 按行业贷款投放结构中房贷的位次与房贷偏好：房贷依然是银行贷款首选行业

这个指标反映的是，与投向其他行业的贷款相比，商业银行投放到房地产领域的贷款所处的位次及其变化。

鉴于数据的可得性约束，本章报告以部分上市银行为例进行考察。表6－1是余额权重位次，由此可看出，房地产贷款在各银行行业贷款投放结构中的地位举足轻重。表中绝大多数银行在绝大多数年份将房地产贷款投放放在了首位。2013年四季度以来，这样的格局依然持续，房地产领域贷款投放仍然是上市银行的重头戏，截至2014年2季度，表中16家上市银行中有超过一半的银行的房地产贷款（开发贷款＋按揭贷款）在行业贷款投放排名中处于第一位，包括工商银行、农业银行、中国银行、建设银行、交通银行、招商银行、兴业银行、光大银行、平安银行和北京银行，显然在这个第一位的榜单中，四大国有银行均位列其中。剩余的6家银行房地产贷款行业位次虽没有高居第一也高居第二位，这六家银行包括4家股份制银行（即中信银行、民生银行、浦发银行、华夏银行）和2家城市商业银行（即宁波银行和南京银行）。从权重看，房贷七折低于20％的银行有7家即宁波银行、南京银行、浦发银行、平安银行、招商银行、民生银行和中信银行。四大国有银行房贷权重均高于20％，其中中国银行、建设银行和农业银行的房贷权重超过25％。这样的统计整理结果表明，上市银行依然维持对房地产贷款投放的很高偏好。

表6－1　部分上市银行行业贷款投放结构中房地产贷款

余额（开发贷款＋按揭贷款）的位次

银行	2007年	2008年	2009年	2010年	2011年	2012年	2013年12月	2014年6月
工　行	2	3	1	1	1	1	1	1
农业银行	2	1	1	1	1	1	1	1
中国银行	1	1	1	1	1	1	1	1
建　行	1	1	1	1	1	1	1	1
交通银行	2	2	2	2	2	2		1

银行	2007 年	2008 年	2009 年	2010 年	2011 年	2012 年	2013 年 12 月	2014 年 6 月
招　　商	1	1	1	1	1	1	1	1
中信银行	2	2	2	2	2	2	2	2
民　　生	1	1	1	1	2	2	2	2
浦　　发	1	2	1	1	1	1	2	2
兴　　业	1	1	1	1	1	1	1	1
华　　夏	3	3	2	2	2	2	2	2
光　　大	1	1	1	1	1	1	1	1
平安银行	1	2	1	1	1	1	1	1
北京银行	—	1	1	1	1	1	1	1
南京银行	1	1	1	1	2	2	2	2
宁波银行	2	2	1	1	2	2	2	2

数据来源：依据 wind 资讯相关数据整理。

表 6 - 2 是 2013 年至 2014 年上半年房贷增额权重位次和余额权重位次的比较，以此可以判断 2014 年上半年以来金融机构按行业分布的房贷权重在存量和增量方面的差异，并进一步发现金融机构在 2014 年上半年房贷偏好的变化。该表显示，2014 年上半年以来金融机构按行业分布的房贷权重在存量和增量方面的差异性很小，反映金融机构在 2014 年上半年的房贷偏好并没有明显变化，而且依然维持着对房地产领域强于其他行业的偏好。

表 6 - 2　上市银行按行业金融机构房贷增额和余额权重位次变化情况比较

银行	2013 年 6 月		2014 年 6 月	
	房贷增额权重位次	房贷余额权重位次	房贷增额权重位次	房贷余额权重位次
工商银行	1	1	1	1
农业银行	1	1	1	1
中国银行	1	1	2	1
建设银行	1	1	1	1
交通银行	1	1	1	1
招商银行	3	1	1	1
中信银行	3	2	2	2
民生银行	3	2	2	2
浦发银行	3	2	2	2

银行	2013 年 6 月		2014 年 6 月	
	房贷增额权重位次	房贷余额权重位次	房贷增额权重位次	房贷余额权重位次
兴业银行	2	1	1	1
华夏银行	1	2	2	2
光大银行	2	1	1	1
平安银行	1	1	2	1
北京银行	1	1	1	1
南京银行	1	2	1	2
宁波银行	1	2	2	2

3. 按部门信贷投放结构增速比较与房贷偏好：余额和增额走势趋于分化

观察商业性住房金融机构房贷偏好变化的第三个视角即金融机构按部门投放结构中主要投放部门信贷规模的变化。本报告选取的部门样本是小微企业贷款、农村贷款、非金融企业贷款和房地产贷款。以下分别从这些部门贷款余额增速和增额增速的角度进行比较，并以此判断房地产贷款偏好的变化情况。

表 6-3 表明，2013 年四季度以来，与其他几个部门贷款相比，住房金融机构房地产贷款余额增速明显占优，后面依次是农村贷款、小微企业贷款和非金融企业贷款。这说明，用余额增速衡量的金融机构贷款投放结构依然表现出对房地产行业较强的偏好。

表 6-3 金融机构贷款投放余额同比增速比较

单位：%

时间	小微企业	房地产	农村	非金融企业
2013 年第 3 季度	13.60	19.00	18.60	11.55
2013 年第 4 季度	14.20	19.10	18.90	10.85
2014 年第 1 季度	16.30	18.80	17.60	10.97
2014 年第 2 季度	15.70	19.20	16.50	11.76

数据来源：依据 wind 资讯相关数据整理。

注：小微企业和房地产贷款为人民币，农村贷款和非金融企业贷款为本外币。

表 6 - 4 显示的是用增量增速衡量主要部门贷款间的结构差异。该表表明，2013 年四季度以来，在金融机构贷款按部门投放增额同比增速比较结构中，房地产贷款增量增速明显劣后于小微企业贷款，略逊于非金融企业贷款，明显好于农村贷款。特别是小微企业贷款增量增速可以说是一骑绝尘，在 2013 年同期增速保持 100 个百分点以上的基础上，在 2014 年依然保持着很强的增速。这反映，从增量角度看，金融机构对房地产贷款偏好相对下降，而向其他实体企业特别是小微企业调整的趋势在加强。

表 6 - 4　金融机构贷款投放增额同比增速比较

单位：%

时间	小微企业	房地产	农村	非金融企业
2013 年第 1 季度	152.63	192.67	-48.15	7.79
2013 年第 2 季度	509.09	129.97	-30.77	-12.81
2013 年第 3 季度	133.96	93.46	-8.37	-13.25
2013 年第 4 季度	98.78	73.33	292.86	-14.33
2014 年第 1 季度	145	12.22	-53.33	13.82
2014 年第 2 季度	43.28	18.35	-44.29	25.12

数据来源：依据 wind 资讯相关数据整理。
注：小微企业和房地产贷款为人民币，农村贷款和非金融企业贷款为本外币。

上述房地产贷款余额增速和增量增速在金融机构贷款投放结构比较中所表现出来的不一致可以在如下几个方面得到解释。其一是在国家层面结构调整的战略背景下，金融机构贷款投放在增量上向实体企业特别是小微企业调整的偏好明显，房贷偏好弱化，金融机构信贷呈现去房地产化的迹象。其二是在以往的贷款投放配置中，房地产贷款余额增速居优，所以尽管其在 2013 年 4 季度以来的增量增速略后于小微企业信贷和非金融企业信贷，但还没有达到改变余额增速结构配比的程度，导致余额增速依然居优，增量增速依然维持一定的水平。其三是余额增速居优的背后还有国家层面稳增长的战略因素在起作用。2003 年以来，中国经济的全面房地产化，使得 GDP 增长、政府财政收入形成对于房地产的严重依赖，显然中国经济在短期内还难以找到新的可替代的 GDP 稳增长的引擎，在可预期的时间里，房地产依然扮演着很重要的支持经济增长的主力军的角色。正是基于这样的背景，金融机构需要继续保持对房地产领域适度的信贷投放。其四是在中国经济全面房地产化的过程中，金融机构持续将大量的信贷资源投放房地产领域，在持续获得较大利差收益的同时也承担了过高的集中度风险，因此金融机构不可能在短期内大幅收缩对房地产领域的贷款，以免引发相关的债务风险乃至更严重的金融危机。由此而言，金融机构无论是在余额增速还是在增量增速均需保持适当的水平。综合这几个方面的因素，可以进一步得出一个重要的结论：在国家层面稳增长、调结构的战略背景下，金融机构在房贷偏好上正在寻求增量和余量的新的平衡。

4. 住房金融机构房地产贷款质量：房贷不良率低于总体不良率

自 2009 年中国政府持续实施对房地产领域的紧缩政策以来，房地产信贷风险一直备受关注。中国银监会几乎在每季度和年度关于银行业运行报告中均将房地产风险监管作为首先关注的两大风险之一（另一个是政府融资平台风险）。那么住房金融机构的房地产贷款对其资产质量究竟有何影响？常用的一个观察视角是房地产贷款的不良率，相关数据可从中国银监会网站上查到。表 6 - 5 是关于主要住房金融机构贷款质量状况和房地产信贷的不良情况，该表显示，主要住房金融机构的房地产贷款质量大大高于各项贷款质量的平均值，换言之，房地产贷款质量提升了住房金融机构总体的贷款质量。2013 年四季度以来，商业银行不良率微升，从 2013 年三季度的 0.97% 升至 2014 年二季度的 1.05%，但房地产贷款的不良率则出现了微降趋势，开发贷款不良率从 0.47% 降至二季度的 0.42%，按揭贷款不良率从 0.26% 微升至 0.27%。

表 6 - 5　住房金融机构不良贷款率及房地产开发贷款和按揭贷款不良率

项目	2013 年		2014 年	
	三季度	四季度	一季度	二季度
商业银行	0.97%	1.00%	1.03%	1.05%
开发房贷	0.47%（全年）	0.44%	0.42%	
按揭房贷	0.26%（全年）	0.27%	0.27%	

数据来源：中国银监会网站等。

综上，诸项指标表明2012年4季度以来，商业银行对房地产贷款的偏好持续保持强劲的态势。

（三）2013年四季度以来商业银行房贷策略分析

总的来看，2013年四季度以来，商业银行房贷策略随着国家层面的微刺激政策和房地产市场的松紧变化而调整，大致的路径是，上半年收紧策略明显，7月份始趋于小幅放松，部分案例见表6-6。

表6-6　2014年以来住房金融机构房贷策略

月份	策略	案例
2月	（1）部分银行取消首套房贷利率，部分银行首套房贷利率高出基准利率三成，个别银行停贷。	南京：南京一家专业房产网站对19家银行进行了房贷摸底。其中，除招商银行回应基本不做房贷业务以外，工农中建"四大行"对于首套房业务办理，商贷利率已全线提至基准。北京银行中信银行、江苏银行等11家银行对于首套房同样执行基准利率。广发银行、平安银行、光大银行3家银行能给出的首套房最低利率竟在基准的条件之上还上浮了不少，最高达30％。①
	（2）公积金贷款比例下降。	北京：楼市调控政策"国五条"出台满一年，北京的住宅需求受到抑制，二手房交易中的公积金贷款比例也降了一半。②
3月	8.5折利率优惠已在全国绝迹。	—
4月	7成银行停贷（按揭贷款）。	据新华社电，在样本选取的35个城市中，有25个城市有停贷现象，占比超过70％。停贷银行方面，主要以中小商业银行为主，如平安银行、民生银行、广发银行、中信银行等③。
5月	不少银行转做其他个人业务。	在北京地区，只有农商银行、农行、建行等少数银行可以对优质客户购买首套房给予基准利率下浮的优惠，大部分银行的首套房贷利率都是基准甚至上浮。还有不少银行将信贷重点转移到个人经营贷款和小微企业贷款，个人房贷业务已经很少涉及或者主动大幅缩减④。

① 中国广播网：《南京首套房贷利率最高上浮30％招行已不接房贷申请》。
② 百度：《"国五条"出台一年二手房公积金贷款比例降一半》。
③ 百度：《七成城市部分银行房贷告停以中小商业银行为主》。
④ 北京青年报：《银行不愿做个人房贷业务大额房贷断供案例已现》，2014年5月14日。

续表

月份	策略	案例
8月	(1)房贷策略转向，由此前打压地产转变为托底楼市。	华夏银行记者调查发现，四大行首套房贷利率均已回调至基准，一些银行甚至出现首套打折的苗头。显然，银行房贷已从首套刚需开始松动①。
	(2)一线城市率先松贷。	A：中证报中证网调研：进入7月，北京、上海等一线城市的首套房贷利率出现"松动"迹象。资质优良的首套房购房者，在工、农、建等国有大行获得折扣利率变得比以前容易，且贷款审批发放时间明显缩短，部分资质特别好的购房者甚至有可能在外资银行获得8.5折的贷款利率。② B：21世纪经济报道调查发现，自8月中旬起，多家银行北京分行陆续下调首套房贷款利率至基准利率的9.5折，更有中信银行、招商银行、汇丰银行等，重现9折利率优惠。
9月	(1)央行松贷。	9月30日，央行发布房贷新政。"对于贷款购买首套普通自住房的家庭，贷款最低首付款比例为30%，贷款利率下限为贷款基准利率的0.7倍，具体由银行业金融机构根据风险情况自主确定。对拥有1套住房并已结清相应购房贷款的家庭，为改善居住条件再次申请贷款购买普通商品住房，银行业金融机构执行首套房贷款政策。在已取消或未实施'限购'措施的城市，对拥有2套及以上住房并已结清相应购房贷款的家庭，又申请贷款购买住房，银行业金融机构应根据借款人偿付能力、信用状况等因素审慎把握并具体确定首付款比例和贷款利率水平。银行业金融机构可根据当地城镇化发展规划，向符合政策条件的非本地居民发放住房贷款。"③
	(2)商业银行积极反映。	工商银行、建设银行、农业银行等明确执行首套房贷款7折优惠利率、30%首付和认贷不认房等新政。

二　存在的问题

　　诊断住房金融机构存在的问题可以从以下几个角度进行，其一，在建构适应于不同收入和需求水平的住房消费者的金融服务体系方面还存在哪些问

①　华夏时报：《银行做不做楼市"救星"：半遮半掩中对利率打折》，2014年8月16日。
②　中国证券报－中证网：《北京上海等一线城市首套房贷利率出现松动迹象》，2014年8月26日。
③　中国人民银行网站：《中国人民银行　中国银行业监督管理委员会关于进一步做好住房金融服务工作的通知》。

题？其二，政策性住房金融机构的建构还存在哪些短板？其三，互助合作性金融机构的探索需要做哪些突破？其四是基于信贷结构调整的商业性住房相关金融机构的房贷策略是否做出了有效调整？

（一）住房金融机构结构的非均衡问题依然存在

由前述，2013 年四季度以来，政策性住房金融机构和合作性住房金融机构在停滞了若干年后，出现了一些新的突破。但这些突破还不足以撼动商业性住房金融机构的绝对垄断地位，也不足以形成对中低收入者住房建设和消费的有效的融资支持，导致在实际履行满足住房消费特别是中低收入者住房消费融资需求功能的过程中，倾向于以行政规范的方式让商业性金融机构以优惠利率、低首付等方式支持中低收入者的融资需求，但由于缺乏相应的政策性金融的增信支持，商业性金融机构事实上是缺乏积极性的，因而所谓优惠利率、低首付等针对中低收入者的住房信贷措施难以保持持续性，而是常以种种理由对优惠信贷政策打折甚至取消。由此，在非均衡的住房金融机构结构条件下，让商业性住房金融机构承担诸如优惠利率、低首付等带有公共产品性的功能，显然难以有效满足多元化的住房融资需求，特别是中低收入者的住房融资需求。

（二）公积金改革尚未触及其核心弊端

虽然此轮公积金改革新举措的实证效果待查，但其局限性已显而易见。症结在于其依然没有触动公积金制度设计层面的硬伤。最重要的一块硬伤是其保障性功能缺位或在实际运作中丧失。2002 年修正后的《住房公积金管理条例》对住房公积金的服务人群是，对所有缴存了公积金的城镇在职职工，但实践表明，更有购房能力的较高收入者容易获得公积金贷款，而40% 的中偏下收入者、较低收入者和低收入者则很难获得公积金贷款[1]。公

---

① 中国国家统计局按收入等级将收入人群划分为低收入者（包括困难户）、较低收入者、中偏下收入者、中等收入者、中偏上收入者、较高收入者和高收入者。

开统计显示，约有20%的人使用了公积金贷款，且这部分人多为中等及以上收入者。而更需要保障的人群是中偏下及以下的收入者，由此可以说公积金的功能实际上是劫贫济富。其次是其地方粮票特点。公积金管理权限具有鲜明的地方性，而且在长达20多年的运行中演变为一块利益丰厚的资源。据统计公积金规模已超7万亿，简单平均到各省（直辖市）级机构，平均每家约2000亿，增值收益按1%计，每个省（直辖市）因此获益20亿。再加上本金使用还有很大空间，在目前的体制下，异地互认谈何容易！第三个弊端是行政化组织管理架构导致其低效率使用、挪用和滥用。

由此，到目前为止的住房公积金改革实际上是在肯定现有大框架合理性的条件下所做的修修补补，很难杜绝住房公积金的弊端，真正发挥其保障性作用。

（三）合作性住房金融机构存在的主要短板

（1）住房储蓄缺乏国家层面的顶层制度设计。目前住房储蓄银行的探索还停留在由某一个案机构所进行的实际上有试点性质的阶段。国家层面对于合作性住房金融机构的制度设计和政策安排还没有任何进展。而对于合作性住房金融，成熟经济体已经形成行之有效的制度架构和运作模式，完全可以借鉴这些有益的经验对合作性金融的制度政策和运作模式从顶层予以设计。

（2）业务运作模式不稳定。中德储蓄银行自2004年成立至今尚未形成德国储蓄银行那样清晰的专营化路径，而是存在"左右摇摆"的问题，甚至在2013年将自己定位为国内所谓唯一一家兼具合作性、政策性和商业性的综合性金融机构。直到2014年9月，该行通过2014年9月中旬的"住房储蓄进入中国十周年"大型研讨会，初步厘清了其业务定位问题，但在实践中是否能够坚定地实施新的业务定位，有待在未来实践中观察。

（四）金融机构调减房贷权重面临压力

从金融机构信贷结构调整的角度言，2013年4季度以来，结构调整迹象略显，在部分信贷结构布局中，房地产贷款增量增速显出弱于非金融企业贷款的态势，但总的看来，结构调整的压力还很大，因为部门余额增速、行业余额和增额权重以及房贷在金融机构各项贷款中的权重指标均显示，金融机构向非房地产领域调整的过程踯躅不前。

（五）房贷质量存在隐忧

尽管从不良贷款率角度看房地产贷款质量好于金融机构各项贷款总体质量，因而对金融机构总体贷款质量有正向的提升作用，但房贷其他一些指标仍堪忧。其一是贷款集中度风险，近90%的房地产贷款集中于商业性金融机构，显然会形成金融机构的房贷集中度风险。其二是房地产贷款的违约风险。近10多年来房价的持续上涨使得房地产贷款的偿付似乎不是一个问题，但在房价下行趋势下，房贷的偿付压力必然会加大，违约风险就会凸显。尽管由于各种因素的交织，房价的持续下行似乎还不是一个现实的存在，但中国人迟早要面对房价持续下行的问题以及相应的房贷违约的问题。其三是利率市场化下房贷的收益风险。成熟经济体的经验表明，利率市场化和房贷收益波动甚至损失往往是相伴而生的，近年来中国利率市场化的步伐加快，这自然对房贷的收益预期形成负面压力。

三　预测

（一）基本判断

在未来一年内，中国经济将继续深化实施"稳增长、调结构、促转型、惠民生"的战略，在此期间，房地产业在结构调整中的地位趋于下降但仍是稳增长的重要力量，由此，"稳"是房地产业在未来一年中的基本特点，在这样的特点下，窄幅震荡很可能成为房地产业的常态表现。在这样的背景下，房地产金融机构演变趋势的基本要点是，结构调整加速，房贷偏好趋降。首先是住房保障金融的建构将进一步推进，特别是公积金运作模式可能有颠覆性改革。其次是商业性住房金融机构在信贷投放中进一步努力调降房贷占比，房贷偏好趋降，而将信贷资源向非房地产业领域调整。

（二）预测指标和方法的选择

鉴于数据的可获得性约束，本章报告仅对商业性住房金融机构房地产贷款在 2014 年第 4 季度和未来一年前 3 季度中对各项贷款的占比情况进行定量预测。相关数据来自 wind 资讯、中国人民银行网站、国家信息中心下辖的中国房地产信息网等。预测方法采用二次指数平滑法。基本步骤是首先利用二次指数平滑方法对各项贷款和房贷在 2014 年第四季度和 2015 年前三季度的数据做出预测，其中房贷预测数据借自住房金融市场一章对房贷的预测数据。其次将各项贷款预测数据与房贷预测数据相除，即可得出房贷在各项贷款中的占比预测值。

（三）预测过程和结果

1. 利用二次指数平滑方法预测各项贷款

该预测基于样本空间序列为 2006 年一季度至 2014 年三季度的季度数据，数据来源为中国房地产信息网、wind 资讯和中国人民银行网站。具体数据内容见附表。二次指数平滑操作中的样本期设定为 2006 年一季度至 2015 年三季度，较原序列向后延长 4 期，旨在进行 4 期（即 2014 年第 4 季度和 2015 年前 3 个季度）的预测。

二次指数平滑后的线性预测公式是：

$$Y_{t+k} = 27011.31 + 642.9448k$$

其中 27011.31 是均值，642.9448 是斜率，k = 1，2，3，4。

计算出 2014 年 4 季度至 2015 年 3 季度间各个季度的房贷规模（如表 6 – 7），由此得到 2015 年各项贷款规模约将超过 11 万亿元，比 2014 年的规模增约 10%。

2. 计算房贷占比

用第十一章所得房贷预测值除以本章所得各项贷款预测值即得（见表6-7）。

表6-7　房贷占比预测

单位：%

时间	各项贷款	房贷	房贷占比
2014 年第 4 季度	27654.25	8173.7	29.56
2015 年第 1 季度	28297.20	8016.42	28.33
2015 年第 2 季度	28940.140	7859.14	27.16
2015 年第 3 季度	29583.09	7701.86	26.03

由此，房贷占比在 2015 年前三季度房贷占比趋于下降。基于此可断，从 2015 年始，金融机构贷款投放结构对于房地产领域的调减开始持续显现。

四　政策建议

（一）推进建构成型的政策性住房金融体系

即力争在 2-3 年内建立起成型的政策性金融机构支持体系。

首先在保障性住房建设方面，以国开行建立住房金融事业部为契机，进一步整合来自住房公积金增值收益、土地出让金净收益等渠道的部分资金，建构关于各类保障房建设的政策性金融支持平台。另外，由于住宅金融事业部还兼具支持重大基础设施建设的融资支持的功能，存在保障房融资被挤出的风险隐患，可以考虑，将基础建设融资支持功能从住宅金融事业部分离并回归国开行，从而使住宅金融事业部专侍保障房建设政策性融资支持之职。

其次，针对保障房需求端的融资需求，重构住房公积金资源，要点包括，一是重构现有的住房公积金组织管理体系，废除"地方粮票"，建构统一的全国性的住房公积金管理和运作平台。二是变目前的行政性管理平台为金融性管理平台，即建构一家"中国住房公积金银行"，对住房公积金进行专业化管理和运作。三是细化针对中偏下及其以下收入者的公积金贷款服务模式和流程，以期真正实现住房公积金的保障性功能。

（二）促进深化合作性住房金融机构的探索

（1）借鉴发达经济体特别是德国的住房储蓄顶层制度设计模式，结合已有的中德住房储蓄银行的运作实践，对我国住房储蓄在性质、定位、资金来源和运用、政策激励等方面做出顶层安排。

（2）住房储蓄机构资产业务的审慎性规范。鉴于储蓄机构负债来源主要是居民个人特别是中低收入者的存款，其资产业务需严格遵守审慎性原则。成熟经济体一般是通过突出其"专营性"即至少以绝大部分负债从事针对中低收入者中低价位的住房融资服务，并以住房融资者的储蓄账户资金平衡其资产业务。而在这一点上，目前的中德储蓄银行还缺乏相应的系统化方案。

（3）住房储蓄机构资本金监管特许规定。由于住房储蓄机构业务运作模式的特殊性，不宜以普通商业性金融机构的资本金标准对其进行监管，否则就有可能如美国 1980 年代后的住房储蓄机构一样，迅速萎缩。

（三）推出有效政策促成金融机构信贷有效的结构调整

为此，首先是在住房设计上放弃房地产作为国民经济支柱产业的定位，转型为民生导向的定位，以从根本上引导金融机构信贷资金的合理配置。其次是通过税收体制再改革，改变地方政府事权和责权非对称的问题，以使地方政府摆脱对土地财政的依赖，从而改变商业银行对产业赢利前景的预期。再次是有效促进经济结构的转型和经济增长方式的转变，从而有效引导金融机构资金向附加值更高的创新型产业流动。

（四）多策并举防控房贷风险

一是通过建构的多元均衡的住房金融机构体系，分散商业性金融机构房贷压力，特别是尽快建构政策性住房金融机构体系为房地产业提供新的融资通道，并为商业性房贷提供增信支持。二是适当加速信贷向非房地产业调整的进程，有效降低金融机构房贷权重。三是加速推进房地产贷款资产证券化步伐，分散和转移房地产贷款风险。四是激励房贷产品创新，有效对冲房贷利率风险。

附表　各项贷款季度累计和季度额

单位：亿元

时间	各项贷款季度累计	各项贷款季度额
2006 年第 1 季度	11704.20	11704.20
2006 年第 2 季度	20612.20	8908.00
2006 年第 3 季度	26345.47	5733.27
2006 年第 4 季度	30594.89	4249.42
2007 年第 1 季度	14300.30	14300.30
2007 年第 2 季度	25507.31	11207.01
2007 年第 3 季度	33685.05	8177.74
2007 年第 4 季度	36405.60	2720.55
2008 年第 1 季度	13309.33	13309.33
2008 年第 2 季度	24508.50	11199.17
2008 年第 3 季度	34786.21	10277.71
2008 年第 4 季度	41703.76	6917.55
2009 年第 1 季度	46160.18	4456.42
2009 年第 2 季度	74051.48	27891.30
2009 年第 3 季度	87013.21	12961.73
2009 年第 4 季度	96290.18	9276.97
2010 年第 1 季度	26100.45	26100.45
2010 年第 2 季度	46360.80	20260.35
2010 年第 3 季度	63137.82	16777.02
2010 年第 4 季度	79510.73	16372.91
2011 年第 1 季度	15545.15	15545.15
2011 年第 2 季度	34829.99	19284.84
2011 年第 3 季度	49922.79	15092.80
2011 年第 4 季度	68751.14	18828.35
2012 年第 1 季度	24528.13	24528.13

续表

	各项贷款季度累计	各项贷款季度额
2012 年第 2 季度	48475.90	23947.77
2012 年第 3 季度	67142.79	18666.89
2012 年第 4 季度	82000.00	14857.21
2013 年第 1 季度	25820.23	25820.23
2013 年第 2 季度	49039.39	23219.16
2013 年第 3 季度	71033.53	21994.14
2013 年第 4 季度	87141.61	16108.08
2014 年第 1 季度	30118.50	30118.50
2014 年第 2 季度	59248.36	29129.86
2014 年第 3 季度	78697.72	19449.36

G.7

第七章
地方政府在住房发展中的
行为分析与预测

蔡书凯

一 现状分析

2014 年以来，全国房地产市场延续下行趋势，房地产投资增速继续放缓，房地产市场低迷波及土地市场，显著影响到一些城市的土地出让收入，进而拖累当地经济增长。在此背景下，地方政府更加注重发挥市场的决定作用，纷纷调整房地产政策，多数限购城市的限购政策被放松或取消，以刺激需求释放；陆续出台政策调整信贷公积金、财政支持等拉动购房需求；同时，在中央政策压力和配套政策强力支持下，棚户区改造等保障安居工程支持力度加大，不动产统一登记、公积金异地贷款等长效机制建设有序推进；多地地方政府面对土地市场低迷情景，通过加大对地产商的服务力度、加大土地营销等多种方式保持土地市场平稳发展。

（一）行政调控：地方政府主导

在中央提出"双向调控"政策信号后，地方政府成为地方房地产市场调控的主体。面对房地产市场供求结构的变化，以及经济增长放缓、财政收入增速下降的压力，各地地方政府为稳定房地产市场发展、防范房地产市场风险，采取一系列的政策调控措施，纷纷放松限购政策，采取一系列救市政策（见表 7 - 1），但仍有北京、上海、广州、深圳和三亚等 5 市坚守限购政策。显示出地方政府在房地产市场行政调控方面的主导性。

表 7 - 1　各地救市政策一览

城市	时间	主要内容
内蒙古呼和浩特市	2014 年 6 月	取消商品房销售备案制度,购买商品住房(含二手住房)的消费者在办理签约、网签、纳税、贷款以及权属登记时,相关部门不再要求提供住房套数查询证明。
山东省济南市	2014 年 7 月	从 7 月 10 日起,济南市取消本地人和外地人在济南买房的套数限制,从而全面放开新房与二手房限购政策。
浙江省绍兴市	2014 年 8 月	浙江省绍兴市住房和城乡建设局下发的《关于促进市区房地产市场平稳健康发展的意见》提出,停止执行对非绍兴户籍居民的购房限制。调整二套房认定标准,不考虑购房贷款次数,以家庭实际拥有的住房数量作为认定标准;要求各商业银行加快房地产按揭贷款发放速度,应在客户按揭手续办理完成后 1 个月内放贷到位。
广西南宁	2014 年 4 月	广西北部湾经济区内的北海、防城港、钦州、玉林、崇左等市户籍居民家庭,在南宁市购房可参照南宁市户籍居民家庭相关政策执行。
安徽铜陵	2014 年 5 月	降低首付比例,规定首次购房者,申请个人住房公积金贷款的首付比例由之前的 30% 降低为 20%;并给予契税补贴,对在铜陵市购买家庭唯一普通商品住房的购房者,财政补贴房价 1% 的契税。
内蒙古包头市	2014 年 8 月	对房交会期间购买首套新建商品住房的,给予 100% 契税补贴;购买二套及以上的给予 50% 契税补贴;购买非住宅的,给予 50% 补贴。购买新建商品住房,给 2000 元/套的财政补贴。住房公积金贷款最高额度从 50 万元提高到 60 万元,减半收取担保费、评估费、房屋登记费、抵押登记费和公证费。
江苏省无锡市	2014 年 4 月	放松购房入户条件,购房入户的门槛从 70 平方米降至 60 平方米。
浙江省宁波市	2014 年 5 月	悄然调整楼市限购政策,放宽购房资格。购房者的房产审核由户籍所在地和拟购房所在地两地核查变为一地核查即可。
福建省厦门市	2014 年 7 月	对岛外购房解除限购,购买岛外房产不作套数限制,外地户口购房时可不交社保证明;对岛内购房,外地户口限买 1 套住宅,但不需要社保缴纳证明;并放松岛内 260 平方米以上住宅的限购。
江西省南昌市	2014 年 7 月	从 7 月 14 日起,南昌市除东湖、西湖、青山湖、青云谱四区,其他区域限购全部放开。
广东省珠海市	2014 年 9 月	在珠海中心城区购买 144 平方米以上(含 144 平方米)的商品住房,无需提供社保或纳税证明;在新城新区购买商品房不再需要提供社保或纳税证明;符合珠海市人才目录的非珠海市户籍居民,可凭相关凭证在中心城区购买 1 套商品房。

在试探中央政府反应和市场反应后，根据当地楼市的市场表现，部分城市继续加大行政调控力度，限购放开步伐进一步加快。在 2014 年 2 季度个别城市放开限购后，3 季度更多的城市跟进，并且放松限购力度进一步加大。部分城市在经历第一轮定向放松限购政策后，又进行了第二轮全面放松限购政策。如南昌市，继放开除东湖、西湖、青山湖、青云谱四区以外区域的限购后，8 月 12 日起，所有区域均取消限购。

虽然大部分城市都放弃了楼市限购政策，但仍有北京、上海、广州、深圳和三亚等 5 市坚守限购政策。部分是源于这些城市的房地产市场表现，虽然这些城市的楼市成交量下滑，但土地出让并未受到影响。

（二）保障房建设：进展顺利

加快推进保障房建设是满足群众基本住房需求、实现全体人民住有所居目标的重要手段。国家 2014 年保障性安居工程的建设目标为：新开工 700 万套以上，其中各类棚户区 470 万套以上；计划基本建成 480 万套。根据住建部的信息，各地方政府已经提前 3 个月完成了 2014 年保障性安居工程建设的年度任务（表 7-2）。

表 7-2　2010 年至今全国保障房计划及完成情况

单位：万套

年份	计划		实际	
	开工量	建成量	开工量	建成量
2010	580	—	590	370
2011	1000	400	1043	432
2012	700	500	722（1~10 月）	505（1~10 月）
2013	630	470	666（1~11 月）	544（1~11 月）
2014	700	480	720（1~9 月）	470（1~9 月）

数据来源：住房和城乡建设部。

保障性住房建设进展顺利的主要原因一是地方政府的高度重视，二是中央对保障性住房的融资支持。中央财政对保障房建设支持力度逐年大幅增强，下拨资金从 2007 年的 72 亿元逐步增加至 2014 年的 1980 亿元。同时，2014 年的 6 月 26 日，国务院批准国开行组建"单独核算"的住宅金融事业部，新增的 1 万亿贷款为全国棚改提供成本适当、长期稳定的建设资金，有力地促进了棚户区改造进度。

（三）公积金政策：探索效率提高路径

公积金政策微调是地方政府手中唯一可以自主控制的调控政策，已成为地方政府调控楼市的主要措施。主要方式包括提高个人公积金贷款额度、降低公积金贷款购买首套房的首付比例、放松公积金使用条件等，2014 年以来，已有 30 多个城市调整了公积金政策，合理探索公积金使用效率提高的路径（表 7 - 3）。

表 7 - 3　各地公积金政策探索一览

城市	内容
江苏省无锡市	从 10 月 1 日起，如果夫妻双方都正常缴纳住房公积金，家庭购房公积金最高贷款额度从 50 万元上调至 60 万元。对于首次购房建筑面积大于 120 平方米的家庭，在产权转让后，可申请第二次公积金贷款，家庭贷款最高额度为 60 万元。
安徽省芜湖市	对提供家庭只有一套住房证明的住房公积金缴存职工，其在购买改善性住房时可以申请办理贴息贷款。对从外地（含芜湖市辖县）调入芜湖市区工作的，在购买首套自住住房时，如果外地住房公积金贷款已还清，可以按照芜湖市首次住房公积金贷款政策办理。
安徽省宣城市	对住房公积金最高贷款额度进行了调整，住房公积金最高贷款额度从 20 万元调整为 30 万元。对个人购买 90 平方米及以下普通住房且该住房属于购房家庭（成员范围包括购房人、配偶以及未成年子女，下同）唯一住房的，给予全额契税补贴；对个人购买 90 平方米以上的住房，也给予不同程度的契税补贴。
湖北省武汉市	放宽第二套住房公积金贷款门槛，最低首付款比例从房屋总价的 60% 调整为房屋总价的 30%。
浙江省绍兴市	暂停的公积金二次贷款政策再次恢复。对已经还清住房公积金贷款的家庭，按照双职工最高 60 万元、单职工最高 50 万元的公积金贷款额度可再次申请。
安徽省铜陵市	放松公积金贷款条件，对个人缴存住房公积金期限由过去连续缴存 6 个月以上，放宽至 3 个月以上；提高公积金贷款额度，单职工家庭最高可申请 30 万元；降低首付比例，首次申请个人公积金贷款首付降至 20%。
湖北武汉市	放宽第二套房公积金贷款门槛，最低首付款比例从 60% 调整为房屋总价的 30%。

除了上表列出的城市外，类似放松公积金贷款、探索公积金使用效率的政策措施最近在多地先后出现。这些政策的出台都在不同层面探索了公积金使用效率提高的路径。

（四）土地市场：营销力度加大

在楼市不景气、土地市场低迷的背景下，地方政府不断加大土地营销力度。当前住宅销售市场的低迷态势已经延伸到土地市场，土地流拍、流标和底价成交成为土地销售常态，二、三线城市此类情形更为普遍。标杆房企已经连续减少拿地额度，一方面是对市场前景不明的反应，另一方面也受到资金压力的影响。地方政府开始转变过去"皇帝女儿不愁嫁"的思路，不断加大土地营销力度。通过调整土地指标、增加容积率、降低土地出让金首付比例或保证金、分割地块、放松建筑限高、加大土地推介力度，"叫卖"土地。

2014年以来，多地二、三线城市到中心城市召开土地推介会，大规模推出优质地块，以较优惠的政策寻找买家。2014年3月，绍兴市在杭州市举行土地推介会，推介72宗经营性用地，在重点推出的34宗优质地块中，多宗处在各区中心的黄金地段。安徽安庆在北京举办土地推介会，共推出28宗、4250亩优质土地。马鞍山市到福州市举办土地推介会，淮南市到合肥市举行土地推介会。2014年中国深圳国际房地产业博览会举办期间，有60多个城市参展，200个城市到场交流参观。部分城市如南京、汕头、重庆、盐城、镇江、阜阳、柳州等，在现场举办土地推介会。

和以前单个城市自己出去推介土地不同，2014年还出现了城市联合推销土地的新模式，城市之间通过强强联合出售土地。例如，5月7日苏南7市（苏州、无锡、常州、常熟、太仓、张家港、江阴）联合推出了18160亩土地，组团营销土地；5月10日，黄冈7市县也携手举办土地专场推介会。

二　存在的问题

（一）土地市场：卖地艰难

市场持续走低加速降温，地方政府卖地艰难。2014 年 1 ~ 9 月，全国 300 个城市共推出土地 26349 宗，同比减少 15%；推出土地面积 98420 万平方米，同比减少 18%。其中，住宅类用地（含住宅用地及包含住宅用地的综合性用地）7685 宗，同比减少 22%；推出土地面积 34594 万平方米，同比减少 20%。1 ~ 9 月，全国 300 个城市共成交土地 21037 宗，同比减少 22%；成交面积 78333 万平方米，同比减少 24%。其中，住宅用地（含住宅用地及包含住宅用地的综合性用地）5823 宗，同比减少 29%；成交面积 26605 万平方米，同比减少 28%。按季度看，二季度和三季度，土地供应量同比降幅较一季度分别扩大 22 个百分点和 19 个百分点以上，而土地成交量同比降幅较一季度则分别扩大 15 个百分点和 25 个百分点以上。伴随地方政府推地节奏放缓和房企受存货与资金压力影响，企业投资放缓，拿地日趋谨慎，2014 年前三季度成交总量显著低于上年同期，第三季度土地市场下行趋势更加明显，推出与成交量持续下降且降幅扩大，市场持续走低加速降温。

表 7 - 4　2014 年 1 ~ 9 月全国 300 个城市土地市场交易情况

时间		指标	推出面积 （万平方米,%）	成交面积 （万平方米,%）	出让金 （亿元,%）	楼面均价 （元/平方米,%）	溢价率 （%）
一至九月	综合	绝对量	98420	78333	17109	1197	11
		同比	- 18	- 24	- 20	5	- 5
	其中住宅	绝对量	34594	26605	11514	1746	13
		同比	- 20	- 28	- 20	10	- 7
1 季度		绝对量	34246	28926	7172	1329	13
		同比	- 3	- 10	15	25	0.2

时间	指标	推出面积 （万平方米,%）	成交面积 （万平方米,%）	出让金 （亿元,%）	楼面均价 （元/平方米,%）	溢价率 （%）
2 季度	绝对量	32140	26230	5416	1118	12
	同比	−25	−25	−12	12	−3
3 季度	绝对量	32033	23177	4521	1114	9
	同比	−22	−35	−50	−17	−11

注：含住宅用地及包含住宅用地的综合性用地。

数据来源：CREIS 中指数据，fdc. soufun. com。

从溢价率来看，持续走低。2014 年前三季度，同比增幅除第一季度微增 0.2% 外，其他两个季度均为负值且降幅持续扩大，底价成交地块也日益增多，市场低迷态势持续。2014 年 9 月，全国 300 个城市土地平均溢价率 12%，环比增加 3 个百分点，同比下降了 10 个百分点；其中住宅类用地平均溢价率为 14%，环比持平，同比下降 11 个百分点。

（二）公积金：部分城市流动性紧张

数据显示，多个城市公积金流动性已初现紧张。由于 2013 年多地放松了公积金发放使用办法，公积金贷款客户迅速上升，吸引大量公积金贷款量，导致部分城市公积金资金额出现一定的短缺。据住建部的调查，南京、青岛等 32 个城市个贷率已经超过 90%，部分城市出现了缓贷、断贷、挤提现象。例如，截至 2014 年 6 月底，武汉市公积金个贷率高达 97%，比 2013 年底又增长近 5 个百分点；截至 2014 年 9 月 23 日，广州市公积金贷款发放金额为 163.27 亿元，处于审批流程尚未放款阶段的贷款金额也有 26.23 亿元，而广州市的公积金贷款额度为每月 10 亿元、2014 年全年 170 亿元。

针对这种状况，多地地方政府选择提高缴存额度和还款额度进行限制。如广州市对公积金的存贷比及贷款额度进行控制，要求公积金贷款存贷比不能超过 80%，总的贷款额度不超过 170 亿元，禁止公积金第二次贷款，提高首套普通自住住房公积金贷款最低首付，从两成提高到三成。济南市提高了住房公积金月缴存额，住房公积金月缴存额最高和最低分别比 2013 年提高 160.8 元和 13 元，提高到 3900 元和 135 元。北京调整了公积金贷款还款标准，要求月收入在 17379 元（含）以上的购房者，每月还款额度原则上应不低于月收入的 50%，即 8690 元；夫妻双方月收入之和在 34758 元（含）以上的购房者，月还款额度原则上应不低于 17379 元，从而避免高收入家庭长期占用贷款资金。武汉也从 7 月 1 日起上调公积金月缴存额度，中心城区及新城区职工最低月缴存基数分别提高 200 元和 120 元。

（三）保障房建设：乱象依旧

保障房建设在项目申报和资金管理方面问题依旧。随着国家对保障房建设支持力度的加大，地方各级为了多争取上级项目补助资金而不切实际地多申报项目，将部分不符合保障房建设的项目打包装入保障房项目。为挤点、挪用资金埋下隐患，导致项目建设往往不能按期完成或时间跨度很长。来自审计署 2014 年的城镇保障性安居工程跟踪审计显示，保障房建设资金套取挪用情况突出，有 38 个单位骗取套取棚户区改造资金共计 15.41 亿元，有 237 个项目或单位将 78.29 亿元挪用至市政设施、园区开发等非保障房建设用途。例如，河南新乡投资集团有限公司通过编造虚假棚户区改造规划、虚估投资额等手段，以城市棚户区改造名义发行债券融资筹集资金，而大部分资金被挪用于旅游开发、对外出借和投资等其他用途。

保障房分配政策不完善。虽然国家多次出台文件条例等要求各地方政府高度重视保障房分配制度体系的建设和完善，但从实际情况来看，重建设进度、忽视分配制度建设的现象依然突出。部分地方政府未制定和出台公共租赁住房管理办法，保障房的分配、退出、后续管理等方面也没有具体的实施细则，造成政策边界模糊、基础工作薄弱、资金难以及时到位、保障房建好后无法合理分配和有效管理，导致了保障房供给的公平缺失与效率低下。来自审计署 2014 年的消息显示，在保障房分配或补贴分配方面，由于资格审核把关不严、纠错清退不力等问题，有 4.75 万户不合规的家庭享受了保障房或者货币补贴，有 2.65 万套保障房在管理过程中被挪用或者违规销售。

保障管理体系不健全。政府相关部门（如房管、财政、公积金、公安、工商、税务）之间信息缺乏共享机制、权责利边界模糊，造成既得利益和福利固化，保障房资源未能滚动到最需要合适人群手中，使得资源分配混乱和配置效率低下的现象并存。

（四）财政压力问题：新常态下的适应性阵痛

土地市场不景气、土地价格下跌，房地产商减少拿地，土地市场趋冷，各地方政府土地出让收入和房地产相关的税收增速大幅下滑，部分城市甚至出现负增长。从财政收入来看，根据财政部公布的数据，2014年9月份，地方财政收入（本级）5471亿元，同比增长6.6%。延续上月以来增幅偏低态势。同时，由于地方政府主要依赖土地出让收入偿还存量债务，土地出让市场的波动必然影响存量债务的偿还，引发地方政府的债务危机。土地市场的冷清，使地方政府所储备和抵押的土地资产价值大幅缩水，地方政府无法通过出让土地收回公共服务改进的投入成本，无法通过土地抵押进一步融资，导致地方政府财力进一步趋紧。地方政府在经济新常态下必须要面对可用财力下滑的残酷现实，经历适应性阵痛。

在经济快速增长、城镇化快速推进的大背景下，土地资产较易有效转让，各地政府因此获得大量土地出让金；地方政府也容易通过土地储备，以土地价值和增值预期向银行与资本市场融资，并通过对储备土地的整治和城市基础设施建设、公共产品配给，提升城市土地的附属价值，实现储备土地的升值和出让，偿还债务。在经济持续快速发展、土地出让价格一路攀升时，各级地方政府的财政实力逐年大幅提高，政府偿付能力不断增强，加之存在地方政府的隐性担保，土地抵押融资成为银行和影子银行追捧的对象。同时在土地价格上涨时，地方政府通过对已有土地资产的重新估值，可以重新从银行获得更多的贷款。地方政府还通过让开发商承担部分地方政府的建设职能，如无偿代建道路、学校等，解决城镇化公共产品的供给问题。

过往，宽松的经济环境、土地价格上涨和城镇化融资之间形成有效地正反馈过程，有效地解决了地方政府面临的融资约束（见图7-1）。可以说，在过去地方政府的土地财政中，土地抵押贷款的贡献并不亚于土地出让金。

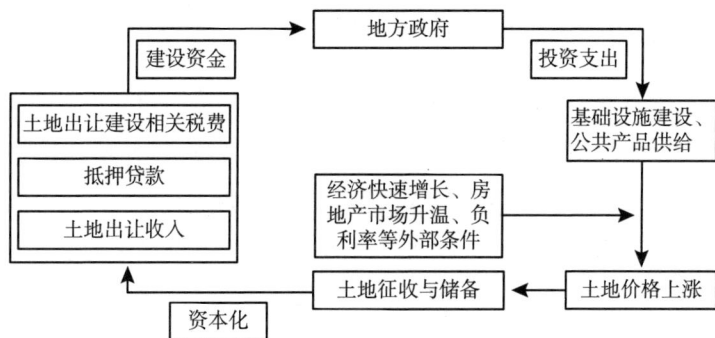

图7-1 地方政府融资循环

然而，这种土地抵押贷款的循环过程有一个缺点，即极度依赖于外部环境和土地市场。一旦土地出让情况发生变化，地价不稳定，地方政府的融资就变得极易受到冲击。从数据来看，地方政府土地抵押贷款仍在增长，但增幅减小。2014年上半年的土地抵押贷款上升到8.7万亿，按年同比增长27%，增速有所下滑。2012年年底，全国84个重点城市处于抵押状态的土地面积和抵押贷款总额分别增长15.7%和23.2%。2013年年底，84个重点城市处于抵押状态的土地面积和抵押贷款总额同比增长都在30%以上。2014年的土地抵押贷款增长数量显著低于上年。

三 预测：地方政府在房地产市场的行为走向新常态

随着中央保持政策定力、实体经济虚拟化倾向的消失，房地产市场、土地市场的市场结构发生变化，走向新常态。未来，地方政府将会从越位退位、从错位归位、从缺位补位，立足于市场规律办事，在房地产市场上的行为逐渐走向新常态，立足于市场规律办事情，立足于当地市场发展情况出台调整措施，回归"守夜人"的角色，回归政府服务本位：强化对购房者的服务，释放购房需求；强化对地产商的服务，释放土地需求；强化对市场的管理，维护市场稳定；土地违规行为减少。

（一）立足市场本位，释放购房需求

未来，地方政府将立足市场本位，进一步发挥市场在资源配置中的决定作用，放松或者取消限购、调整公积金政策、出台购房补贴和税收减免政策、放松购房入户条件等，以释放消费者的合理购房需求。

公积金将回归服务民生的本质，以满足消费者的差异化需求。地方政府将积极探索公积金政策，提高资金利用率，满足"应贷尽贷"资金需求，并适应科学化楼市调控的要求。10月初住建部、财政部和央行联合发布的《关于发展住房公积金个人住房贷款业务的通知》，提出各地要放宽公积金贷款条件，职工连续缴存6个月公积金即可申请公积金贷款。同时要求各地要实现公积金异地互认、转移接续，并取消住房公积金相关的四项收费，减轻购房者负担。各地将进一步落实中央的公积金异地贷款政策，推动公积金异地购房，扩大公积金政策的受益面。可以预期公积金将回归服务民生的本质，各地将进一步提高公积金贷款额度，放松公积金使用条件，扩大公积金贷款的受益面，对高层次人才给予更高的公积金贷款额度。例如，河南省明确表示放松首套房认定标准，适度提高住房公积金贷款额度，公积金贷款购买90平方米（含）以下住房贷款首付不低于20%。

地方政府将进一步调整普通房标准，以使更多的购房者享受到普通住房税收优惠。9月30日，中国人民银行和银监会发出通知，调整首套房认定标准，对只购买1套住房并已结清购房贷款的家庭，再次申请普通商品住房购房贷款，执行首套房贷款政策。可以设想地方政府将进一步调整普通房标准，以减轻消费者的购房负担。例如，2014年9月30日，北京市发布的《关于公布本市各区域享受优惠政策普通住房平均交易价格的通知》，对享受税收优惠政策的普通住房进行了重新界定，在单价的基础上，加上总价的参考指标，在满足其他条件后，价格只要满足其一即可认定为普宅，这样将一些单价高、总价低的小户型纳入税收支持范围，可以显著降低消费者的购房负担，扩大了政策覆盖面。

可以设想各地将会出台更多的关于购房补贴、税负减免政策。地方政府将在松绑限购、限贷后出台更多的购房补贴、税负减免政策，促进楼市回暖。一些地方已开始松动二手房交易营业税的免征期限，由之前的5年修改成2年。在人才补贴方面，地方政府将会出台更多的此类政策，既达到吸引人才、留住人才的目的，解决当地高素质人才缺乏的问题，又能达到促进楼市健康发展的目的。

（二）立足服务本位，释放土地需求

未来，地方政府将立足服务本位，加大对房地产商的服务力度。地方政府将立足于企业和市场上差异化的土地需求，并通过多种手段调试自身供给，释放土地需求。

地方政府将更多地通过服务优化与开发商沟通。通过调整土地指标、改变容积率、改变建筑限高、减少公共配套、细分地块等，满足差异化需求，通过降低土地出让金首付比例或保证金等措施减轻开发商资金成本压力，释放地产商的土地需求。例如，在合肥举办的土地推介会上，太和县对推介的14宗地块，从区位、面积、产品定位等方面，将其分为成熟型地块、储备型地块和带方案出让型地块三种类型，从而满足地产商差异化的需求。杭州萧山区则规定不管土地面积和土地出让金额，土地出让保证金最高均不超过1000万元。

地方政府将通过控制土地出让节奏、类型和规模，强化对地产商的服务。地方政府更多地供应位置较好的优质地块，不再捂地，减少开发商的公共配套要求，从而降低开发商的开发成本。并从严控制房地产开发用地供应总量、供应时序和供应结构。这些都有利于防止建设土地资源浪费，有利于民生，有利于降低房地产开发成本，有利于开发商加快开发周期回笼资金。

同时，地方政府将根据市场需求，实时调整供地结构布局，如增加物流用地和旅游用地供给；通过捆绑优质和劣质地块一起销售，实现对房地产开发结构的引导。

（三）立足管理本位，维护市场稳定

维持地方房地产市场平稳健康发展是地方政府的主要职责。现有的观点多从地方政府的利益出发、托市出发来认识地方政府的市场调控行为。实际上，不管是一线城市的继续保持限购，还是二、三线城市的一系列财政、税收补贴政策的出台，都是基于当地房地产市场发展状况，做出的一系列理性决策，从而提高当地房地产市场的稳定。面对楼市面临的长期下行通道，以及中小房企频频传出"资金链断裂"、"破产"等传闻，未来，地方政府将以稳定本地房地产市场为己任，出台更多的政策，加速去化库存房产，维持当地房地产市场稳定发展。

以前的人为造城行为将大大减少或不复存在。过往地方政府大规模的人为造城行为，由于缺乏产业支撑和公共设施投入，使部分新城陷入有投入无产出、有投资无效益、有冲力无后劲的困境，造成资源浪费和债务负担。可以期盼，为了房地产市场的稳健发展，地方政府将不会再人为造城。

强化存量房的去化，政府出资去库存。地方政府在政策释放市场购房需求的同时，针对市场存量房产巨大的现实，将逐步取消保障性住房、拆迁安置住房的实物建设，同时鼓励拆迁户通过货币补偿方式实施安置；加大旧城区及棚户区改造以扩张需求、减少供给。通过政府回购普通商品房或鼓励拆迁户选择货币安置方式，不仅能增加政府保障房供应量，降低政府自建保障房的成本和负担，还有利于去化市场库存，增加需求，缓解开发商压力。

随着服务型政府构建的深入和土地市场的降温，以及国家反腐败的持续，地方政府在土地市场上将进一步回归其管理者的角色。地方政府土地违规事件会大幅度减少，对土地财政的依赖度会进一步下降。过去几年，随着城镇化进程加速推进过程中土地价值的凸显，"土地财政"模式得到快速运用，地方政府对土地财政的依赖度不断增加。然而，随着房地产市场走向新常态，2014年9月21日，国务院发布《国务院关于加强地方政府性债务管理的意见》明确提出，市县确需举债的只能由省级代为举借，政府性债务不能通过企事业单位等举借，只能通过政府及其部门举借。加之以前中央政

府出台的一系列防范地方政府债务风险、规范地方政府举债融资政策，可以预期，地方政府土地出让金占财政收入的比重将进一步下滑，利用土地抵押融资也会大幅度下降，这意味着未来地方政府对土地财政的依赖度进一步下降，地方政府在土地市场的利益角色将进一步减弱，地方政府在土地市场将回归其管理者的本位。

四　建议

（一）完善保障房建设管理机制

切实加强保障性住房资金管理。落实专账核算、专款专用，严格按照保障房建设目标任务、工程进度拨付使用管理资金，健全财务管理制度，减少滞拨、闲置等资金管理不规范问题。

完善保障性住房制度及相关管理办法。相关部门要尽快完善保障性住房保障标准、保障对象、资金来源、分配退出机制、管理机构等方面的细化标准，为地方政府提供更多的可操作性指导，不能笼统地一概而论。并加强法治建设，实现保障性住房建设的有法可依。

建立保障对象信息的多部门共享机制。政府应加强住房保障业务的基础工作，协调有关单位尽快建立保障对象的相关数据库，实现多部门数据信息联网共享，从而建立全面有效的保障房审核平台，严格保障房资格审核，向社会公开并接受社会监督，保证流程的公平、公正，杜绝房源闲置、资源浪费等问题发生，确保保障性住房及保障性补助资金真正发挥效益。

合理选择保障房建设地点。保障性住房的选址要合理布局，不可为降低成本致保障房建设位置太偏远。保障性住房建设过程中要尽量"借用"附近商品房的公共设施，减少保障房建设的公共设施配建量，这样可以降低保障房使用者的使用成本、保障房建设的资金压力和运营成本；增加低收入人群与其他人群的交流，避免居住空间分异的产生。

（二）区域差异化土地供应政策

应该进一步按照分类调控的原则，继续加大一线城市和热点二线城市的土地有效供应，一方面提高集约节约利用存量建设用地的效率，另一方面应适当增加新增建设用地指标，从而满足消费者的购房需求，同时有助于抑制地价水平上涨。与此同时，减少土地供应已经过剩的三、四线和部分二线城市的土地供应。

实行分区域的住房用地供应政策。在综合考虑各地现有存量住房数量和未来需求结构的基础上，突出区域差异性，对供需矛盾紧张的一线城市要适当增加商品房的供地量。对部分住房存量过多的二、三线城市则要严格控制盲目、无序供应商品房用地。

（三）探索变革公积金管理

十八届三中全会提出研究建立住宅政策性金融机构。未来，可以探索设立以公积金管理中心为载体的资金管理公司或住宅政策性金融机构，独立运行，为居民购买基本住房及改善居住条件提供低价格的资金扶持，从而减少资金沉淀、提高公积金资金使用效率。

变革现有的公积金管理办法，用好住房公积金异地互认政策。严格执行住房城乡建设部、财政部和人民银行联合出台住房公积金新政策，积极支持缴存职工购买首套和改善型自住住房，加大异地公积金贷款业务开展的力度。

异地互认只是一个大方向，地方政府还需出台配套细则，在打破地方利益樊篱的基础上，分门别类确定不同地区之间住房公积金转移标准和比例。建立跨地区公积金资金调剂平台，以解决城市间公积金的使用率很不平衡问题。通过金融创新拓宽公积金来源，商业银行应允许直接透支取得信贷资金，加快资产证券化，引入社会资本投入，盘活资产存量。同时，加大全国住房信息联网工作。因为首套、二套、多套房的贷款利率存在差异，需要住房信息联网为此提高信息基础。

（四）积极探索房产税改革

财政困境是地方政府在房地产市场中各种问题和矛盾产生的根源，中央、地方财税关系到了非调整不可的时候。可以从两个层面调整政府间的财权体系和财政关系：一是按照"事权与财权"相匹配的原则，规范中央、省及省级以下地方政府财权和事权配置，实现激励相容。二是开征房产税，使地方政府获得长期、稳定的税源。在"土地财政"之外为地方政府寻找新的财政收入的增长点，建立责权对等的财政税收征收和分配体系，既体现中央政策的统一性、权威性，又能兼容中国大国特征下的区域差异性；加大对城镇存量土地进行的开发，将部分工业用地转为住宅或商业用途，保证地方政府财力的可持续。

市场体系

Chinese Housing Market System

G.8

第八章

中国住房市场形势分析与预测

邹琳华

一 2014年概况：投资投机全面退潮，
商品住宅首现过剩

1. 住房投资投机全面退潮，大中城市房价由全线上涨到普遍下跌

2014年大中城市楼市首现主动调整，房价由全线快涨转变为普遍下跌，房价下跌城市个数迅速增加。2013年12月，70个大中城市中，绝大多数城市房价都在上涨。其中房价环比下降的仅2个，持平的3个，环比上涨的有65个。到2014年9月，环比下降的城市急增至69个，只有厦门1个城市受自贸区落户传闻的刺激房价环比持平，没有城市房价环比上涨。

2014年下半年开始房价跌幅增大，多数大中城市房价开始跌破2013年同期价格。2013年12月，70个大中城市中，房价同比下降的城市仅1个。

到 2014 年 9 月，房价同比下降的城市增加至 58 个，但尚有 10 个城市房价高于上年同期价格（见图 8-1，图 8-2）。

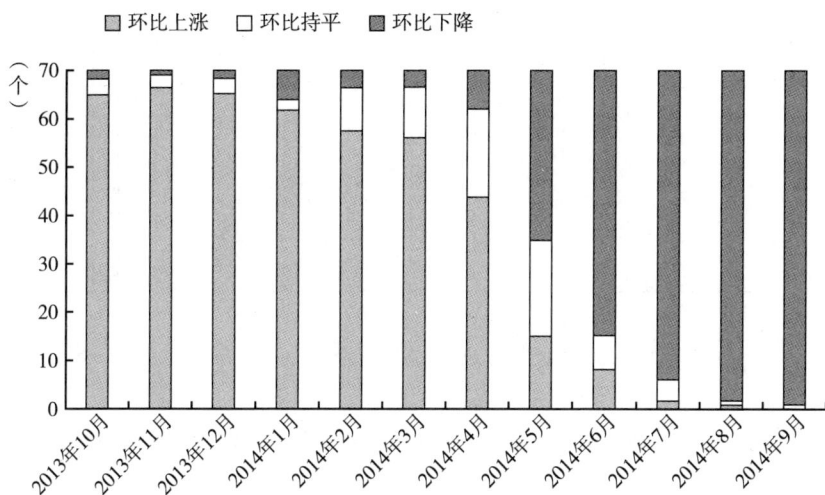

图 8-1 中国 70 个大中城市新建商品住宅价格环比上涨、持平与下降个数

数据来源：国家统计局。

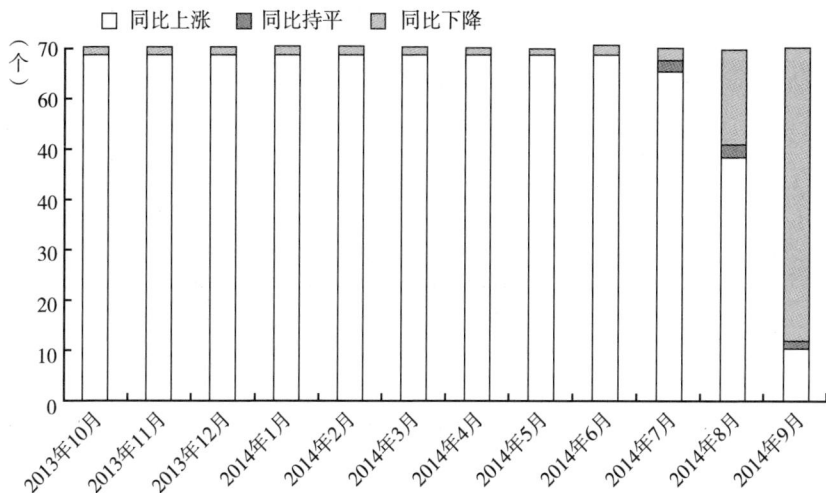

图 8-2 中国 70 个大中城市新建商品住宅价格同比上涨、持平与下降个数

数据来源：国家统计局。

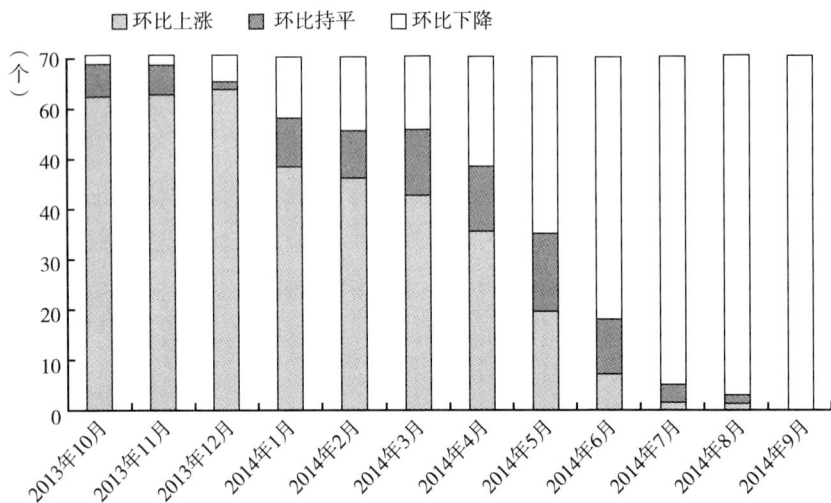

图8-3 中国70个大中城市二手商品住宅价格环比上涨、持平与下降个数

数据来源：国家统计局。

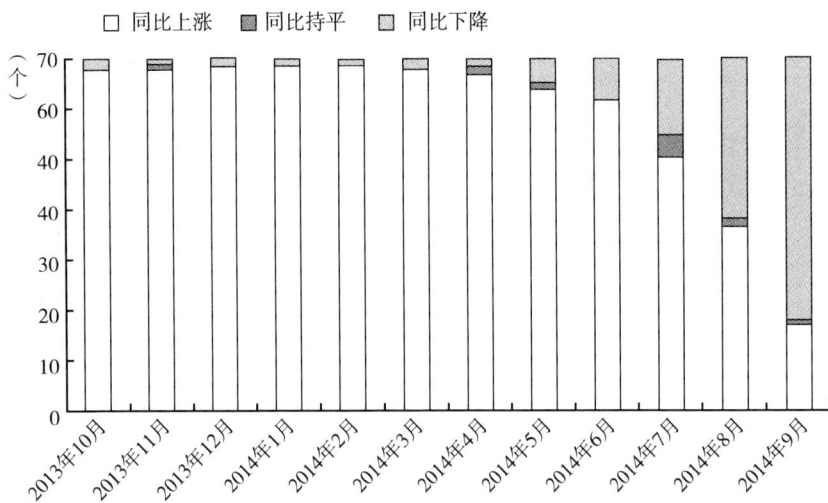

图8-4 中国70个大中城市二手商品住宅价格同比上涨、持平与下降个数

数据来源：国家统计局。

本轮市场调整与2008年或2011年的住房市场短期低迷存在本质区别。2008年的市场下滑源自于2008年全球金融危机冲击，2011年的市场短期不景气可主要归因于大中城市全面推出限购限贷政策。它们都是由住房市场外部因素冲击所引发。而在本轮住房市场调整过程中，并没有出现重大的外部冲击因素，因而市场自发力量才是本轮市场调整的主要原动力。市场出现主动调整，表明大中城市供求形势正由供不应求向阶段性、结构性过剩转变。

供给出现阶段性、结构性过剩的主要原因有：经济增速下滑，房价预期出现由乐观向悲观的转折，投资投机全面退潮，单纯的首次置业需求及改善需求难以有力支撑市场；居民投资理财渠道增加，房地产投资收益过低而不再成为投资首选；区域经济格局发生根本性转变，特大城市、沿海城市经济景气度相对较低，对房价形成拖累；2012 年 4 季度及 2013 年大中城市房价暴涨，刺激了住房开发投资的迅猛增长，开发商在此期间大举拿地所形成的商品住房供给开始集中上市，从而助长了目前大中城市阶段性供给过剩的格局。

2. 商品住宅进入相对过剩阶段，成交量萎缩，库存水平攀升

2011 年以来，中国楼市已经出现结构性过剩的总体态势，具体表现为中小城市住房持续滞销。2014 年以来，大城市普通商品住宅也出现滞销。全国住房成交量萎缩明显，库存水平继续提升。

商品房销售相对上年出现负增长。2013 年 1～12 月，中国商品住房销售面积为 115723 万平方米，同比增长 17.5%，其中期房销售面积 99549.24万平方米，同比增长 17.8%；商品房销售额为 67695 亿元，同比增长26.6%。2014 年 1～9 月，中国商品住房销售面积为 67669 万平方米，同比下降 10.3%；商品房销售额为 40516 亿元，同比下降 10.8%。销售面积与销售额均出现较大负增长（见图 8-5，图 8-6）。

库存水平继续攀升。2013 年 12 月底，中国新建商品住房待售面积32403 万平方米，同比增长 37.2%。到 2014 年 9 月底，中国新建商品住房待售面积增加至 37676 万平方米，同比增长 28.5%（见图 8-8）。

3. 开发商后市信心不足，住房投资增速下滑

中国住房产业由高速增长期进入低速增长期，开发投资增速降至低位。随着全国销售不畅和大中城市房价下跌，房地产企业资金回笼速度变慢，开

发投资增速不断下滑。2013 年 1 ~ 12 月，中国商品住宅开发投资额为 58951 亿元，同比增长 19.4%。2014 年 1 ~ 9 月，中国商品住宅开发投资额为 46725 亿元，同比增长率降至 11.3%（见图 8 - 9）。

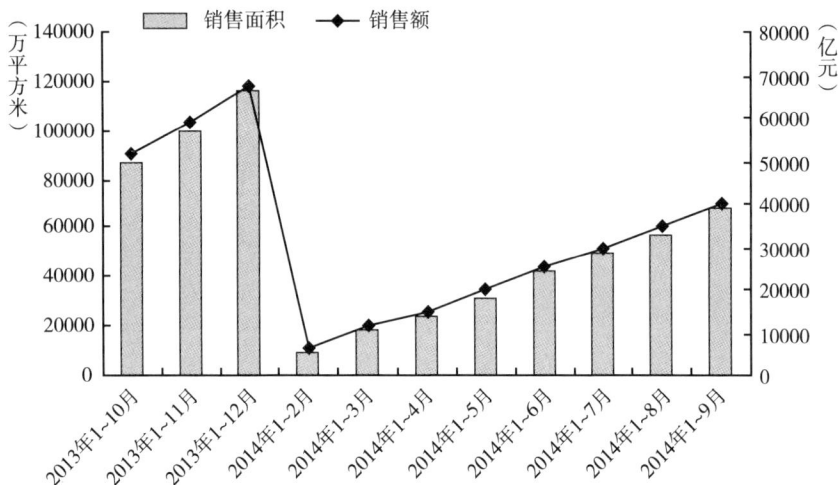

图 8 - 5　中国商品住宅销售面积与销售额

数据来源：国家统计局。

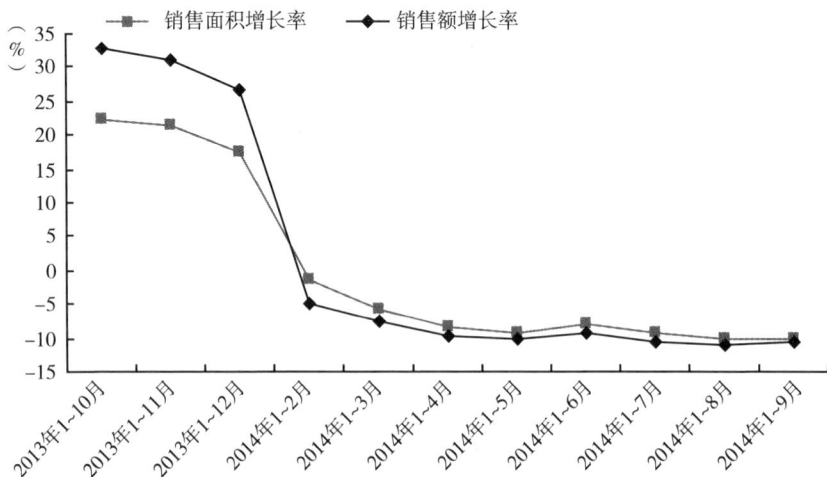

图 8 - 6　中国商品住宅销售面积与销售额同比增长率

数据来源：国家统计局。

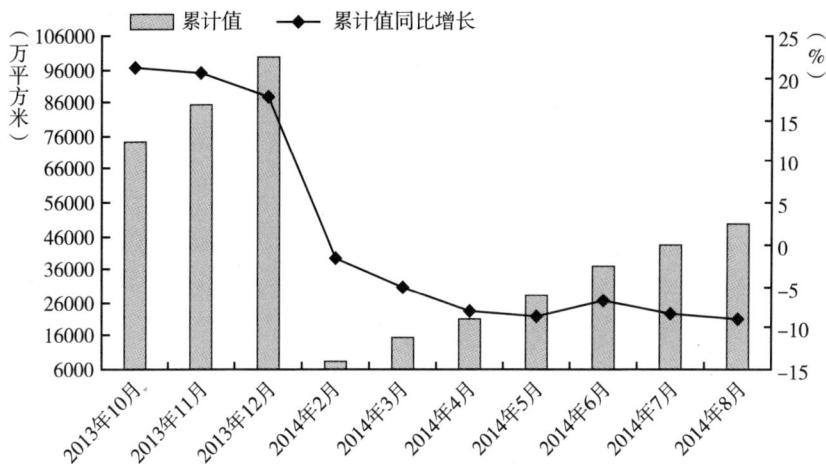

图 8 - 7　期房销售面积及其同比增长率

数据来源：国家统计局。

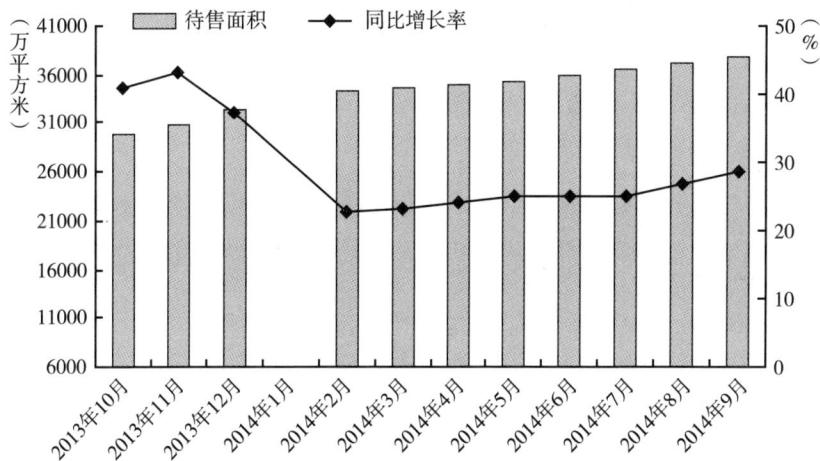

图 8 - 8　2013 年 10 月以来各期末中国商品住宅待售面积及其同比增长率

数据来源：国家统计局。

　　开发商投资信心下降，住房新开工面积出现负增长。2013 年 1~12 月，中国商品住宅新开工面积为 145844. 8 万平方米，同比增长 11. 6%。2014 年 1~9 月，中国商品住宅新开工面积为 91754 万平方米，同比下降 13. 5%（见图 8 - 10）。

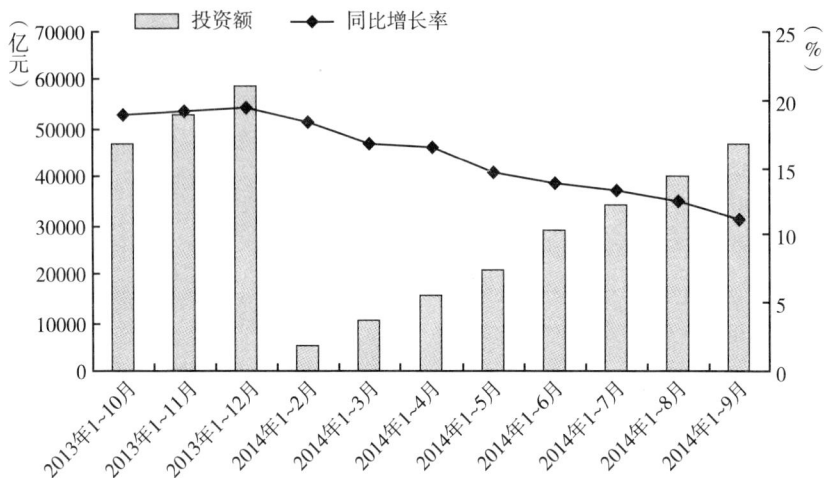

图 8 – 9　中国商品住宅开发投资及其同比增长率

数据来源：国家统计局。

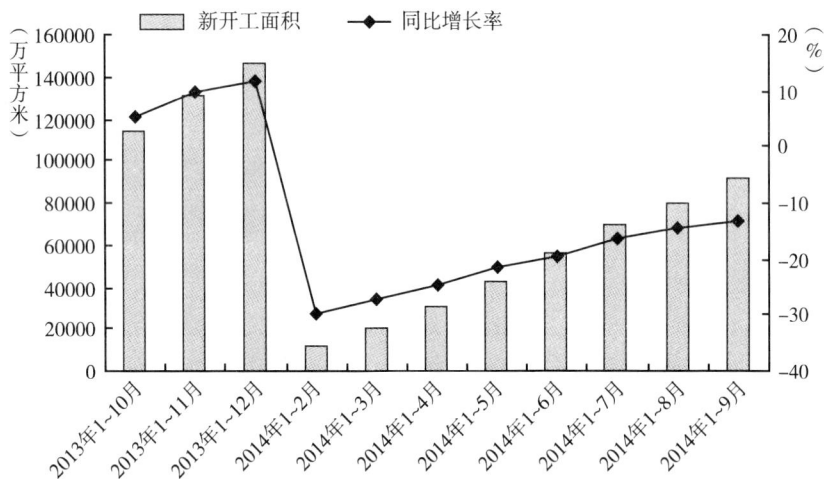

图 8 – 10　中国商品住宅新开工面积及其同比增长率

数据来源：国家统计局。

　　房企购地热情下降，土地市场遇冷，地价下跌交易量下滑。2013 年 1～12 月，中国房地产开发土地购置面积为 38814.38 万平方米，同比增长 8.8%。2014 年 1～9 月，中国房地产开发土地购置面积为 24014 万平方米，同比增

长 −4.6%。2013 年 1～12 月，中国房地产开发土地成交价款为 9918.28 亿元，同比增长 33.9%。2014 年 1～9 月，中国房地产开发土地成交价款为 6781 亿元，同比增长 11.5%。土地成交价款的增速下降要慢于土地购置面积的增速下降，并非地价仍在上涨，而是与地方政府有意控制供地结构有关，优质地块出让比例的增加拉高了土地出让金额（见图 8−11，图 8−12）。

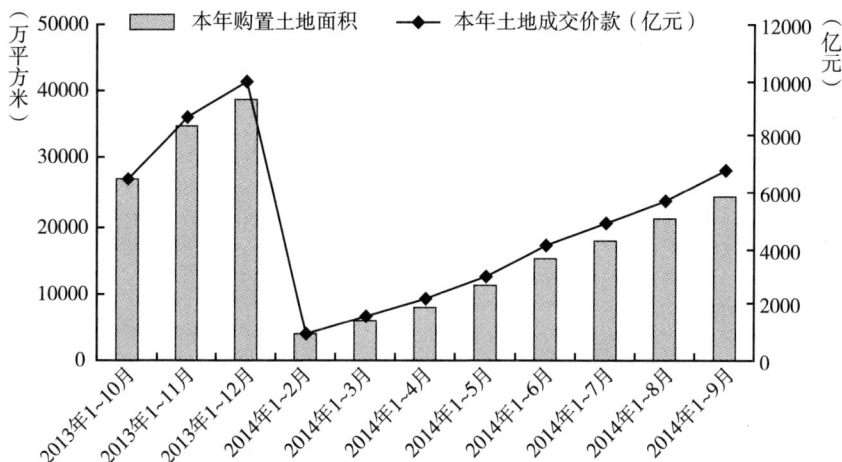

图 8−11　房地产开发本年土地购置面积与成交价款

数据来源：国家统计局。

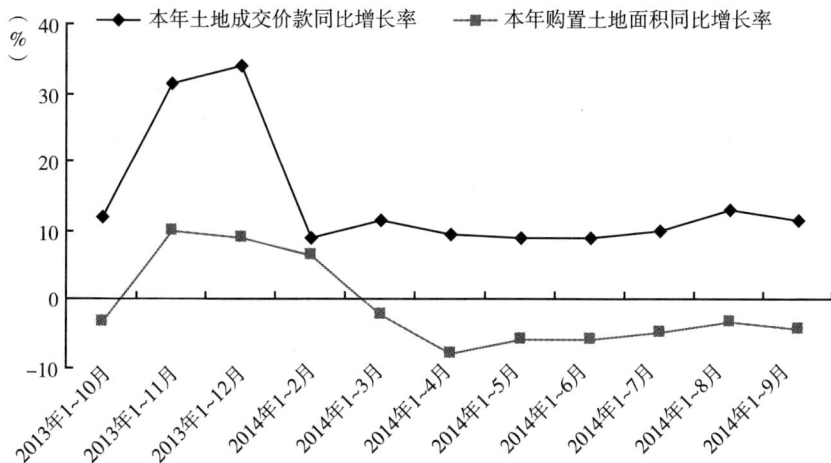

图 8−12　房地产开发本年土地购置面积与成交价款同比增长

数据来源：国家统计局。

4. 楼市资金流入减缓，开发企业资金来源增速下滑

开发企业筹资能力下降，个人按揭贷款出现负增长。2013 年 1~12 月，中国房地产开发企业资金来源总计为 122122.5 亿元，同比增长 26.5%。其中国内贷款 19672.7 亿元，同比增长 33.1%；个人按揭贷款 14033.3 亿元，同比增长 33.3%。2014 年 1~9 月，中国房地产开发企业资金来源总计为 89869 亿元，同比增长 2.3%。其中国内贷款 16288 亿元，同比增长 11.8%；个人按揭贷款 9794 亿元，同比下降 4.9%（见图 8-13，图 8-14）。

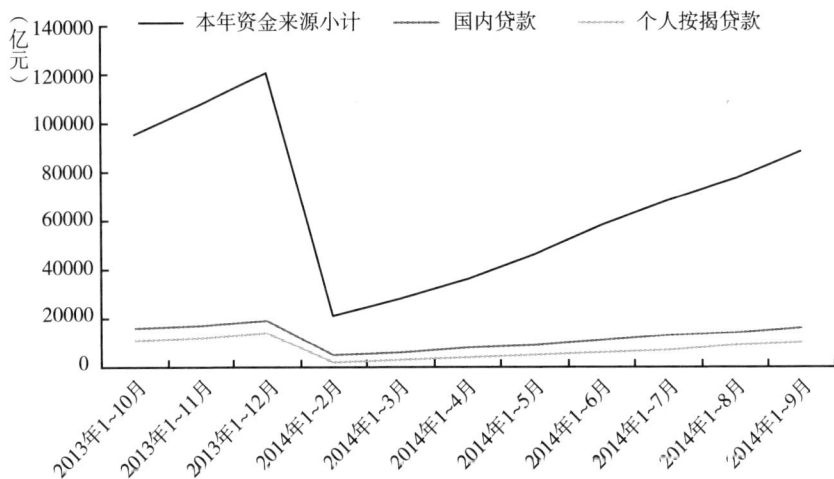

图 8-13 房地产开发企业本年资金来源情况

数据来源：国家统计局。

5. 租赁市场热度下降，房租涨速显著减缓

住房租赁市场低迷，租金涨速减缓。2010 年以前，租金长期缓慢增长，房价租金比越来越大，租房成为一项较经济的选择。2010 年以来，住房租金出现持续较快速度的上涨。2012 年 6 月开始，随着居民消费价格租金指数的快速上扬，租金涨幅持续高出 CPI 的涨幅。2013 年 12 月，租金指数同比上涨 4.7%，同期 CPI 仅上涨 2.5%，租金指数涨幅较 CPI 涨幅高出 2.2 个百分点。进入 2014 年，租赁市场热度下降，租金涨速显著下降。虽然 CPI 指数也在下降，但是租金指数下降更快，二者的差距收窄。至 2014 年 9 月，租

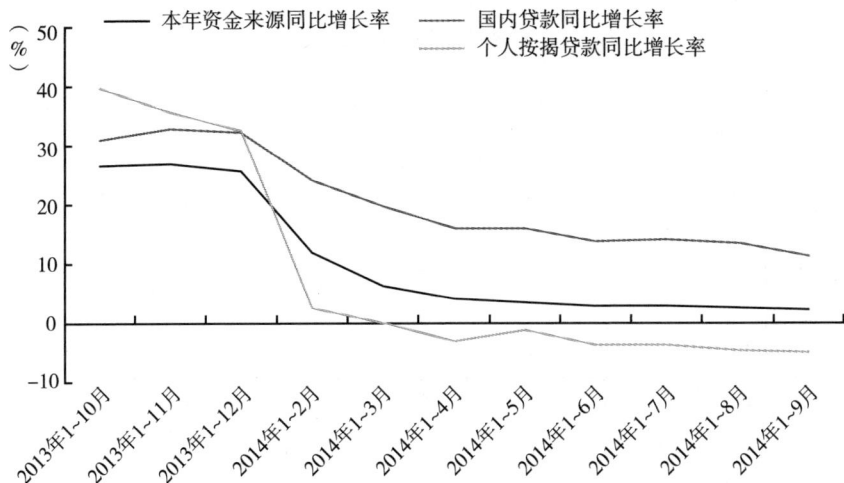

图 8 – 14 房地产开发企业本年资金来源增速

数据来源：国家统计局。

金指数同比上涨 2.6%，较上年末涨幅下降 2.1 个百分点；同期 CPI 上涨 1.6%，租金指数涨幅较 CPI 涨幅仅高出 1 个百分点（见图 8 – 15，图 8 – 16）。

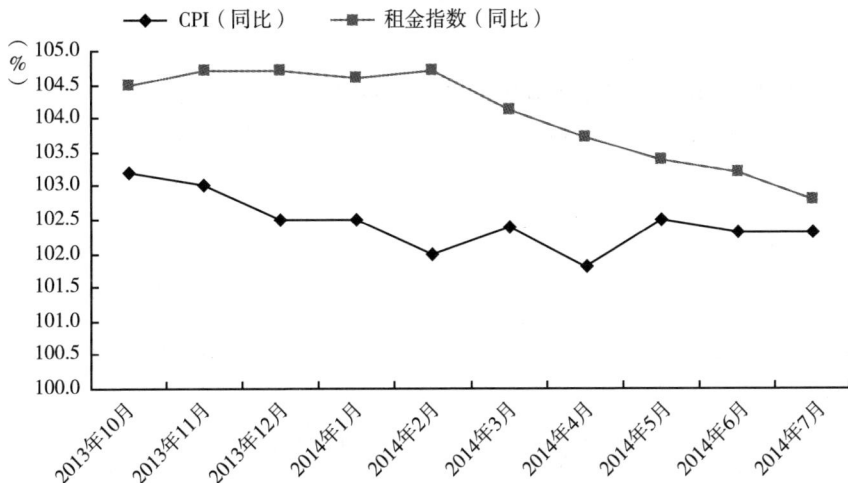

图 8 – 15 全国居民消费价格指数（CPI）与居民消费价格租金指数（同比）

数据来源：国家统计局。

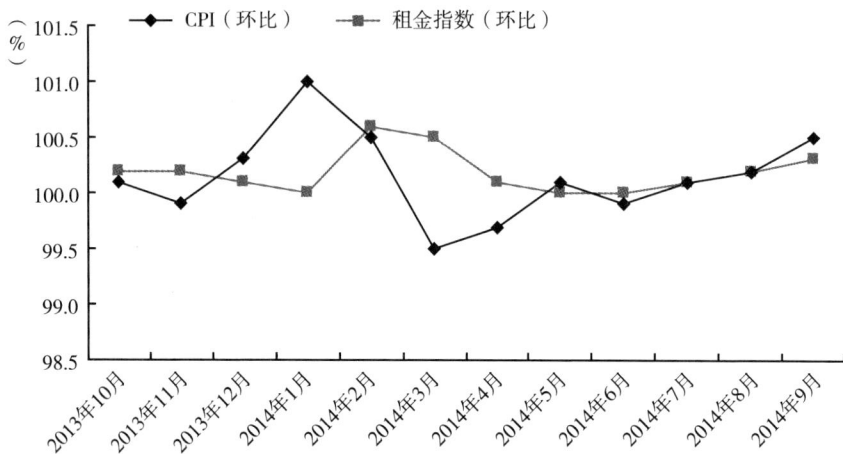

图 8－16　全国居民消费价格指数（CPI）与居民消费价格租金指数（环比）

数据来源：国家统计局。

租金涨速减缓的主要原因有：经济增速下降，与租金息息相关的收入和就业水平增长较慢；住房存量不断累积增长，供求形势发生变化；二手房销售不畅，投资者转售为租；城市化格局出现变化，外来务工人员有所回流。

6. 宏观政策出现拐点，限购限贷相继退出

调控政策首次出现由抑制住房消费到支持住房消费的方向性转折，宏观政策对市场下滑的反应非常迅速，限购限贷政策相继退出。全国自 2011 年以来相继实行限购的 46 个城市中，除了北京、上海、广州、深圳四个一线城市及三亚尚在坚守外，其他 2014 年均已经取消或松绑了限购政策。而北上广深四个一线城市如果住房市场继续下滑，限购政策也将有望取消或松绑。

住房信贷政策显著趋于宽松。对二套及以上住房的贷款限制、外地户籍家庭购房贷款限制都显著放宽。2014 年 9 月 29 日，中国人民银行、中国银行业监督管理委员会发布了《关于进一步做好住房金融服务工作的通知》，提出要积极支持居民家庭合理的住房贷款需求，对居民购买二套普通商品住

房给予信贷政策优惠,只要结清了此前房贷,可享受与首套房同等的贷款优惠扶持政策;解除了居民购买多套住房的信贷政策限制,居民购买第三套及以上住房申请贷款,只要结清了此前的购房贷款,可由金融机构自主确定首付款比例和贷款利率水平;可向符合政策条件的非本地居民发放住房贷款等。

限购限贷政策的及时调整,对于扭转住房市场一边倒式的看空预期、促进住房市场的软着陆起到了一定的作用。在宏观政策刺激下,部分城市住房成交量出现阶段性放大,房价小幅上调。

二 存在问题:住房相对过剩时代提前到来,三位一体的房地产开发模式面临挑战

1. 在三位一体的开发模式下,商品住房的相对过剩时代必将提前到来

当前商品房开发模式的主要问题是:地方政府售地、银行提供贷款支持、开发商卖楼花,三者形成三位一体的房地产利益共同体。在三位一体的开发模式下,必将造成住房供给能力无限扩张、房价过高脱离居民购买力两个看似相互矛盾的后果。这意味着商品房相对过剩时代将提前到来。

一方面,三位一体商品房开发模式下,房价上涨过快脱离现实需求。银行、地方政府与开发商共同参与炒房,利用其资金土地信息优势哄抬地价与房价,造成住房价格泡沫堆积,脱离普通民众的购买能力。

另一方面,三位一体商品房开发模式下,住房供给能力无限扩大。在地方政府、银行、开发商三位一体的商品房供给模式下,住房供给有快速无限扩大的趋势:地方政府需要不断卖地才能维持财政不出现危机;银行与房地产业结成了利益共同体,必将源源不断地为住房开发提供资金支持,以获取最大化利润同时避免成为房地产泡沫的最终埋单者;开发商通过期房预售的方式,实现资金快速回笼和滚动式开发,开发规模按几何速度扩张。

总而言之,在供求两方面力量的作用下,商品住房相对过剩时代必将提

前到来，而不必等到城市化成熟期。在供给方面，由地方政府、银行、开发商组成的房地产利益集团在巨额利益驱使下，促使住房供给呈快速无限扩张的趋势；在需求方面，在银行、地方政府与开发商结成利益共同体共同哄抬炒作下，房价早已经泡沫堆积脱离了普通民众的购买能力。

2. 三位一体的商品房开发模式不能满足精细化住房需求，改善性需求难以全面启动

不可否认的是，尽管商品房已经进入相对过剩时代，但住房的潜在需求仍然十分巨大。居住条件的改善，不仅仅意味着 GDP 增长和地方财源增加，它更是国人千百年来小康梦想的重要载体。虽然住房市场改革以来居民住房条件已经获得了长足改善，中国城镇人均住房面积已经达到 33 平方米左右，但多数人对自身的住房条件难言满足。紧凑型公寓楼仍是当前城镇住宅存量的主体，遮风挡雨的功能能完全实现，但休闲享乐等功能基本缺失。居民改善住房条件的期望仍很迫切。这表明，推动住房市场发展的动力正由"有房住"向"住好房"转变。

但是，在地方政府、银行与开发商三大利益团体共同主导商品房供给的条件下，住房品质低下价格畸高，不能满足新形势下人们日益精细化的住房需求，改善性需求仍停留在潜在需求阶段而难以全面启动。具体表现为：商品房位置越盖越远且产品风格简单重复，既无法上班也无法正常生活，孩子上学老人就医均十分困难，只能依赖投机者购买；住房消费者在市场上处于相对弱势地位，消费者权益得不到有效保护，在期房预售制的助推下，虚假宣传、住房品质低劣、销售欺诈现象普遍存在，购房者权益普遍被侵犯，但维权极为困难；住房建筑质量低劣维护成本较高，住房规划设计简单克隆现象普遍，难以满足居民家庭追求品质生活需要；物业管理水平较低下，物业与业主的纠纷或冲突多发；绿色、环保、智能等新技术和理念推广应用较慢等。

总之，尽管政府已经出台诸多政策以支持居民的改善性住房需求，但可以预见的是，如果开发模式没有全面改革，这些住房刺激政策难收实效，只能深化住房投机与过剩。

3. 当前商品房需求主要靠投资投机支撑，真实库存积压与住房空置状况较为严重

地方政府的无限制圈地开发和房地产业的迅速膨胀，造成新开发商品房位置偏远品质低下，丧失正常工作与生活条件，也不适宜生活度假。这意味着，尽管商品房仍在源源不断售出，但主要是囤积在相信房价永远上涨的投资投机者手里，真实库存积压与住房空置状况较为严重。各类住房空置状况的调查数据，也从侧面证明了这一点。随着金融环境的变化和投资者房价预期的转变，住房投资需求面临全面退潮，单靠有限的刚性需求难以支撑住房市场的正常运转。

三 2015年市场走势：商品房价格软着陆，开发商面临大抉择

2015年的总体判断是：一、二线城市房价将继续下滑，三、四线城市房价将稳中有降；房价以软着陆为主，不会出现整体崩盘；各级政府将密集推出救市政策，限购政策有望全面退出；商品房库存积压销售困难，未来一半以上的开发商将转行或在市场中消失。

（一）一、二线城市进入相对过剩阶段，房价继续下滑，限购政策有望全面退出

一、二线城市房价将继续下滑的主要原因是：市场投资属性过高，住房空置严重；居民投资理财渠道增加，住房投资全面退热，单靠刚性需求或改善性需求难以消化已有商品库存和支持房价上涨；经济结构出现调整，中低速增长成为新常态，居民的房价预期也将随之向下调整；2013年一、二线城市房价暴涨诱发的高供给，将在2014～2015年集中入市，对市场形成冲击；区域经济格局发生根本性变化，区域间经济发展差异将继续缩小，一、二线城市的高房价将逐渐失去支撑。

住房限购或将全面放开，住房价格将走下神坛。目前，仍有北京、上

海、广州、深圳四个一线城市及三亚由于其需求结构的特殊性尚在执行限购政策。未来一年，一、二线城市房价的继续下滑将是大概率事件。随着房地产市场不景气及调控政策的主方向向支持住房消费转变，仍在坚守限购的五个城市有望在一年内全面放开。住房限购政策虽然在一定程度上抑制了部分住房投机需求，但是也助长了住房"供不应求"的预期。住房限购全面放开后，住房市场"供不应求"的假设难以立足，房价只涨不跌的神话将完全破灭。在住房结构性过剩的条件下，住房限购政策的全面退出，更多地通过市场价格而非行政手段调节市场供求，有利于平稳住房市场、改善居民住房条件、促进城市发展和推进人口城市化进程。

（二）三、四线城市仍处于消化库存阶段，房价延续稳中有降态势

由于住房存量过大且人口增长缓慢，三、四线城市楼市自 2011 年开始已经进入下行阶段。由于楼市预期向悲观转变，且前期库存仍在消化中，2015 年三、四线城市楼市将延续下降态势。与一、二线城市不同的是，三、四线城市楼市已经经过一段时间的调整。且三、四线城市以中西部城市为主体，其经济增速要快于全国平均值，因而三、四线城市房价不太可能出现急速下跌，总体仍是稳中有降。

（三）中央和地方政府将密集推出救市政策，楼市有望实现软着陆

随着楼市不景气程度的加深，中央和地方政府已经出台了众多的救市政策以避免楼市崩溃，束缚楼市需求的限购政策也已经基本取消或松绑。中央层面也对楼市多套房限贷政策作了更宽松的调整，改善性购房需求的融资成本将大幅下降。这些政策将提振开发商信心，激发部分投机及改善性购房需求。但同时也将使公众对经济快速下滑、房地产市场过剩的猜疑得到确认，从而助长了对房价进一步下跌的预期和观望情绪。

未来中央和地方政府有望推出的救市政策包括：全面取消住房限购政策；

进一步放宽二套及以上住房的按揭贷款条件；进一步降低住房交易税费包括营业税、契税、个人所得税等；政府收购过剩的商品住房用作保障房之用；加大旧城区及棚户区改造以扩张需求、减少供给；进一步放宽购房落户政策等。

总体而言，密集救市政策的推出对于缓解市场恐慌、避免房价硬着陆有积极的作用，可以有效防止楼市崩盘。但是在住房投资收益过低、住房供给相对过剩的大环境下，即便政府强力刺激，房地产市场也将风光不再。

（四）楼市以缓慢下行为主，整体崩盘的条件尚不具备

城市人口流入的宏观拐点尚未出现，房价不会整体崩盘。从人口流向拐点看，中国作为发展极不平衡的大国，人口的城镇化、大城市化、郊区化、逆城市化等看似相互矛盾的力量是可以同时并进、共同存在的。城市病的集中爆发将使特大城市的部分高收入家庭对城市中心生活产生厌恶感，从而激发了大城市郊区化的动力。但又有不少人口因大城市的高收入、高端就业机会和高水准公共服务等，而从中小城市被吸引过来，在一定程度上将特大城市高收入阶层家庭郊区化的空缺弥补。由于人口的城镇化、大城市化、郊区化、逆城市化等相互矛盾的动力层层递补、并存交错，因而宏观总量上的人口流向拐点目前其实是不存在的。

（五）开发商面临大抉择，未来一半以上的开发商将转行或在市场中消失

随着相对过剩时代的来临，商品住房销售困难而无需再进行大规模开发。这也意味着，开发商的盖房能力相对过剩，未来一半以上的开发商将转行或在市场中消失，房地产市场将进入真正意义的寡头时代。2015年中国新建商品住宅市场主要指标增速预计值见表8-1。

表8-1　2015年中国新建商品住房市场主要指标增速预计值

单位：%

指标	商品住宅销售价格	商品住宅销售面积	商品住房开发投资
增速预计	-5%	-12%	9%

四 对策建议：适应需求形势变化，重构住房开发模式

较高的居民住房条件是中国梦不可或缺的部分。但三位一体的商品房开发模式更适合于住房投机，而难以满足居民日益增长的住房品质需求。不改变住房开发模式而依赖单纯的政策刺激，不能有效激发居民改善性住房需求，而只会使商品房过剩和库存积压更加严重。政策重点应及时顺应市场形势的转变，以放开城镇居民自建房为契机重构住房开发模式，不断提高居民住房品质，形成新的经济增长点。

1. 深化住房供给机制改革，避免重走需求刺激老路

在相对过剩时代，住房市场仍蕴含着巨大的潜在需求，需要通过深化供给机制改革才能加以释放。让城镇居民能够以较低成本获得高品质、个性化的住房，是启动住房改善性需求的关键。单纯的住房需求刺激政策只能扩大住房投机，加大住房过剩水平，难以有效提高居民住房条件。特别是金融刺激政策，还容易带来通胀、金融不稳定等严重后果。

历史经验表明，在经济增速下降的条件下，中央政府容易走上通过刺激住房需求保住经济增速的旧路。这将加大宏观经济风险和房地产市场不稳定性，阻碍住房市场改革的深化，要极力避免。当前中国经济的增长主要靠投资拉动，而住房投资是固定资产投资的主体。如果再考虑到上下游产业的作用，住房产业对宏观经济的拉动作用举足轻重，是名副其实的国民经济支柱产业。住房建筑及装饰行业也将吸纳大量农民工就业，具有极其重要的社会稳定意义。在目前全球经济不景气、中国经济增速也不断下滑的条件下，中央政府必然寄希望于通过刺激房地产市场来保证经济增长与实现社会底层就业。刺激住房市场成为中央政府保证经济增长的一个重要筹码。

2. 全面放开城镇自建房，释放居民住房改善需求

全面放开城镇居民购买国有土地使用权自建住房，将有效激发居民改善住房的欲望，促进经济增长。农村居民可以在宅基地上低成本地自建住房，

城镇居民却只能高价向开发商购买质量低劣风格雷同的商品住房，这必然抑制城镇居民住房改善需求的释放。当前虽然中央政府没有明文规定禁止城镇居民购地自建房，但绝大多数城市政府都禁止了城镇自建房，或给自建房设置了极高的制度障碍，使其无法付诸实践。主要包括：通过地方法规直接禁止居民自建房；提高拿地门槛使个人无法拿地建房；建房报批办证手续极其繁杂，使个人无法完成；地方政府规划法规对个人自建房进行限制等。

全面放开城镇自建房，一是需要从中央层面出台相对法规，对个人自建房的权利进行全面保护，废除地方政府对个人自建房设置的种种政策限制；二是降低拿地门槛，划小地块出让；三是全面改革规划制度，建立与个人购地自建房相适应的城镇规划体系；四是废除房屋建设的面积套型限制；五是简化繁杂的报建审批、办证手续，清理昂贵的报建与办土地证、房产证费用；六是探索与代建、合作建房、自建住房相适应的住房融资模式，为代建、合作建房、自建住房提供低成本信贷支持；七是禁止以公共利益的名义强拆城镇居民住房用以开发商品住房。

参考文献

邹琳华：《结构性过剩时代的房市政策》，《上海证券报》2014 年 10 月 10 日。

邹琳华：《房价到了崩盘的节点吗?》，《经济参考报》2014 年 5 月 9 日。

邹琳华、倪鹏飞：《将房价交给市场》，《上海证券报》2014 年 3 月 19 日。

G.9

第九章
中国主要城市住房市场
形势分析与预测

杨 慧

  2013～2014年全国各类城市住房市场在无严厉宏观调控政策进一步干预的背景下进入了自主调整阶段，住房投资、新开工面积、竣工面积、销售量及销售价格等主要指标或增速均出现了下跌或增速回落，调整趋势确立，并持续深化。导致2013～2014年各类城市住房市场调整的主要原因是短期供求状况的转变、信贷收紧及2013全年的高基数，特别是2013年年初为历史同期增幅最大的时期，直接导致2014年年初大幅下降，之后降幅持续但收窄态势明显。根据市场状况及国家宏观调控政策，预计2014～2015年调整趋势将继续，主要指标会有所回升但幅度有限。建议2014～2015年在风险可控范围之内仍要以市场调控为主，促进住房市场自主调整；同时严格执行"分类指导"和"双向调控"，根据不同城市住房市场状况，采取有差别的调控政策。

一 现状：各城市住房市场自主调整，主要
指标持续下跌或增速回落

  2014年，各类城市主要指标均出现绝对量或增速的回落，住房市场调整趋势确立并逐步深化。本报告主要从各类城市住房投资、新开工面积、施工面积、竣工面积、销售面积和销售价格等6大指标来分析城市住房市场的发展状况。

1. 各类城市住房投资温和上涨，增速一线城市逐月上升，其他城市逐月下滑

2014 年 1~9 月 85 个重点城市①住房投资总额为 31516 亿元，同比增长 10.8%，低于全国增速（11.3%）0.5 个百分点，增速较上年同期下降 8.1 个百分点。其中，一线城市投资总额为 3677 亿元，同比增长 11.6%，增速较上年同期上升 2.1 个百分点；二线城市投资总额为 17489 亿元，同比增长 10.8%，增速较上年同期下降 9.2 个百分点；三线城市投资总额为 10349 亿元，同比增长 10.3%，增速较上年同期下降 8.2 个百分点。

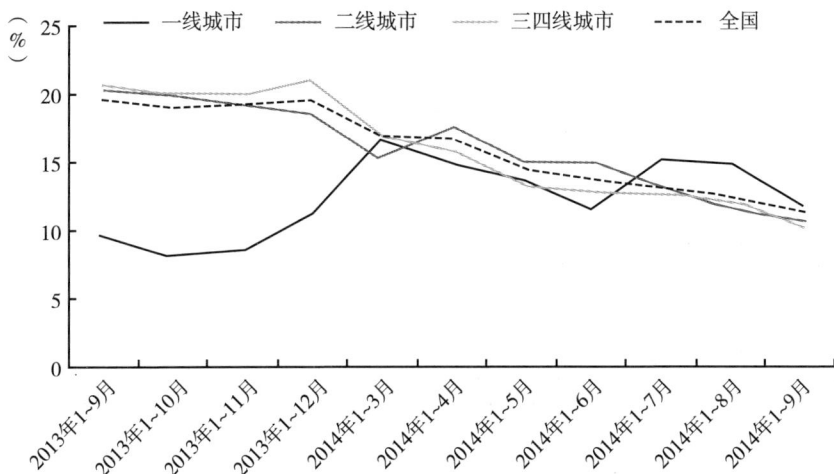

图 9-1　85 城各类城市及全国住房投资增速

---

① 85 个重点城市包括一线城市 4 个（北京、上海、广州、深圳）；二线城市 30 个（天津、石家庄、太原、呼和浩特、沈阳、大连、长春、哈尔滨、南京、杭州、宁波、合肥、福州、厦门、南昌、济南、青岛、郑州、武汉、长沙、南宁、海口、重庆、成都、贵阳、昆明、西安、兰州、银川和乌鲁木齐）；三、四线城市 51 个（苏州、东莞、无锡、温州、包头、北海、常州、桂林、唐山、徐州、镇江、蚌埠、扬州、佛山、惠州、洛阳、秦皇岛、三亚、汕头、烟台、中山、珠海、丹东、锦州、济宁、牡丹江、金华、安庆、泉州、九江、赣州、济宁、平顶山、宜昌、襄樊、岳阳、常德、湛江、韶关、泸州、南充、遵义、大理、舟山、鞍山、江阴、柳州、马鞍山、株洲、大同和衢州）。以上 85 城市相关数据均来源于 wind 数据库，及笔者根据数据库相关数据计算得来；全国相关数据均来源于国家统计局。

85 个城市中，2014 年 1 ~ 9 月住房投资同比上升的城市有 69 个，同比下降的城市有 16 个。其中，4 个一线城市投资同比增速均为正，从高到低依次为深圳（22.3）、北京（13.9）、上海（9.6）和广州（4.4）；30 个二线城市中，增速为正的城市有 24 个，增速为负的城市有 6 个。仅郑州（34.7）和厦门（34.4）增速超过 30%，而海口（－17.8）、哈尔滨（－13.1）和长春（－11.6）降幅最大；51 个三四线城市中，增速为正的城市有 41 个，增速为负的城市有 10 个。江阴（63.3）、九江（60.6）、蚌埠（49.0）、泸州（43.2）、舟山（42.8）、汕头（40.1）、秦皇岛（35.7）和泉州（33.5）增速最高，吉林（－46.5）、鞍山（－39.3）、丹东（－27.8）、大同（－15.3）、韶关（－15.1）、洛阳（－12.1）和大理（－9.6）降幅最大。

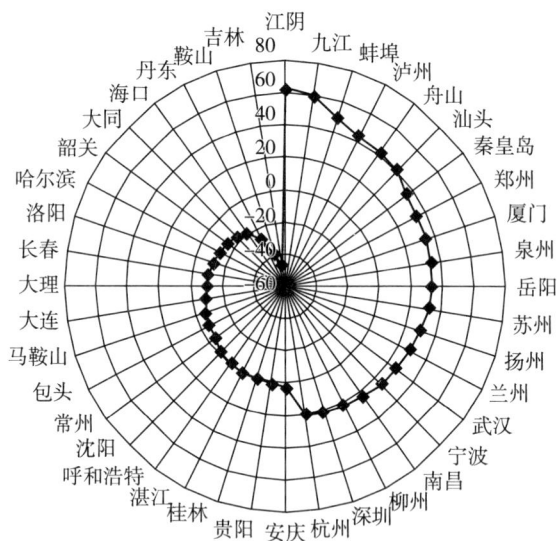

图 9 － 2　85 城住房投资增速最高与最低的 40 大城市

2. 各类城市新开工面积大幅下降，降幅逐月收窄

2014 年 1 ~ 9 月 85 个重点城市住房新开工面积为 48609 万平方米，同比下降 15.3%，高于全国降幅（－13.5%）1.8 个百分点，增速较去年同期

下降-27.0个百分点。其中,一线城市新开工面积为3283万平方米,同比下降18.5%,增速较去年同期下降-32.2百分点;二线城市新开工面积为26021万平方米,同比下降16.4%,增速较去年同期下降29.1个百分点;三四线城市新开工面积为19305万平方米,同比下降13.2%,增速较去年同期下降23.1个百分点。虽然各类城市新开工面积均大幅下降,但降幅逐月收窄的现象突出(见图9-3)。

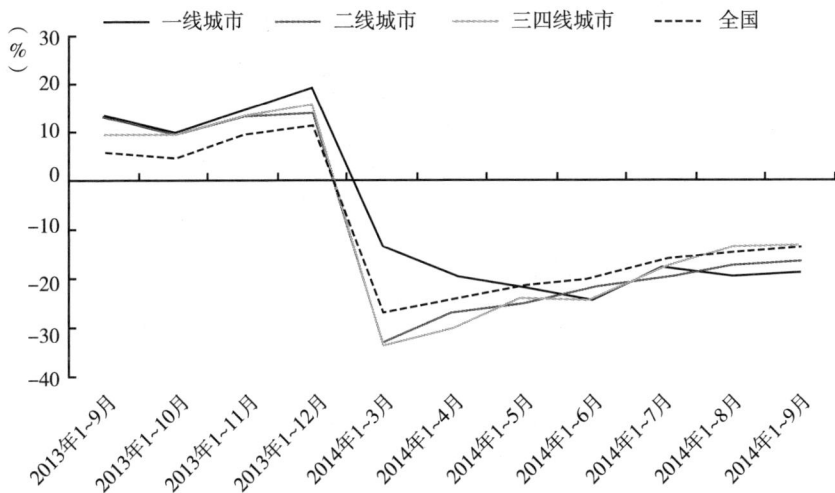

图9-3 85城各类城市及全国新开工面积增速

85个城市中,住房新开工同比上升的城市仅有28个,同比下降的城市达57个。其中,一线城市中仅广州增速为正,其他城市均为负,4个城市增速从高到低依次为广州(2.0)、上海(-18.7)、北京(-21.7)和深圳(-47.9);30个二线城市中,投资增速为正的城市仅7个,23个城市增速为负。其中,石家庄(71.7)和兰州(65.1)投资增速最高,呼和浩特(-64.7)和贵阳(-61.2)降幅最大;51个三四线城市中,20个城市增速为正,31个城市增速为负。其中大理(158.5)、九江(144.5)、金华(73.6)、蚌埠(70.8)、赣州(53.7)、江阴(44.2)、岳阳(42.5)和桂林(36.6)增速最高,鞍山(-77.8)、丹东(-71.3)、吉林(-63.9)、

平顶山（-54.8）、珠海（-47.7）、洛阳（-45.0）和包头（-42.0）降
幅最大。

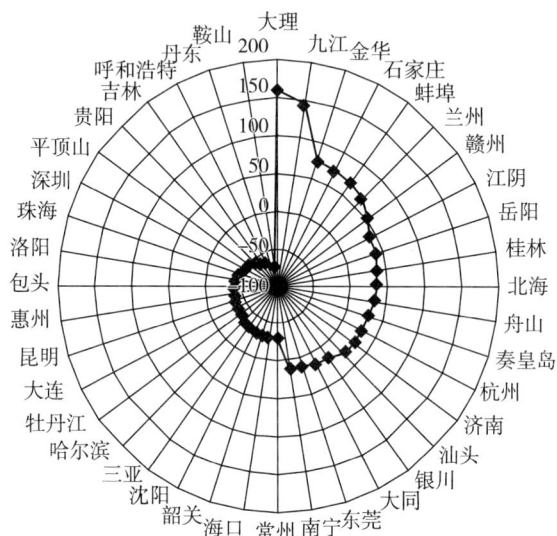

图 9-4　85 城新开工增速最高与最低的 40 大城市

3. 各类城市施工面积温和上升，增速二线城市逐月缓慢回落，其他城市逐步回升

2014 年 1~9 月 85 个重点城市住房施工面积为 272308 万平方米，同比上升 7.5%，低于全国增幅（8.1%）0.6 个百分点，较去年同期下降 3.6 个百分点。其中，一线城市施工面积为 22461 万平方米，同比上升 3.9%，较去年同期上升 4.4 个百分点；二线城市施工面积为 151790 万平方米，同比上升 6.8%，较去年同期下降 4.4 个百分点；三四线城市施工面积为 98057 万平方米，同比上升 9.3%，较去年同期下降 4.7 个百分点。

85 个城市中，住房施工同比上升的城市有 70 个，同比下降的城市仅 15 个。其中，一线城市中仅北京增速为负，其他城市均为正，4 个城市增速从高到低依次为深圳（16.8）、广州（12.4）、上海（1.1%）和北京（-3.0）；30 个二线城市中，增速为正的城市有 25 个，为负的城市仅 5 个。

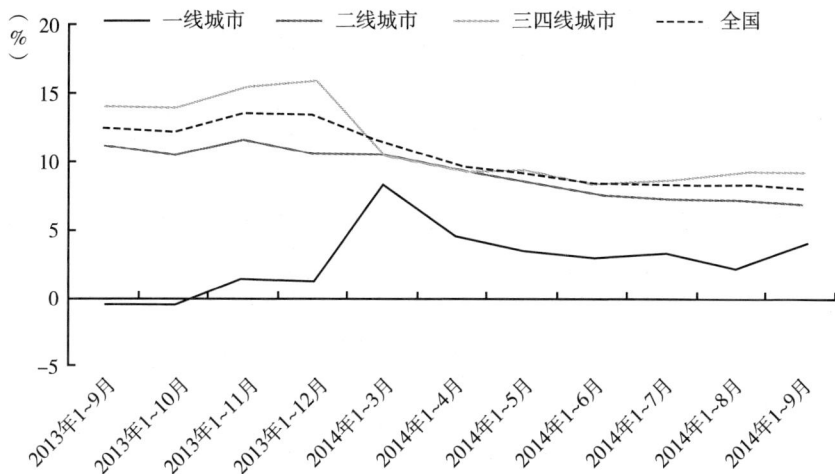

图 9 - 5　85 城各类城市及全国施工面积增速

其中，兰州（37.2）和乌鲁木齐（37.2）增速最高，石家庄（-13.0）和天津（-5.7）降幅最大；51 个三四线城市中，42 个城市增速为正，9 个城市增速为负。其中，蚌埠（40.8）、三亚（39.3）、九江（39.1）、赣州（34.9）、江阴（33.3）、镇江（32.1）、遵义（31.2）和汕头（28.7）增幅最高，鞍山（-26.3）、吉林（-24.5）、大同（-10.8）、珠海（-8.6）、常州（-7.3）、洛阳（-3.8）和南充（-3.0）降幅最大。

4. 各类城市竣工面积增速大幅回升，增速年末回落后年初开始回升

2014 年 1-9 月 85 个重点城市住房竣工面积为 22181 万平方米，同比上升 7.2%，高于全国增幅（5.1%）2.1 个百分点，增速较上年同期上升 8.3 个百分点。其中，一线城市竣工面积为 1422 万平方米，同比下降 0.03%，增速较上年同期上升 9.5 个百分点；二线城市竣工面积为 12412 万平方米，同比上升 17.8%，增速较上年同期上升 23.7 百分点；三四线城市竣工面积为 8347 万平方米，同比下降 4.5%，增速较上年同期下降 11.5 个百分点，但降幅收窄态势明显。

85 个城市中，住房竣工同比上升的城市有 45 个，同比下降的城市有 40 个。其中，一线城市中深圳和上海增速为正，广州和北京增速为负，4 个城

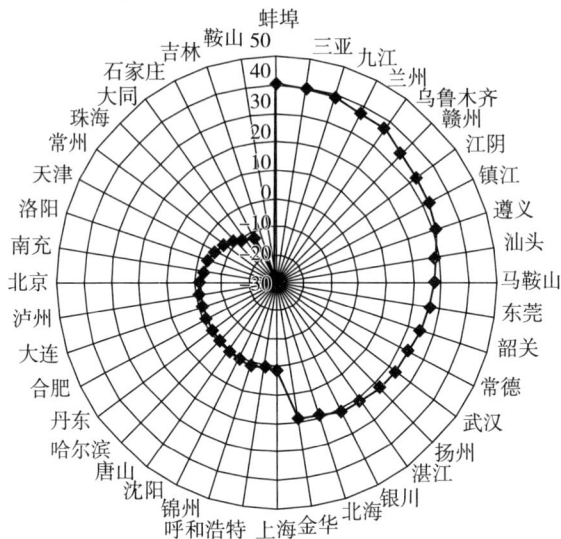

图 9-6　85 城施工面积增速最高与最低的 40 大城市

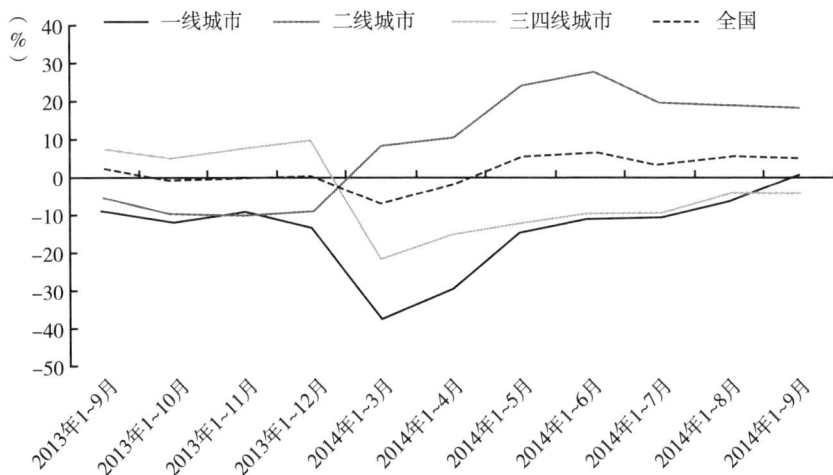

图 9-7　85 城各类城市及全国竣工面积增速

市增速从高到低依次为深圳（29.3）、上海（3.4）、广州（-15.7%）和北京（-21.5）；30 个二线城市中，增速为正的城市有 21 个，增速为负的城市有 9 个。其中，贵阳（311.7）、太原（206.1）、海口（148.5）、乌鲁木齐

（122.7）和哈尔滨（104.7）增速最高，济南（－40.6）和石家庄（－36.4）降幅最大；51 个三四线城市中，增速为正的城市有 22 个，增速为负的城市有 29 个。其中，三亚（657.0）、遵义（192.9）、汕头（156.6）、平顶山（123.3）和蚌埠（110.8）增速最高，江阴（－65.4）、唐山（－63.1）、吉林（－60.0）、秦皇岛（－54.9）、珠海（－48.4）、赣州（－43.9）、中山（－37.7）、和丹东（－34.1）降幅最大。

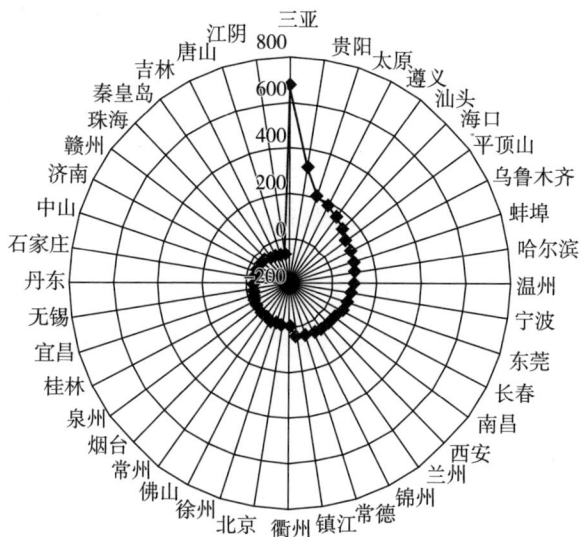

图 9 - 8　85 城竣工面积增速最高与最低的 40 大城市

5. 各类城市销售量同比持续下降，降幅较大且趋势持续

2014 年 1 ~ 9 月 85 个重点城市住房销售面积为 37135 万平方米，同比下降 12.5%，大于全国降幅（－10.3%）2.2 个百分点，较上年同期下降 35.5 个百分点。其中，一线城市销售面积为 2892 万平方米，同比下降 22.6%，较上年同期下降 45.6 个百分点；二线城市销售面积为 20856 万平方米，同比下降 9.6%，较上年同期下降 28.6 百分点；三、四线城市销售面积为 13386 万平方米，同比下降 14.4%，较上年同期下降 43.9 个百分点。

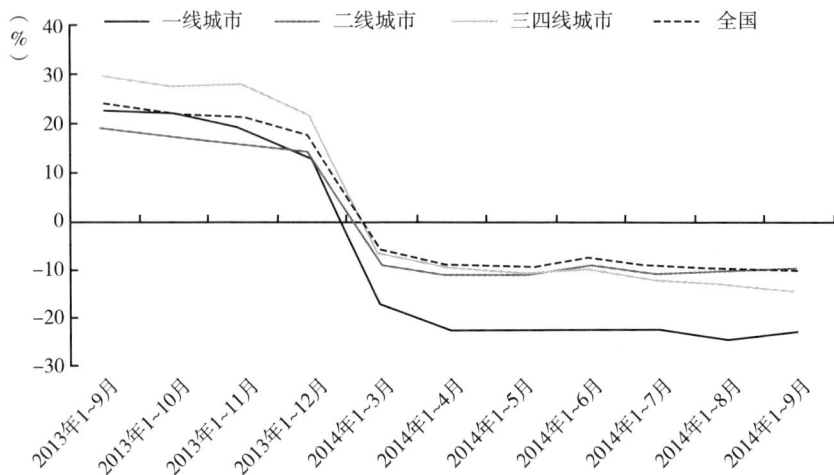

图9-9 85城各类城市及全国销售面积增速

85个城市中,住房销售量同比上升的城市仅20个,同比下降的城市达65个。其中,一线城市同比均大幅下滑,下降幅度从高到低依次为:北京(-28.5)、深圳(-27.2)、广州(-20.1)和上海(-19.2);30个二线城市,增速为正的城市有6个,增速为负的城市达24个。其中,增速最高的城市是兰州(98.8)、银川(21.8)、武汉(14.5),增速最低的城市是大连(-37.1)、秦皇岛(-33.9)和福州(-33.7);51个三四线城市中,增速为正的城市有14个,增速为负的城市有37个。其中,遵义(49.8)、九江(26.5)、温州(21.4)、北海(12.2)、佛山(11.6)、岳阳(11.6)和珠海(10.1)增速最高,鞍山(-62.7)、吉林(-45.4)、三亚(-44.1)、牡丹江(-43.6)、丹东(-39.4)、株洲(-38.8)、锦州(-38.3)、大连(-37.1)、秦皇岛(-33.9)和福州(-33.7)降幅最大。

6. 各类城市房价增速均大幅下滑,一线城市回落幅度最大

2014年1~9月85个重点城市住房价格为7484元/平方米,同比下降0.98%,大于全国降幅(-0.6%)0.38个百分点,增幅较上年同期下降9.4个百分点。其中,一线城市住房价格为16923元/平方米,同比下降1.2%,较上年同期下降14.7个百分点;二线城市住房价格为7077元/平方

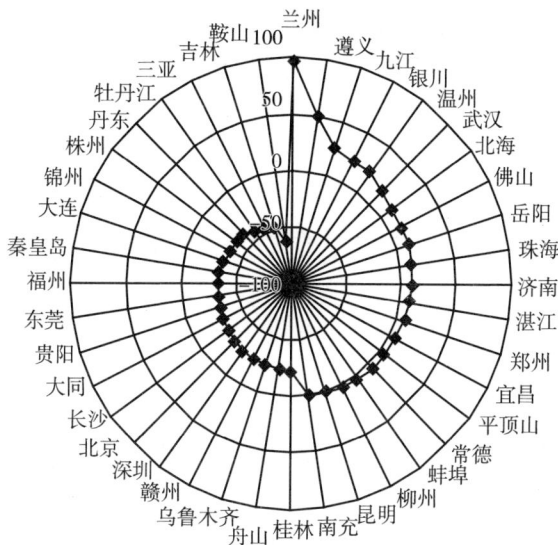

图 9 – 10　85 城竣工面积增速最高与最低的 40 大城市

米，同比下降 0.3%，较上年同期下降 8.6 个百分点；三四线城市住房价格为 6079 元/平方米，同比上涨 2.3%，增幅较上年同期回落 3.9 个百分点。

85 个城市中，住房价格同比上升的城市有 50 个，同比下降的城市为 35 个。其中，一线城市广州（2.9）和深圳（1.4）小幅上涨，北京（-0.4）和上海（-3.5）小幅下跌；二线城市中，住房价格上涨的城市有 16 个，下降的城市达 14 个。其中，厦门（23.3）、合肥（13.9）和大连（13.5）增速最高，银川（-10.6）、南昌（-10.1）、杭州（-9.3）和沈阳（-7.2）降幅最大；51 个三四线城市中，住房价格上涨的城市有 32 个，下降的城市有 19 个。其中，三亚（27.4）、柳州（20.3）、大同（17.6）、赣州（13.0）、牡丹江（12.2）、锦州（11.7）和南充（11.0）增速最高，温州（-19.0）、汕头（-11.6）、秦皇岛（-10.2）、常州（-9.9）、徐州（-8.9）和舟山（-8.3）降幅最大。

7. 现状总结：85 城主要指标均下降或增速放缓，各类城市住房市场持续深化调整

从主要城市及全国住房市场主要指标可以看出：住房投资温和上涨，增

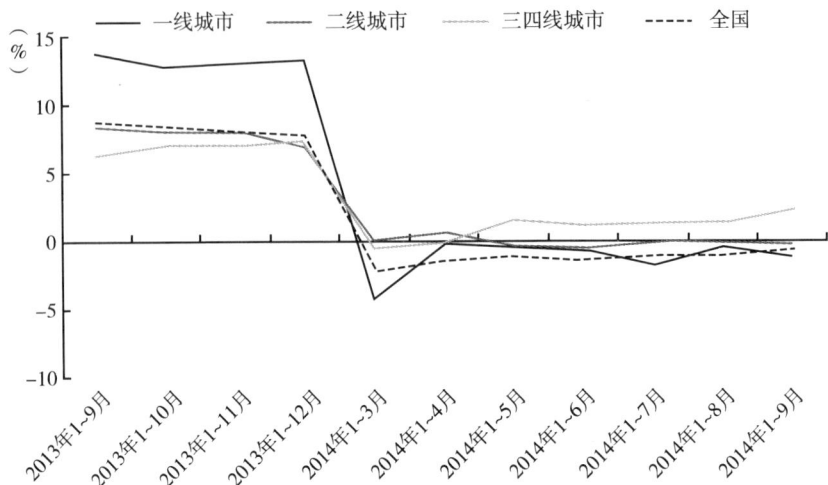

图 9 - 11 85 城各类城市及全国房价增速

数据来源：根据 wind 数据库各城市商品住房销售额与销售面积计算得来。

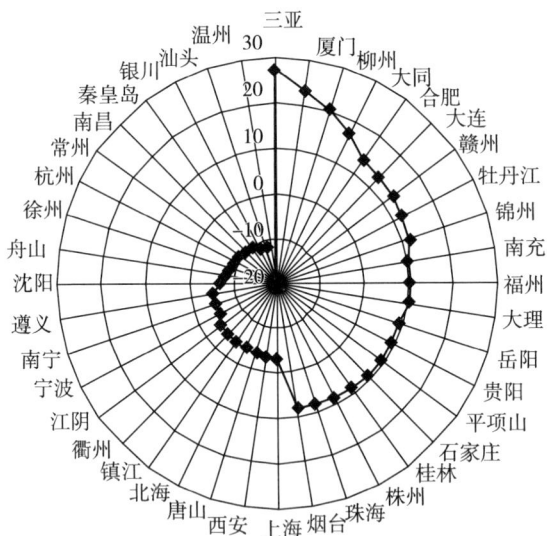

图 9 - 12 85 城房价增速最高与最低的 40 大城市

速下滑；新开工面积大幅下降，是仅次于销售量降幅最大的指标；施工面积小幅上涨，增速较上年同期仍小幅下滑；各类城市销售量同比均大幅下滑，在 6 个指标中降幅最大；各类城市房价增速均大幅下滑，一线城市回落幅度最大。竣工面积是以上 6 个指标中唯一同比上升且增速较上年同期提高的指标。从以上指标变动趋势可以看出，2013～2014 年我国主要城市住房市场与全国基本趋势一致，各类城市住房市场均进入深化调整期。随着主要城市及全国住房市场进入深入调整期，大多数城市进入了住房市场主要指标的下行通道，大多数城市住房市场主要指标均表现为绝对量或增速的同比下降。有的城市量价齐跌，有的城市通过以价换量房价下降而销售量上升，有的城市则通过价格维稳措施维持了价格的上涨但是销售量大幅下滑。

随着住房市场的深化调整，城市间分化现象也较为突出。一线城市中，北京除了住房投资增速为正外，其他 5 个指标同比均负增长，上海也出现了量价齐跌的现象，深圳和广州价格保持微弱增长，销售量却大幅下滑；二线城市中，兰州 6 个指标均表现为良好的增长态势，尤其是销售量增速高达 98.8%，住房市场热度较高；三线城市中，九江和柳州 6 个指标均出现较大幅度增长，住房市场热度较高，常州 6 个指标则全面较大幅度下降，洛阳、丹东和吉林除了住房销售价格微弱增长外，其他 5 个指标均下降，泸州则除了住房投资大幅增长外其他指标均下降。

85 个城市基本涵盖了全国一线、二线和热点三线城市，其住房市场主要指标占全国比重均超过 50%。85 城之外的其他大量城市住房市场主要指标同样占据了全国近半壁江山，在全国住房发展中的作用不可小觑，对其住房发展状况应予以足够重视。从全国及 85 城住房市场发展情况可以判断得出，其他三四线城市虽然其波动幅度小于以上主要城市，但主要指标或指标增速也呈现下行态势，同样进入深化调整期。

二　原因：2013年高基数、信贷收紧及市场预期悲观是住房市场下行的三大原因

全国及各类城市 2014 年住房市场下行调整的共同原因有三个：其一，2013 年的高基数；其二，信贷收紧导致刚性需求难以转化成实际需求；其

三，在不动产统一登记制度等长效机制稳步推进及反腐力度持续稳步推进的背景下，各地出现大量廉价抛售房源消息，从而导致住房市场主体预期不稳，在"买涨不买跌"的心理下观望情绪加重，央行城镇储户问卷调查数据也显示未来准备购房的比重不断下降。除了上述三个主要共同因素外，各类城市还有自身较为突出的原因。

（一）一线城市：2013年高基数、信贷政策收紧及保障性住房供给增多

从一线城市来看，住房市场主要指标增速低于其他类城市或者跌幅大于其他城市，其波动程度远大于其他城市。导致一线城市2014年住房市场波动的主要原因是上年的高基数、信贷收紧及自主性住房等保障性住房政策。首先，2013年住房市场的高基数是导致2014年各项指标下跌或增速回落的最直接原因。其次，信贷收紧导致大量刚性需求难以转变为实际需求；最后，保障性住房分流了大量刚性需求。

1. 2013年销售量价大幅上涨，高基数导致2014年难以大幅上涨

2013年全年一线城市住房销售量价双双大幅上涨，其造成的绝对量与增速的高基数使得2014年全年难以有较大幅度的增长。从图9-13可以看出，2013年销售量价的高增速是2011年2月以来增速最高且持续时间最长的一个阶段，特别是2013年1~2月和1~3月销售量增幅分别高达63.9%和63.1%，销售价格增幅也分别达到43%和34.5%，均达到历史期内的最高值。2013年年初的历史最高增速直接导致2014年年初量价大幅下滑。

2. 信贷政策收紧导致刚性需求受限

信贷政策收紧是一线城市住房市场下行的主要原因。2013年10月以来，一线城市住房市场在限购持续背景下，除了信贷收紧外，住房市场没有其他从紧的宏观调控政策出台，而信贷政策收紧成为宏观政策层面对住房市场的主要影响因素。2014年1~9月，北京房地产开发资金来源同比下降12.7%，较2013年9月回落了47.9个百分点，其中个人购房贷款同比下降2.4个百分点，较2013年9月回落34.8个百分点；上海房地产开发资金来源

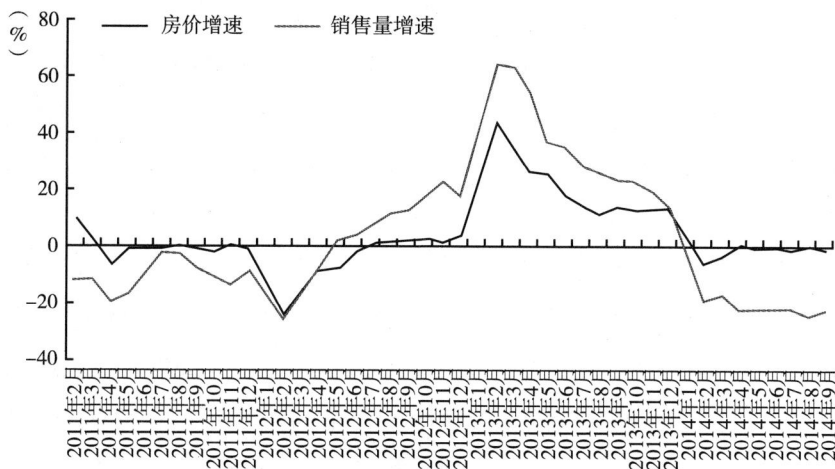

图 9 – 13　一线城市房价和销售量增速

和个人购房贷款分别下降 6.6% 和 32.8%，较 2013 年 9 月份分别回落 32.3 和
89.1 个百分点；深圳房地产开发资金来源和个人购房贷款同比分别下降 5.2%
和 38.3%，较 2013 年 9 月分别回落 53.8 和 144.8 个百分点；广州房地产开发
资金来源上升 14.4%，个人购房贷款下降 19.7%，较 2013 年 9 月份分别回落
12.6 和 88.9 个百分点。以个人购房贷款信贷收紧为主的房地产开发资金信贷
的收紧，成为一线城市住房市场下行的主要原因。

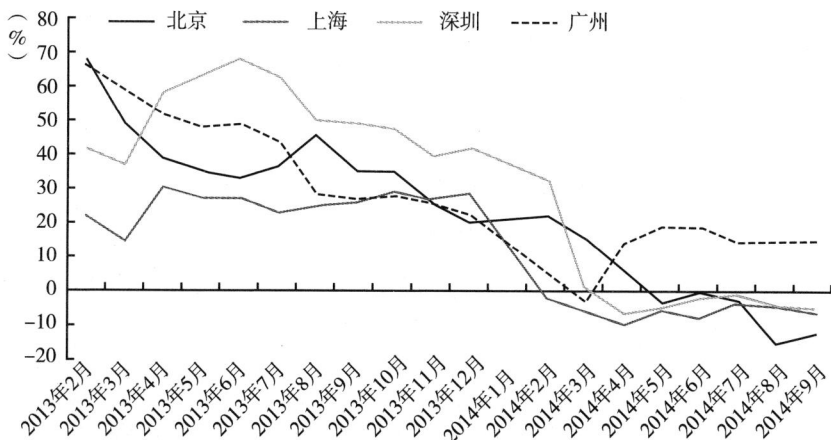

图 9 – 14　一线城市房地产开发资金来源增速

3. 保障性住房供给增多分流刚性需求

保障性住房持续推进，特别是北京等城市自主性住房的大量供给分流住房需求的同时严重影响购房者预期，购房者进入商品住房市场的观望情绪渐浓。自主性住房及共有产权住房等保障性住房政策的不断建立完善，分流了大量商品住房市场的刚性需求并严重影响购房者预期，在买涨不买跌的心理下进入观望期。以北京为例，自 2013 年 10 月以来，北京已陆续推出 48 宗自住型商品房地块（包含 2 个商品房转化成自住房项目），截止到 2014 年上半年，北京住宅用地供应自住房占比超 20%，累计可提供自住房约 2.35 万套，完成全年 5 万套供地指标的 47%。2014 年年底前应至少有 4 万套自住房上市，占全市商品住房总成交量的 50%[①]。由此可见，自主性商品住房具有价格较低、供应量大等诸多优势，成为诸多刚性需求者的首选。自主性商品住房自 2013 年开始供应以来，一方面通过分流刚性需求群体影响房价的整体走势，另一方面也通过影响购房者预期影响住房市场整体走势，对住房市场整体下行起到了重要的影响作用。

（二）二线城市：供求转变是根本原因，限购及信贷收紧是重要因素

二线城市主要指标下行的主要原因是刚性需求的不断释放及投资投机性需求的持续抑制。刚性需求经过多年来的累积释放特别是 2013 年全年的迅猛释放后，在 2014 年难以快速增长；作为区域中心住房市场的二线城市和热点三线城市受 2010 年以来限购政策的影响，大量区域内的投资投机性需求被逐渐挤出住房市场，在当地居民住房需求逐渐得以满足背景下限购政策成为这些城市住房市场需求增长的瓶颈。虽然 6 月以来，全国多地对商品房松绑或取消了限购，但由于信贷政策依旧从紧，市场刺激作用不明显，前三季度楼市依旧未见起色。

---

① 数据来源：北京市住建委，http://www.bjjs.gov.cn。

1. 住房供给整体较为充足，新增住房及库存增速均较高

住房竣工增速整体较高，新增供给能力高于一线城市。从住房竣工面积来看（见图9-15），30个二线城市中共有21个城市住房竣工面积增速为正值，与一线城市较高的负增长呈现较为鲜明的对比，充分说明二线城市整体新增住房供给能力高于一线城市。其中，贵阳住房竣工增速高达311.7%，远高于其他城市。太原、海口、乌鲁木齐和哈尔滨增速也超过100%，宁波、长春、南昌和西安增速在50%到100%之间，也保持了较高的增长态势。另外，城市之间分化也在加剧，包括长沙、福州、杭州和大连在内的9个城市住房竣工呈现同比下降的态势，其中石家庄和济南降幅超过30%，成为降幅最高的两个城市。

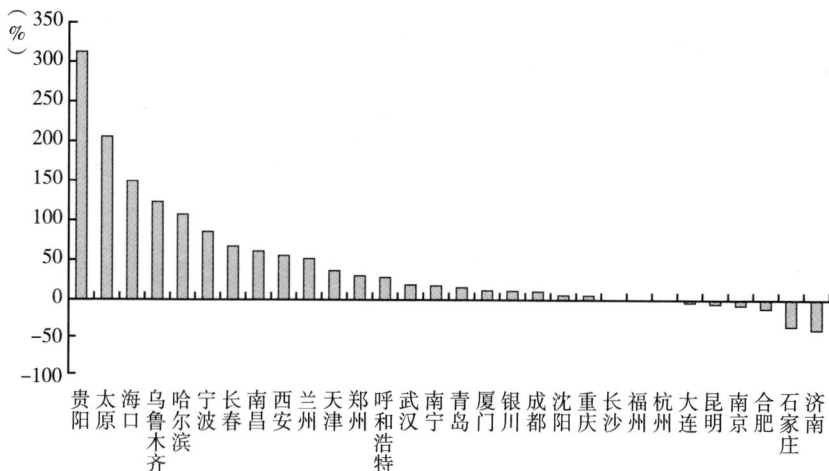

图9-15 2014年1~9月二线城市住房竣工面积增速

二线城市住房待售面积增速较高，增速整体高于一线城市。从主要二线城市住房待售面积来看（见图9-16），13个二线城市增速均为正，且整体增速较高，与一线城市整体为负呈鲜明对比。其中，成都增速高达76.2%，成为增速最高的城市。天津、杭州和宁波增速位于50%~60%之间；重庆、西安、南昌、武汉、沈阳、长沙和大连增速位于10%~50%之间，仅青岛

和南京增速在 1% ~10% 之间。由此可见，随着新增住房供给及需求疲弱的持续，二线城市住房库存不断增加，增速也在逐渐攀升。

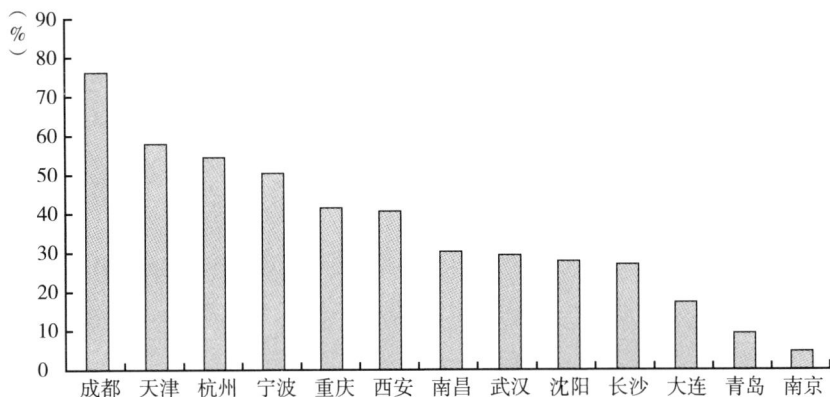

图 9 – 16   2014 年 1 ~ 9 月主要二线城市住房待售面积增速

2. 需求大幅下降是供大于求的另一重要方面

供给增多的同时，需求大幅下滑，直接导致供给超过需求，成为二线城市本轮房价下行的根本原因。从二线城市销售量来看（见图 9 – 17），30 个二线城市中，仅兰州、银川、武汉、济南、郑州和昆明 6 个城市住房销售量

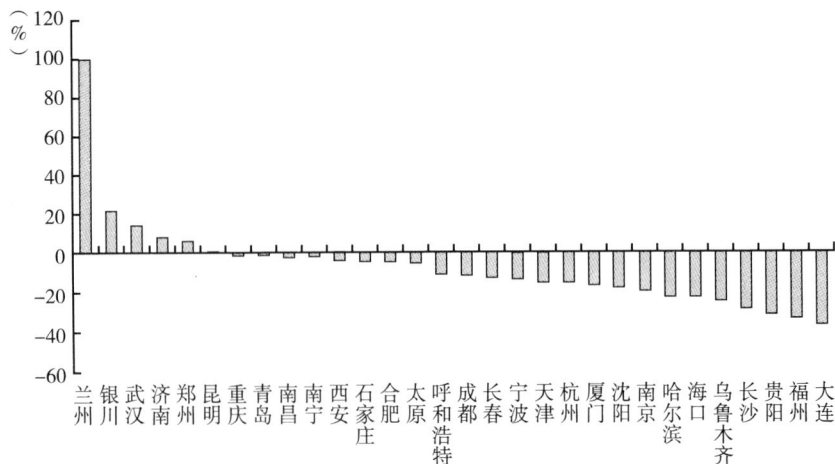

图 9 – 17   2014 年 1 ~ 9 月二线城市销售量增速

正增长，其他城市住房销售量均同比下跌。其中，兰州以 98.8% 的增速成为二线城市中增速最高的城市，银川增速也高达 21.8%，郑州增速为 6.8%，昆明增速为 1.0%。在同比下跌的城市中，大连、福州和贵阳降幅跌至 -30% 以下，呼和浩特、成都、长春、宁波、天津、杭州、厦门、沈阳和南京等 9 个城市销售量降幅位于 -10% ~20% 之间；重庆、青岛、南昌、南宁、西安、石家庄、合肥和太原等 8 个城市降幅位于 -1% ~10% 之间。

3. 政策因素：限购及信贷收紧为本轮住房市场调整的主要政策因素

限购排挤出大量投资投机及本地外区域内的住房需求，刚性需求经过前期释放短期内进入疲弱状态。30 个二线城市全部参与限购，为 47 个限购城市的主力军。作为区域中心城市的省会城市和计划单列市，其住房市场需求主要为本地及区域内的自主性需求及改善性需求。2010 年底限购以来，二线城市住房市场限购已经超过三年，大量投资投机性需求及本地外区域内的住房需求被大量排挤出住房市场，刚性需求成为住房市场需求主力。而经过 3 年多特别是 2013 年刚性需求的释放，住房刚性需求在短期内难以保持前期的高增长，从而住房市场需求于 2014 年进入疲弱状态，住房需求难以为继。

二线城市资金来源城市间分化加剧，整体资金水平弱于上一年，资金来源趋紧。30 个二线城市中，17 个城市增速为正，银川持平，12 个城市增速为负，14 个城市好于全国平均增速水平。其中，济南以 26.9% 的增速位居二线城市首位，南宁、重庆、郑州和杭州增速位于 10% ~20% 之间；乌鲁木齐、兰州、石家庄、天津、成都、宁波、西安、南京、武汉、厦门、长沙和太原等 12 个城市增速位于 1% ~10% 之间。哈尔滨下降幅度高达 25.0 个百分点，下降幅度在二线城市中位于首位；长春、贵阳、海口、南昌和呼和浩特等 5 个城市的降幅位于 -1% ~ -10% 之间。

（三）三、四线城市：刚性需求支撑不足，热点城市对这些城市预期的引导作用明显

三、四线城市住房市场主要指标波动幅度小于一、二线城市，特别是以

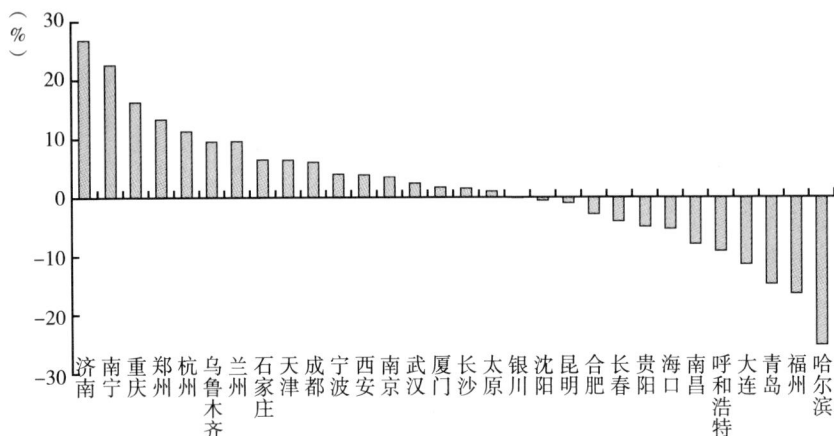

图 9 – 18　2014 年 1 ~ 9 月二线城市资金来源增速

一线城市，在一、二线城市及全国住房市场整体房价同比负增长的背景下，三、四线城市依旧保持了 2% 左右的微弱增长态势，整体市场表现好于一、二线城市。综合起来看，除了 2013 年高基数等其他共同因素外，导致本轮三线城市住房市场下行调整的主要原因在于刚性需求增长有限及热点城市对这些城市预期的较大影响。

1. 刚性需求为主要需求主体，经过前期累积释放短期内难以快速增长

三、四线城市一般为本地化的住房市场，难以有区域市场的整体带动，从而住房投资作用不大，刚性需求为这些城市主要的需求支撑。而经过前期特别是 2013 年刚性需求的累积及集中释放，2014 年难以快速积累以进一步支撑住房市场的快速发展。如图 9 – 19 所示，2014 年 1 ~ 9 月，51 个三线城市中，销售量同比上升的城市仅 14 个，37 个城市同比下降。其中，舟山降幅更是高达 62.7%，锦州、秦皇岛和吉林降幅也达 40% 以上。

2. 市场主体预期受热点城市住房市场情况影响突出

一、二线城市住房市场发展状况对三、四线城市市场主体预期影响较大，多年来特别是热点城市住房市场发展状况对于全国具有重要风向标作用。房地产开发商及购买者等市场主体的行为及预期受热点城市市场状况影

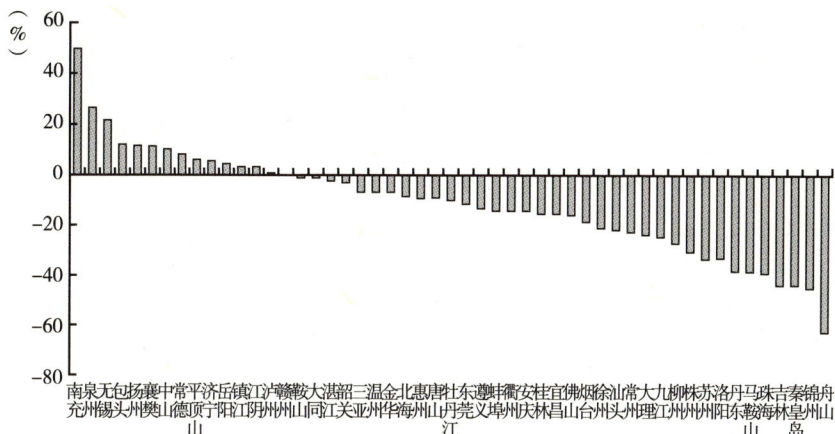

图 9 - 19　2014 年 1 ~ 9 月三线城市住房需求量增速

响较大，从而导致这些城市住房市场主要指标波动起伏状态受热点城市波动状况影响显著，同时因投资投机性需求较小等原因而波动起伏程度弱于热点城市。根据 2014 年 1 季度到 3 季度中国人民银行《全国城镇储户问卷调查报告》可知，1 季度到 3 季度预期房价下降的比重分别为 10.2%、15.1% 和 15.8%，比重不断上升。可知，在一、二线城市特别是一线城市等热点城市住房市场主要指标大幅下滑态势下，大量三、四线城市及全国购房者预期受到较大影响，购房者预期的悲观导致这些城市住房市场主要指标呈现下行态势。

三　趋势：信贷宽松等措施将助力住房市场回升，但供求基本面决定回升幅度有限

2014 ~ 2015 年在中央"微刺激"保障宏观经济稳中趋稳的大背景下，住房市场调控将继续关注中长期制度建设，同时在"分类指导"和"双向调控"思想指导下，地方政府进行局部调控的自主空间扩大，调控政策也将更趋于灵活。

（一）一线城市：信贷支持力度加大会促进住房需求回升，但保障房供给持续增加将持续分流刚性需求

一线城市松绑限购的可能性不大，信贷支持增加会促进主要指标回升但幅度不大。2014～2015 年，随着信贷宽松政策的进一步落实，一线城市购房者需求会有一定程度回升，但是自住房及保障性住房的持续稳定供给将对商品住房市场产生较大冲击，购房者观望态度或将持续。加之受 2013～2014 年的高基数（各指标增速有限，但是绝对量仍处于历史较高水平）影响住房需求恐难大幅度增加。住房供给方面，开发商受前期销售低迷影响资金趋紧，2014～2015 年推盘入市量会加大；住房调控政策方面，供给偏紧状况仍较为显著的基本特征决定四大城市放松限购的可能性不大，信贷支持等市场调控政策或称为这些城市主要"微刺激"政策。需求、供给和调控政策三大因素共同决定了 2014～2015 年这些城市住房市场调整将会持续，但是受信贷支持增加的影响主要指标会有所回升，但是回升幅度不会太大。

（二）二线城市：松绑限购作用将逐步显现，但住房市场供求趋于均衡的客观背景导致主要指标回升幅度有限

住房市场调整趋势将延续至 2014～2015 年。随着二线城市均已松绑限购，作为区域中心市场的二线城市住房市场在限购松绑的带动下会有所回升，但是多年来随着供给的不断增加城镇居民基本住房需求不断得以满足，住房市场逐渐向供求均衡转变。2014～2015 年随着限购松绑刺激作用的逐步加大，购房者刚性需求和投资投机性需求将有所回升，在限购松绑的作用下刚性需求和投资投机性需求会有所回升，但是在住房市场供求趋于均衡，投资投机回报下行背景下，住房需求增加也有限。因此，2014～2015 年二线城市住房市场将继续调整趋势，但是主要指标绝对值或增速下行的幅度会有所收窄。

（三）三、四线城市：地方政府调控住房市场力度将持续加大，但是需求支撑有限将使住房市场调整持续

大量三、四线城市住房市场继续发展的瓶颈为需求支撑有限，房价合理回归带动的预期合理回归，将促进这些城市住房市场调整趋势继续。2014～2015 年对土地财政过度依赖的三、四线城市地方政府，将通过更多形式加强对住房市场的刺激，但是需求有限、供给偏多仍将是这些城市住房市场发展的主要问题，在供求机制作用影响下住房价格的逐步合理回归也将带动这些城市购房者预期的合理回归，而合理预期又会促进这些城市住房市场的继续调整。

四　建议：市场机制为主，严格执行"分类指导"和"双向调控"

2014～2015 年，主要城市住房市场调控要继续充分发挥市场机制的作用，通过市场机制促进住房市场深化调整，逐渐解决长期以来住房市场存在的供求量及供求结构的不合理问题，促进住房市场健康发展。但是也要尊重区域性特征，正确研判各类城市住房市场波动的根本原因，严格按照"分类指导"和"双向调控"要求确保住房市场稳定健康发展。

1. **一线城市：促进住房市场长效机制建设，注重长期稳定发展**

一线城市应通过长效机制建设正确引导市场预期，促进住房市场稳定健康发展。在正确研究保障房供给量及供给方式基础上通过保障房政策的逐步完善，促进保障房和商品房的互动协调发展，防止保障房供给对商品住房市场的误伤；正确引导购房者预期，充分保障刚性需求者住房需求，加强对刚性需求和改善性需求的信贷支持；制定住房市场健康稳定发展的综合性指标，防止以住房价格作为市场稳定的唯一指标，促进住房市场的长期稳定发展。

2. **二线城市：市场机制为主促进市场深化调整，同时保障政策制度的长期性以稳定市场预期**

二线城市应根据当地及区域住房市场发展特征，通过市场机制促进住房市场的深化调整。2010 年以来，限购政策对这些城市住房价格的过快上涨起到了重要作用，但是作为行政性调控手段的限购政策只是应时之需，随着市场形势的变化也已基本调整甚至取消。在限购政策的作用下，二线城市投资投机性需求基本被挤出住房市场，经过将近 4 年的调整，这些城市住房市场供求结构趋于平衡，购房者预期在市场趋于平稳的状态下也逐渐趋于合理，住房市场进入自我调整阶段。建议应主要通过市场机制的作用促进住房市场深化调整，同时保障调控政策制度的稳定性，稳定市场主体预期，保障刚性需求者的合理住房需求。

3. 三、四线城市：通过市场作用消化现有库存，做好部分城市的风险预警及防范

大量三、四线城市在主要通过市场作用消化现有库存的同时，要做好部分城市的风险预警与防范措施。对住房需求严重不足而导致供给远远大于需求的大量三、四线城市，应主要通过市场作用消化现有库存，从而促进住房供求的再平衡。同时，地方政府也应通过控制土地供应及商品住房审批等众多合理调控手段促进市场消化现有库存，并根据部分城市市场发展特征及变化状况做好相应的风险预警与防范措施。

Ⓖ.10
第十章
中国土地市场形势分析与预测

张慧芳

一 2013~2014年土地市场运行基本情况

2013 年土地市场经历了年初的"开门红"和年末"翘尾",全年土地市场供求同涨,楼面地价增幅明显,出让金创历史新高,一线城市热度持续飙升。在 2013 年 3 月"国五条"政策出台后,重点城市仍深陷越调越涨怪圈。2014 年市场依仗惯性再迎"开门红",尤其是前两个月持续火爆,但 3 月份全国土地市场骤然降温,第二、第三季度环比增速持续放缓,三季度急转直下,市场加速趋冷。总体看,2014 年前三季度全国土地市场量跌价升,市场呈整体下行与城市分化并存趋势愈加显著之势。

(一) 土地供应量与成交量:供求量同比大幅下降,三季度市场加速趋冷

根据国土资源部发布的数据,2013 年全国住房用地供应 13.82 万公顷,同比增加 24.7%,供应量达历年最高,相当于前 5 年平均实际供应量(9.64 万公顷)的 143%。其中,全国商品住房用地供应 10.37 万公顷,同比增加 31.1%,相当于前 5 年平均实际供应量 7.55 万公顷的 137%。[①]

2014 年的土地市场先热后冷,年初延续 2013 年火热态势,3 月以后土地

[①] 人民微博:国土资源部官方微博——国土之声,http://t.people.com.cn/gtzyb625,2014 年 10 月 6 日访问。

市场明显降温，成交量逐月下滑。2014 年 1~9 月，全国 300 个城市共推出土地 26349 宗，同比减少 15%；推出土地面积 98420 万平方米，同比减少 18%。其中，住宅类用地（含住宅用地及包含住宅用地的综合性用地，下同）7685 宗，同比减少 22%；推出土地面积 34594 万平方米，同比减少 20%。1~9 月，全国 300 个城市共成交土地 21037 宗，同比减少 22%；成交面积 78333 万平方米，同比减少 24%。其中，住宅用地 5823 宗，同比减少 29%；成交面积 26605 万平方米，同比减少 28%。① 按季度看，二季度和三季度，土地供应量同比降幅较一季度分别扩大 22 个百分点和 19 个百分点以上，而土地成交量同比降幅较一季度则分别扩大 15 个百分点和 25 个百分点以上（见表 10 - 1）。伴随地方政府推地节奏放缓和房企受存货与资金压力影响，企业投资放缓，拿地日趋谨慎，第三季度土地市场下行趋势更加明显，推出与成交量持续下降且降幅扩大，市场持续走低加速降温。9 月，全国 300 个城市共成交土地 1554 宗，成交面积 5809 万平方米，环比减少 33%，同比减少 53%。

表 10 - 1　2014 年 1~9 月全国 300 个城市土地市场交易情况

时间		指标	推出面积（万平方米,%）	成交面积（万平方米,%）	出让金（亿元,%）	楼面均价（元/平方米,%）	溢价率（%）
一至九月	综合	绝对量	98420	78333	17109	1197	11
		同比	- 18	- 24	- 20	5	- 5
	其中住宅	绝对量	34594	26605	11514	1746	13
		同比	- 20	- 28	- 20	10	- 7
一季度		绝对量	34246	28926	7172	1329	13
		同比	- 3	- 10	15	25	0.2
二季度		绝对量	32140	26230	5416	1118	12
		同比	- 25	- 25	- 12	12	- 3
三季度		绝对量	32033	23177	4521	1114	9
		同比	- 22	- 35	- 50	- 17	- 11

注：住宅类用地含住宅用地及包含住宅用地的综合性用地。

数据来源：CREIS 中指数据，fdc. soufun. com。

---

① 中国指数研究院：《中国 300 城市土地市场交易情报（2014 年 1~9 月）》，fdc. soufun. com，2014 年 10 月 9 日访问。

2014 年前三季度土地供求量同比双降主要基于三个原因，其一，上年同期土地市场较好，奠定了较大的基数。其二，楼市持续下行，导致开发商拿地积极性下降。其三，地方政府为确保地价也会减少推地面积。因为，地方政府在推地之时，尤其是在市场下行情况下推地时，要确定有买家并能卖个好价钱才会推出，否则宁愿捂着不卖。

（二）土地成交价格与溢价率：成交价格累计涨幅较明显，但同环比增长率及溢价率持续下降，整体呈高位调整态势

1. 成交地价

2013 年第四季度全国主要监测城市地价总体水平 3349 元/平方米，环比上升 2.06%，连续 7 个季度加速上升，同比上涨 7.02%，连续 5 个季度加速上涨，其中住宅地价同比增速较快，整体水平处于较高位运行。2014年一季度，市场承接惯性，地价总体水平继续加速上涨。综合看，全国主要监测城市①地价总体水平自 2013 年 4 季度以来持续小幅上涨，累计涨幅较明显，综合、商服、住宅、工业地价分别上涨 136 元/平方米、221 元/平方米、203 元/平方米、30 元/平方米，整体水平处于较高位运行。2014 年第三季度全国 105 个主要监测城市住宅地价总体水平为 5236 元/平方米，环比增速为 0.42%，连续第三个季度放缓，较上一季度下降 0.98 个百分点，呈加速下行之势。② 全国主要城市地价开始进入"新常态"下的合理市场波动区间（见图 10 - 1、图 10 - 2、图 10 - 3）。

2. 成交楼面地价

根据中国指数研究院的数据，2014 年 1～9 月，全国 300 个城市成交楼面均价为 1197 元/平方米，同比上涨 5%；其中住宅类用地（含住宅用地及包含住宅用地的综合性用地）成交楼面均价为 1746 元/平方米，同比上涨

---

① 全国主要监测城市指 105 个监测城市。

② 中国城市地价动态监测网 http://www.landvalue.com.cn，2014 年 10 月 12 日访问。

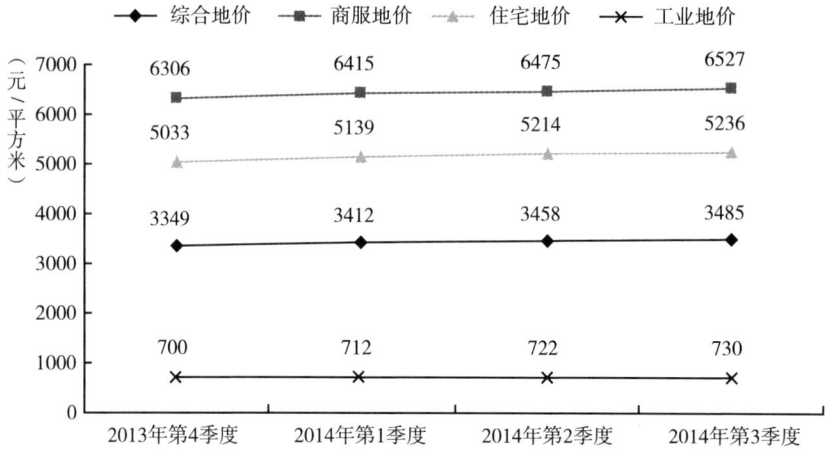

图 10 - 1 2013 年第四季度至 2014 年前三度全国
主要检测城市分用途地价水平

资料来源：原始数据来自中国土地勘测规划院城市地价动态监测组，中国城市地价动态监测，http：//www. mlr. gov. cn。

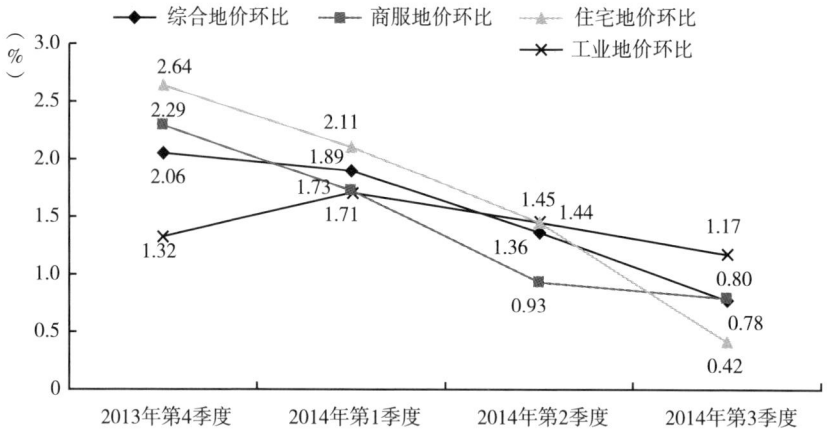

图 10 - 2 2013 年第四季度至 2014 年第 3 季度全国
主要监测城市分用途地价环比增长率

资料来源：原始数据来自中国土地勘测规划院城市地价动态监测组，中国城市地价动态监测，http：//www. mlr. gov. cn。

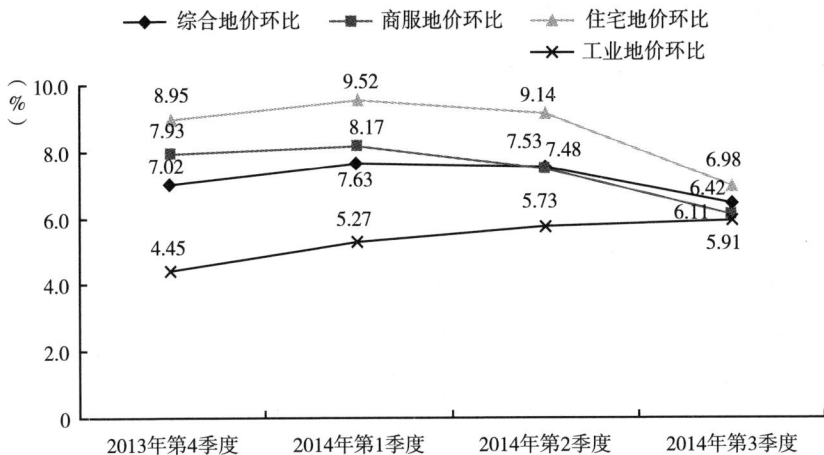

图10-3 2013年第四季度至2014年第三季度全国
主要监测城市分用途地价同比增长率

资料来源：原始数据来自中国土地勘测规划院城市地价动态监测组，中国城市地价动态监测，http：//www.mlr.gov.cn。

10%。① 成交楼面均价涨幅逐季大幅下降直至第三季度转正为负至 -17%（见表10-1）。

3. 溢价率

2014年1~9月，全国300个城市土地平均溢价率11%，较上年同期下降5个百分点；其中住宅类用地（含住宅用地及包含住宅用地的综合性用地）平均溢价率13%，较上年同期下降7个百分点。按季度看，2014年前三季度，溢价率持续走低，同比增幅除第一季度微增0.2%外，其他两个季度均为负值且降幅持续扩大（见表10-1），底价成交地块日益增多，市场低迷态势持续。2014年9月，全国300个城市土地平均溢价率12%，环比增加3个百分点，同比下降10个百分点；其中住宅类用地（含住宅用地及包含住宅用地的综合性用地）平均溢价率14%，环比持平，同比下降11个百分点。

---

① 中国指数研究院：《中国300城市土地市场交易情报（2014年1~9月）》，fdc.soufun.com，2014年10月9日访问。

从较长时间段分季度看，2014 年前三季度百城住宅用地平均溢价率处于 2008 年一季度以来的较低水平（见图 10－4）。

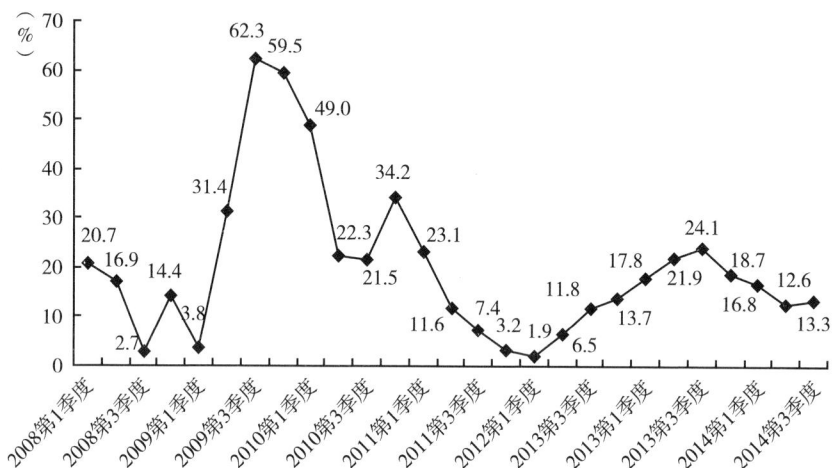

图 10－4　百城住宅用地平均溢价率走势（季度）

资料来源：原始数据来自 CREIS 中指数据 http：//fdc. soufun. com。

2014 年前三季度，全国土地市场在楼市低迷房价持续走低的情况下，土地成交价格整体水平依然上涨，成交均价再创历史新高，本应并驾齐驱的地价与房价走势出现背离。①

---

① 本报告认为，地价与房价出现背离的原因是多方面的。第一，近期成交土地以优质地块和一线城市土地成交占比较高。因为政府往往会在土地市场低迷的时候，推出好地块（比如老城区中的更新用地）来托市，这推动了起始地价相对走高，另外，近期一线城市土地成交占比也较高。第二，地方政府完全垄断了土地一级市场，而可出让土地指标有限，在市场状况不好的情况下，地方政府宁愿减少推地以维持高地价，也不愿意降低土地出让底价。2014 年前三季度，土地供应量同比下跌了 20% 就是明证。第三，国企和央企由于资金成本低资金力量雄厚，不时出手抢地王。第四，地价变动一般滞后于房价变动 2～3 个月，房价变动还没有充分反映到地市中来。但是，在市场经济中，这种地价与房价走势背离的状态，不具有持续性。数据显示，在多重背景下，2014 年第三季度全国主要城市地价环比涨幅持续收窄，地价同比涨幅持续回落，地价上涨乏力，综合地价环比上涨超过 3% 的城市个数仅 2 个；长江三角洲地区住宅、商服地价出现负增长，为近两年来首次地价下跌。

（三）土地出让金：2013年出让金总额大幅增长超5成，2014年前三季度出让金大幅缩水

2013 年，土地出让金超过 4 万亿达 4.12 万亿元，创历史新高，同比增幅高达 53.16%（见图 10 - 5）。根据中指数据，2014 年二季度，土地出让金同比止升转降，上半年微增 0.1%。三季度，土地出让金同比大幅降低 50%（见表 10 - 1），各月降幅持续扩大。2014 年前三季度，全国 300 个城市土地出让金同比减少 20%，总额为 1.71 万亿元。其中，住宅用地（含住宅用地及包含住宅用地的综合性用地）出让金同比减少 20%，总额为 1.15 万亿元。2014 年 3 季度，全国 300 个城市各类用地出让金同比下降近 50%，合计 4521 亿元。其中，住宅用地同比下降超过 50%，合计为 2653 亿元，降幅高于商办用地。从各月表现来看，三季度土地市场仍然维持较冷态势，其中 9 月市场降温尤为明显，单月出让金的同比降幅接近70%。[1]

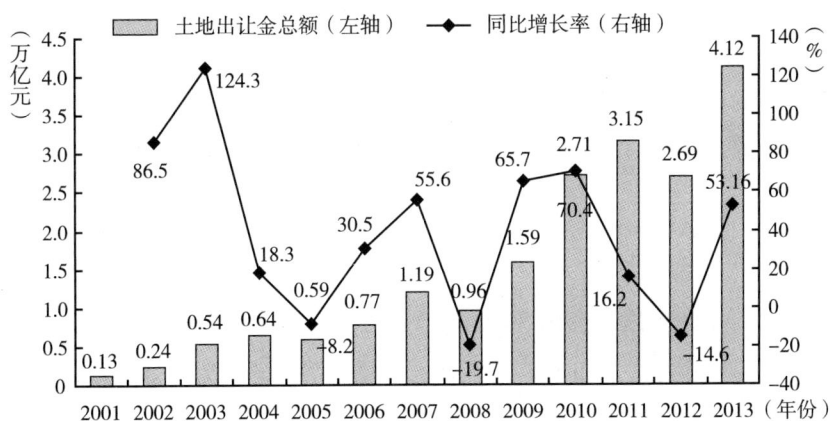

图 10 - 5　2001 ~ 2013 年土地出让金及其增幅情况

资料来源：根据国土资源部和国家财政部历年公布的数据综合整理获得。

---

[1] 中国指数研究院：《中国 300 城市土地市场交易情报（2014 年 1 - 9 月）》，fdc. soufun. com，2014 年 10 月 15 日访问。

（四）各能级城市土地市场分化进一步加剧，马太效应更加明显

一线城市三季度土地市场有所回温，但前三季度供求萎缩在各类城市中仍最为突出。尽管一线城市楼面价仍保持 50% 以上的同比涨幅，但由于上年地市火热，2014 年成交量的明显萎缩导致土地出让金与上年同期基本持平。二、三、四线城市供需仍无回暖迹象，且二、三、四线城市土地出让金同比降幅均超过 20%。

2014 年 1 ~ 9 月，全国 300 个城市中，一线城市共推出和成交土地面积分别为 2500 万平方米和 2366 万平方米，同比减少均为 31%；楼面均价为 7917元/平方米，同比上涨 57%；平均溢价率为 29%，同比下降 5%；土地出让金为 3672 亿元，同比减少 0.03%。二线、三四线城市各项指标见表 10 - 2。

表 10 - 2　2014 年 1 ~ 9 月不同城市土地市场交易情况

城市类别	指标	推出面积 （万平方米,%）	成交面积 （万平方米,%）	出让金 （亿元,%）	楼面均价 （元/平方米,%）	溢价率 （%）
一线城市	绝对量	2500	2366	3672	7917	29
	同比	- 31	- 31	- 0.03	57	- 5
二线城市	绝对量	37464	32191	7852	1291	8
	同比	- 16	- 19	- 24	- 7	- 7
三、四线城市	绝对量	58456	43775	5585	719	6
	同比	- 18	- 27	- 23	4	- 5

数据来源：CREIS 中指数据，fdc. soufun. com。

2014 年第 3 季度，全国 300 个城市中，一线城市共推出和成交土地面积分别为 928 万平方米和 842 万平方米，环比增加分别为 113% 和 62%，同比减少分别为 28% 和 32%；楼面均价为 7502 元/平方米，环比上涨分别为 5%，同比上涨 10%；平均溢价率为 22%，环比下降 8%，同比下降 18%；土地出让金为 1066 亿元，环比上涨 29%，同比减少 42%。① 二线、三四线

---

① 中国指数研究院：《中国 300 城市土地市场交易情报（2014 年 1 ~ 9 月）》，fdc. soufun. com，2014 年 10 月 15 日访问。

城市可谓量价齐跌，土地出让金同比大幅下降达50%以上，其他各项指标见表10-3。

表10-3 2014年第3季度不同城市土地市场交易情况

城市类别	指标	推出面积 （万平方米,%）	成交面积 （万平方米,%）	出让金 （亿元,%）	楼面均价 （元/平方米,%）	溢价率 （%）
一线城市	绝对量	928	842	1066	7502	22
	环比	113	62	29	5	-8
	同比	-28	-32	-42	10	-18
二线城市	绝对量	12447	10146	2099	1125	6
	环比	3	-1	-20	-19	-3
	同比	-20	-27	-53	-31	-12
三、四线城市	绝对量	18658	12189	1355	659	3
	环比	-5	-21	-31	-5	-4
	同比	-23	-41	-50	-9	-7

数据来源：CREIS中指数据，fdc.soufun.com。

（五）三大重点区域地价环比和同比增幅：长三角与环渤海地区均略低于全国，珠三角地区则大幅高于全国

2014年前三季度，三大重点区域综合地价走势与全国基本相同；三大区域分化明显，地价环比和同比增幅，长三角与环渤海地区均略低于全国，珠三角地区则大幅高于全国；综合地价环比、同比均持续增加但增速持续下降，特别是长江三角地区，2014年三季度地价环比增速降为零，同比增速降为2.77，达历史较低值（见图10-6、图10-7）。区域综合地价水平均高于全国总体情况。2014年第三季度，长江三角洲、珠江三角洲、环渤海地区综合地价水平分别为4967元/平方米、5450元/平方米、3676元/平方米。[①] 其中长江三角洲地区商服、住宅地价出现了负增长，为近两年来的首次地价下降。

---

① 中国土地勘测规划院城市地价动态监测组，中国城市地价动态监测，http：//www.mlr.gov.cn，2014年10月20日访问。

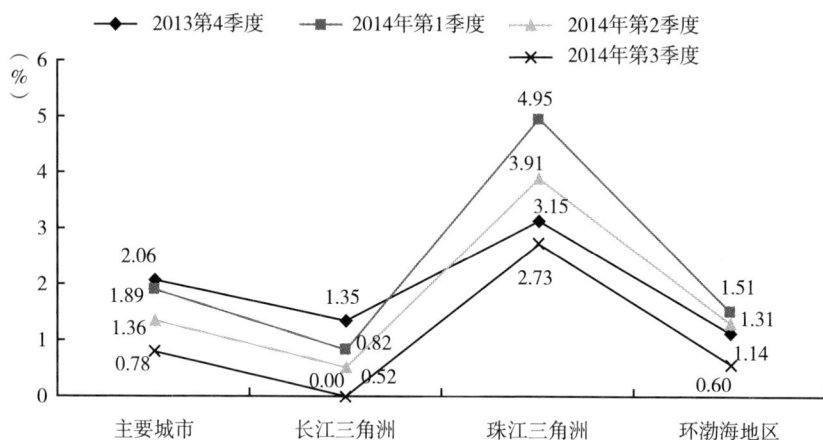

图 10 - 6　2013 第 4 季度至 2014 年第 3 季度重点区域综合地价环比增长率

资料来源：原始数据来自中国土地勘测规划院城市地价动态监测组，中国城市地价动态监测，http：//www. mlr. gov. cn。

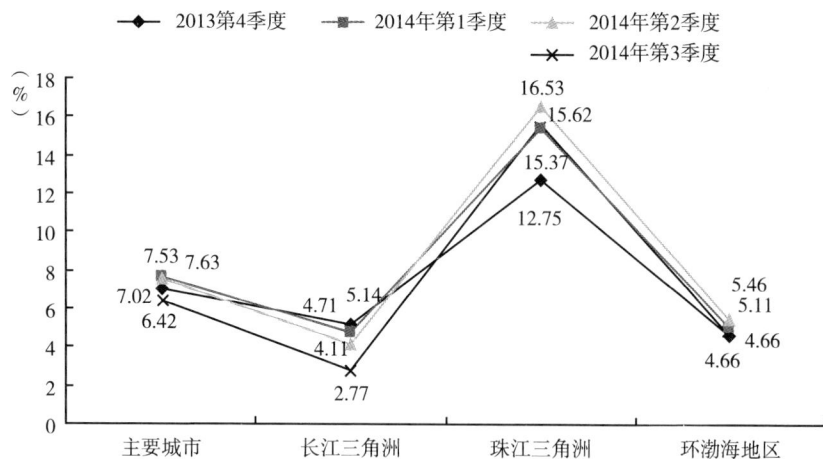

图 10 - 7　2013 年第 4 季度至 2014 年第 3 季度重点区域综合地价同比增长率

资料来源：原始数据来自中国土地勘测规划院城市地价动态监测组，中国城市地价动态监测，http：//www. mlr. gov. cn。

（六）开发商土地购置：购地面积同比负增长，购地转为谨慎

根据国家统计局的数据，2014 年 1～8 月，房地产开发企业土地购置面积 20787 万平方米，同比下降 3.2%，降幅比 1～7 月份收窄 1.6 个百分点；土地成交价款 5694 亿元，增长 12.8%，增速提高 3 个百分点[①]（见图 10－8）。

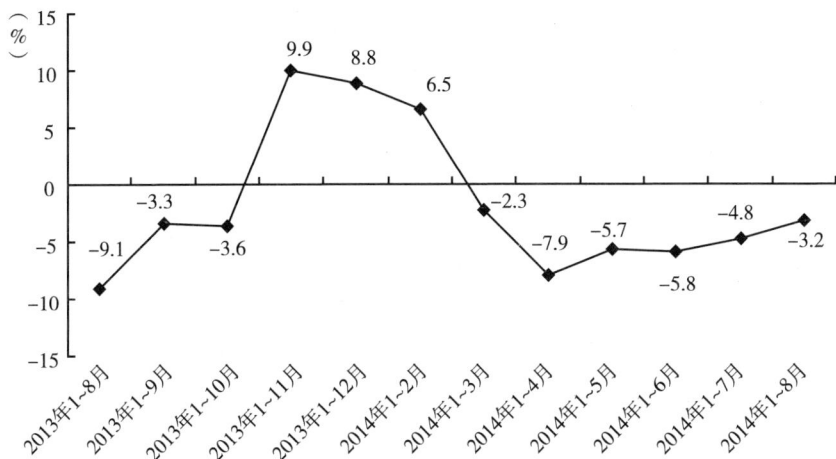

图 10－8 全国房地产开发企业土地购置面积增速

资料来源：国家统计局网站 http：//www. stats. gov. cn/。

据中原地产统计，2014 年 1～9 月，20 大标杆房企合计拿地仅 2028 亿元，相比 2013 年同期的 3698 亿元，减少了 1670 亿元，降幅高达 45%。其中，万科 1～9 月拿地总额仅 200.63 亿元，相比去年同期的 629.5 亿元，同比减少了 428.87 亿元，降幅达 68%。但 9 月份，远洋、万科、万达、龙湖、世贸等 20 大标杆房企拿地总额 173 亿元，成为最近半年来单月额度之最（且拿地意愿偏向一线城市优质地块）。房企拿地节奏逐渐加快，显示出开发商对后市仍然存有乐观预期。

[①] 国家统计局网站，http：//www. stats. gov. cn/，2014 年 10 月 20 日访问。

开发商购地面积下降的主要原因，一是多数企业由于销售状况不佳，目标完成率较低，销售同比有较大幅度下降，资金链趋紧。据统计，在 23 家 A 股上市房企中，2014 年 1 季度多项财务指标均为近年最差，部分已接近 2008 年的历史低位。加上信贷收紧，多数龙头房企减少购地，土地购置金额占同期销售额比重大幅下降，土地购置策略趋于保守。二是不少企业，尤其是大企业 2013 年拿了较多地，有足够的土地储备。像万科、绿地等，目前土地存量都比较大，中海、保利、恒大在二三线城市土地存量很多，2014 年二三线城市楼市受到很大冲击，所以它们的精力都放在二三线城市去楼市库存上，目前拿地积极性会受到一定影响。三是土地市场虽然下行，但土地价格并没有下降多少，未达到开发商抄底土地市场的心理预期，或在等待更好的购地时机。四是目前小型房企资金链处于断裂临界点，大型房企都想保留尽可能多的现金以收购市场上那些资金链断裂的项目，因为这比直接去政府垄断的土地一级市场招拍挂拿地更有议价能力。

（七）保障性安居工程用地：计划指标单列单批，计划落实有力有效

2013 年，保障性住房用地供应 3.44 万公顷，同比增加 8.7%，占住房用地供应总量的 25%。而从上年 3 月起，保障性住房用地占住房用地比例逐月上升，并始终保持在 20% 以上。[①] 2013 年 10 月，国家主席习近平在主持学习时强调要千方百计增加住房供应，并指出到 2015 年全国保障性住房覆盖面要达到 20% 左右。四季度，北京、上海等重点城市纷纷加大供地量，土地市场年底翘尾。

2014 年，保障性安居工程稳步推进。全国计划新开工城镇保障性安居工程 700 万套以上（其中各类棚户区 470 万套以上），基本建成 480 万套。[②]

---

① 国土部：《2013 年住房用地供应创历年最高》，国土资源部网站 http：//www. mlr. gov. cn/，2014 年 10 月 15 日访问。
② 住建部：《前 9 月全国城镇保障性安居工程基本建成 470 万套》，住房和城乡建设部网站，http：//www. mlr. gov. cn/，2014 年 10 月 15 日访问。

在 2014 年国土部不再公布全国住宅用地供应计划的情况下，并没有放松保障性安居工程用地的审批和管理。截至 5 月 15 日，2014 年国土部报国务院批准用地城市中心城区保障性安居工程用地审批到位。保障性安居工程用地需求得到及时充分保障。

二　当前土地市场存在的主要问题

（一）土地市场正常调整理性回归的过程或被干扰

2004 年以来，我国土地市场基本处于过热状态。经过十年的发展，目前已经具备了理性回归平稳发展的内外部条件：其一，我国人均住房面积已经超过 30 平方米，告别了住房短缺时代；其二，2010 年以来，住房销售速度只有供给速度的 50%，目前多地库存接近历史高位；其三，经过多年的持续快速上涨，且地价上涨指数一直高于房价上涨指数，致使目前的地价已经过高且上涨乏力。在这种情况之下，土地市场进行自我修复和平衡是市场进行资源配置的正常反应。但由于地方政府土地财政依赖严重而试图继续推高地价，这势必会扰乱土地市场的自我调整节奏。

（二）土地市场量跌价升，地价与房价走势背离，楼市风险加大

2014 年前三季度全国 300 个城市土地市场总体供大于求，在成交面积大幅减少 24% 的情况下，楼面地价继续上涨达 5%，特别是一线城市成交面积大幅减少了 31%，地价反而增长 57%。这固然与土地的稀缺性、不可再生、不可代替等属性以及市场依然看好未来房价有关，但更主要的是由地方政府完全垄断土地一级市场并采取招拍挂出让方式造成的。由此，地价继续成为推高房价和房价过高的主体因素。据资料，2003～2012 年十年间，全国商品住房成交均价整体涨幅为 145%，但全国主要城市的居住地价涨幅达到了 332%，与此同时，全国涌现出了一批又一批的"地王"，土地出让金曾经最高占到地方财政收入的 76%。虽理论上讲房价决定地价，但实际上，

我国地价上涨指数一直高于房价上涨指数，一直是房价上涨的主要推动力。在目前商品房已经相对过剩、库存量居高不下、经济发展进入中速新常态的情况下，继续推高地价，加剧地价与房价背离程度，无疑使正在调整的楼市孕育着更大的风险。

（三）近年土地供应量过多过快，部分二线及三四线城市土地供应严重过剩，市场分化亦进一步加剧

根据国土资源部全国城市地价动态监测系统发布的报告，2013 年各类用途用地供应增加明显，年度土地供应总量创新高。2013 年全国 105 个地价监测城市，土地供应总量达 31.69 万公顷，较上年增加 12.33%，其中，住房用地供应涨幅最大，较 2012 年增加 32.71%。①

2005～2009 年，全国住房用地供应年均 6.48 万公顷，2010～2013 年之间年均土地供应面积达 12.23 万公顷，而所供应的大量土地主要集中在部分二线及三四线城市。实际上，由于应对 2008 年危机的强刺激政策，以及地方政府对土地财政的依赖有增无减，2009 年以后，地方政府放开土地供应，供应量持续增长，除一线城市外，供地销售比（住宅用地供应可建面积与住宅销售面积之比）显著高于 100%，致使目前土地供应总体大于需求。另据资料，目前全国在建施工面积已经达到 65 亿平方米，按照 2013 年住房竣工面积 7.8 亿平方米计算，在建施工住房面积需要 8.3 年才能竣工，而在 2000 年的时候，只需要 2 年多时间。表明目前在土地供给总体上大于需求的情况下，部分二线及三四线城市土地供应严重过剩。与此同时，土地市场分化也进一步加剧。2014 年前三季度，土地市场延续并加剧了自 2012 年第四季度以来的分化态势，不同能级的城市冰火两重天。与三四线城市和大部分二线城市市场冷清不同，一线城市在成交面积大幅下降的情况下，价格依然上涨近 60%，溢价率达到近 30%，尤其是上半年，价格翻倍上涨，溢价

---

① 中国土地勘测规划院城市地价动态监测组，中国城市地价动态监测，http：//www.mlr.gov.cn，2014 年 10 月 20 日访问。

率超过 30%，表明土地供应量与不同能级城市不相匹配，一线和部分热点二线城市供应过少，三四线和大部分二线城市供应过多。

三 2014～2015年土地市场整体判断与展望

以千方百计去库存为目的，自 2010 年 1 月起的本轮调控目前已经逐步放开，体现了市场在配置资源中的决定性作用，房地产市场化调整正在成为经济运行"新常态"组成部分，进而带动地价的市场化波动。作为经济重要组成部分的房地产市场，土地价格在消除行政干预背景下围绕自身价值上下波动，是房地产市场及宏观经济正常运行的表征。

（一）土地市场成交总量或有小幅回升，价格或继续保持高位调整态势

一方面，国际经济呈现弱复苏态势，国内宏观经济开始进入转型背景下的中速增长期，增速放缓，社会融资规模显著回落，经济下行压力进一步加强，土地市场上升乏力，支持房地产业快速发展的动力减弱，"深化改革"可能加大经济短期波动。受宏观经济景气程度影响，地价环同比涨幅或会继续收窄，环比涨幅抑或转正为负。

另一方面，住房因为长期限购，投机投资需求已基本被挤出，而房价过高上涨乏力，住房也缺乏了投资价值。同时，保障房建设、棚户区改造又分流了部分住房刚需。这使得住房短期供应过剩，有效需求不足，房企资金链趋紧，再加上 2013 年土地成交量大幅上升，房企土地储备充足，从而作为引致需求的土地市场或会继续萎缩低迷。

但是，2014 年，大规模地方债偿还在即，加上前三个季度政府推地较少，从第四季度开始政府或低价大量推地，同时地方政府也会继续采取"托市"的刺激措施。考虑季节性因素和不断加码的救市政策，四季度房企销售将进入高峰期，资金会相对较为充裕，拿地意愿也会有所抬头，带动市场逐渐活跃。

综上而言，2014 年第 4 季度到 2015 年第 3 季度，土地市场成交量或有小幅回升，价格或高位调整，溢价率或继续走低，底价、流拍或进一步扩大。

（二）土地市场或继续分化并将进一步加剧

各能级城市继续横向分化，二线城市之间纵向分化也将加剧。目前楼市已进入转折期，政府也在逐步放开行政干预，市场的自行调节将促使城市分化加剧。对于市场需求旺盛、土地资源紧缺、消化能力强的一线城市，市场形势仍然比较乐观，与二线及三四线城市之间的差距也将更加突出。二线城市之间纵向分化也将加剧。三四线城市库存高企，市场容量普遍较小，基本供求格局和行业前景恶化，抗风险性较弱，房企拿地积极性大受影响，可能会迫使房企更积极地促进销售、放缓土地购置和开工步伐，以改善现金流、降低财务杠杆，因此未来一年土地市场也难有大作为。

四　推动土地市场平稳健康发展的政策建议

（一）正确认识当前土地市场回调趋冷的性质，引导市场理性回归

如前所述，我们认为，目前我国土地市场已经具备了理性回归平稳发展的内外部条件，当前的市场整体回调主要是市场周期性调整和理性回归走向"新常态"的反映。现在的问题是政府如何认清当前土地市场的形势，密切关注市场异动，采取好的政策让当前土地市场的周期性调整得以进行，并如何让土地市场周期性调整的成本或损失降低到最低程度。面对当下已经失调的土地市场，未来要继续通过微刺激、定向调控来稳定供需平滑房价，同时，要坚持稳步扎实推进落实市场在资源配置中的决定性作用，给予市场足够的信心和时间来完成符合自身运行规律的调整。对于限购、限贷的取消或放松以及降息，要顺应趋势因势利导促市场理性回归进入"新常态"。尤其是三四线城市市场的调整不应该被短期结束，不经过一次充分的市场调整，恐怕未来再调整的程度会更加剧烈。

特别指出，调控时地方政府和中央政府利益不甚一致，调控效力往往大打折扣，救市时两者利益却高度一致，救市效力会加倍增强。尤其是中央政府旨在阻止市场过快下行所采取的微刺激传导至地方政府可能会成为中刺激、强刺激，因此要注意把握力度。

（二）建立新的土地出让金分配制度，抑制地方政府推高地价的强烈欲望

缘于土地财政依赖和土地金融需求，我国地方政府具有推高地价的强烈欲望。这使得我国多年以来地价指数一直在房价指数之上，且地价领跑房价越来越快，这也是目前地价房价背离的主要原因。为降低地方政府推高地价的强烈欲望，以及遵循土地"涨价归公"的理念，建议建立一套类似超额累进税率一样的地方政府土地出让收入上缴制度，或将楼面地价年增长率超过房价年增长率所增加的土地出让金上缴中央财政（用以补充社会保障养老金、慈善基金或补贴三农等）。

（三）精算供地计划，通过强化供地计划宏观把控实施好分类调控

土地供应方面，在发挥市场机制作用的同时，应更注重根据各地经济社会发展状况、人口状况、用地需求与结构的变化、房地产市场运行态势，合理调整供地类型、数量、节奏，满足当前及未来土地市场平稳健康发展的需要。按照住房需求量、可售房源与土地存量一定比例关系（例如1∶2∶3）测算住房上市量缺口，结合城市、区域土地供需情况，编制好土地供应计划。以"保持房地产市场总体平稳运行，避免出现大起大落"为目标，把握土地供求动态关系，优化区域供应结构，适时调整土地供应量和供应节奏，实施好土地市场分类调控。经过测算，需要继续加大土地有效供应的一线城市和热点二线城市，一方面要提高存量建设用地的利用效率，另一方面应适当增加新增建设用地指标。与此同时，减少土地供应已经过剩的三四线和部分二线城市的土地供应，抑制市场进一步分化。

（四）抓紧抓实房地产调控长效机制有关的各项制度建设，以稳定预期

实际上，我国土地市场产生上述各种问题的最根本最深层原因（如土地一级市场政府完全垄断、地方政府土地财政依赖等）还是房地产调控的长效机制不够完善。对此，亟须加快建立和完善相关制度。对于已经列出改革时间表和内容的如财税制度改革、户籍制度改革等抓紧落实；对于尚无时间表的如集体经营性建设用地入市制度、房地产税、基本住房保障法等的出台列出时间表并逐步扎实推进，以稳定预期；建立健全社会房产、信用等基础数据统一平台，推进部门信息共享等多项关于房地产市场的内容，使长效机制同时成为目前短期调控措施的一部分。

表 10-4 全国地价指数历年变动情况

指数类别年份	平均综合地价指数		住宅地价指数		商业地价指数		工业地价指数	
	定基	同比	定基	同比	定基	同比	定基	同比
2000	100	100	100	100	100	100	100	100
2001	103	103	104	104	104	104	102	102
2002	108	105	110	106	109	105	105	103
2003	117	108	120	109	120	111	111	106
2004	124	106	131	109	128	107	113	102
2005	130	104	139	106	134	104	115	102
2006	136	105	148	106	140	105	118	103
2007	155	113	170	115	154	111	137	116
2008	155	100	171	100	156	101	136	100
2009	164	105	186	108	165	106	139	102
2010	181	111	209	114	184	117	149	102
2011	193	106	224	106	202	109	157	104
2012	200	103	231	103	210	104	163	103
2013	218	107	257	109	230	108	173	104

资料来源：原始数据来自中国土地勘测规划院城市地价动态监测组，中国城市地价动态监测，http://www.mlr.gov.cn。

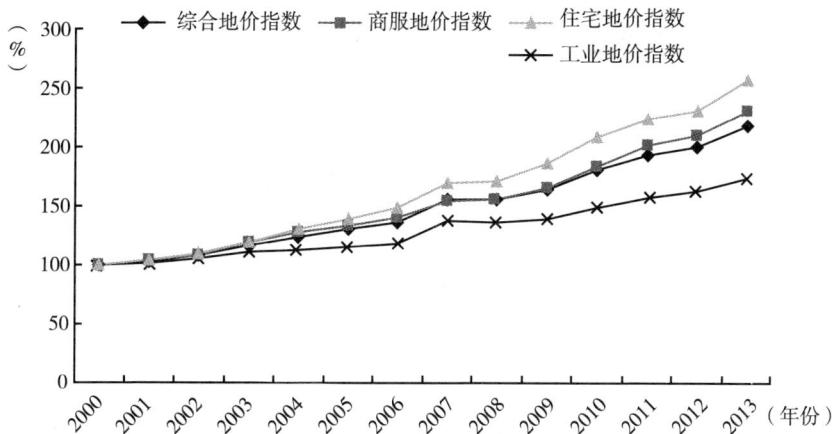

图 10-9　全国地价指数历年变动情况（定基）

资料来源：原始数据来自中国土地勘测规划院城市地价动态监测组，中国城市地价动态监测，http：//www. mlr. gov. cn。

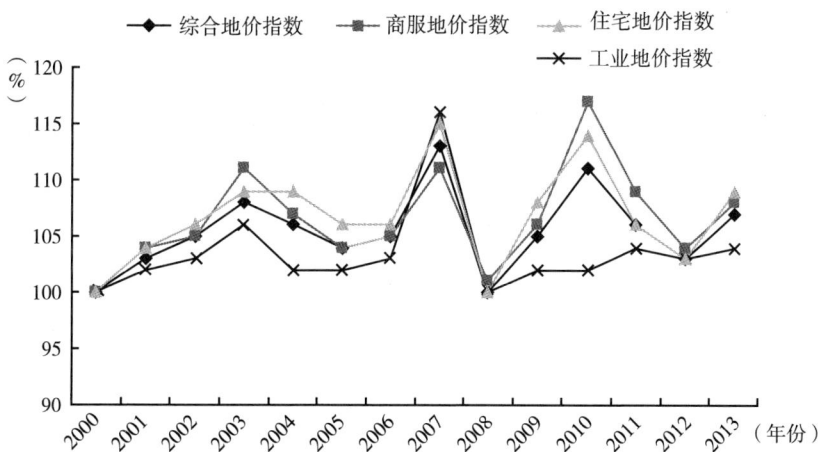

图 10-10　全国地价指数历年变动情况（同比）

资料来源：原始数据来自中国土地勘测规划院城市地价动态监测组，中国城市地价动态监测，http：//www. mlr. gov. cn。

表 10 – 5 2013 年度中国城市地价指数情况（以 2000 年为基期）

城市 \ 类别指数	平均综合地价指数	住宅地价指数	商业地价指数	工业地价指数
深　圳	505	434	632	251
昆　明	406	478	425	154
宁　波	432	724	416	242
海　口	337	397	288	192
北　京	299	409	252	227
长　春	287	297	245	228
重　庆	265	343	162	168
厦　门	285	337	180	205
广　州	264	292	234	198
贵　阳	216	315	228	134
长　沙	249	244	272	227
南　昌	260	262	268	219
武　汉	225	238	236	157
福　州	225	290	201	188
郑　州	224	271	225	129
天　津	221	272	204	147
呼和浩特	256	246	311	214
合　肥	210	259	184	152
大　连	217	270	144	128
西　安	214	261	197	156
青　岛	206	219	218	137
沈　阳	201	218	223	161
上　海	228	264	261	155
银　川	199	221	251	109
南　宁	195	226	188	158
西　宁	192	219	217	149
南　京	194	226	221	123
济　南	179	197	188	120
成　都	194	232	209	120
杭　州	181	200	221	106
石 家 庄	186	215	180	110
兰　州	170	200	173	110
乌鲁木齐	158	161	169	156
太　原	230	228	244	197
哈 尔 滨	133	137	130	151

资料来源：原始数据来自中国土地勘测规划院城市地价动态监测组，中国城市地价动态监测，http：//www. mlr. gov. cn。

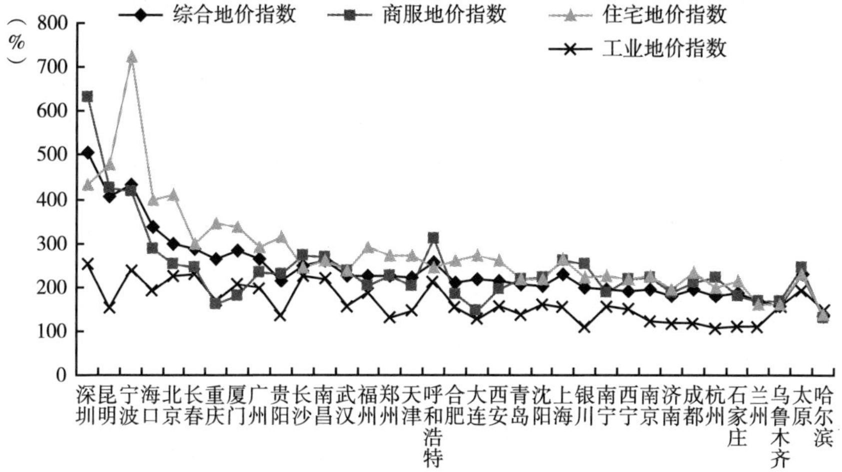

图 10 – 11　2013 年度中国城市地价指数情况（以 2000 年为基期）

资料来源：原始数据来自中国土地勘测规划院城市地价动态监测组，中国城市地价动态监测，http://www.mlr.gov.cn。

参考资料

中国土地勘测规划院城市地价动态监测组：《中国城市地价动态监测》相关资料。

国土资源部网站、住房和城乡建设部网站、国家统计局网站、国家财政部网站等相关资料。

中国指数研究院：2011 ~ 2014 中国房地产市场研究资料。

中国土地挂牌网（http://www.landlist.cn/）相关资料。

世联地产（http://www.worldunion.com.cn/）相关资料。

倪鹏飞：《住房绿皮书：中国住房发展报告（2013 ~ 2014）》，社会科学文献出版社，2013。

张慧芳：《土地征用问题研究——基于效率与公平框架下的解释与制度设计》，经济科学出版社，2005。

曹振良、高晓慧：《中国房地产业发展与管理研究》，北京大学出版社，2002。

曹振良：《房地产经济学通论》，北京大学出版社，2003。

朱秋霞：《中国土地财政制度改革研究》，立信会计出版社，2007。

张杰、杨重光、卢静:《土地市场发展指数:指标体系构建与测算验证分析》,《开发研究》2013 年第 3 期。

王青、陈志刚、叶依广、黄贤金:《土地市场发展的经济驱动机制:理论与实证分析》,《中国人口·资源与环境》2007 年第 17 卷第 3 期。

〔美〕诺斯:《经济史中的结构与变迁》,上海三联出版社,1991。

G.11

第十一章
中国住房金融市场形势分析与预测

高广春

一 现状分析

本期报告从房地产企业资金来源结构切入，逐层分析房地产企业资金来源的诸种渠道和板块之间的关系，主要房地产金融板块的运行轨迹、未来趋势、存在的问题和政策建议。

（一）房地产企业融资来源结构分析：信贷融资市场主导格局未变

关于房地产企业资金来源结构数据，目前披露最为详尽的渠道是国家信息中心下辖中国房地产信息网，但该网站披露的数据存在诸多争议。中国人民银行、中国银监会曾就房地产企业资金来源中的贷款进行针对性调研并以此对国家信息中心的数据进行调整，如中国人民银行在《2004 年中国房地产金融报告》中曾得出结论，房地产企业自筹资金中的 70% 来自银行贷款，定金和预收款中的 30% 来自银行贷款①。中国银监会统计司在 2005 年发表的一篇调查报告《中国房地产资金来源状况专题调查分析与建议》② 也提出了调整意见。虽然近几年无论是中国人民银行还是中国银监会均未公开发布类似的调研报告，由于中国房地产企业的融资环境实际上没有发生多少变化，本期报告认为，这些调研结论仍然适用现在的状况。以下首先依据国家

---

① 百度：2004 中国房地产金融报告。
② 百度：浙江在线 - 住在杭州网，中国房地产资金来源状况专题调查分析与建议。

信息中心的数据对房地产企业资金来源结构进行分析，并依据中国人民银行的调查结论对房地产企业资金来源的结构进行综合分析和估计。

图 11-1 是依据国家信息中心发布的相关数据整理的房地产企业资金来源结构分布，其中由于个人按揭贷款被统计在其他资金来源项下，在整理中将其剥离出来并与国内贷款合并为银行房贷。此图表明，房地产企业资金来源主渠道有三，其一是银行贷款，其二是自筹资金，其三是其他资金来源（不包括个人按揭贷款），而且从权重看，自筹资金占比优势明显，银行贷款占比和其他资金来源占比互有高低。

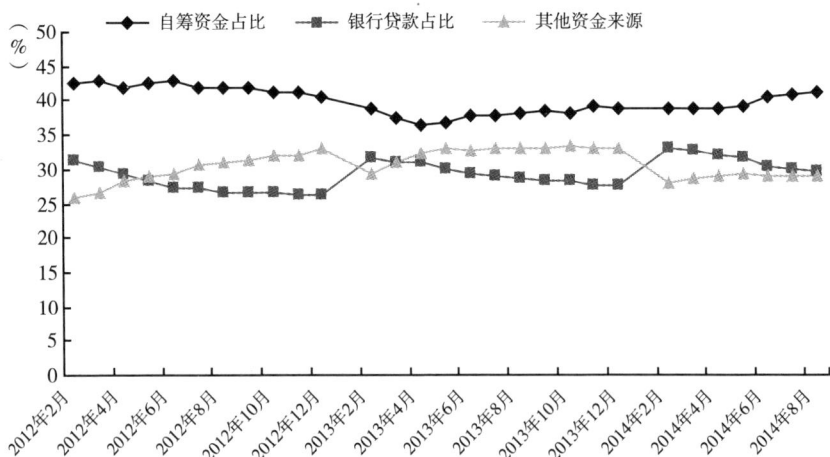

图 11-1 房地产企业资金来源主渠道结构比较

数据来源：依据中国房地产信息网相关数据整理。

从 2013 年四季度以来的走势看，银行贷款占比在 2013 年四季度短暂抬头后，从 2014 年初始，逐渐缓慢下行。相比之下，自筹资金和其他资金来源略显升势。

依据中国人民银行的调研结论，本期报告整理出的房地产企业资金来源结构分布如图 11-2，此图显示，房地产企业资金来源中，排在第一位的是银行贷款，而且占比处于绝对优势，绝大多数月份的占比超过 50%；排在第二位的是其他资金来源，称之为实际其他资金来源；自筹资金占比则是降

到了第三位，称为实际自筹资金。从 2013 年四季度以来的走势看，图 11 –
2 和与图 11 – 1 基本类似，即银行贷款占比在 2013 年四季度短暂抬头后，
从 2014 年初始，逐渐缓慢下行。相比之下，自筹资金和其他资金来源略显
升势。

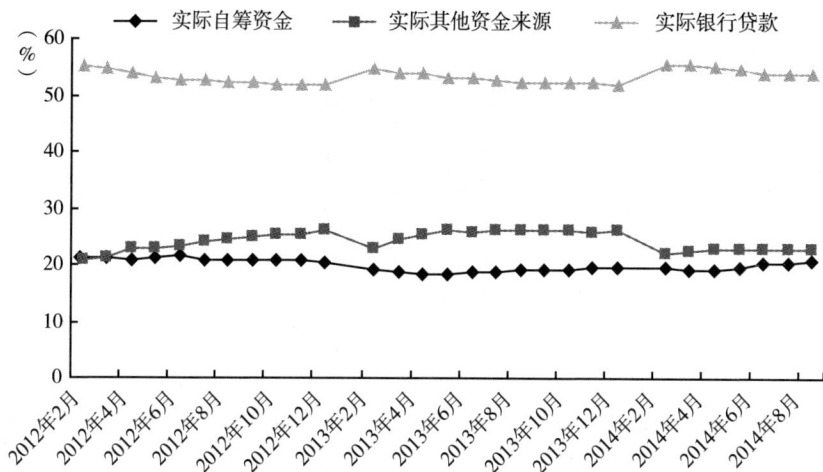

图 11 – 2　房地产企业资金来源主渠道结构比较

数据来源：依据中国人民银行的调研报告对房地产信息网相关数据调整而得。

以上统计分析结果表明，一方面银行和房地产企业之间依然存在较高的
相互依赖关系，另一方面这一关系在 2013 年 4 季度以来，特别是 2014 年年
初以来略显疏离趋势，即房地产企业对银行贷款的依赖度略有降势。

观察房地产资本市场融资结构的另一个重要视角是银行信贷融资和资本
市场融资的权重关系。图 11 – 3 是关于房地产企业在资本市场和信贷市场融
资组合结构中，资本市场融资和信贷融资的权重。其中资本市场融资数据来
源于 wind 资讯，信贷融资数据来源于中国房地产信息网。由此，近几年来，
房地产企业信贷融资占比持续占有绝对优势，而且有逐年提升的趋势。

2013 年四季度以来上述趋势依然延续，信贷融资占据绝对权重，多数
月份占比超过 90%，值得注意的是，2014 年 4 月份以后资本市场融资占比
趋升，而信贷融资占比趋降（见图 11 – 4）。这样的趋势组合反映出房地产

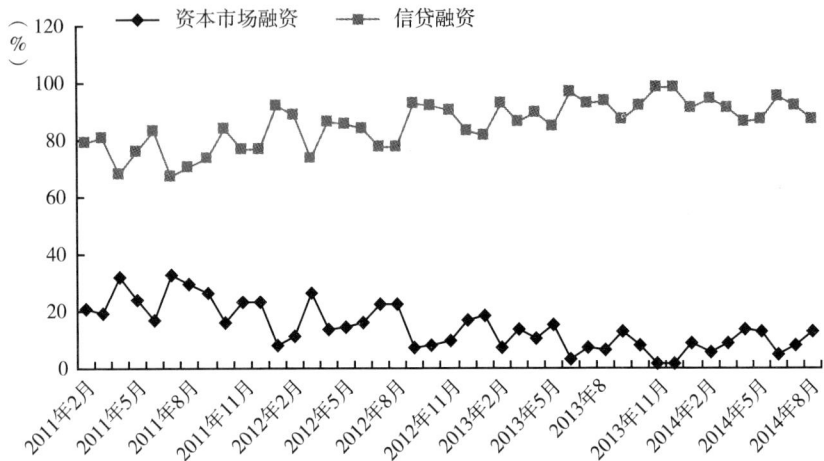

图 11-3 2013 年 4 季度以来的房地产金融市场融资结构

数据来源：依据 wind 资讯和中国房地产信息网相关数据整理。

企业对金融市场融资的依赖度方面些许的变化，即房地产企业直接金融市场融资比重微升，间接融资比重微降。其背后的机理可能来自三方面的因素的综合作用，其一是国家层面战略推动。《金融业发展和改革"十二五"规划》

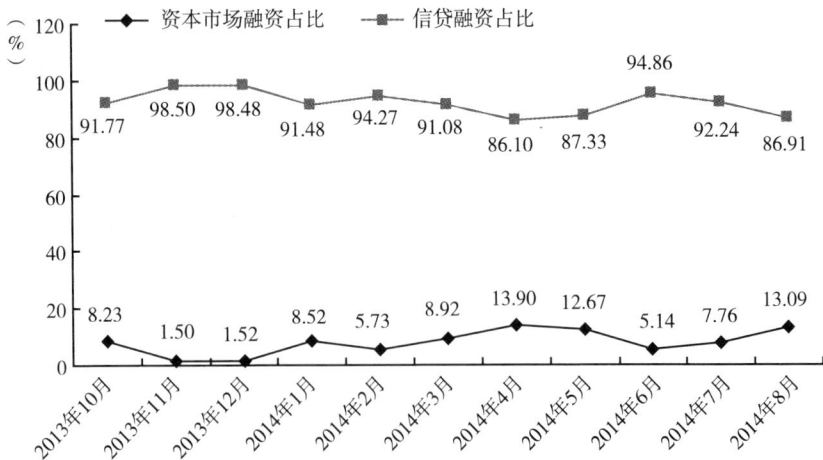

图 11-4 2013 年 4 季度以来的房地产金融市场融资结构

数据来源：依据 wind 资讯和中国房地产信息网相关数据整理。

明示，"十二五"期间"金融结构调整取得明显进展，直接融资占社会融资规模比重显著提高"。其二是近两年持续收缩的房地产信贷政策迫使房地产企业增加直接融资。其三是 IPO 重新开闸。

（二）房地产金融市场板块分析

本期报告聚焦以下五个板块的分析，其一是房地产银行信贷板块，其二是房地产信托板块，其三是房地产资本市场板块，其四是房地产贷款证券化板块，其五是保障房融资板块。

1. 房地产信贷板块

由于本部分主要考察房地产银行信贷在一定期间内的变化趋势，不涉及与其他类型资金的比较问题，以上中国人民银行调研报告对房地产企业资金来源所做的调整对本部分分析的差异性影响较小，所以只依据国家信息中心的相关数据进行分析。主要考察房地产信贷规模的增减变化。

（1）房地产开发贷款：增速趋降　但仍高于其他重要产业贷款增速

图 11-5 表明，与上年同期比较，房地产银行贷款同比增速在 2013 年 4 季度以来呈现明显的下降趋势，特别是 2014 年以来，同比近乎线性下降，6 月、7 月、8 月的降幅均接近 20%。

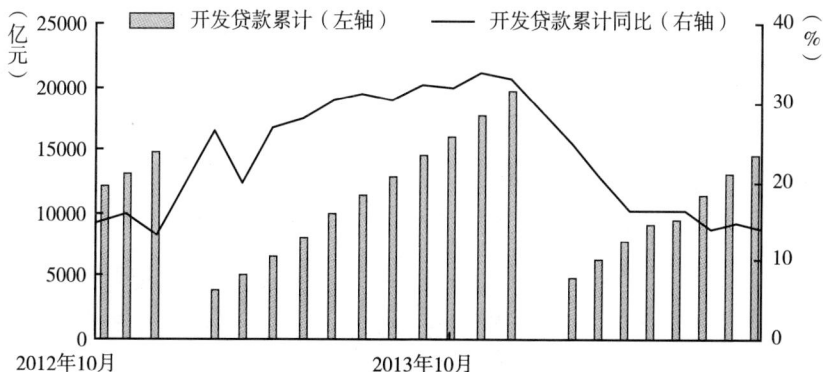

图 11-5　2013 年 4 季度以来房地产开发贷款同比增长率走势

数据来源：根据中国房地产信息网相关数据整理。

开发贷款自 2013 年四季度以来的趋降走势背后的一个重要原因即金融机构放缓了贷款节奏。图 11 - 6 表明，2014 年年初以来，金融机构各项贷款增额累计同比总体呈现下降走势，其中 1 月、5 月和 6 月份反弹，其他几个月份下行。各项贷款总体的降势使得作为其中一部分的开发贷款自 2014 年年初以来持续走低。

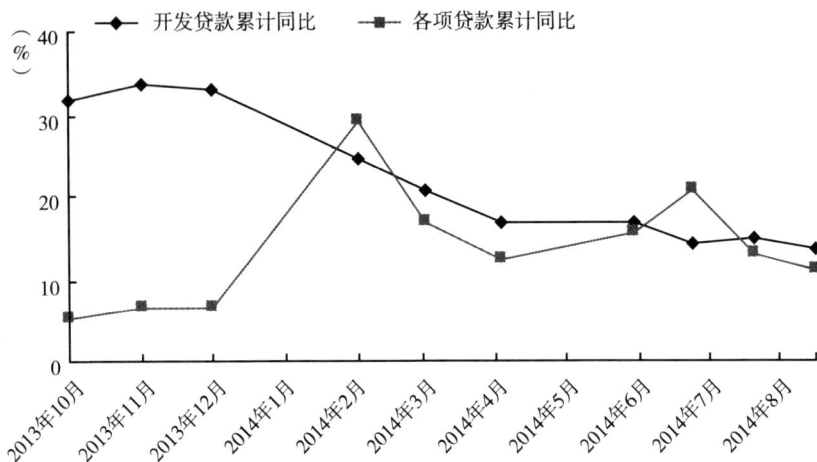

图 11 - 6　2013 年四季度以来房地产开发贷款与各项贷款走势比较

数据来源：根据中国房地产信息网和央行网站相关数据整理。

那么，房地产信贷增速走低的趋势是否快于其他行业贷款增速？鉴于数据的可得性，本报告选择 13 家上市银行相关数据，并选择包括房贷在内的贷款权重较高的的三个行业的增速进行比较。表 11 - 1 给出的是主要上市银行（工商银行、建设银行、中国银行、交通银行、招商银行、民生银行、华夏银行、中信银行、平安银行、兴业银行、浦发银行、南京银行、北京银行）三个重点行业〔制造业、房地产业、交通运输仓储和邮政业（简称交储邮业）〕贷款增额同比数据。由此，从三行业贷款同期增速比较看，开发贷款同比增速依然居于首位，这反映金融机构贷款虽有减少对房地产领域贷款的迹象，但依然对房地产企业维持着相对更高的贷款投放。

表 11 - 1　13 家上市银行三个行业贷款增额累计同比比较

单位：%

时间	开发贷款增额同比	制造业贷款增额同比	交储邮业贷款增额同比
2013 年 6 月	30.29	-28.91	7.42
2013 年 12 月	142.15	-47.24	19.87
2014 年 6 月	32.84	9.37	13.69

数据来源：依据 wind 资讯和中国房地产信息网相关数据整理。

（2）个人按揭贷款：多数月份负增长，但降幅低于其他类个人贷款

相对于房地产开发贷款，房地产个人按揭贷款同比降势更为明显，特别是 2014 年以来，除了 6 月份有一个小幅回调以外，其他月份同比增速明显走低，其中 4 个月份（4 月、5 月、7 月、8 月）甚至出现负增长（图 11 -7）。

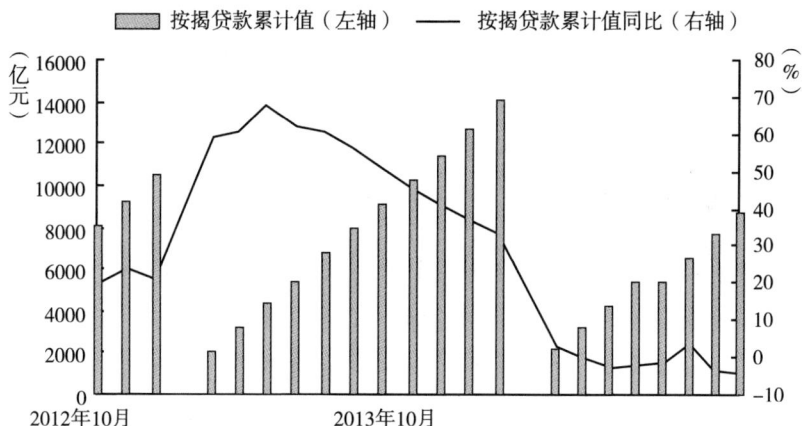

图 11 - 7　2013 年 4 季度以来个人按揭贷款累计同比增长率走势

数据来源：依据中国房地产信息网相关数据整理。

个人按揭贷款的明显走低背后的重要原因即金融机构信贷投放中放缓了个人贷款的节奏。图 11 - 8 显示，2013 年四季度以来，按揭贷款随个人贷款的走势一路下降，所不同的是，按揭贷款的下行速度低于个人贷款的下行速度。2014 年 2 月、3 月、4 月、5 月、6 月、7 月、8 月诸月份中，按揭贷

款同比分别是 2.89、0.12、−3.09、−1.16、−3.71、−3.7、−4.45，但个人贷款同期的指标是 −9.60、−5.47、−10.69、−12.36、−9.71、−12.67、−13.54。这说明，虽然在个人贷款收紧的同时按揭贷款也在收紧，但收紧的程度比个人贷款轻一些。

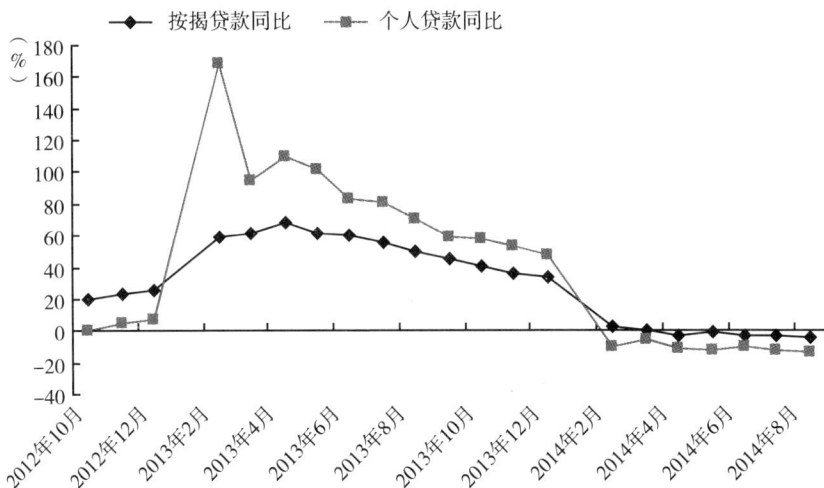

图 11 − 8　2013 年 4 季度以来 M2 和个人按揭贷款累计同比增长率走势

数据来源：依据中国房地产信息网相关数据整理。

图 11 − 9 进一步显示，2013 年 4 季度以来，在个人贷款中，非按揭贷款的下行速度高于按揭贷款的下行速度，这进一步说明，在个人贷款下行的大背景下，金融机构对按揭贷款保持着更多的投放。

开发贷款和按揭贷款的上述走势在商品房价格得到较为充分的反映。图 11 − 10 显示，房地产开发贷款、个人按揭贷款和商品房价格变化水平虽然有异，但走势一致即趋于下行。特别是商品房价格下行走势受个人按揭贷款影响更大，这反映出 2014 年年初以来的按揭贷款收紧对商品房价格的走低具有更重要的影响。

综上，2013 年 4 季度以来，伴随着货币政策和各项贷款的趋紧，开发贷款和按揭贷款增速也趋于走低，特别是个人按揭贷款在 2014 年多数月份出现了负增长。但相对于其他重要行业和其他类个人贷款的走势，

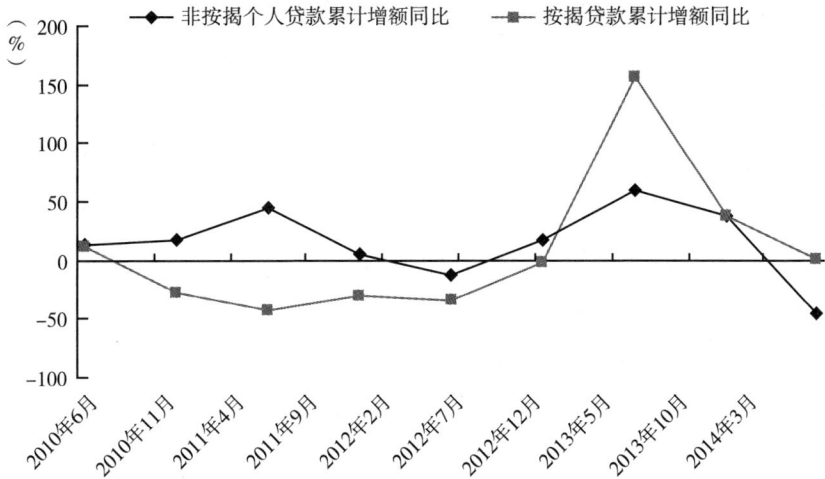

图 11-9　主要上市银行按揭贷款和非按揭个人贷款增额同比

数据来源：依据 wind 资讯和中国房地产信息网相关数据整理。

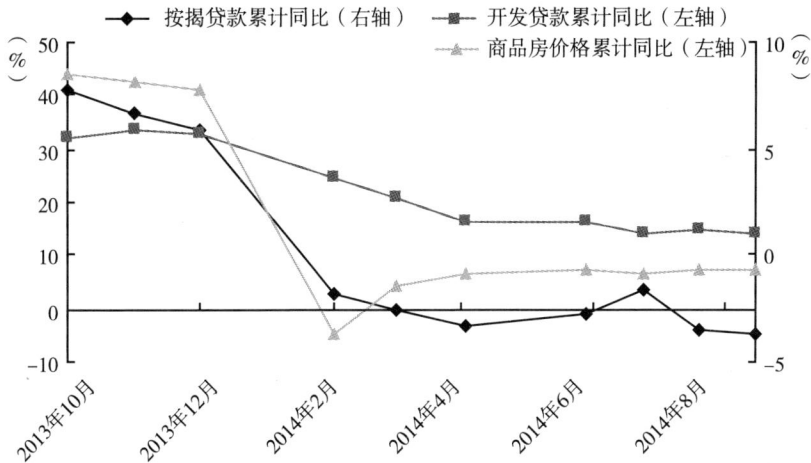

图 11-10　2013 年 4 季度以来开发贷款、按揭贷款和商品房价格走势

数据来源：根据中国房地产信息网相关数据整理。

房地产信贷下行速度相对较慢，反映金融机构依然对房地产行业维持着相对更高的信贷投放，不少人期待中的金融机构去房地产化的趋势并没有出现。

2. 房地产信托板块：弱势大背景下强于其他产业信托

关于房地产信托，目前公开信息披露的数据是季度数据，可观察的变化是季度变化情况。主要视角有两个，其一是资金信托按投向划分的房地产资金的变化；其二是新增信托项目按投向划分的房地产资金的变化情况。除了观察总量的变化情况以外，还要重点考察和分析房地产信托和其他重要产业信托资金变化情况的比较，以此来判断信托资金配置结构是否和在多大程度上反映了经济结构转型的情况。

（1）资金信托投向结构与房地产业信托走势

图 11 - 11 显示，2013 年 4 季度以来，资金信托余额增速下降，基础产业信托、工商企业信托等产业的信托余额出现了同样的下降趋势，但资金信托投向房地产业的资金余额不降反增。

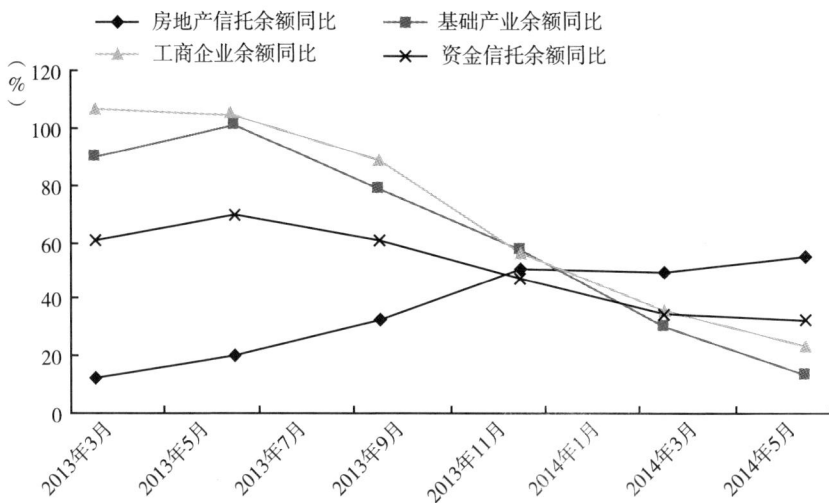

图 11 - 11 房地产资金信托和其他产业资金信托余额同比比较

数据来源：依据 wind 咨询相关数据整理。

表 11 - 2 则表明，房地产资金信托不仅在余额同比方面表现出明显的强势，而且在增额同比指标比较中"鹤立鸡群"。自 2013 年 4 季度以来，资金信托总额的增量和基础产业、工商企业两个重要产业的资金信托增量均出

现了较大比例的负增长，但房地产资金信托仍然有较高的增幅，在 2014 年一季度和二季度的增幅分别高达 44.22% 和 84.07%。

表 11 - 2　房地产资金信托和其他产业资金信托增额同比比较

单位：%

时间	房地产增额累计同比	基础产业增额累计同比	工商企业增额累计同比	资金信托增额累计同比
2014 年 3 月	44.22	-69.13	-55.16	-36.16805
2014 年 6 月	84.07	-84.17	-57.60	-23.73425

数据来源：依据 wind 咨询相关数据整理。

以上表明，自 2013 年四季度以来，在资金信托总额趋降的背景下，房地产信托资金投放不降反升，而且明显强势于基础产业和工商企业的资金信托投放水平。

（2）新增信托项目按投向划分的房地产资金的变化情况

图 11 - 12 显示，房地产业新增信托项目资金在经历了 2013 年 1 ～ 4 季度的高速增长之后，2014 年急速走低，一季度和二季度的增速同步均为负

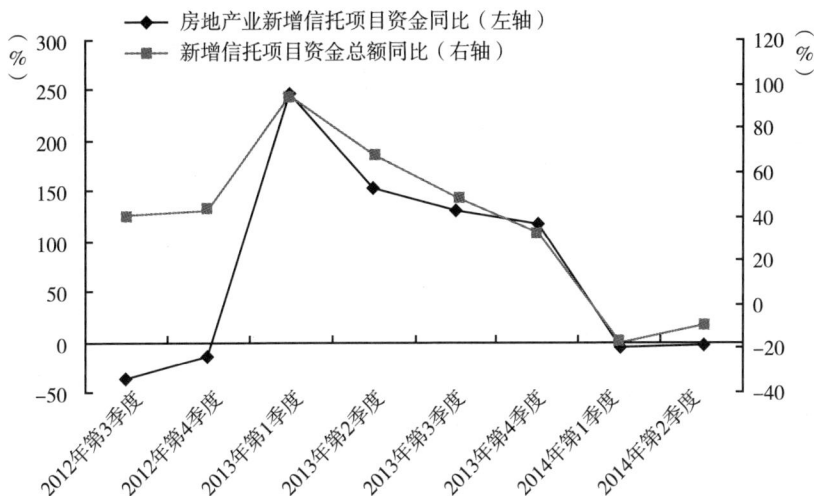

图 11 - 12　房地产业新增信托项目资金同比

数据来源：依据 wind 资讯相关数据整理。

值。这样的走势与同期新增信托项目资金的走势高度吻合。这表明，房地产业新增信托项目走低背后的原因是新增信托项目资金总额出现了收缩。

进一步分析其与其他几个重要产业的走势关系可得（如表 11 - 3），在新增信托项目资金总额趋降的条件下，投向结构更多收缩了基础产业项目，而工商企业项目和房地产项目信托资金也只是做了较小幅度的收缩。

表 11 - 3　新增信托项目资金总额及其投向结构增速比较

单位：%

时间	新增信托项目资金总额同比	基础产业新增信托项目资金同比	房地产业新增信托项目资金同比	工商企业新增信托项目资金同比
2013 年第 4 季度	32.36	23.34	116.49	7.76
2014 年第 1 季度	-17.69	-27.99	-4.55	3.68
2014 年第 2 季度	-9.85	-23.15	-3.93	-1.43

数据来源：依据 wind 资讯相关数据整理。

综上，2013 年四季度以来，在信托资金总规模趋降的大背景下，房地产信托板块并没有呈现明显的收缩，反而部分指标（如房地产信托资金增额同比）不降反升。这也就意味着，信托市场板块对房地产维持着相对更高的支持度。

3. 房地产资本市场板块：融资走势上扬，市值弱于大市

（1）房地产一级资本市场

首先看房地产一级资本市场融资情况。2014 年年初中国资本市场 IPO 在持续封冻了 3 年后重新开闸，大量公司获得在一级资本市场融资的机会。房地产资本市场融资的实际情况怎样呢？

图 11 - 13 显示，2013 年 4 季度以来，资本市场融资规模稳健上行，房地产资本市场融资规模也同样出现了上涨趋势，2014 年 2 季度和 3 季度的规模均超过了 1000 亿元。

不仅房地产融资的规模在上升，而且房地产资本市场融资的权重也在上升。图 11 - 14 是按行业结构给出的是房地产资本市场融资在 24 个行业资本

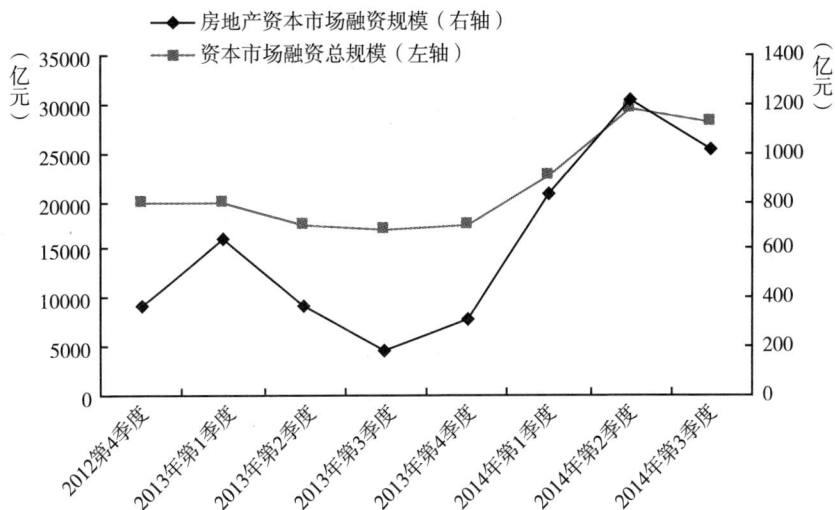

图 11－13　房地产资本市场融资规模季度走势

数据来源：依据 wind 资讯相关数据整理。

市场融资分布中的权重①，该权重由 2013 年 3 季度的 1.1 上升至 2014 年 3 季度的 3.61，升幅达 2 倍之多。

　　从融资结构看，表 11－4 显示，2013 年四季度以来房地产资本市场融资规模的上升主要源于债券发行，其中两季占比为 100%，另外两个季度也到达 85% 以上，相较之下，房地产首发、配股和公开增发均为零，定向增发和可转债发行也了了。这说明，资本市场 IPO 的重新开闸实际上还没有惠及房地产领域。实际上，在 IPO 没重新开闸的 2011～2013 年，房地产资本市场融资主要依靠债券发行渠道。这表明，证监会在关紧房地产企业股票市场融资大门的同时，国家发改委则是通过债券市场融资为房地产企业直接融资需求减压，因而近一年来，房地产资本市场融资规模实际上有增无减。

---

① 这 24 个行业分别是：银行、资本货物、公用事业Ⅱ、运输、能源Ⅱ、材料Ⅱ、多元金融、房地产、零售业、电信服务Ⅱ、制药生物科技与生命科学、食品饮料与烟草、保险Ⅱ、汽车与汽车零部件、消费者服务Ⅱ、技术硬件与设备、软件与服务、耐用消费品与服装、媒体Ⅱ、商业和专业服务、半导体与半导体生产设备、医疗保健设备与服务、食品与主要用品零售Ⅱ、家庭与个人用品。

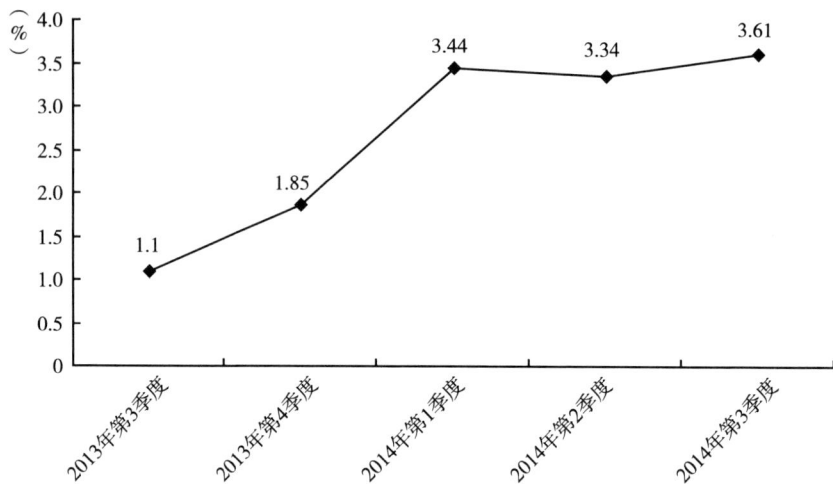

图 11－14　房地产资本市场按行业融资权重

数据来源：依据 wind 资讯相关数据整理。

表 11－4　2013 年 4 季度以来房地产资本市场融资结构

单位：亿元

	首发	增发	配股	可转债发行	债券发行	总额	债券发行占比（％）
2011 年	0	243.33	0	0	591.55	834.88	70.85
2012 年	0	16.7	0	0	832.8	849.5	98.03
2013 年第 4 季度	0	0	0	0	320.30	320.3045	100.00
2014 年第 1 季度	0	0	0	0	824.36	824.3638	100.00
2014 年第 2 季度	0	80.50	0	0	1133.57	1214.073	93.37
2014 年第 3 季度	0	130.89	0	18.00	857.10	1005.996	85.20

数据来源：依据 wind 资讯相关数据整理。

（2）房地产二级资本市场

可以从两个角度观察房地产二级资本市场的情况。其一是房地产市值与总市值的走势比较；其二是房地产市值与其他行业市值的比较。这两个指标可以帮助我们判断房地产在二级资本市场受关注和支持的程度。

首先看房地产市值与总市值的走势比较。图 11－15 显示，自 2013 年 4 季度以来，房地产市值和全行业市值同比均出现了上涨，但房地产市值的涨幅小于全行业市值。

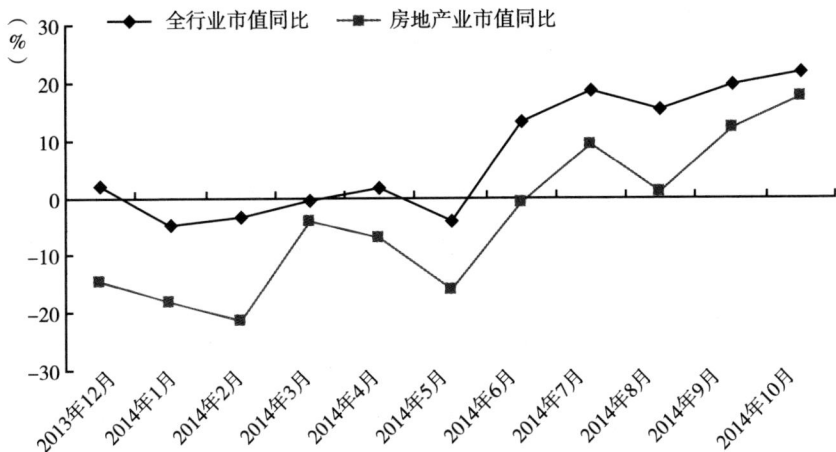

图 11 - 15　房地产市值与全行业市值同比比较

数据来源：依据 wind 资讯相关数据整理。

其次从行业市值比较角度看，图 11 - 16 显示，2014 年初以来，房地产行业的市值在 28 个行业中的位次呈下降趋势①，相对于上年同期市值下降了 3 ~ 4 个位次。

通过以上两个指标可以断定，自 2013 年四季度以来，投资者对二级资本市场的支持度在提升，但相对于其他行业，投资者对房地产的支持度相对较低。

综上，2013 年四季度以来房地产资本市场的特点是：（1）房地产一级资本市场融资规模走高，而且在资本市场总融资规模的权重也在提升，这反映出资本市场投资者对房地产的支持度在提升而且高出总体平均水平。（2）房地产二级资本市场市值相对于全行业和其他行业呈弱势，则反映二级市场投资者对房地产板块的支持度相对较低。（3）房地产资本市场融资规模的走高

---

① SW 银行、SW 采掘、SW 化工、SW 非银金融、SW 医药生物、SW 机械设备、SW 房地产、SW 公用事业、SW 汽车、SW 计算机、SW 交通运输、SW 电子、SW 电气设备、SW 有色金属、SW 食品饮料、SW 传媒、SW 建筑装饰、SW 商业贸易、SW 通信、SW 国防军工、SW 家用电器、SW 农林牧渔、SW 建筑材料、SW 轻工制造、SW 纺织服装、SW 钢铁、SW 综合、SW 休闲服务。

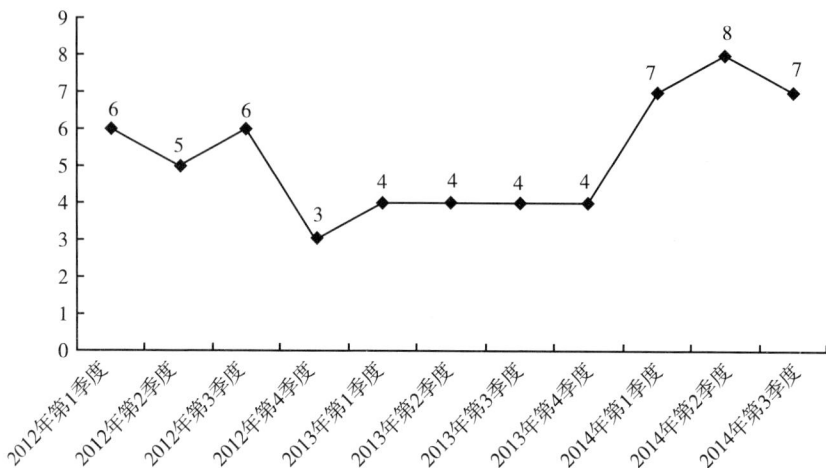

图 11 – 16　近几年来房地产板块在行业市值比较中的位次变化

数据来源：依据 wind 资讯相关数据整理。

主要得益于债券发行规模的提高，股票融资并没有随 IPO 的开闸而活跃。我们知道，股票融资由证监会审批，债券发行由发改委审批，两部门不同的政策取向决定了股票融资和债券融资在资本市场上的不同表现。

4. 资产证券化板块：雷大雨小

近两年，房地产贷款证券化渐成热点话题，特别是 2013 年中国政府高层在"盘活存量，用好增量"的金融资源配置原则下，进一步强化证券化的作用。7 月初，国务院办公厅发布《关于金融支持经济结构调整和转型升级的指导意见》，明确提出以常规化的方式逐步推进信贷资产证券化，9 月底，央行与银监会进一步推出试点额度高达 3000 亿元的具体落实方案，其中配置给房地产贷款证券化的额度虽然不详，但无论如何对房地产贷款证券化的推进是一个空前的利好。那么实际情况如何呢？

2013 年 4 季度以来，房地产贷款证券化实际推进步伐不大。首先从产品发行的角度看，只有一单产品落地。"邮元 2014 年第一期个人住房贷款支持证券化"产品于 2014 年 7 月 22 日在全国银行间债券市场发行，规模为 68.14 亿元。发起机构是中国邮政储蓄银行，发行人为交银国际信托，主承销商为中信证券。该单产品基础资产池含 2. 4 万笔个人住房抵押贷款，信用结构安排包括优先 A 级资产支持证券 59. 96 亿元，占比 88% ；优先 B 级资产支持证券 4. 77 亿元，占比 7% ；次级资产支持证券 3. 41 亿元，占比 5% 。优先级资产支持证券在全国银行间债券市场交易，次级资产支持证券将由发行机构邮储银行持有。相比之下，其他类资产证券化的推进更为积极。如国开行于 2014 年 2 月、5 月和 7 月先后发行一单铁路信贷资产支持证券、两单信贷资产证券化产品，规模总计近 350 亿元。其次从政策推进看力度不够。9 月 30 日，央行银监会联合出台《关于进一步做好住房金融服务工作的通知》，其中第三条明确提出，"鼓励银行业金融机构通过发行住房抵押贷款支持证券……专门用于增加首套普通自住房和改善型普通自住房贷款投放"。但到目前为止缺乏具体的政策推进措施，也未见哪家商业银行有实质性回应，该项政策的力度显然不及上一年。

由此，2013 年 4 季度以来的房地产贷款证券化的推进具有明显的"雷声大、雨点小"的特点。

5. 保障房融资板块

考察 2013 年以来保障房融资的变化基于如下三个视角。

其一即商业性金融机构保障房融资的情况。首先看其余额同比和增额同比，图 11 - 17 表明，2013 年四季度以来，无论是余额同比还是增额同比，商业性金融机构保障房开发贷款均呈升势，特别是增额同比在 2014 年前 2 季度和前 3 季度分别高达 180% 和 173% ，显示出强进增长态势。

其次看保障房贷款和商业性房地产贷款增速比较。图 11 - 18 显示，2013 年 4 季度以来商业性房贷增额增速降势明显，但保障房贷款增额增速涨势强劲，两者形成明显的反差。

由此，2013 年 4 季度以来，保障房开发信贷不仅自身同比大幅增长，相对于走软的商业性房贷也是升势明显。

其二是政策性金融支持保障房的情况。国开行住宅金融事业部的建立为保障房建设提供了一个新的渠道。据国开行相关资料，国开行 2014 年年初以来释放保障房贷款（主要是棚户区改造贷款）近 2000 亿元，只是这部分

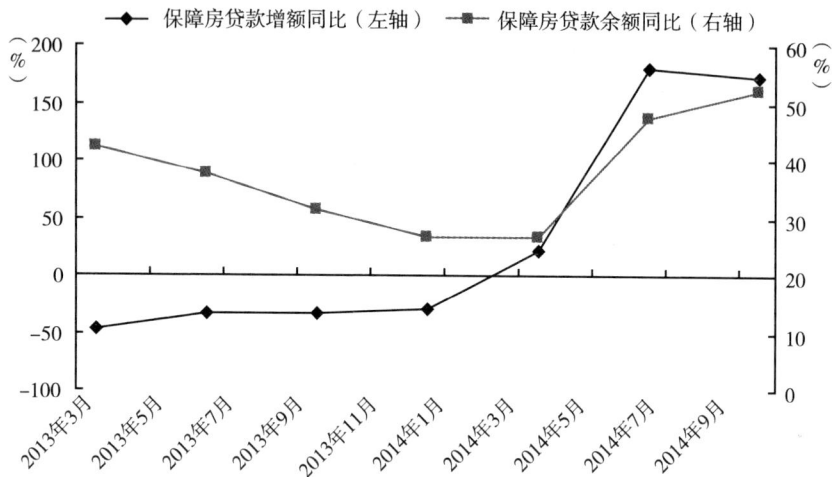

图 11 - 17　保障房贷款增速

数据来源：依据 wind 资讯相关数据整理。

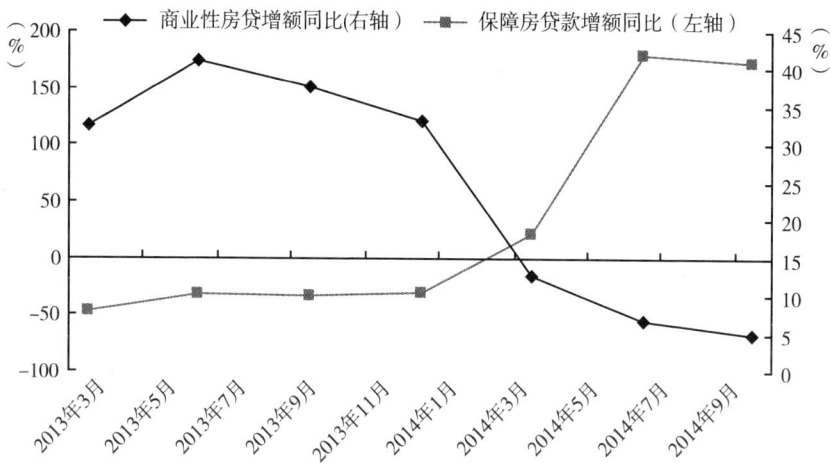

图 11 - 18　保障房贷款和商业性房贷增速比较

数据来源：依据中国房地产信息网和 wind 资讯相关数据整理。

资金实际上统计在商业性金融机构保障房贷款的口径下，2014 年前三季度保障房贷款总计余额超过 1 万亿元，增额超过 3000 亿元，其中近 70% 来自国开行。

其三是财政融资。表 11-5 显示，保障性住房支出逐年增加，2014 年的预算数虽无公开披露但按照以往经验推算应能达到 3500 亿元（包括公积金增值收益和土地出让金净收益用于住房保障建设的部分），实际执行 3200 亿元。

表 11-5　全国财政保障性住房支出

单位：亿元

年份	预算数	执行数	年份	预算数	执行数
2009	669. 38	726. 16	2012	2971. 31	3148. 81
2010	834. 00	1228. 66	2013	3321. 50	3013. 27
2011	1487. 97	2609. 54	2014	3500	3200

数据来源：wind 资讯（不包括 2014 年预算数）。

注：2014 年的预算数为估计数。

由上，2013 年四季度以来，住房保障融资呈持续增加的态势，反映保障房的融资支持环境正逐步改善，其背后则是我国住房供应的结构性转型成效正在显现，这必将进一步深刻影响我国住房供求的结构和模式。

二　存在的问题

（一）住房融资权重的刚性折射金融资源配置结构的转型压力

无论是信贷板块还是信托板块和资本市场板块，融资来源总体规模走势趋降，包括房地产信贷权重、房地产信托权重和资本市场融资权重这样的结构性指标却是保持相对刚性甚至升势，这样的特点在在行业配置结构中也有类似的表现。这样的状况和表面上房地产融资环境的紧缩氛围似有不一致，与国家经济结构转型的趋势同样不够匹配。其中的解释视角之一是，房地产与金融之间已经形成相互捆绑的关系，而且此种关系存在固化趋势，很难在短期内或常态下改变。

（二）保障房融资仍然存在不小缺口

按照国家"十二五"规划以及 2015~2017 年规划的相关信息，保障房建设每年需要融资支持规模大约为 1 万亿，而前三季度公开披露的各类保障房融资规模（包括财政支出）约为 5000 亿~6000 亿，每个季度平均 1500 亿~2000 亿，按此推论全年保障性住房融资缺口大约是 2000 亿~3500 亿元。这样的缺口在保障房建设计划的硬约束下往往以扭曲的形式表现出来，诸如粗制滥造、虚假统计等等。

（三）住房金融市场风险隐患持续

首先是房地产融资市场的集中度过高，持续给相关金融机构资产负债的期限结构和风险结构管理施加压力。其次是个人按揭贷款的期限错配风险。目前个人按揭贷款余额近 10 万亿元，其对应的大部分存款的期限是不匹配的，这就形成期限错配风险。再次是利率风险。近几年来，中国利率市场化步伐加快，由此导致住房抵押贷款负债端成本不能被其资产端收益覆盖的风险（即所谓利率风险）。最后是房地产信托板块风险。由于中国房地产信托目前依然实际上对于信托人的债权实行刚性对付，房地产信托资金的高成本和经济下行周期所引致的房地产信托项目的高风险，将信托机构逼上刚性兑付境地的概率加大。

（四）资产证券化的规模化推进存在诸多约束

一是 2013 年国务院确定的将资产证券化纳入规范化通道的要求未见落地迹象；二是对基础资产规定过于苛刻。各轮资产证券化试点规定均要求将优质资产证券化，禁止将风险较大资产证券化。然而证券化的一个核心功能即风险分散和转移，并且借助真实出售、风险隔离和信用增级等方式保证相关资产的风险和收益结构实现有效率配置，由此只要求将优质资产证券化的做法不仅使得资产证券化基本丧失风险管理的本义，也大大降低资产证券化发起人的积极性。三是住房抵押贷款证券化产品呼之难出，目前仅有不足 70 亿的单子实际落地。四是资产证券化二级市场的体系化建设缺位。发达经济体通过诸多公共性和商业性并举的多种制度和政策安排，培育并推进住房抵押贷款证券化二级市场的发展，而我国目前在这方面的工作几近为零。

三　未来预测

（一）预测思路

预判住房金融市场未来走向的一个核心参照，即国家层面"稳增长、调结构、促转型"的战略安排，其中"稳增长"需要房地产业以适当的速度持续发展，"调结构"则内含去房地产化的力量，两者的有效结合才能促成经济结构的实际转型。由此，就房地产市场总量而言，融资规模还将保持一定的增长，但增速应下降；就融资投向的产业布局而言，相对于其他产业融资，房地产融资权重应趋于下降；就融资市场结构而言，一方面是房地产资本市场融资的增速应高于信贷融资增速，直接融资权重应持续上升并大幅缩小其与信贷权重的差幅，另一方面是按揭贷款二级市场的建构有望取得进展。

鉴于数据的可获得性约束，本期报告继续延续前几期报告的做法，选取商业性住房金融机构房地产贷款指标并预测其在 2013 年 4 季度和 2014 年一年的规模及其季度分布；基础数据主要取自中国统计局网站信息、国家信息中心下辖的中国房地产信息网和 wind 资讯的相关数据，金融机构房地产贷款为房地产企业资金来源小计类项下的国内贷款和个人按揭贷款之和称为房贷。使用的方法是二次指数平滑方法，具体步骤如下。

第一步是在 Eviews 工具平台使用二次指数平滑方法，求得关于房贷在 2013 年四季度和 2014 年前三季度规模的线性预测公式。

第二步依据上述预测公式，测算 2013 年四季度、2014 年一季度、二季度和三季度的房贷值。

（二）2014年第4季度和2015年前3季度房贷规模预测

该预测基于样本空间序列为 2006 年 1 季度至 2014 年 3 季度的季度数据，数据来源为中国房地产信息网、wind 资讯和中国人民银行网站。具体数据内容见附录1。二次指数平滑操作中的样本期设定为 2006 年一季度至 2015 年三季度，较原序列向后延长 4 期，旨在进行 4 期的预测。

二次指数平滑后的线性预测公式是：

$$Y_{t+k} = 8330.975 - 157.2791k$$

其中 8330.975 是均值， - 157.2791 是斜率， k = 1， 2， 3， 4。

由此得出 2014 年 4 季度至 2015 年 3 季度间各个季度的房贷规模，如表 11 - 6，由此测算，2015 年房贷规模可能降到 3 万亿元以下，较 2014 年降幅约为 10%。从季度走势看，房贷自 2015 年出现季度累计持续负增长的特点，预示着经济结构转型对房地产信贷领域的影响可能在 2015 年会有所显现。

表 11 - 6　2014 年 4 季度至 2015 年 3 季度房贷预测

单位：亿元，%

	房贷季度累计	房贷季度额	房贷季度累计同比
2014 年第 4 季度	34255.70	8173.70	1.63
2015 年第 1 季度	8016.42	8016.42	- 14.61
2015 年第 2 季度	15875.55	7859.14	- 10.84
2015 年第 3 季度	23577.41	7701.86	- 9.60

四　政策建议

（一）以有效经济结构转型促房地产融资权重调降

依本章和第六章分析，2013 年 4 季度以来，房地产融资领域的一个基本特点是，在金融资源总量增速走低的大势下，房地产融资依然保持相对强势。这样一种特点似乎与国家层面经济结构转型的战略不太匹配。换一个角度考虑则是，经济结构转型的过程和相关的政策尚未形成足够的力量，改变金融资源已有的配置路径和配置结构，以此达到调降房地产融资权重的目标。经济结构调整重点领域有两个，即新兴产业和保障性产业。相应的有效的经济结构调整至少包括三个基本内容，其一即产业结构创新过程培育出规模化、高效率、可持续的新兴产业；其二即定向激励政策引导金融资源增加对新兴产业的配置比重；其三是建构政策性金融体系，一方面是为结构转型提供直接金融支持，另一方面为投放到新兴产业和保障性领域中的商业性金融资源提供增信支持。

（二）加速房贷证券化推进步伐，有效防控房地产金融风险

如前述，房地产金融的风险主要表现在房地产融资结构过于集中于信贷领域的所谓集中度风险，房地产信贷的期限错配风险，房地产信贷的利率风险以及房地产信贷的违约风险。而在一系列缓释房地产金融风险的策略选项中，最为有效的策略是房贷证券化。实际上，房贷证券化不仅能有效缓释房地产金融风险，而且能够帮助金融机构有效解决融资短缺、资产负债表优化等问题。

而正如前述，我国房贷证券化的加速推进还存在诸多约束，有效突破这些约束的对策包括：①取消所谓房贷证券化额度的行政审批，按照市场化原则发行证券，从而建构房贷证券化推进的规范化机制。②降低基础资产进入门槛，放松基础资产质量约束，只要是投资级以上的资产均可作为房地产贷款证券化的基础资产。③效法美国"两房"经验，建构关于房贷证券化二级市场的有效的政策性金融推进体系，从而尽快培育和促成一个规模化、有效率的房贷证券化二级市场。

（三）建构有效机制激励商业性金融机构支持保障房建设

关键点有两个，其一是建构商业性信贷贴息机制，该机制旨在保证商业

233

性金融机构覆盖其保障房贷款成本。其二是建构政策性增信机制。该机制旨在保障房建设贷款拖欠或违约条件下，能够以垫资方式提供流动性支持或者承担无限连带责任，从而避免商业性金融机构的相关损失。

五 住房金融市场指数

依据数据的可得性情况，本期报告选择一个指标即房地产资本市场融资（K）和金融机构贷款（L）之比，记为 K/L。以下介绍测算方法、结果及其意义。

（一）指数测算方法

房地产资本市场融资指房地产企业通过 IPO、增发、债券发行、可转债发行等方式所获得的资金，代表直接融资；房地产金融机构贷款即房贷，为国家信息中心关于房地产资金来源统计项下的国内贷款和个人按揭贷款之和，代表间接融资。

房地产资本市场融资基础数据取自 wind 资讯，房贷基础数据则来自中国统计年鉴和国家信息中心下辖的中国房地产信息网。

K/L 既可以通过年度值之比获得，称为 K/L 年度指数，也可以通过月度值算出，称为 K/L 月度指数。对于年度指数，由于缺乏 2006 年以前的个人按揭贷款数据，2000～2005 年 L 中的按揭贷款为估算数（国内贷款的一半）。

对于月度指数，统计房贷的基础数据来自中国房地产信息网，资本市场融资基础数据来自 wind 资讯。

（二）计算结果和意义

1. K/L 年度指数

图 11 - 19 表明，自 2000 年以来 K/L 年度指数的特点是：①年度指数水平过低。各年份均低于 8%，有 5 个年份不足 2%，最低值出现在 2010 年。

这样的结果反映，房地产企业融资结构中，资本市场融资额对房地产企业的支持远小于金融机构对房地产企业的支持，房地产融资过于集中于间接金融机构，必然会影响这些机构的资产负债结构和风险结构，进而影响金融体系的稳定①。②K/L指数最高的年份是2008年，其次是2009年，在2010年降到谷底后，2011～2013年有逐步上升趋势，但依然没有达到2008年的峰值。这说明，K/L年度指数还有很大的上升空间。

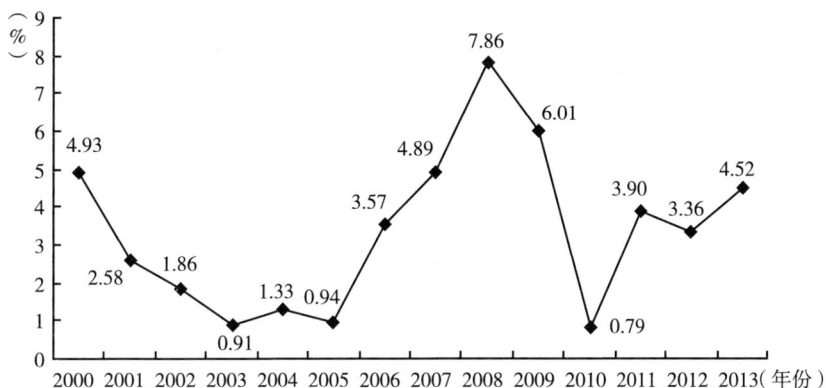

图11-19　房地产企业融资年度指数

数据来源：依据wind资讯和中国房地产信息网相关数据整理。

2. K/L 月度指数

图11-20表明，K/L月度指数的基本特点是：①该指数总体处于较低水平。在2006年至今的多数月份在10%以下，峰值月份出现在2008年，该年也是K/L指数的峰值年份，5个月份的指数值为零。K/L月度指数反映了与年度指数相同的问题，即过高的信贷融资集中度，因而势必给以银行为主体的金融中介机构的资产负债带来期限结构平衡和资产风险管理的较大压力。②2014年年初以来，该指数持续走高。其中有两个月份超过15%，这个高度虽仍不及2008年的月度峰值，但背后已经透射出国家融

①　银行房贷一项中，由于2005年以前无按揭贷款数据，2000～2005年按揭贷款估计为国内贷款的一半。

资制度和政策的直融化倾向。由此，K/L月度指数的进一步持续提高将是大概率事件。

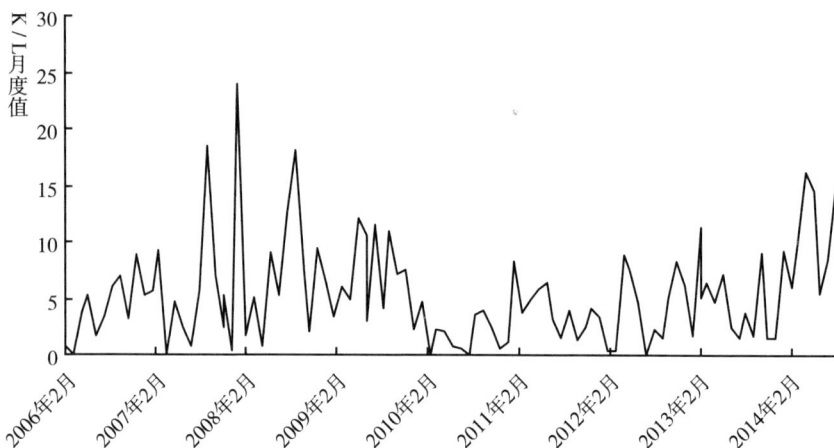

图 11 - 20　房地产企业融资月度指数

数据来源：依据 wind 资讯和中国房地产信息网相关数据整理。

附表

2006 年第 1 季度至 2014 年第 3 季度房贷季度累计和季度值

单位：亿元

	房贷季度累计	房贷季度值
2006 年第 1 季度	1886.4	1886.4
2006 年第 2 季度	3829.9	1943.5
2006 年第 3 季度	5702.4	1872.5
2006 年第 4 季度	8062.8	2360.4
2007 年第 1 季度	2506.1	2506.1
2007 年第 2 季度	5156.5	2650.4
2007 年第 3 季度	8147.3	2990.8
2007 年第 4 季度	11838.1	3690.8
2008 年第 1 季度	3225.8	3225.8
2008 年第 2 季度	5792.9	2567.1
2008 年第 3 季度	8136.1	2343.2

	房贷季度累计	房贷季度值
2008 年第 4 季度	10829. 1	2693
2009 年第 1 季度	3529. 9	3529. 9
2009 年第 2 季度	8210. 3	4680. 4
2009 年第 3 季度	13535. 6	5325. 3
2009 年第 4 季度	19695. 6	6160
2010 年第 1 季度	5867	5867
2010 年第 2 季度	11110. 8	5243. 8
2010 年第 3 季度	15788. 9	4678. 1
2010 年第 4 季度	21751. 4	5962. 5
2011 年第 1 季度	5913. 04	5913. 04
2011 年第 2 季度	11204. 1	5291. 06
2011 年第 3 季度	15935. 02	4730. 92
2011 年第 4 季度	20923. 63	4988. 61
2012 年第 1 季度	6281. 15	6281. 15
2012 年第 2 季度	11807. 61	5526. 46
2012 年第 3 季度	18072. 13	6264. 52
2012 年第 4 季度	25302. 26	7230. 13
2013 年第 1 季度	8329. 65	8329. 65
2013 年第 2 季度	16664. 44	8334. 79
2013 年第 3 季度	24865	8200. 56
2013 年第 4 季度	33705. 7	8840. 7
2014 年第 1 季度	9387. 71	9387. 71
2014 年第 2 季度	17805	8417. 29
2014 年第 3 季度	26082	8277

公 共 政 策

Chinese Housing Policies

G.12

第十二章

中国住房市场监管

刘伟 杨杰

2014 年，中国住房市场监管有两大亮点。一是随着经济呈现"新常态"，住房市场监管对"楼市"逐步放松；二是配合反腐进入"新常态"，住房市场监管对"腐败"逐步缩紧。"一松一紧"体现了新形势下住房监管新特征，即在逐步完善住房市场的同时打击腐败。

针对经济"新常态"，住房市场监管对"楼市"逐步放松，表现为：（1）"限购"监管视野逐渐收缩，至 2014 年 10 月，除北上广深等大城市之外，绝大多数城市取消限购，二三线城市限购监管全面取消；（2）"限贷"标准有所调整，在审批中放宽对首套房贷认定标准；（3）住房公积金监管以地方住房公积金服务工作为重点，检查各地住房公积金服务工作是否到位，间接支持"楼市"松绑；（4）部分地方保障房审批标准放宽，例如北京市保障房首次向非京籍人员开放，同时收入不再是"门槛"。

配合反腐"新常态",住房市场监管对"腐败"逐步缩紧。2014 年审计署、国土部、住建部分别在腐败易发领域开展行动。特别是 2014 年全国将首次展开大范围土地出让金审计,以资金收支管理为切入点,重点对 2008～2013 年土地出让金收支及非税收支管理情况、土地整治项目及耕地保护资金管理使用情况进行全面审计。

为了解 2014 年住房市场监管情况,本章对 2013 年 11 月至 2014 年 10 月住房市场监管政策进行分析,指出 2014 年住房市场监管现状与问题,并利用中国住房市场监管指数对 34 个大中城市住房市场监管进行测度分析,从审批、监督和服务三个方面来考察住房市场的企业开办、住房土地、住房开发、住房销售、住房租赁和物业管理六大环节,并对各环节监管做出评价。最后,就中国住房市场监管提出政策建议。

一 住房市场监管政策分析①

2014 年尽管并未频繁出台住房市场监管新政,但随着经济、反腐双双进入"新常态",为适应形势变化,住房市场监管方向有所调整。

2013 年底,住建部部长姜伟新在全国住房城乡建设工作会议中部署安排 2014 年重点工作任务,提出继续抓好房地产市场调控和监管工作,继续强化市场监管。姜伟新提出,要保持调控政策的连续性和稳定性,执行好既有调控措施,更加注重分类指导,房价上涨压力大的城市要从严落实各项房地产市场调控政策和措施,增加住房用地和住房有效供应;库存较多的城市要注重消化存量,控制新开发总量。由此可见,从 2013 年底到 2014 年初的住房市场监管政策定调为在强化监管的基础上贯彻分类指导思想。在 2014 年初,国内经济受到外需不振、产能过剩和房地产市场调整等因素的影响,经济下行压力增大,同时全国房价环比涨幅连续下跌②。对此,姜伟新在两

---

① 资料来自国务院住房与城乡建设部、国土资源部和地方住房与城乡建设委、国土资源管理局等官方网站。

② 数据来源于中国指数研究院,"中国房地产指数系统百城价格指数"。

会期间提出"双向调控",同时从多个途径传来住房市场监管政策有所放松的声音。在 2014 年第二季度,中国经济增速相比第一季度有所好转,但房地产市场主要数据均出现同比下降,房地产市场持续衰退,需求疲弱。为此,住房市场监管政策在"分类指导"和"双向调控"思想指导下做出调整,以促进存量消化为目标,给予地方政府更大自主空间。

2014 年 8 月,全国首次针对土地出让金展开大范围审计。审计重点关注土地出让金"从哪来,到哪去",摸清土地征收、储备、供应、整治、耕地保护及土地执法等情况,为促进国家有关部门、地方政府以及相关单位进一步贯彻落实国家关于土地管理与调控的相关政策法规,维护土地资产的安全完整打下坚实基础。根据国土部数据,自 2000 年以来,全国土地出让年收入增长超 30 倍,出让金总额累计约 20 万亿元。部分地区土地出让金约占地方财政一半,甚至有部分省份土地出让收入总额超过税收收入。由于地方土地出让金长期"封闭运行",以致腐败丛生。此次全国大范围土地出让金审计,是土地出让监管与反腐工作相结合,在摸清土地财政"家底"的同时为中央强力反腐"新常态"助力。

1. 住房土地监管:全国土地出让金审计启动,引领土地监管新高潮

2014 年 1 月 11 日上午,国土资源部副部长徐德明在全国国土资源工作会议第二次全体会议上,就 2014 年国土资源工作进行了总体部署,提出 2014 年国土部十大工作任务。徐德明强调,要严防死守保护耕地,扎实开展不动产统一登记和土地调查监测,加强土地监管。关于执法监察工作,要加大巡查力度,加强日常监管。徐德明还指出,进一步整合规范督察业务,提高督察效能,加大督察查处力度,探索建立完善移送移交制度,重大问题要公开监督,重大案件要公开督办。

2014 年 3 月 13 日上午,十二届全国人大二次会议举行闭幕会。大会闭幕后,国务院总理李克强在谈及反腐问题时,提出对于社会公众高度关注的一些领域,比如像土地出让金收入、矿产权转让等,要全面审计,要通过一系列的制度性措施,让权力寻租行为、让腐败现象无藏身之地。

自 2014 年 8 月开始,国家审计署掀起全国首次土地出让金大范围审计,直击土地出让金收支及土地征收、储备、供应等领域，而 2008～2013 年间高达 15 万亿元的土地出让金将成为严格审查对象。此次审计是继社保审计、地方债务审计之后的第三次大规模全国性审计，针对国土资源领域，重点聚焦在土地出让金、耕地保护和矿产资源三个方面。土地出让金和耕地保护两方面的审计工作同期开展，具体审计工作由各省（区）当地（审计署）特派办牵头，审计组成员则由特派办和各地审计部门抽调的工作人员组成，审计直接对象是各市县政府，审计方式为异地交叉审计，工作时间截止到 10 月末。其中，土地领域的权力寻租和腐败现象也将在两个月后的审计报告中披露。《第一财经日报》从某省级国土资源部门负责人的审计部署工作文件中获悉，该省需要为审计部门准备土地出让金等 16 项相关资料。比如在土地出让金方面，需准备土地出让金收入明细、支出表、土地级别与基准地价、土地使用权证发放及融资情况等。这份工作文件更详细披露了土地出让金审计中可能出现的核心问题，比如是否存在违规出让土地的问题，包括出让主体不合法、未落实招拍挂出让制度、违反国家供地政策、低价或零地价甚至负地价出让土地、违规发证、出让后擅自改变规划条件等；是否存在应征未征、擅自减免、截留或变相返还土地出让金等问题；是否存在人为加大土地开发成本支出而降低土地出让实际收益，违规使用、挤占、挪用土地出让金等问题等。此前，中央巡视组在巡视的 21 个省份中，发现 20 个省份存在房地产腐败现象，占比高达 95%，而 19 名省部级官员在中央巡视组进驻后落马，其中不少高官落马与房地产业密不可分，土地领域为腐败重灾区。因而此次全国大范围土地出让金审计被寄予厚望。

2. 建筑质量监管：落实建筑工程负责人终身责任制，开展工程质量治理两年行动

2013 年 12 月 24 日，全国住房城乡建设工作会议在北京召开①。住房城乡建设部党组书记、部长姜伟新在作报告中回顾了 2013 年住房城乡建设工

---

① 《全国住房城乡建设工作会议召开》，《中国建设报》要闻一版，2013 年 12 月 25 日，http：//www.chinajsb.cn/bz/content/2013－12/25/content_114839.htm。

作，部署安排了 2014 年重点工作任务，提出继续加大建筑市场和工程质量安全监管力度。研究改革建筑劳务用工方式。完善建筑工人专业技能培训制度。继续强化和完善招投标监管。加强建筑质量管理制度建设，建立健全工程质量终身责任制度。进一步强化工程质量安全监督检查，坚决遏制重特大事故。

2014 年 2 月，住建部工程质量安全监管司公布 2014 年工作要点①，指出"加强重点领域监管，促进工程质量稳步提升。一是建立健全工程质量终身责任制，进一步明确各参建责任主体及人员的质量终身责任，全面落实建筑物永久性标牌制度。二是完善工程质量检测管理制度，进一步明确检测机构定位，加强对检测机构和检测人员行为监管。三是全面推进住宅工程质量常见问题专项治理，启动专项治理示范工程创建活动，推行样板引路。四是组织开展以在建保障性安居工程、公共建筑等为重点的全国建筑工程质量监督执法检查，督促各地严格执行工程建设法律法规和强制性标准。五是召开全国建筑工程质量安全管理工作会议，以改革创新精神研究部署下一阶段工程质量安全监管工作。六是严格落实工程质量事故质量问题调查处理和通报曝光制度。"

2014 年 8 月，住建部印发《建筑工程五方责任主体项目负责人质量终身责任追究暂行办法》②（以下简称《办法》），建筑工程负责人终身责任制终于落地。《办法》指出："建筑工程五方责任主体项目负责人质量终身责任制是指承担建筑工程项目建设的建设单位项目负责人、勘察单位项目负责人、设计单位项目负责人、施工单位项目经理、监理单位总监理工程师无论是否在原单位、原项目组工作，即使调离、退休，也要在工程设计使用年限内对工程质量承担相应责任。其中建设单位项目负责人对工程质量承担全面

---

① 中华人民共和国住房和城乡建设部工程质量安全监管司，http：//www.mohurd.gov.cn/zcfg/jsbwj_0/jsbwjgczl/201402/t20140213_217079.html。

② 《建筑工程五方责任主体项目负责人质量终身责任追究暂行办法》，中华人民共和国住房和城乡建设部工程质量安全监管司，http：//www.mohurd.gov.cn/zcfg/jsbwj_0/jsbwjgczl/201409/t20140904_218907.html。

责任，不得违法发包、肢解发包，不得以任何理由要求勘察、设计、施工、监理单位违反法律法规和工程建设标准，降低工程质量，其违法违规或不当行为造成工程质量事故或质量问题应当承担责任。勘察、设计单位项目负责人应当保证勘察设计文件符合法律法规和工程建设强制性标准的要求，对因勘察、设计导致的工程质量事故或质量问题承担责任。施工单位项目经理应当按照经审查合格的施工图设计文件和施工技术标准进行施工，对因施工导致的工程质量事故或质量问题承担责任。监理单位总监理工程师应当按照法律法规、有关技术标准、设计文件和工程承包合同进行监理，对施工质量承担监理责任。建筑工程竣工验收合格后，建设单位应当在建筑物明显部位设置永久性标牌，载明建设、勘察、设计、施工、监理单位名称和项目负责人姓名。"

2014年9月，为了规范建筑市场秩序，保障工程质量，促进建筑业持续健康发展，住建部开展工程质量治理两年行动。目的是通过两年治理行动，规范建筑市场秩序，落实工程建设五方主体项目负责人质量终身责任，遏制建筑施工违法发包、转包、违法分包及挂靠等违法行为多发势头，进一步发挥工程监理作用，促进建筑产业现代化快速发展，提高建筑从业人员素质，建立健全建筑市场诚信体系，使全国工程质量总体水平得到明显提升。2014年9月中旬，住建部派出督查工作组，对北京、天津等15个省（直辖市、自治区）开展工程质量治理行动督查工作。此次督查主要包括三个方面内容：一是各地贯彻落实全国工程质量治理两年行动电视电话会议的情况；二是工程质量监督执法检查；三是建筑市场执法检查，重点抽查建筑工程施工违法发包、转包、违法分包、挂靠等违法行为。督查组采取"扫马路"方式，或从所有在建项目中随机抽选受检工程开展检查，对受检工程进行意见反馈，对存在严重问题的项目，还下发执法建议书，要求地方住房城乡建设主管部门进行查处。

3. 住房信贷与销售监管："限购"、"限贷"双双松绑

2014年，中国住房信贷与销售监管作出重大调整，"限购"监管与"限贷"监管双双松绑。随之2014年住房市场遇冷，部分地方政府逐步放宽

"限购"监管，直至取消限购。截止到 2014 年 9 月 24 日，全国已有 40 个城市限购松绑或取消限购，限购监管随之松绑。此外，住房信贷监管也出现松绑现象。2014 年 9 月底，央行和银监会联合发布《关于进一步做好住房金融服务工作的通知》，除重申首套房贷利率下限仍为七折以外，还规定结清首套房贷的家庭，再次贷款买房还可享受首套房贷政策，而拥有 2 套及以上住房并已还清贷款的家庭，也可以申请住房贷款。央行在新政中明确表示，对于贷款购买首套普通自住房的家庭，贷款最低首付款比例为 30%，贷款利率下限为贷款基准利率的 0.7 倍，具体由银行业金融机构根据风险情况自主确定。央行对首套房认定标准的放宽，标志着已实施多年的住房贷款监管制度发生重大调整，过去严格的信贷监管制度将有所放松。

2014 年 7 月，住建部印发《关于开展加强和改进住房公积金服务专项督查工作的通知》，提出通过开展专项督查，构筑方便快捷的住房公积金管理服务体系，全面提升服务质量，重点解决群众反映最强烈、最迫切的服务问题，切实维护广大缴存职工的合法权益，充分发挥住房公积金制度作用。通知要求各地住房公积金管理部门健全服务制度、优化业务流程、降低中间费用、改进服务方式、提高服务能力。

4. 保障性住房监管：强化保障房分配监管，健全廉政风险防控机制

2014 年 4 月 22 日，住建部发布《关于做好 2014 年住房保障工作的通知》[①]，根据通知精神，住建部将"建立省级巡查机制，加强对保障房目标任务进展情况的督促检查"。同时，住建部将"加强公共租赁住房和廉租住房并轨运行监管，重点监管统一规划建设、统一资金使用、统一申请受理、统一运营管理等执行力度。"此外，住建部还将加强保障性住房分配监管，"要在 2014 年底前建立住房保障档案制度健全、管理规范、运行高效、信息安全的管理体制和工作机制"。通知要求，"各地要认真整改审计发现的问题。指导市县积极配合住房保障审计工作，跟踪审计过程，对审计发现的问

---

① 《关于做好 2014 年住房保障工作的通知》，住房和城乡建设部，http：//www. mohurd. gov. cn/zcfg/jsbwj_ 0/jsbwjzfbzs/201404/t20140425_ 217777. html。

题，做到边审计边整改。对于存在的配套设施建设滞后、建设工程监管不到位、分配审核把关不严、部分保障性住房闲置等问题，要逐项限期整改，对重点问题督导整改，并建立纠错机制，举一反三，健全廉政风险防控机制，完善相关政策措施。"此外，还要做好信息报送工作。

2014年6月，住建部发布《关于并轨后公共租赁住房有关运行管理工作的意见》①，提出"各地要整合原廉租住房和公共租赁住房受理窗口，方便群众申请。要明确并轨后公共租赁住房保障对象收入审核部门职责及协调机制。落实申请人对申请材料真实性负责的承诺和授权审核制度。社会投资建设公共租赁住房的分配要纳入政府监管。"

为保证保障房监管落到实处，完成2014年保障性安居工程目标任务，住房城乡建设部从2014年7月起开展了覆盖全国各市县、每个项目的保障性安居工程建设巡查工作，每位部领导带队巡查2个省（区、市），17个司局分省（区、市）负责包干。到8月底，已巡查134个地级以上城市、390县（市、区）、2509个项目。

二　中国住房市场监管现状与问题

2014年中国住房市场监管取得重大进步，在诸多领域取得进展。不过仍存在一些问题。

1. 土地出让金监管存在缺陷，"封闭运行"致使腐败丛生

长期以来，土地出让金是地方政府财政收入的重要来源。然而，土地出让金被一些地方政府认为是"自留地"，长期"封闭运行"，违规支出使用情况层出不穷。土地出让金收益中需提取一部分用于教育、农田水利支出，还需与上级财政分成。部分省市为让土地出让收入更多地留在本地，做高土地出让中的支出成本，如征地成本等，从账面上减少土地出让收益，甚至把

---

① 《关于并轨后公共租赁住房有关运行管理工作的意见》，住房和城乡建设部，http://www.mohurd.gov.cn/zcfg/jsbwj_0/jsbwjzfbzs/201407/t20140701_218350.html。

土地收益降为负。还有部分省市土地出让金游离于监管体系之外，不纳入预算，没有有效监管，随意侵占挪用。

2. 建筑工程事故数量有所下降，但建筑质量监管依然有待提高

根据住建部发布的最新数据，2014 年 1~8 月，全国共发生房屋市政工程生产安全事故 327 起、死亡 393 人，比上年同期事故起数减少 33 起、死亡人数减少 53 人，同比分别下降 9.17% 和 11.88%；全国共发生房屋市政工程生产安全较大事故 16 起、死亡 53 人，与上年同期事故起数持平，死亡人数减少 13 人，同比下降 19.70%。尽管与上年相比，2014 年工程质量有所提高，但仍有部分省市出现重大工程事故，建筑工程施工转包、违法分包等违法行为依然存在，个别施工单位未取得施工许可证即开工建设，工人违规操作造成重大安全事故的行为仍有发生。

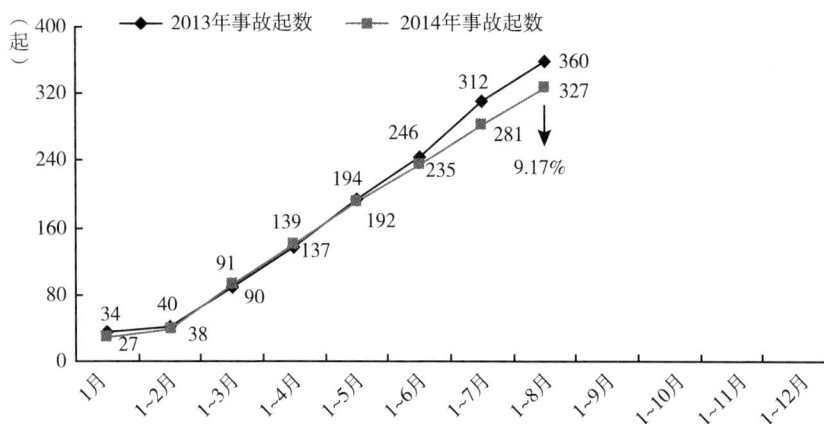

图 12 – 1　2013 年与 2014 年 1~8 月事故起数

3. 属地监管存在漏洞，住房公积金易被挪用

目前，住房公积金依然采用属地监管模式，即所在地住房公积金的缴存、使用、账户余额等由属地政府负责监管，名义归本级政府的公积金管委会管理。中央有关部委和上级政府仅有政策方向监督，难以将监管落到实处。同时，各地方住房公积金管理模式各不相同，缺乏统一管理制度。由于监管存在漏洞，住房公积金易被挪用。如 2013 年通报的吉林省通化市公积

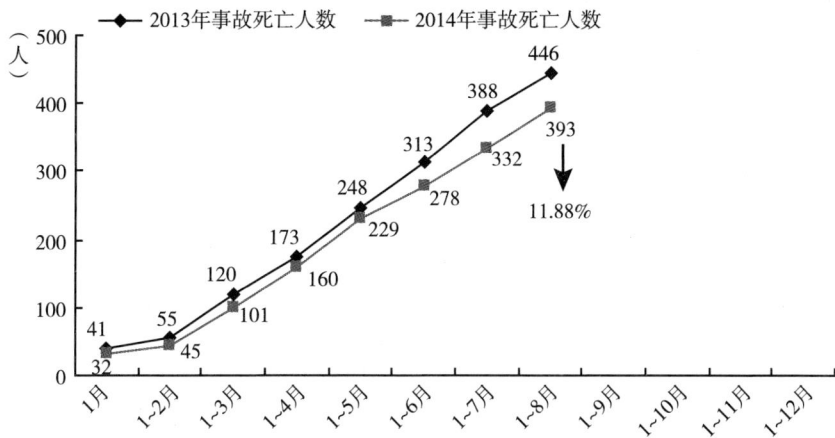

图 12 - 2 2013 年与 2014 年 1 ~ 8 月事故死亡人数

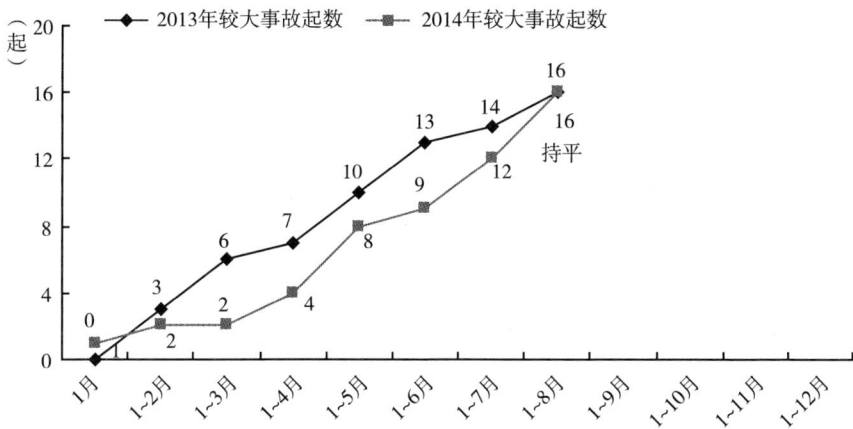

图 12 - 3 2013 年与 2014 年 1 ~ 8 月较大事故起数

金案，公积金中心原主任车世刚及部分下属居然违法挪用住房公积金高达 11 亿元。

4. 保障房质量仍待提高，公租房监督机制有待完善

尽管 2014 年保障房建筑面积很有可能完成任务目标，但保障性住房在规划设计、使用功能、工程质量上依然存在问题。部分保障房设计不合理、功能不全，甚至建筑质量较差。公租房运行体制与监督机制尚不完善。

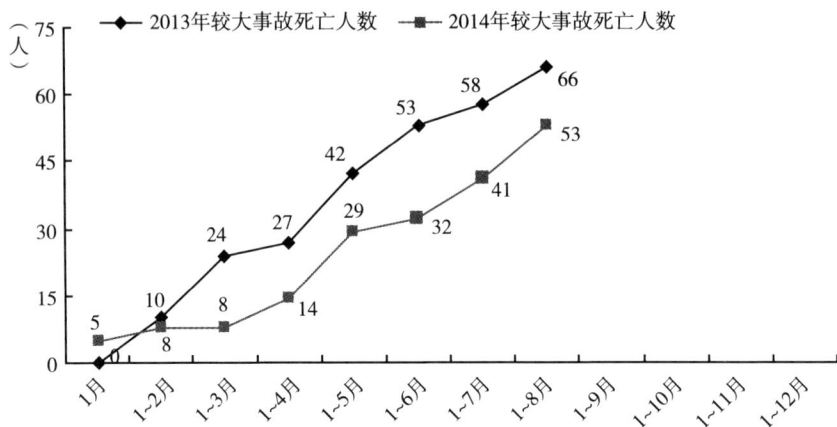

图 12 - 4 2013 年与 2014 年 1 ~ 8 月较大事故死亡人数

三 中国城市住房市场监管指数分析

政府监管是政府行政机构依据法律授权，通过制定规章、行政许可、监督检查等行政处理行为对市场参与主体的行为实施的直接或间接监督和管理。政府监管主要针对微观经济层面上外部性、自然垄断、信息不对称、不公平等，是政府对企业、产业或单个市场的监管，主要目的在于规范市场秩序，增进社会福利，减少个体经济决策对社会带来的损失。

本章涉及从住房企业的设立到住房的形成以及管理的六大标准环节：企业开办，土地市场，住房开发，住房销售，住房租赁和物业管理。其分别从住房企业的设立，住房开发土地的获取，土地市场的开发过程，住房销售过程以及住房售出以后的住房租赁和物业管理过程来考察住房市场监管。按照上述理论框架，本部分构建了一个中国城市住房市场监管指数，指标体系参照《中国住房发展报告（2011 ~ 2012)》，分为企业开办，土地市场，住房开发，住房销售，住房租赁和物业管理六大环节，包括一级指标 6 个、二级指标 18 个、三级指标 29 个。

　　鉴于大中城市的地位和样本数据的可得性，本章选择中国内地 34① 个大中城市作为中国城市基本面的代表。指数所采用数据除 Z1.1.1 房地产开发企业设立登记数据来源于世界银行集团《2008 中国营商环境报告》②，其余数据均来自该城市政府相关职能部门的网站③。

　　数据处理主要分为两类。一是对相关网站上查到的原始数据的处理；二是对各级指标数值的合成，最终求得该城市的住房市场监管指数。指标体系中所有三级指标的指标数值均来自原始数据，利用原始数据在城市中的排位百分比得分。对于各级指标数值的合成，本部分主要采用层次分析法（AHP）的思想，在一级指标合成住房市场监管指数时，权重采用主客观相结合的方法。最终使用的合成权重是按主观权重和客观权重各占 50% 的比例计算而来。经计算，各一级指标的权重值如下：Z1 企业开办为 0.193，Z2 土地市场为 0.174，Z3 住房开发为 0.160，Z4 住房销售为 0.174，Z5 住房租赁为 0.143，Z6 物业管理为 0.155。

　　1. 总体分析：监管强度总体稳定，部分城市有所波动

　　2014 年，就总体而言，虽然全国房价普遍下降，但从中央政府到大多数的地方政府，仍继续保持了对住房市场加强监管的态势，前期出台的各项加强从土地审批、住房开发、预售到信贷监管的政策和措施基本都得到延续，市场总体平稳运行。就城市个体而言，部分城市则出现了监管强度相对下降的情况，表现出随着市场的转向，监管强度也出现了一些波动。从2014 年住房市场监管指数上看，2014 年排前十名的城市依次为：北京、天津、成都、上海、南京、广州、南昌、武汉、重庆和沈阳，与 2013 年相比，沈阳取代杭州进入前十，其余九个城市均与 2013 年度相同，只是排名有所变动。

----

①　除西藏拉萨以外，中国内地直辖市和省、自治区的首府城市，共 35 个城市；因新疆乌鲁木齐的数据无法获得，因此只取了 34 个大中城市。
②　数据库地址 http://www.doingbusiness.org/data/exploreeconomies/china。
③　城市数据查询时间为 2014 年 10 月 1 日左右，不同城市的数据可能在查询时间上相隔几天；但经比较，时间上细微的差别对结果影响极小，详细的数据处理方法可联系作者。

房地产企业作为住房市场最主要的参与主体，一向是住房市场监管的主要对象。因此，在住房市场监管指数的六个一级指标中，前四个指标企业开办、土地市场、住房开发及住房销售，都是围绕着房地产企业的市场行为，分别从设立、拿地、开发和销售四个环节，衡量了政府对其的监管强度。

对房地产企业开办的监管，目的在于防止投机性的和实力不足的企业进入房地产业，从而规避由于房地产企业自身原因而带来的问题，因此这方面监管越严格，整个房地产行业中企业的综合素质就越高，由企业自身原因所产生的市场风险就越小。2014年企业开办监管指数排名前十的城市为：北京、上海、大连、成都、银川、天津、合肥、深圳、厦门和长春。

对土地市场的监管根本上主要是对房价预期的管理，所谓"面粉贵了，面包就便宜不了"，虽然2014年房价上涨预期已基本不复存在，但各地对土地市场的监管力度并未出现明显的放松，加强土地市场监管，完善土地动态监管制度，仍在继续推进。2014年土地市场监管指数排名前十的城市为：北京、天津、武汉、宁波、昆明、上海、南京、南昌、重庆和合肥。

对住房开发的监管是对房地产企业生产行为及产品质量的监管，从而保证其合法及规范地开发，向市场提供合格的住房产品。近几年来，随着人们对住房质量问题越来越多的关注，这方面的监管更加受到政府部门的重视，在不断加强。2014年住房开发监管指数排名前十的城市为：北京、成都、合肥、长春、上海、广州、武汉、银川、深圳和郑州。

对住房销售的监管是调控房价的终端。2014年，随着房价整体回落，住房销售的监管普遍有所放松，限购限贷政策逐步退出，截至2014年10月份，除北上广深四个一线城市外，其余限购城市已全部退出购房限制政策，9月的最后一天，央行也出台了所谓的"房贷新政"，标志着限贷政策的全面松动。2014年住房销售监管指数排名前十的城市为：南京、上海、北京、天津、郑州、沈阳、太原、南昌、成都和广州。

对住房租赁的监管一直是房地产市场监管中最不被重视的方面。近几年，各地一直积极推进保障房建设和着力推行公租房，而对于商品房的租赁监管却并不重视。究其原因，一方面住房租赁行为十分分散，本身就难于监管，另一方面其对地方经济及财政收入贡献甚微且社会关注度较低，因此对于地方政府来说是件吃力不讨好的事情。虽然部分城市也零星出台了关于加强住房租赁市场监管的新规，但总体上缺乏可操作性，执行效果较差。2014年住房租赁监管指数排名前十的城市为：广州、重庆、北京、成都、天津、南京、福州、太原、长沙和石家庄。

对物业管理的监管也是房地产市场监管中的薄弱环节，但由于物业监管的对象主要为物业服务企业，因此相较住房租赁监管的难度较小。2014年以来各地也在不断加强物业管理的监管，一方面加强物业管理规范的制度建设，陆续出台新的管理办法，另一方面加强了对违规物业企业的处罚力度，许多城市还逐步建立了物业管理企业信用公示系统，对企业的失信行为予以曝光。2014年物业管理监管指数排名前十的城市为：北京、天津、成都、杭州、武汉、南昌、南宁、兰州、厦门和沈阳。

从住房市场监管指数各项指标总体来看，34个大中城市总体上在企业开办、住房土地和物业管理三个一级指标上表现较好，而在住房租赁、住房开发和住房销售上有待加强。尤其在住房开发和住房销售环节，得分均值低且标准差小，说明对各城市来说，这两个方面均相对较薄弱。从二级指标来看，各个环节总体上均呈现出审批强于服务、服务强于监督的态势，且除企业开办环节上各城市在监督上的差异程度小于服务外，在其他环节上均表现出从审批、服务到监督各城市之间差异程度越来越大的态势（见表12-1）

表12-1　34个大中城市住房市场监管指数一、二级指标得分均值、标准差及排名

指标	均值	排名	均值	排名	标准差	排名	标准差	排名
Z1 企业开办	0.5581	1			0.1501	3		
Z1.1 审批			0.6455	1			0.1501	1
Z1.2 监督			0.4453	3			0.2587	2
Z1.3 服务			0.4960	2			0.3049	3
Z2 住房土地	0.5515	2			0.1614	4		
Z2.1 审批			0.6312	1			0.1605	1
Z2.2 监督			0.4471	3			0.3581	3
Z2.3 服务			0.4964	2			0.2719	2

指标	均值	排名	均值	排名	标准差	排名	标准差	排名
Z3 住房开发	0.5374	5			0.1288	1		
Z3.1 审批			0.6648	1			0.1632	1
Z3.2 监督			0.3354	3			0.3236	3
Z3.3 服务			0.4844	2			0.2593	2
Z4 住房销售	0.4912	6			0.1380	2		
Z4.1 审批			0.6377	1			0.1466	1
Z4.2 监督			0.3126	3			0.4096	3
Z4.3 服务			0.3767	2			0.2525	2
Z5 住房租赁	0.5423	4			0.1817	6		
Z5.1 审批			0.6112	1			0.2164	1
Z5.2 监督			0.4498	3			0.3581	3
Z5.3 服务			0.4969	2			0.3060	2
Z6 物业管理	0.5488	3			0.1794	5		
Z6.1 审批			0.6866	1			0.1771	1
Z6.2 监督			0.3251	3			0.4040	3
Z6.3 服务			0.4969	2			0.3060	2

2. 比较分析：监管强度与城市的经济发展水平和行政级别直接相关

表12-2为各地区、各行政级别城市住房监管指数的均值和排名。对其分析可知，住房市场监管强度与城市的经济发展水平及城市的行政级别直接相关。这是主要是由于，经济发展水平较高的城市，一般其住房市场也相对较为活跃，发展层次较高，因此必须要有与之相适应的监管强度才能保持市场的平稳运行；而行政级别较高的城市，其监管政策落实的程度一般也相对较高。

从区域住房市场监管指数均值来看，排在第一和第二位的环渤海和东南地区地处沿海，为我国经济最发达的地区，同时这两个区域的样本城市中行政层级高的城市比重也较大，因此相较其他地区，住房监管指数均值要高。排在第三和第四位的中部和东北地区，其城市经济发展水平较西南和西北地区高，特别是其中东北地区的样本城市均为副省级城市，行政层级也较高，因此其住房监管指数均值也就较高（见表12-3）。

表 12-2　34 个大中城市住房市场监管指数及排名

城市	住房市场监管指数	排名	Z1 企业开办	排名	Z2 土地市场	排名	Z3 住房开发	排名	Z4 住房销售	排名	Z5 住房租赁	排名	Z6 物业管理	排名
北京	0.818	1	0.811	1	0.835	1	0.798	1	0.727	3	0.803	3	0.943	1
天津	0.718	2	0.698	6	0.826	2	0.594	12	0.650	4	0.746	5	0.799	2
成都	0.700	3	0.717	4	0.614	12	0.743	2	0.597	9	0.788	4	0.769	3
上海	0.679	4	0.727	2	0.699	6	0.678	5	0.748	2	0.583	15	0.610	14
南京	0.653	5	0.626	11	0.695	7	0.540	19	0.765	1	0.731	6	0.557	16
广州	0.645	6	0.626	12	0.600	13	0.655	6	0.580	10	0.925	1	0.523	19
南昌	0.622	7	0.606	14	0.689	8	0.555	17	0.599	8	0.546	16	0.731	6
武汉	0.603	8	0.571	18	0.814	3	0.652	7	0.402	24	0.443	22	0.731	5
重庆	0.595	9	0.595	15	0.669	9	0.584	13	0.432	20	0.841	2	0.477	24
沈阳	0.581	10	0.491	23	0.574	18	0.494	24	0.635	6	0.640	12	0.678	10
深圳	0.574	11	0.684	8	0.583	15	0.633	9	0.394	26	0.671	11	0.477	23
合肥	0.572	12	0.693	7	0.644	10	0.703	3	0.525	15	0.451	21	0.368	28
杭州	0.564	13	0.591	16	0.589	14	0.511	21	0.402	24	0.542	17	0.761	4
长春	0.558	14	0.643	10	0.549	19	0.691	4	0.411	23	0.458	20	0.583	15
厦门	0.555	15	0.671	9	0.508	21	0.503	22	0.373	28	0.587	14	0.689	9
昆明	0.548	16	0.384	31	0.777	5	0.570	15	0.424	21	0.538	18	0.621	13
郑州	0.545	17	0.609	13	0.504	23	0.626	10	0.640	5	0.428	24	0.432	27
大连	0.527	18	0.721	3	0.438	25	0.492	25	0.532	14	0.417	25	0.519	22
太原	0.523	19	0.356	32	0.581	16	0.568	16	0.614	7	0.712	8	0.345	29
银川	0.489	20	0.702	5	0.506	22	0.634	8	0.553	12	0.330	30	0.133	34
兰州	0.485	21	0.467	25	0.330	32	0.578	14	0.419	22	0.436	23	0.708	8
哈尔滨	0.484	22	0.492	22	0.615	11	0.609	11	0.447	19	0.258	33	0.451	25
石家庄	0.481	23	0.489	24	0.343	30	0.545	18	0.508	17	0.686	10	0.341	30

续表

城市	住房市场监管指数	排名	Z1企业开办	排名	Z2土地市场	排名	Z3住房开发	排名	Z4住房销售	排名	Z5住房租赁	排名	Z6物业管理	排名
长沙	0.476	24	0.428	28	0.335	31	0.399	29	0.385	27	0.701	9	0.671	11
济南	0.476	25	0.457	26	0.530	20	0.496	23	0.572	11	0.231	34	0.534	17
呼和浩特	0.466	26	0.404	30	0.388	26	0.527	20	0.517	16	0.315	31	0.648	12
福州	0.458	27	0.494	21	0.578	17	0.352	32	0.337	30	0.731	7	0.273	33
南宁	0.455	28	0.427	29	0.307	33	0.388	30	0.345	29	0.599	13	0.716	7
宁波	0.447	29	0.439	27	0.782	4	0.359	31	0.315	31	0.474	19	0.292	31
青岛	0.436	30	0.548	20	0.496	24	0.422	26	0.229	34	0.390	27	0.519	20
海口	0.436	31	0.588	17	0.360	27	0.402	28	0.545	13	0.402	26	0.273	32
西宁	0.403	32	0.337	33	0.294	34	0.421	27	0.506	18	0.352	29	0.519	21
西安	0.389	33	0.556	19	0.349	29	0.285	33	0.277	33	0.311	32	0.534	18
贵阳	0.340	34	0.327	34	0.352	28	0.264	34	0.298	32	0.375	28	0.436	26

表12－3　分区域住房市场监管指数均值及排名

区域	均值	总排名	Z1企业开办	排名	Z2住房土地	排名	Z3住房开发	排名	Z4住房销售	排名	Z5住房租赁	排名	Z6物业管理	排名
环渤海	0.586	1	0.601	2	0.606	2	0.571	3	0.537	1	0.571	3	0.627	1
东南	0.572	2	0.607	1	0.629	1	0.529	4	0.489	4	0.655	1	0.523	5
中部	0.564	3	0.581	4	0.597	3	0.587	1	0.510	2	0.514	4	0.586	2
西南	0.512	5	0.506	5	0.513	5	0.492	6	0.440	6	0.590	2	0.549	4
东北	0.538	4	0.587	3	0.544	4	0.571	2	0.506	3	0.443	5	0.558	3
西北	0.459	6	0.470	6	0.408	6	0.502	5	0.481	5	0.409	6	0.481	6
全国	0.538	—	0.558	—	0.552	—	0.537	—	0.491	—	0.542	—	0.549	—

从行政级别住房市场监管指数均值来看，总体上行政级别越高的城市监管力度越大。各分项排名中，除住房销售监管指数出现了副省级城市低于地级城市的情况外，其余分指数均表现出了从直辖市到副省级城市再到地级市，依次递减的状况（见表 12 - 4）。

表 12 - 4　分行政级别住房市场监管指数均值及排名

行政级别	总排名均值	排名	Z1 企业开办	排名	Z2 住房土地	排名	Z3 住房开发	排名
直 辖 市	0.702	1	0.708	1	0.757	1	0.663	1
副省级市	0.546	2	0.589	2	0.582	2	0.539	2
地 级 市	0.487	3	0.487	3	0.466	3	0.502	3

行政级别	Z4 住房销售	排名	Z5 住房租赁	排名	Z6 物业管理	排名
直 辖 市	0.639	1	0.743	1	0.707	1
副省级市	0.462	3	0.524	2	0.574	2
地 级 市	0.481	2	0.507	3	0.481	3

从区域住房市场监管指数标准差来看，东北、西北和中部地区的标准差较小，显示出这些地区各城市之间监管程度差异相对较小，显示出这些区域的城市面对当前的市场变化，在监管方面的行为较为相近，而东南、西南和环渤海地区的标准差则较大，显示出这些地区城市之间监管程度差异相对较大，尤其是环渤海地区标准差由 2013 年的第二位降至末位，显示出该地区内城市在房价下降的冲击下，监管行为出现了明显的分化（见表 12 - 5）。

表 12 - 5　分区域住房市场监管指数标准差及排名

区域	总排名标准差	排名	Z1 企业开办	排名	Z2 住房土地	排名	Z3 住房开发	排名
东 北	0.042	1	0.114	3	0.076	1	0.096	1
环渤海	0.171	6	0.150	5	0.217	6	0.142	5
东 南	0.087	4	0.097	2	0.088	2	0.126	3
西 北	0.053	2	0.139	4	0.112	3	0.128	4
中 部	0.057	3	0.097	1	0.184	4	0.118	2
西 南	0.128	5	0.150	6	0.198	5	0.172	6
全 国	0.103	—	0.128	—	0.161	—	0.129	—

区域	Z4 住房销售	排名	Z5 住房租赁	排名	Z6 物业管理	排名
东　北	0.099	1	0.157	4	0.097	1
环渤海	0.191	6	0.248	6	0.241	6
东　南	0.183	5	0.141	2	0.174	2
西　北	0.119	4	0.155	3	0.211	5
中　部	0.115	3	0.114	1	0.174	3
西　南	0.114	2	0.193	5	0.187	4
全　国	0.138	—	0.182	—	0.179	—

从行政级别住房市场监管指数标准差来看，直辖市、副省级城市和地级市三个类别的标准差依次减小，显示出行政级别越高的城市之间监管程度差异越大，相互之间的住房市场发展水平差异越大（见表12-6）。

表12-6　分行政级别住房市场监管指数标准差及排名

行政级别	总排名标准差	排名	Z1 企业开办	排名	Z2 住房土地	排名	Z3 住房开发	排名
地　级　市	0.069	1	0.125	3	0.156	3	0.123	2
副省级市	0.087	2	0.091	2	0.120	2	0.126	3
直　辖　市	0.093	3	0.089	1	0.086	1	0.099	1

行政级别	Z4 住房销售	排名	Z5 住房租赁	排名	Z6 物业管理	排名
地　级　市	0.107	1	0.148	2	0.192	2
副省级市	0.147	3	0.200	3	0.130	1
直　辖　市	0.144	2	0.114	1	0.205	3

四　政策建议

2014年中国住房市场监管取得较大进步，在完善住房市场监管体制、强化住房建筑质量等方面有所突破，但针对挪用住房公积金等住房市场长期存在的"顽疾"仍缺乏有效手段，保障房质量监管也有待提高。总体上，重事前审批、轻事中监管的住房市场监管模式仍未改变。为此，中国住房市场应采取以下措施。

1. 将土地出让金审计制度与反腐"新常态"相结合，定期审计、长期坚持

2014 年土地出让金大范围审计为规范土地出让金使用、遏制腐败起到重要作用。为巩固土地出让金审计成果，应将土地出让金审计制度与反腐"新常态"相结合，将全国性土地出让金审计制度化，定期开展全国性土地出让金审计，并结合系统化改革和制度性构建，堵住土地财政的漏洞，严格控制土地出让金使用，让土地出让收入"用之于民"。

2. 健全住房公积金垂直监管体系

住房公积金监管体制长期存在问题，"属地监管"、"多头监管"、"九龙治水"等问题导致住房公积金监管难以落到实处。为此，应健全住房公积金垂直监管体制，统一全国住房公积金管理制度，明确监管责任单位，让住房公积金监管行之有效。

3. 将工程质量治理活动长期化、制度化

住建部工程质量治理活动对建筑工程质量具有明显的提升作用，应把工程质量治理活动长期化、制度化。继续完善建筑工程项目负责人质量终身责任制，狠抓落实。尽快建立项目负责人质量终身责任信息档案，同时让全社会了解和监督工程建设参建各方主体的市场行为，鼓励全社会对建筑工程质量进行监督。

4. 强化事中监管，简化审批手续

各级住房市场监管部门监管的重点，应从注重事前审批，向注重事中监管转变。这就要求，一方面减少不必要的审批程序，公开审批信息，使得审批过程更加公开和透明；另一方面，加强对房地产企业的住房开发和销售过程、房地产经纪机构及人员的从业行为及物业管理企业服务的监管，从而能够真正发挥住房市场监管维护住房市场良好运行的作用。

G.13

第十三章

中国住房社会保障

姜雪梅

一 现状分析

根据"十二五"规划，近5年内建设3600万套保障性住房，从2011年到2014年9月底已开工3108万套，完成目标的86.33%，基本建成2241万套。尽管每年的保障性住房建设任务十分艰巨，但是近四年来均提前完成年度目标。

1. 中央财政积极支持保障性住房建设，建设进度顺利，基本完成年度任务

2014年，中央财政下拨城镇保障性安居工程专项资金1193亿元，用于支持地方特别是中西部地区发放租赁补贴、建设公共租赁住房和实施城市棚户区改造等城镇保障性安居工程。2014年，全国计划新开工城镇保障性安居工程700万套以上，基本建成480万套。截至9月底，全国城镇保障性安居工程新开工720万套，基本建成470万套，分别达到年度目标任务的103%和98%，完成投资10700亿元。[①]

2. 棚户区改造成"重磅"，模式多样化

棚户区改造规模超前。国务院提出2013~2017年新增1000万套的棚户区改造计划，中央预计安排2.5万亿元总资金。2014年全国计划新开工各

---

① 住房和城乡建设部网站，2014年10月13日。

类棚户区 470 万套以上，占本年度城镇保障性安居工程新开工任务的 67%。

棚户区改造及配套将作为中央预算投资重点，同时加大企业债券融资对棚改的支持力度。国家开发银行已经成立住宅金融事业部支持棚改融资。按照住建部的部署，2014 年计划投入 1 万亿元用于棚改[①]。2014 年上半年发放 2195 亿元棚改贷款，惠及棚户区居民 213 万户。北京、上海、青海、南京、兰州等十多个省市已经通过定向工具为保障房输血，共计规模达 800 亿元。

棚户区改造不仅采取多样化的新建模式，还采取货币化补贴方式。棚户区改造的"辽宁模式"（"市场化运作、政府兜底"的政策，采用政府补贴、银行贷款、土地出让金减免等办法）正在被全国复制，安徽等地认同"营口模式"（土地全部实行"招、拍、挂"方式公开出让，房地产开发商为承建主体，政府对项目实施宏观调控、政策扶持与监督管理），而"阜新模式"（根据面积进行结算，不但改善大多数居民的居住环境和居住质量，还脱贫致富）是山西等地棚户区改造的样本。长沙市发放货币补贴，改善棚户区居民的居住环境。从 2008 年起，长沙市政府过去的"补砖头"模式改为"补人头"模式，对所有棚户区的原住户推出了经济适用房货币补贴的改革尝试。即对低收入无房户，每户发给货币补贴 8 万元；低收入住房困难户每户补贴 5 万元；对改制企业职工，过去没有享受房改政策的，每户增加补贴 2 万元[②]。

3. 共有产权房成为保障性住房的新亮点

共有产权住房试点在北京、上海、深圳、成都、淮安、黄石 6 个城市推进。上海市把共有产权房纳入保障房体系，只针对户籍人口开放。北京市的共有产权住房又叫"自住型商品房"，目前未纳入保障房体系，但也向非户籍居民开放。2014 年北京市保障房、共有产权房、商品房的土地供应比例为 1.3∶1∶1，全市将供应 7 万套共有产权房。

4. 合作型保障房的尝试与常态化

北京将试点合作型保障房，第一批试点项目从公租房项目中遴选近

---

① 《第一财经日报》2014 年 7 月 15 日。

② 《时代周报》2014 年 7 月 3 日。

5000 套房源，年底前有望摇号分配。合作型保障房以成本价（30 万元以下/套，北京市建设成本大概为 5000 元/平方米，每套面积不能超过 60 平方米）出售给居民，并实行全封闭式管理。

合作型保障房对消费者而言有价格优势，对政府部门而言具有资金回收快、降低保障房持有成本等特点。它可以摆脱公租房的资金瓶颈、配售性保障房的高价位问题，因此将成为保障房的常态化，也很可能成为主力军。

二 成效

1. 住房保障制度建设着实改善民生

据中国住房和城乡建设部发布的消息，截至 2014 年 9 月底，中国累计有4000 多万户城镇家庭获得住房保障，其中约 1900 万户是城镇低收入家庭。

2. 住房保障制度管理日趋规范，并将逐步依托市场实施

住房城乡建设部、财政部、国家发展改革委下发通知，要求公租房和廉租房并轨运行，以此提高工作效率、减少管理成本。北京等部分城市已完成并轨，其他城市积极准备并轨工作。

地方政府出台文件规范保障房制度体系建设和管理。北京市出台《北京市城镇基本住房保障条例（草案）》，消除户籍差别，对租赁型保障房拟实行封闭管理。四川省政府办公厅印发《健全住房保障和供应体系专项改革方案》，其中提出共有产权住房制度、公租房"租改售"试点、公积金缴存"提低控高"等多项改革措施，完善住房保障体系和供应体系。

成都市建立信息化管理系统。在保障房分配的前期阶段，在网上并联审核扫描录入的保障对象资料，提高效率。同时，保障对象也可以实时查询审核进度、配租结果，提高透明度。在后期管理中，建立保障性住房小区监控指挥中心平台，整合物业、房源和住户数据等资料，确保对保障房小区实现远程、实时、动态视频监控，确保小区居民安居乐业。

根据当地的房地产市场发展状况，部分地方政府将依托市场实施保障房政策。嘉兴市下发《促进房地产市场平稳健康发展意见》，提出将加强房地产

开发用地供应管理、逐步取消保障性住房等实物建设、改善住房金融服务等17项内容，以促进当地房地产市场平稳健康发展。在房屋征收工作中，将鼓励通过货币补偿方式实施安置，或通过收购商品住房进行实物安置，保障性住房主要通过货币补贴方式实施保障。湖南省住建厅印发《湖南省住房和城乡建设厅关于促进全省房地产市场平稳健康发展的意见》，明确规定将从政府回购普通商品房用做保障房源、异地购房者可申请公积金贷款、住宅产业化建设项目、资本金监管减半等五方面促进湖南省房地产市场平稳健康发展。

3. 保障房绩效管理逐步规范

2013年，财政部在山东、河北、湖南、湖北、四川5省各选取1~2个市县开展城镇保障性安居工程绩效评价试点。绩效评价内容包括年度城镇保障性安居工程资金到位情况、开工情况、租赁补贴发放情况，以及工程实施取得的成效等[1]。

江西将把保障房入住率列入政府考核的重要内容，对入住率低于80%的市、县将要求限期整改；对期满仍未整改到位的市、县，暂停下达第二年度保障性住房建设计划。

4. 绿色建筑将成为保障房常态化，保障房建设将引领住宅产业化

住建部发布《住房城乡建设部关于保障性住房实施绿色建筑行动的通知》，要求自2014年起满足一定条件的城市保障房项目应当率先实施绿色建筑行动，至少达到绿色建筑一星级标准[2]。

另外，从2014年起有关部门投资建设的保障性住房必须用产业化方式建设，除西部六省外，有条件的地方逐步形成建筑产业现代化发展的能力和条件；新建住宅中，住宅产业化建设要按照2%的比例递增[3]。产业化建设缩短工期，减少管理成本，降低设施费用，这为缓解保障房项目融资压力起到关键性作用。

5. 公积金异地贷款，提高资金使用效率，有助于公积金制度的推广

住房城乡建设部、财政部和人民银行联合出台《关于发展住房公积金

---

① 《人民日报》2014年4月16日。
② 《中国房地产报》2014年1月21日。
③ 《中国房地产报》2014年1月21日。

个人住房贷款业务的通知》，支持缴存职工购买首套和改善型自住住房，推进异地贷款业务。各省、自治区、直辖市要实现住房公积金缴存异地互认和转移接续。另外，要求降低贷款中间费用，取消住房公积金贷款保险、公证、新房评估和强制性机构担保等收费项目。

三　问题与挑战

我国的住房保障制度建设取得了显著成效，不仅改善了"住房难"居民的居住环境，也促进了和谐发展的城市建设。但是，也存在不少问题。住房保障制度作为长期制度，需要长远的规划和建设，必然存在长期问题和短期问题。下面指出在短期内急需解决的问题。

1. 保障房制度设计存在严重缺陷，政府监管制度存在管理漏洞

资金缺口大，但资金使用效益不高，监管不到位。保障性住房建设任务艰巨，市场资金的参与度低，可能面临资金瓶颈。尽管如此，保障房资金使用效益低。全国城镇保障性安居工程跟踪审计显示，2013 年有 38 个单位骗取套取棚户区改造资金 15.41 亿元，有 237 个项目或单位将 78.29 亿元挪用于市政设施、园区开发等[①]。北京市建设单位将 1.8 亿元廉租住房保证金用于偿还商业贷款，将 1.8 亿元公共租赁住房建设资金用于购买银行理财产品；3 个区 1.38 亿元公租房专项补助资金闲置时间超过 2 年。

缺乏法律支撑，售后管理难。在信用制度不完善情况下，保障性住房的分配出现违规操作、骗购骗租。加之，监管的不到位，保障房的使用也不规范，出现转租转售等现象。审计显示，2013 年有 4.75 万户不符合条件的家庭享受了住房或货币补贴，有 2.65 万套住房被挪作他用或违规销售[②]。审计指出问题后，相关地方取消 2.9 万户家庭的保障资格，收回或清理住房1.65 万套。目前，通过民事诉讼处理违规使用房屋行为，存在着时间长、

---

① 《京华时报》2014 年 6 月 25 日。
② 《京华时报》2014 年 6 月 25 日。

执行难等问题。

管理主体之间的关系复杂。比如，部分共用产权房存在跨区管理问题，利益关系复杂。共用产权房的选址区和分配、管理的区不同，收益分配主体与社区管理主体相分离。

此外，社区管理面临挑战。目前，很多城市在某地域集中建设保障房小区，而低收入群体聚集于这些保障房小区，大幅提高了中低收入居民的分布密度。如果不改善居民收入，这些保障性住房小区将沦落为新的贫民区，对社区管理提出较高的要求。

缺乏统计数据，绩效评价难，缺乏社会监督。住房保障制度建设和管理将进入常态化，需要长期跟踪、评价以及完善。但是，目前缺乏统计数据，很难做相关研究，缺乏来自社会层面的评价与监督。

2. 选址偏远，与居民需求不匹配，入住率低，资源浪费严重

保障房项目的选址偏远，远离就业、上学地点，入住率低。调研发现，某已配售完的项目小区入住率约为30%，很多居民仍然居住在原来的住房，以便上班和上学。由于保障房不可出租，大部分房源长期处于空置状态，严重浪费社会资源。

3. 保障房价格偏高，门槛高，农民工面临市场失灵和政策失灵局面

大部分城市的廉租房和配售性保障房主要面向户籍人口，只有公租房向非户籍人口开放。但是，公租房租金高，配售性住房价格高，价格门槛自动排除不少低收入家庭。绝大多数刚进城的农民工属于低技能、低收入劳动者，无法融入城市商品房市场。加之，由于城市改造、棚户区改造等项目的大量建设，低租金、低质量的房源也大量减少。这些人很难在住宅市场中寻找与其需求相匹配的价位房源。尽管农民工也可以申请公租房，但是事实上被较高的租金水平拒之门外。因此，农民工的住房问题面临市场失灵和政策失灵。

4. 中低收入家庭的住房消费能力低，保障房的个人融资相对难

中低收入群体的住房支付能力低，但是也没有有效地改善消费能力的其他渠道。商业银行一般不太愿意贷款给购买经济适用房的客户。共有产权房不仅消费融资难，由于其共有产权性质抵押融资也将面临困境。

四 政策建议

根据新型城镇化的发展需求,应建立面向全社会的、透明、公平、高效率的新型保障性住房体系。

第一,加强监管和社会监督。

提高保障房资金使用效益,降低成本,严格审核资金用途。中央应加大住房保障制度体系建设的资金支持,提高地方政府的积极性。同时,应严格审核资金用途和资金到位情况。根据住房保障的实际需求发放中央补贴金,并审核所发放的补贴金是否落实到县、镇级别地区,督促资金的有效利用和住房保障制度体系的地区间均衡发展。

后期管理应纳入保障房考核机制,及时公布数据,促进社会监督。除了开工率、竣工套数、准入机制等前期管理之外,也应把入住率、售后管理等后期管理指标纳入考核机制。保障房项目的成败,关键还得看它的使用效率。

此外,应及时公布保障房的统计数据,提供研究依据,促进社会监督。

第二,积极提高中低收入群体的住房可支付能力。

推广公积金制度和以货币补贴为主的住房保障模式,提高农民工住房消费能力。加强公积金制度的推广力度,覆盖更多的在职人员,加大中低、低收入居民的住宅货币保障。根据情况,把部分农民工纳入公积金制度体系内。同时,给不缴存公积金的农民工发放住房货币补贴,提高住房消费能力。

适当提高保障房的融资功能。政府应担保一定比例的保障房融资贷款,提高保障房的资产价值和居民的消费能力。

发展共有产权房制度,提高中低收入家庭的住房持有率。中低收入居民依据自己的支付能力购买部分产权,政府购买剩余产权,与居民共有住房,以此改善中低收入家庭的居住环境。

第三,积极发展保障房的二级市场,有效配置资源,加强保障房的循环利用。

盘活错配、闲置的保障房，再次进入保障房二级市场。在业主自愿的前提下，筹集已销售的、空置的保障房，作为公租房租赁。政府扣除公租房的管理费用，剩余租金交给业主。这不仅可以有效利用资源，减轻政府的保障房建设压力，也提高中低收入业主的收入。

第四，适当鼓励"集资建房"。

一般的商品住宅建设存在开发商、政府等部分主体的垄断问题，无形中提高住宅价格。因此，鼓励无房户的自住型住宅的集资建设。集资建房可采取政府统一管理的"代建制"模式。政府严格审核参与集资建房的居民资格，进行资金管理，委托房地产开发企业建设住宅，即开发商只输出技术与管理，收取管理费用。这不仅有利于住宅质量的保证，也利于成本的降低，能有效地解决住房问题。北京的合作型住房建设是很好的尝试。

第五，住房社会保障指数。

根据目前我国所实施的住宅保障政策，从总体住房保障程度、一般收入居民住宅保障程度、中低收入居民住宅保障程度、最低收入居民住宅保障程度等四个层面，从保障性住房财政补贴比例和保障性住房用地比例（总体住房保障程度）、第一套房的税收优惠比例和公积金覆盖率指数（一般收入居民住宅保障程度）、经济适用房覆盖率和经济适用房价与中等以下收入居民可支配收入比（中低收入居民住宅保障程度）、廉租房覆盖率和租金补贴后的实际租金支出占最低收入可支配收入比（低收入居民住宅保障程度）等8个层次分析住宅保障情况的做法比较客观合理，且能准确地评价住宅保障程度。

但是，因数据的可获取性、连续性等问题，本章只做总体住房保障程度分析。利用保障房供地面积、住房保障支出、财政支出、本年度土地购置面积推算出住房保障投入指数。指数越高，投入度越大。

如图13-1所示，2010年新疆、青海、甘肃、黑龙江、上海的住房保障投入指数高，西藏、广东和福建的住房保障投入低。但是，到2011年和

2012 年，西藏加大住房保障投资，其住房保障投入指数显著上升，2012 年排到全国第一。

如图 13 – 1 所示，在三年内，北京、甘肃和陕西的住房保障投入指数都名列前十名。广东、辽宁、福建和山东的住房保障投入指数低。

总体而言，在 2010～2012 年期间，西部地区的住房保障投入程度高于其他地区。

2010年

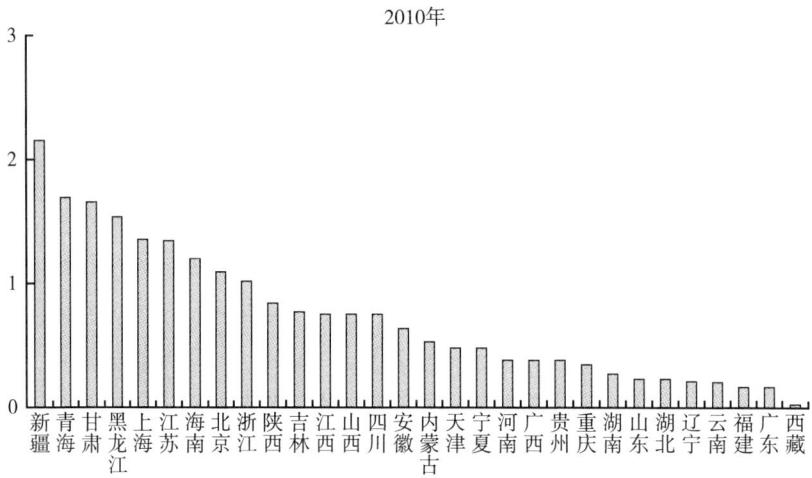

2011年

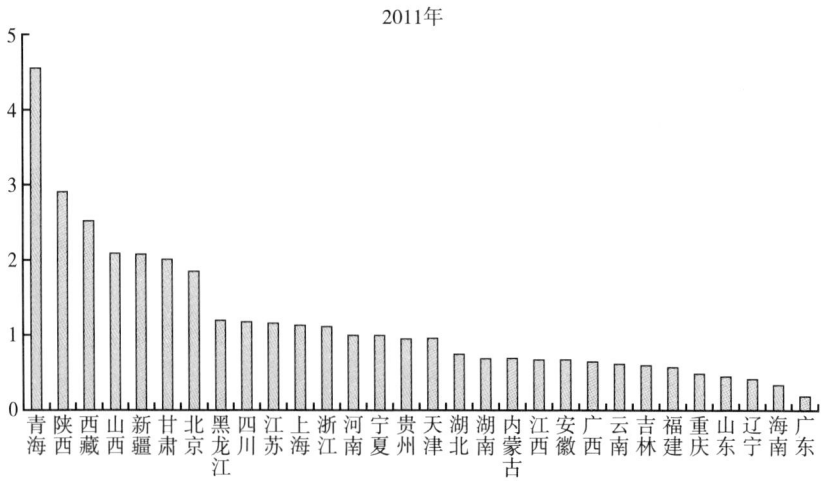

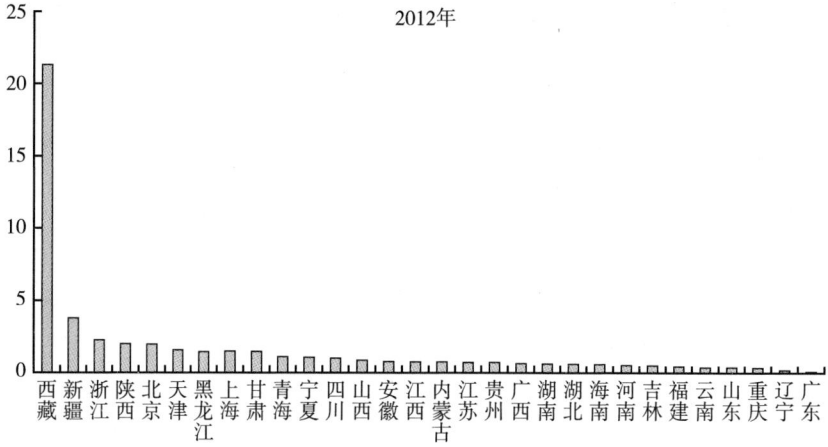

图 13 - 1　住房保障投入指数

数据来源:《中国统计年鉴》、中国房地产信息网数据库和大智慧数据库。

G.14

第十四章
住房宏观调控

魏劲琨

一 2013~2014年度住房宏观调控政策分析

2013年10月至2014年9月，面对形势急转直下的住房市场，我国中央政府和地方政府则显现出两种截然不同的反应：中央政府对于住房市场下滑期前期表现为"无动于衷"，9月30日突然由中国人民银行和银监会松绑限贷开始进行救市，而地方政府则早早就开始"四处救火"，通过公积金调整、放松限贷、放松限购、购房补贴等多种手段来刺激住房市场。中央政府前期的"无动于衷"看起来对住房市场没有什么动作，实际上反映出来的是中央政府对住房调控越来越成熟，真正把住房作为一个长期持续发展的问题来对待，把住房真正置于市场机制的主导之下。而反观地方政府，对于住房问题，仍然只是关注于眼前的经济发展，主因还在于我国的各级地方政府依旧把房地产作为拉动地方经济增长和取得财政收入的主要来源。

（一）行政手段：中央调控更加成熟，地方政府急于救市

过去的一年里，我国中央政府对住房的调控显得越来越成熟，政策也变得更加稳定。从2013年10月至2014年9月的具体政策来看，中央政府基本没有出台大的调控政策，相比较而言，2003年一直到2013年几乎每年都会出台住房的"新政"、"重拳"（见表14-1），因此，2014年的"平稳"就与前几年频繁出台的住房调控政策形成非常鲜明的对比。而且，

进入 2014 年以后我国住房市场出现下滑的迹象，多地房价出现回落，在这样的形势下，我国中央政府依然没有出台任何强有力的调控政策，依然对住房市场的自我调节能力抱有信心，这体现出当前我国这届中央政府在对待住房问题上已经趋于成熟，这也正是尊重市场机制在住房调控中的作用的重要表现。

表 14－1　2003 年以来重大住房调控政策一览表

年份	政策
2003	国务院《关于促进住房市场持续健康发展的通知》
2004	国土资源部、监察部联合发文"8·31 大限"、央行 10 年来首次上调存贷款利率
2005	3 月,国务院出台八点意见稳定房价(老国八条) 5 月,《国务院办公厅发布关于切实稳定住房价格的通知》(新国八条)
2006	国务院常务会议"国六条" 国务院办公厅《关于调整住房供应结构稳定住房价格的意见》(90/70 政策)
2007	央行 5 次加息,二套房首付比不得低于 50%
2008	国务院《关于促进住房市场健康发展的若干意见》(国十三条)
2009	国务院常务会议(国四条)
2010	《国务院关于坚决遏制部分城市房价过快上涨的通知》(国十条)
2011	国务院常务会议(新国八条)、房产税在上海重庆试点
2012	国务院常务会议提出要"继续严格执行并逐步完善抑制投机投资性需求的政策措施,促进房价合理回归"。央行 3 次下调存款准备金率
2013	国务院常务会议(国五条)

具体来看：（1）中央对住房的认识更加准确和清晰。2013 年 10 月 29 日，中央政治局集体学习住房保障体系和供应体系建设，其中，习近平总书记指出"加快推进住房保障和供应体系建设，要处理好政府提供公共服务和市场化的关系、住房发展的经济功能和社会功能的关系、需要和可能的关系、住房保障和防止福利陷阱的关系"。之后，在中央政治局会议、中央经济工作会议和国务院多次会议中没有出台任何改变住房市场走势的政策。这些都反映出我国中央政府对住房的功能认定更加清晰，对住房作用机制的判断更加准确。（2）进一步强化住房长效机制的建立。2013 年 11 月 15 日，中共中央在《关于全面深化改革若干重大问题的决定》中提出，"针对房地

产行业，重点指出从深化户籍、土地、金融等多要素改革促进住房长效机制建立健全"。之后，2014年国家新型城镇化规划的出台也提出"推进长效机制，促住房市场持续健康发展"。住房长效机制将是未来我国住房制度建设的重要任务。（3）再次强调差别化调控政策。3月5日，李克强总理在政府工作报告中提出"未来住房调控应根据不同人群的需求、不同城市的情况，分类实施，分城实施"。这也为下一步我国住房调控提出了思路和方向。可以说，这一思路确实符合我国住房市场的发展现状。

而相对于中央调控政策的稳定来看，地方政府在2013年10月至2014年9月份之间对住房调控的政策则表现为非常活跃。具体来看：（1）住房政策变动的城市范围广。过去的一个年度里，地方政府明确提出住房调控政策变动的城市数量超过20个，其中，既包括北上广深4个一线城市，又包括武汉、杭州、厦门、西安等二线城市，还包括徐州、无锡、铜陵、绍兴等三四线城市。（2）地方政府的政策调整非常频繁。很多城市住房调控政策出台过多次，例如，武汉市在2013年11月22日提出《关于进一步加强住房市场调控工作意见》（汉七条）之后，又于12月26日对第二套住房贷款发放对象进行调整，2014年7月19日又放开了大学生购房和落户的要求，开始对限购政策进行松动，9月23日，武汉市正式下发《市政府关于取消我市商品住房限购政策的通知》，正式彻底放松限购。此外，一些城市所在的省份也先后出台放松住房限购的政策，包括湖北省、湖南省、福建省等。（3）地方政府的住房调控呈现出地区间的差异性。当前，一线城市，北京、上海、广州和深圳仍然坚持住房限购政策，而其他二三四线城市已经基本上放开了限购。从2014年6月26日呼和浩特发布《关于切实做好住房保障性工作，促进全市住房市场健康稳定发展的实施意见》，第一个正式取消限购以后，大多数二三线城市都纷纷放松限购。其中，8月份有超过16个城市放松限购。截止到2014年9月底，在全国实行限购政策的47个城市里，有42个城市已经放宽了原来的限购政策。（4）地方的住房政策从"从严"转向"放松"。对于二三线城市来说，在2013年第四季度仍然是以"继续坚持住房限购的政策，维护住房调控成果"为主，到了2014年随着各地住房形势的下滑，特别是经过 2014 年上半年各地住房价格的持续下滑，各地彻底颠覆了限购政策，将原来坚持的限购政策抛弃，转向对住房市场进行"救市"，期望能够挽回住房的颓势。到现在来看，限购仅成为一线城市所"独有的特殊政策"。

（二）保障房政策：制度更加完善，融资更有保障

毫无疑问，2013 年 10 月至 2014 年 9 月的保障房政策是过去的这一年度里，除了地方政府纷纷放松限购之外，最大的亮点。而住房保障政策则主要体现在保障房相应制度的不断完善，保障房建设力度进一步加大等。

一是进一步完善保障房制度。2013 年 12 月 2 日，住建部、财政部和国家发改委共同发布《关于公共租赁住房和廉租住房并轨运行的通知》，通知指出，2014 年起廉租住房将与公共租赁住房并轨运行。这次并轨，有利于下一步公共租赁住房的统一管理，也有利于减少原来两种体制运行给相应家庭带来的不必要麻烦。此次通知发布后，山东、北京、青海等各地纷纷发布相应的配套意见。今后，在全国范围内，公共租赁住房的运营将更加科学、有效和满足居民需要。同时，共有产权住房也逐步进入保障房的制度建设进程中。2014 年 4 月 12 日，住建部称将适时拟定《共有产权住房指导意见》；4 月 25 日，住建部确定北京、上海、深圳等 6 个共有产权住房试点城市，这是我国首次开始进行共有产权住房的试点和实际推进。此外，成都、东莞、山东、深圳、北京等地也在廉租房、公租房等方面进一步完善了相关的制度机制。其中，值得注意的是，北京市在 2013 年 10 月 22 日、11 月 27 日和 2014 年 9 月 9 日分别出台了自住型商品房的相关规定，完善了自住型商品房的制度和建设中的诸多问题，在一定程度上有利于解决北京市居民的住房需求。

二是创新棚户区改造的融资方式和机构。2014 年 4 月 2 日，李克强总理在主持召开国务院常务会议中，部署进一步发挥开发性金融对棚户区改造的支持作用。此后，我国对于保障房、棚户区改造融资模式等的探讨和实践不断深入。5 月 19 日，国家发改委下发的《关于创新企业债券融资方式扎

实推进棚户区改造建设有关问题的通知》中明确提出企业可以通过债券融资的方式进行棚户区改造，这无疑为棚户区改造的融资方式提出了新的路径，也有利于地方在推进棚户区改造中解决资金难题。同时，2014 年 6 月 26 日，银监会批复了国家开发银行筹建住宅金融事业部的意见。根据银监会的批复意见，国开行住宅金融事业部主要负责办理棚改、基础设施建设相关的贷款业务，以及用于支持相关软贷款的回收再贷。此举意在解决部分地方政府在棚改或基建等民生相关工程中资金难以按时到位的问题。允许企业债券融资和国开行的住宅金融事业部这两项工作的进展将有力推动下一步的保障房和棚户区改造工作。

三是进一步加大保障房建设力度。2014 年 8 月 4 日，国务院办公厅下发《关于进一步加强棚户区改造工作的通知》，要求各地、各部门要落实财税支持政策、金融支持力度，切实加大棚户区改造资金投入。9 月 15 日，住建部部长陈政高主持召开了保障型安居工程巡查汇报会，此举主要是为了分析当前保障性安居工程建设中存在的问题，确保完成全年保障性安居工程建设目标任务。

过去一年里，保障房政策方面一个重要的特点是地方对保障房制度完善和建设工作推进力度非常积极，特别是北京、上海、深圳这 3 个一线城市。这 3 个城市是我国人口最多的城市，也是对于保障型住房需求最大的城市，以往的保障房制度存在诸多不完善和不配套的地方，阻碍了这些城市中低收入居民的住房消费。在过去一个年度里，北京市推出了自住型商品房，上海市出台实施新的廉租住房政策标准，深圳发布了公共租赁住房置换管理办法，而且都加大了保障房的建设。

（三）财税政策：加大支持保障房建设力度，加快完善住房税收体系

在逐渐稳定的住房调控政策下，住房调控中的财税政策也表现出一如既往的稳定，具体来看，2013 ~ 2014 年度的财税政策主要有以下几个内容。

一是继续加大对保障房的支持力度。2013 ~ 2014 年度对保障房建设的

财税支持力度进一步加大。2013年12月2日，财政部和国家税务总局下发《关于棚户区改造有关税收政策的通知》，对改造安置住房的城镇土地使用税和转让的契税进行减免；2014年5月18日，财政部会同住建部下拨了2014年中央财政对保障性住房建设的专项资金，金额高达1193亿元。当前，中央政府的财政资金支持是保障房建设的有力保障。二是继续加快房产税改革的步伐。财政部部长楼继伟在2013年11月19日、2014年2月23日、6月25日分别提到"要加快房产税立法，推进房产税改革"。三是对原有住房相关税收的补充。2013年10月23日，财政部和国家税务总局联合发布通知，明确提出对个人销售自建自用住房等免征营业税；2014年1月2日，财政部和国家税务总局针对夫妻之间房屋土地权属变更的契税进行了说明。

（四）金融政策：松绑限贷进行救市，加强防范金融风险

2013～2014年度住房调控的金融政策呈现"总体稳定、适当微调"的态势。在前期，金融政策并没有出现大的波动，9月30日由央行和银监会联合发布的《关于进一步做好住房金融服务工作的通知》则似一颗"重磅炸弹"对前几年反复强调的限贷进行了松绑，也显示出中央对住房市场的调控政策由"从紧"开始转向"放松"。过去的一个年度我国住房调控的金融政策主要有以下几个方面。

一是放松限贷开始进行救市。2014年9月30日，中国人民银行和银监会联合发布《关于进一步做好住房金融服务工作的通知》，通知中提到拥有1套住房并已结清相应购房贷款，为改善居住条件在此购买普通商品房的，可以执行首套房贷款政策。这意味着，二套房的贷款首付比可以下降到30%，利率也可以享受7折优惠；并且，"认房又认贷"的政策基本已经被取消。以上政策的出台，将对过去几年里受到严格压制的部分购房需求（特别是改善性住房需求）得到释放，也意味着，中央的调控政策终于开始松动。

二是防范住房带来的金融风险。2014年5月12日，中国人民银行副行

长刘世余在召开住房金融服务专题座谈会时就提出要有效防范信贷风险；7月25日，银监会在召开"上半年全国银行业监督管理工作暨经济金融形势分析会议"中明确严格控制信用风险扩散，重点监控住房、政府融资平台、产能严重过剩等领域风险；9月25日，银监会副主席王兆星在回应中国银行业信用风险问题时提出，银监会已经对住房和产能过剩领域进行了有效监管，无论中国宏观经济还是金融领域，风险都可控，中国银行业有充足的资本和流动性应对可能发生的风险，银监会亦采取了一系列深化监管措施，包括对大额集中风险加强监管。防范金融风险成为2014年度我国金融领域的重点工作，这也是住房市场形势下滑后可能带来的风险之一。

三是金融调控的手段更加灵活。2014年8月6日，有消息称中国人民银行通知五大行，将分别向每家银行投放1000亿SLF，期限3个月。SLF指常备借贷便利操作，通常用于满足金融机构期限较长的大额流动性需求，是央行的非常规操作。通过SLF投放，可以平滑短期的流动性，既可以降低企业的融资成本，同时也不会释放过于宽松的信贷信号，相比于前些年频繁使用的准备金率和利率，利用SLF要更加灵活和有效。这也反映出央行在货币政策上的运用越来越灵活，手段越来越丰富。

（五）土地政策：增加用地保障，严控违法用地

在经历多年的住房调控之后，土地政策已经基本形成比较完善的调控体系，土地调控的内容大致比较确定，未来土地调控基本上是要在现有调控体系基础上的微调和细枝末节的修补、完善。

一是继续强化对住房用地的保障，特别是保障性住房的用地。随着我国城镇化水平的进一步增加，未来对于住房的需求仍然会不断增加，因此，住房供给从长期来看必然需要持续增加，这就需要从土地上对住房供给给予保障。2013年11月15日，中共中央《关于全面深化改革若干重大问题的决定》中提出要从深化土地等多要素改革促进住房长效机制建立健全。而且，加大土地供应也是2014年国土部的重点任务之一。国土部明确要求：各地要根据实际情况稳定土地供应水平，特别是北京、上海、广州、深圳等一线

热点城市，要比照前 3~5 年住宅用地平均供地量，持续加大住宅用地供应力度。根据国土部的数据显示，1~8 月份，全国住房用地供给同比增长了34.4%，住宅用地同比增长 33.9%，其中，北京同比增加 25%，上海同比增加 17%，广州同比增加 211%，深圳同比增加 125%。而且，保障性住房的用地供给也得到了有效保证。截止到 2014 年 5 月 15 日，国务院已经批准了 69 个城市的保障型安居工程新增建设用地，共计 2944 公顷。

二是提高土地利用效率。2014 年 6 月 6 日，国土部下发了《节约集约利用土地规定》，9 月 26 日，国土部再次下发《关于推进土地节约集约利用的指导意见》，对大力推进节约集约用地进行整体部署，明确将节约集约用地。在住房开发过程中，存在着用地闲置、浪费等现象，此次土地集约节约利用的规定，不仅仅是针对城镇建设中的土地利用低效的问题，也是针对住房用地闲置、浪费的问题。

三是坚决抑制违法违规用地。2013 年 11 月 22 日，国土部和住建部联合发出《关于坚决遏制违法建设、销售"小产权房"的紧急通知》，此次通知是重点针对城镇化建设中的违法违规问题和小产权房的问题。随后，12 月 30 日，北京市国土局和住建委联合发文，要求各区县对辖区内的"小产权房"进行坚决打击和遏制，还进行了大规模的"小产权房"拆除工作。2014 年 6 月 12 日，海南省出台了《关于规范农用地转用及土地征收等审批工作有关问题的通知》，主要是用于严格控制沿海地区土地资源单纯用于商品房开发的过度开发行为。

（六）其他政策：公积金调整更受青睐，不动产登记开始实施

2013 年 10 月至 2014 年 9 月，我国在住房调控政策上还有很多其他方面的政策，相比较过去几年，住房调控的政策内容越来越丰富。一方面，反映出我国住房调控的手段逐渐成熟，另一方面，也说明了一件事情，就是随着经济社会发展、城镇化等多个领域的快速发展，影响住房市场发展的要素越来越多，住房市场调控不仅仅是住房市场本身的问题，也关系城镇化、人口布局、经济发展速度、地方政府财政收入等多个领域的内容。因此，住房市

场调控一定要综合考虑到多方面的因素，而不能只简单地就住房市场论住房市场。

一是公积金政策得到多次调整。在过去的一个年度里，调整公积金政策成为很多地方政府对住房市场调整的一个重要手段。在 2014 年 4 月以前，昆明、青岛等城市还通过提高公积金贷款二套房首付比、严格公积金账户缴存时限等政策来严格抑制住房不合理需求，但是，到了 4 月以后，宣城、芜湖、郑州、武汉等十多个二三线城市纷纷降低公积金贷款的条件限制，提高公积金贷款额度、降低公积金贷款首付比等，试图通过公积金政策的调整来刺激居民购房需求。除了多数地方政府试图利用公积金调整来刺激市场之外，上海、北京、深圳等地还进一步完善了公积金的用途、管理等方面。

二是住房市场管理进一步严格和完善。整体来看，我国对住房市场的管理逐步规范。2014 年 5 月 26 日，住建部和国家工商总局联合发布了新版的《商品房买卖合同（预售）示范文本》；同样，合肥、西安等很多城市对商品房预售的行为进行了进一步严格，包括预售资金的管理、预售行为的监管、住房销售人员和住房经纪管理等多个方面。从商品房预售方面来看，住房市场趋于稳定和规范。

三是不动产登记进展较快。在酝酿了多年以后，不动产登记终于"千呼万唤始出来"。2013 年 11 月 20 日，李克强总理主持召开国务院常务会议中决定，将分散在多个部门的不动产登记职责整合由一个部门承担，并提出下一步的具体任务。之后，国土部、中编办等纷纷切实推进相关工作的进展。到 2014 年 5 月 7 日，不动产登记局正式挂牌，之后，部门职责、人员编制、机构设置等都不断得到合理解决，不动产统一登记的时间表也已经公布。整体来看，我国不动产登记工作进展相对较快，可以预见在未来的三四年内，我国不动产登记信息管理基础平台能够按时实现，并发挥对不动产有效监管的重要作用。

除此之外，我国住房政策中还有对未来住房发展具有重要意义的两件事情。（1）绿色建筑在一些地区得到推广。安徽省（2013 年 10 月 21 日）、黑龙江省（2014 年 2 月 11 日）、陕西省（2014 年 2 月 13 日）等纷纷出台绿色建筑行动方案，在住房开发和保障房建设中推进绿色建筑应用。绿色建筑是未来城镇化建设中的一个重要内容，也是未来住房发展的一个方向和目标，随着中央和地方政府对绿色建筑越来越重视，未来住房转型也必将成为不可逆转的趋势。（2）"以房养老"工作也得到进一步推广。2014 年 3 月 20 日，保监会下发《关于开展老年人住房反向抵押养老保险试点的指导意见（征求意见稿）》，拟在北京、上海、广州和武汉开展为期两年的试点；4 月 3 日的国土部部长办公会议上也专门研究了养老用地的供应与监督管理；江苏、广东两省还分别实施了发展养老服务业的相关意见，对于以房养老工作的开展具有很好的指导意义。总体来看，"以房养老"也将会是未来我国住房发展的一个方向。

二 住房宏观调控存在的问题及未来挑战

2013～2014 年度住房调控政策相比于过去几年发生了非常大的变化，特别是中央政府越来越重视市场机制对于住房市场调控的作用，这一改变更有利于住房市场的长期发展；由于中央政府没有频频出台各种政策进行调控，本年度的住房市场预期没有受到太大的影响，从而中央政府的政策变化对市场的影响基本实现了最小化。住房调控的目标是让房价理性回归，但是 2014 年多数城市房价的下滑就使得原来的政策目标没有很好地实现，很多城市纷纷抛弃了原来坚持的限购政策。2014 年下半年的大量城市住房调控的巨大转变，无疑意味着过去住房调控政策的"无效"，也意味着本年度住房调控政策中依旧存在着不少问题。

（一）住房长效机制仍然不够清晰

从 2013 年开始，中央政府开始提出住房调控长效机制，十八届三中全会和国家新型城镇化规划等都提出要建立健全住房市场的长效调控机制。但是，此目标提出两年来，虽然与住房市场相关的各个领域都有着较多的措施，一些领域诸如不动产登记等也取得了一定的进展和突破，但是对于长效机制，中央还没有给出一个清晰的框架出来，长效机制下应该包括哪些内容、各个领域要如何进行改革、各领域之间如何衔接配合、长效机制的时间表等等都还没有明确的说法。这反映出当前，经过了多年住房市场调控的经验教训之后，中央政府对于住房市场调控已经有了较为准确的思路，但是具体的调控体系的细节、措施等还有待于进一步深入研究，切实有效的、有利于住房市场长期发展的长效机制的真正建立也还需要一段时间。

（二）房地产的定位需要重新界定

2003 年国务院 18 号文件将房地产定位为"拉动国民经济的支柱产业之一"，并明确提出"要保持房地产的持续健康发展"。十多年过去了，以房地产来拉动国民经济增长已经越来越深得各级地方政府的"心"，但是房地产的持续健康发展一直是各界政府的调控目标，政府频频进行调控，而这一目标却年年难以真正实现。长期以来的这种现象是否意味着"拉动经济增长的支柱产业和持续健康发展"是两个矛盾的目标。毫无疑问的是，从中央政府的角度来看，这两个目标是可以实现的，但是对于地方政府而言，拉动经济增长则是其首要目标；而且从现有的政绩考核体系来看，这两个目标就是冲突的，因为地方政府领导往往在一个地区只有 3~5 年的时间，而"房地产的持续健康发展"则是一个需要长时间来检验和证明的任务，在缺乏有效的配套措施的情况下，地方政府领导往往只会关注前一个目标，后一个目标则是其继任者的事情。因此，在新形势下，如何正确看待房地产的地位问题，需要重新认定，特别是这一定位不仅仅要从中央政府的角度来考虑，也要考虑到地方政府的实际情况。

（三）住房供应体系有待于进一步完善

随着我国经济社会的发展，我国住房供给也取得了巨大的成就。1998~2013 年，我国住宅实际竣工量达到 106 亿平方米，约 1.1 亿套，在实际竣工的住宅中，既包括有商品房新建，也包括各种保障性住房、拆迁安置住房等。但是，各种类型住房的增加随之也带来一些问题，就是当前形势下我国的住房供应体系到底应该是什么样子。特别是眼下，我国住房体系中需要解决好以下两个问题。

第一，保障房建设中的问题。近几年，我国不断加大保障房的建设力度，确实有效解决了一大批居民的居住问题；而且保障房相应的制度也在不断完善中，例如公租房和廉租房的并轨运行。但是，随着越来越多保障性住房的出现，例如棚户区改造、自住型商品房、共有产权住房、合作性保障房等，相应这些不同类型保障房的运营管理、制度衔接之间的问题也亟待提上日程。此外，2013年开始重点推进的棚户区改造工程中，资金主要是由中央财政来承担，很多地方政府，特别是三四线五线城市和县级以下政府完全依赖于中央财政资金的投入才能够推进，而且这些地区将很多其他的城市改造、拆迁等项目都打包纳入棚户区改造中来，这样会造成棚户区改造专项资金被用于他处，降低了棚改专项资金的利用效率。

第二，如何处理好新建住房和二手住房的关系。随着我国经济高速增长时期的结束，今后经济将进入一个"增速低、基数大"的新时期，在此大形势下，住房市场的发展也会发生巨大的变化。一个比较明显的趋势是，在过去，我国住房市场是以新建住房为主，但是未来住房市场将进入新建房和二手房同步发展的时期，这就意味着，未来我国新建住宅的需求会有一定程度的下降，而相应的二手房市场将得到一个较大的发展。但是，迄今为止，我国各类住房调控政策中是以对新建住房的调控政策为重点，二手房调控的政策相对较弱。未来几年，我国应尽快通过市场机制完善、法律法规建设等多种方式提高二手住房的市场化水平，让二手房能够成为大量中低收入居民改善居住的重要渠道。

（四）土地供应政策在一些地方没有执行到位

土地供给对于住房供应起着非常重要的作用，因为近几年国家在住房调控中年年都会强调增加土地的供给。从国土部的数据来看，2014年1～

8 月份，全国房地产用地供应同比增长了 34.4%，住宅用地增长了 33.9%，北上广深分别增长了 25%、17%、211%、125%。从全国的数据来看，土地供给的数量是在增加的。但是，在一些地方实际情况并非数据反映出来的这样。进入 2014 年下半年以后，随着越来越多的城市房价下滑，很多城市开始利用土地供给数量的变化来进行"救市"，在一些城市用于房地产开发的土地面积不增反减，甚至还有个别的城市已经基本停止对房地产的土地供给。这一现象是在地方确确实实发生的现象，而且主要集中在一些房地产问题比较突出的三四五线城市。这一现象，将直接影响未来一到两年内这些城市住房的供给。假如，这些城市的"救市"能够成功，那么可以预想到的是，未来这些城市仍将出现 2008～2013 年房价高涨的现象。

（五）房产税和住房信息系统的推进比较缓慢

2013 年 10 月至 2014 年 9 月，我国不动产登记制度的建设取得了重要突破。2014 年 5 月 7 日，不动产登记局挂牌，意味着不动产登记这项工作已经进入具体工作的进展中，根据已经公布的不动产登记时间表，预计到 2017、2018 年左右，不动产登记信息管理平台将开始发挥作用。而与之相比，房产税和住房信息系统的建设显得非常缓慢。2009 年我国提出深化房地产税制改革以来（见表 14－2），房产税改革年年成为中央、国务院和财政部的重要工作，相应的研究工作已经基本成熟，2011 年开始在上海市和重庆市进行的房产税改革试点到如今也有 3 年的时间，已经积累了相应的试点经验，而 2014 年房产税却仍然没有进一步的动作，呼声很高的房产税试点迟迟没有扩容；同样，住房信息系统原计划到 2013 年底全国县级以上城市联网，到 2012 年 6 月 40 个重点城市信息联网，但是，一些地方政府和部门对于住房信息工作的不配合导致这项工作屡屡被推后。房产税、住房信息系统、不动产登记三项工作对于房地产的持续健康发展有着非常重要的作用，而且三者之间的相互配合才能取得最好的效果。当前，我国正在进入房地产市场发展的转型时，在这个时期，推进房产税和住房信息系统确实存在着导致房地产市场进一步下滑的风险，但是这一时期也是推进房产税和住房信息系统建设的绝好机会。如果一旦错过这一时期，等到住房市场调整过来进入一轮新的高涨时，推进房产税改革和住房信息系统建设的成本将进一步增大。

表 14 – 2　房产税改革时间表

时间	内容
2009 年	国务院批转发改委《关于 2009 年深化经济体制改革工作的意见》，提出"深化房地产税制改革，研究开征物业税"。
2010 年	《关于 2010 年深化经济体制改革重点工作的意见》中指出"深化财税体制改革，逐步推进房产税改革"。
2011 年	上海、重庆进行房产税改革试点。 中央经济工作会议提出"推进房产税改革试点"。
2012 年	财政部部长谢旭人向全国人大常委会报告时提出，要稳步推进个人住房房产税改革试点。
2013 年	国务院批转发改委《2013 年深化经济体制改革重点工作的意见》要求扩大个人住房房产税改革试点范围。 十八届三中全会提出"加快房地产税立法并适时推进改革"。
2014 年	政府工作报告中指出，要推进税收制度改革，做好房地产税立法相关工作。

（六）地方政府的短期行为

2014 年多数城市的房地产市场出现下滑，因此，很多城市纷纷采用各种措施进行救市。其中，包括放松限购、降低公积金贷款限制、降低贷款利率等。截止到 2014 年 9 月，原来采取限购政策的 47 个城市中有 42 个已经明确表示放松限购，而明确表示继续坚持限购的只剩下北上广深和三亚 5 个城市。有人甚至将当前地方政府的救市与 2008 年房地产市场下滑时的救市来对比。确实，此次地方救市的势头也非常猛烈。

此次地方的积极救市反映出来的问题是，从地方政府的情况来看，房地产仍然是地方政府拉动经济增长的主要方式，房地产业仍然是地方财政收入的支柱产业。中央已经将经济增长的重点转向了产业结构调整，而地方如果不进行转型，那么住房市场的问题将难以解决。而且，从具体的调控措施来看，地方政府只是从救市的角度来考虑，而没有考虑到各地实际住房供给和需求的平衡，没有考虑到住房建设与城镇建设的关系，没有考虑到房地产开发与城市经济持续发展的关系等等。如果不趁着此次住房市场下滑进行相应的调整，住房的持续健康发展很难实现。

三　2014～2015年度我国住房宏观调控政策建议

针对2014～2015年国际经济形势复苏缓慢、国内经济增速进一步回落以及房地产市场持续下滑的可能性，2015年住房市场调控政策的建议如下：我国2014～2015年住房调控要加快构建住房的市场体制，进一步强化市场机制对住房调控的主导地位，加快推进住房调节长效机制建设，扩大房产税试点范围；同时，要根据住房市场形势及时、有效调节相关住房信贷和税收机制，防止住房市场大幅度下滑，同时也要将政策变动带来的预期影响最小化。

（一）政策原则

针对目前我国住房市场可能出现的问题，在未来的调控中应该坚持以下原则：统筹兼顾、毫不动摇；相机抉择、灵活有效；差别对待、分类实施；长短结合、防范风险。

统筹兼顾、毫不动摇：2015年对宏观经济和住房市场要统筹兼顾。既要防止宏观经济增速过快下滑，又要坚持住房调控政策毫不动摇，特别是一线城市要坚守限购政策，防止房地产市场报复性反弹。

相机抉择、灵活有效：在保证房价不会出现报复性反弹的前提下，要根据住房市场形势的变化及时调整调控政策，制定分城市、分区域、分类别的调控政策，及时有效防范住房市场形势恶化；同时，也要采取更多样化、更灵活的调控手段，防止出现政策变动影响市场预期的情况；还要针对住房市场可能出现的各种情况准备好多套预案，预防住房形势恶化后可能产生的盲目调控。

差别对待、分类实施：是指 2015 年要继续坚持并强化差别性的财税、信贷、土地政策，尽快建立完善住房长效调控机制，通过各种手段对不同的购房需求进行差别对待；要合理判断不同区域、不同城市的住房供给和需求结构，有差别、有针对性地制定不同的调控政策，要实现调控政策的合理有效，防止政策一刀切。

长短结合、防范风险：是指调控住房市场要将 2015 年的短期目标和长期目标结合起来，要将住房市场的短期问题和长期制度建设结合起来，通过多种政策措施的推出，建立和完善住房制度，并且完善相关的信贷、财税、土地调控机制。通过长期制度建设来防止未来房地产市场的风险，同时也要注意防范短期内住房调控政策微调带来的市场风险和房地产市场持续低迷对宏观经济带来的风险，还要注意防范住房市场下滑带来的金融风险和地方政府的资金风险。

（二）政策措施

加快保障房建设。一方面，要加快保障性住房的制度建设。当前特别是要加快对合作型保障房、共有产权房、集体建设用地建设保障房等的研究，尽快进行试点和推广，并完善相关的管理运营、退出、衔接等制度设计。另一方面，要进一步完善保障房建设的资金支持。要通过进一步合理划分中央和地方在保障房建设上的责任和义务，硬化相关方的预算约束等方式来加快保障房的建设速度，要坚决杜绝在保障房建设上相互推诿的现象发生；对于地方负有支出责任的部分，要在地方财政预算中进行提前安排，坚决避免地方政府单纯依赖中央财政拨款的"坐、等、靠"的现象。各级政府要坚决按照中央、国务院对于保障性住房和棚户区改造的任务要求按时、保质、保量完成。要将保障房建设和完成情况纳入地方政府政绩考核体系。通过加快保障房建设速度来增加短期内低收入居民住房供给。

加快住房市场体系建设，更好地发挥市场机制调节作用。要继续加强住房市场的建设，要坚持把市场机制作为住房调控的主要手段。对于住房市场的建设和完善，也要作为地方政府的工作任务来进行推进，并作为地方政绩考核的内容。要加快住房法律体系的建设，对当前与住房开发相关的土地出让、土地供给、房地产开发、住房担保、住房金融、城市拆迁等相关内容进行深入和系统研究，在此基础上对我国当前的《城市房地产管理法》、《土地管理法》、《城市规划法》等法律进行修订和完善，真正构建相对完善的、适应现阶段我国发展情况的住房法律体系。要加快我国住房市场人才队伍的建设，提高住房销售队伍和房产中介的素质与水平。

密切关注宏观经济走势，采取适当定向政策及时调控。中央政府要提前设计好当前住房调控的一揽子计划，防止当住房市场突然恶化时出现"手忙脚乱"和"乱投医"的现象。要密切关注当前一段时期内我国宏观经济的走势，以及经济变化与住房市场的关系，特别要关注住房投资、销售、贷款、土地供给等情况的变化，要根据宏观经济形势变化和住房市场变化，及时采取适当的措施来平抑住房市场的波动。

加快住房制度建设。一是要加快构建住房供应体系。通过完善住房市场和加大政府保障力度，早日构建以政府提供基本保障、市场满足多层次需求的住房供应体系，切实实现全体居民的"安居、康居、乐居"。二是要加快住房长效机制的建设。要尽快制定住房长效机制的框架结构和路线图，给予住房市场长效机制建设以清晰的认识。在土地、金融、财税、保障房、户籍等领域要制定推动房地产市场长期持续健康发展的相关改革措施。三是要加快房产税和住房信息系统的建设步伐。中央要尽快制定房产税改革和住房信息系统建设的时间表，并要求相关部门和地方政府严格执行；对于逾期没有实现的，要对有关部门和地方政府主要领导进行问责。当前，可以扩大房产税的试点范围，增加更多的城市进行房产税试点，在房产税试点城市的选择上要充分考虑到不同的情况，既要有一线城市，也要考虑到二三四线城市。对于住房信息系统建设，要分解到各级地方政府，并作为地方政府政绩考核的内容，对工作不到位、不积极的，要进行问责。

附件:

2013年10月至2014年9月我国住房宏观调控政策汇总

表1 住房调控之中央政府政策

10月29日	政治局	中央政治局第十次集体学习,学习内容为加快推进住房保障体系和供应体系建设。
11月15日	中共中央	《关于全面深化改革若干重大问题的决定》,提出对我国社会经济全面深化改革作出部署。针对住房行业,重点指出从深化户籍、土地、金融等多要素改革促进住房长效机制建立健全。
12月3日	中共中央政治局会议	研究2014年经济工作,提出要积极推进重点领域改革,着力增强发展内生动力,要走新型城镇化道路,优化土地资源利用,做好住房保障和住房市场调控工作。
12月10日	中央经济工作会议	提出,要努力解决好住房问题,探索适合国情、符合发展阶段特征的住房模式,同时,还特别强调要"加大廉租住房、公共租赁住房等的建设和供给,做好棚户区改造"。
12月24日	住建部	召开全国住房城乡建设工作会议,部署2014年重点工作。提出要毫不松懈的推进保障性安居工程建设和管理工作,继续抓好住房市场调控和监管工作,进一步做好城乡规划编制、审查和实施管理工作,切实提高城市建设和管理水平,加强住房公积金工作,继续抓好农村危房改造和农村人居环境整治工作,加快推进建筑节能工作促进建筑产业现代化,继续加大建筑市场和工程质量安全监管力度,继续深化行政审批制度改革推进简政放权,即系深入推进党风廉政建设精神文明建设和队伍建设等。
3月5日	李克强政府工作报告	指出,2014年的工作之一是:完善住房保障机制。加大保障房建设力度,今年新开工700万套以上,其中各类棚户区470万套以上。创新政策性住房投融资机制和工具,采取市场化运作方式,为保障房建设提供长期稳定、成本适当的资金支持。各级政府要增加财政投入,提高建设质量,保证公平分配,完善准入退出机制。针对不同城市情况分类调控,增加中小套型商品房和共有产权住房供应,抑制投机投资性需求,促进房地产市场持续健康发展。
3月16日	国务院	国务院公布《国家新型城镇化规划(2014~2020)》,其中提出,加快推进不动产登记和房产税立法,做好房产税立法相关工作;创新政策性住房投融资机制和工具,抑制投机投资性需求,推进长效机制促住房市场持续健康发展;健全城镇住房制度等。

续表

4 月 17 日	国务院	国务院关于落实政府工作报告重点工作部门分工的意见,提出:完善住房保障机制,创新政策性住房投融资机制和工具,针对不同城市情况分类调控。
5 月 21 日	发改委	国务院批转发改委《关于 2014 年深化经济体制改革重点任务意见的通知》中提到,坚持住房税立法相关工作,以全体人民住有所居为目标,完善住房保障机制,促进住房市场健康发展等。
7 月 11 日	住建部	全国住房城乡建设工作座谈会,提出各地可以根据当地实际出台平稳住房市场的相关政策,其中库存量较大的地方要千方百计消化商品房待售面积,加强住房结构调整,完善住房项目周边配套设施,加快行政审批速度等。
9 月 16 日	李克强	国务院总理李克强主持召开推进新型城镇化试点工作座谈会,指出:要科学规划,创新保障房投融资机制和土地使用政策,更多吸引社会资金,加强公共配套设施建设,促进约 1 亿人居住的各类棚户区和城中村加快改造,让困难群众早日"出棚进楼"、安居乐业。

表 2　住房调控之地方调控政策

11 月 8 日	上海	出台《进一步严格执行国家住房市场调控政策相关措施》(沪七条),指出,2013 年确保住房用地供应 1000 公顷,进一步加大中小套型住房用地供应,对居民家庭向商业银行贷款购买第二套住房的,其首付款比例不得低于 60% 提高到不得低于 70% 以上,调整非本市户籍居民家庭购房缴纳税收或社保费年限等。
10 月 11 日	深圳	深圳市住房宏观调控小组联席会议提出了八项政策,提出要抓紧研究调整第二套住房贷款的首付比例和利率、增加土地供应以及加强预售管理等措施。此前,深圳已提高了房屋过户要求,并调高存量房评估价格。
11 月 18 日	广州	广州市印发《关于进一步做好住房市场调控工作的意见》(穗五条),提出增加住宅用地供应,调整第二套住房贷款首付比,调整非本市户籍家庭购房证明年限等。
11 月 22 日	武汉	武汉市出台《关于进一步加强住房市场调控工作意见》(汉七条),提出,非本市户籍家庭在本市纳税或缴纳社会保险时间调整为 2 年,并仅限购 1 套;增加住房用地供应,抓紧研究提高第二套住房贷款首付比等。
11 月 22 日	徐州	调整限购政策,限购区域调整为主城区,区域内面积为 90 ~ 144 平方米的商品房执行限购等。
11 月 25 日	厦门	厦门市人民政府办公厅发布《关于进一步做好我市住房市场调控工作的意见》,提出了 6 条调控意见。

续表

11 月 25 日	沈阳	沈阳市出台《沈阳市人民政府办公厅关于进一步做好住房市场调控工作的通知》(沈九条),提出非本市户籍家庭购房证明年限提高到 2 年以上,居民家庭贷款购买二套住房的商业贷款和公积金贷款首付比提高到 65%,继续保持住宅用地供应全国领先水平,抓好保障性住房建设管理等。
11 月 25 日	南昌	南昌市公布《关于进一步做好住房市场调控工作的意见》(昌六条),提出增加住宅用地供应,提高二套住房贷款首付比,提高非本市户籍家庭购房证明年限等。
11 月 25 日	长沙	长沙市发布《关于进一步做好住房市场调控工作的通知》(长五条),提出增加普通商品住房及用地供应,重视保障性安居工程建设,抑制不合理住房需求,引导住房开发企业理性定价等。
11 月 26 日	南京	南京市发布《关于进一步加强住房市场调控工作的通知》(宁八条),提出对高地价现状酝酿实行"竞地价、竞配建"、"竞地价、竞保障房资金"等方式,保持地价平稳,提高二套住房首付比等。
11 月 26 日	杭州	发布《关于进一步促进住房市场平稳健康发展的通知》(杭六条),严格执行差别化住房信贷政策,进一步增加住房用地供应等。
11 月 27 日	福州	《关于进一步加强住房市场调控促进住房市场平稳健康发展的通知》,提出继续加大土地供应力度,加快保障性住房建设,成立房价监测专门工作小组等。
11 月 28 日	西安市	西安市政府办公厅发布关于《进一步做好住房市场调控工作的意见》
12 月 9 日	厦门	厦门市人民政府调整购房入户政策,自 2013 年 12 月 10 日期出让成交取得土地的商品住房项目不再享有"购房入户"的政策。
12 月 26 日	武汉	武汉市住房公积金中心发布《武汉市公积金管理委员会关于完善住房公积金政策支持职工解决基本住房需求的通知》,其中完善了职工购买首套住房的公积金政策,并对第二套住房贷款发放对象进行调整。
1 月 1 日	贵阳	发布《贵阳市人民政府关于进一步促进住房业持续健康发展的若干意见(试行)》,对全市住宅类住房项目(住宅面积比例大于 50%)容积率试行分类指导,老城区原则上不得突破 3.5,其他城区不得突破 2.5。住宅类住房项目单宗用地不得超过 20 公顷。
2 月 17 日	广东	广东省住建厅印发《广东省住房和城乡建设事业深化改革的实施意见(征求意见稿)》,提出研究扩大公积金缴存覆盖面的措施,探索构建城乡统一的建设用地市场等。
3 月 11 日	南京	南京市发布《关于进一步加强我市住房市场管理工作的通知》(宁七条)以及《关于加强我市住房保障和供应体系建设的意见》,对住房市场调控提出七条意见,加强对土地供应结构的调整和对房价的监控。
4 月 22 日	无锡	无锡市发布《户籍准入登记规定》,调整购房入户门槛。
4 月 24 日	重庆	重庆市地税局公布《调整后契税若干政策执行问题的公告》,停止"农转城"免契税。

4月25日	南宁	南宁市房管局发文称,广西北部湾经济区内的五市户籍居民家庭可参照南宁市户籍居民家庭政策在南宁市购房。
5月4日	成都	成都市人民政府颁布《关于完善我市购房入户政策的通知》,购买面积在90平方米以上并取得房屋所有权证且在成都参加社会保险1年以上的市外人员可在房屋所在地申请登记本人、配偶和未成年子女的户口。
5月5日	铜陵市	铜陵市出台《关于促进住房市场持续健康发展的意见》,购买家庭唯一普通商品房(含二手房)的,由同级财政按房价1%给予契税补贴,放开住房公积金二次贷款的政策限制等。
5月7日	郑州	郑州市发布《郑州市个人住房置业贷款政策性担保管理办法(征求意见稿)》。
5月30日	海口	海口市发布《关于促进住房市场健康发展的实施意见》,提出自6月1日起在海口市行政区域购买单套面积120平方米以上新建商品住房,并已合同备案的本省籍购房人,可在该市申请登记户口人数不超过5人。
6月24日	成都	成都市出台《促进当前经济平稳增长的二十二条措施》,提出优化住房政策,促进居民首套房和改善型住房消费,加快住房公积金贷款发放禁毒等。
6月26日	呼和浩特	发布《关于切实做好住房保障性工作,促进全市住房市场健康稳定发展的实施意见》,文件中提出,要取消商品房销售方案备案制度,同时放宽居民购买商品住房(含二手住房)在办理签约、网签、纳税、贷款以及权属登记时的限制,不再要求提供住房套数查询证明等。
7月18日	武汉	140平方米以上的住房取消限购,新城区以及东湖高新开发区、武汉经济技术开发区、东湖生态风景区、武汉化工工业区这四个功能区的非本市户籍购房者近一年内有缴纳记录即可购房;符合条件的人才,购买住房只需要提供近一年内的纳税和社保证明材料。
7月19日	苏州	90平方米以上住房全面放开,90平方米以下仍按照以往政策执行。
7月25日	西安	符合条件人才可购买一套住房;60平方米以下的住房和砖混结构住房放开限购。
7月26日	无锡	发文通知,取消90平方米以上(含)住房的限购政策,90平方米以下住房继续执行限购。
7月29日	杭州	主城区140平方米及以上住房,及萧山区、余杭区放开限购
7月31日	宁波	购买宁波市各县(市)以及鄞州、北仑、镇海、高新区等地区的住房,购买海曙、江东、江北中心城区套型在90平方米及以上商品住房,以及购买海曙、江东、江北中心城区二手住房的,都不再需要提供家庭住房情况查询证明。
8月1日	青岛	对黄岛区、城阳区(含高新区)住房放开限购政策;对市南区、市北区、李沧区、崂山区套型面积在144平方米以上(含)的住房放开限购政策。
8月1日	福建	《福建省住房和城乡建设厅发布关于促进住房市场平稳健康发展的若干意见》,"闽八条"出台,加大房贷优惠,外地人购房贷款不需提供纳税证明,福州市厦门市可以根据本地市场变化情况,调整放开住房限购措施等。

续表

8月1日	广西	适当放宽二套房贷款政策,适时、合理调整住房公积金个人住房贷款最高额度等,大力促进住房消费。
8月1日	绍兴	取消外地户口购房限制,首套房贷不准超基准利率
8月1日	金华	取消限购。
8月1日	成都	从2014年7月1日到至2014年12月31日期间,对金融机构按照国家政策规定向居民家庭在四川省行政辖区内首次购买自住普通商品房提供贷款,且贷款利率不超过(含)人民银行公布的同期贷款基准利率,按金融机构实际发放符合条件贷款金额的3%给予财政补贴。
8月2日	合肥	取消限购
8月4日	太原	取消限购
8月4日	绍兴	发布《关于促进市区住房市场平稳健康发展的意见》,取消限购。
8月5日	包头	发布《中国·包头2014房交会优惠政策》,给予购房者发放15000购房券,并给予契税补贴和财政补贴。
8月6日	长沙	正式解除了楼市限购令
8月7日	佛山	取消限购,具体内容包括:一、本地身份证每张可购买两套房,二、外地身份证可购买一套房。
8月8日	福建	福建省住建厅发布《关于促进住房市场平稳有序发展的若干措施》,福州市、厦门市可以根据市场变化调整放开住房限购政策等。
8月9日	郑州	取消限购
8月10日	东莞	出台《关于促进住房市场健康平稳有序发展的若干措施》明确,东莞取消新建商品住房销售价格申报备案制,并适时调整普通住房价格标准。
8月11日	嘉兴	下发《促进住房市场平稳健康发展意见》,将逐步取消保障性住房实物建设。将从严控制住房开发用地供应量,供应时序和供应结构,并逐步取消保障性住房,拆迁安置住房实物建设,在房屋征收过程中,将鼓励通过货币补偿方式实施安置,或通过收购商品住房进行实物置换,保障性住房主要通过货币补偿方式实施保障。
8月11日	昆明	正式取消限购,买房不再查询已有住房数量
8月11日	湖南	《湖南省住房和城乡建设厅关于促进全省房地产市场平稳健康发展的意见》("湘五条")出台,省内异地购房可申请公积金贷款等。
8月13日	沈阳市	发布《关于印发沈阳市促进当前经济稳增长若干政策措施的通知》,放宽住房公积金门槛,给予棚户区改造每户1万元补助等。
8月15日	厦门	《关于促进住房市场平稳健康发展的实施意见》,厦门限购政策正式放开,岛外限购全面解禁,岛内两区本市户口限购两套住宅,非本市户口限购一套。
8月16日	哈尔滨	取消限购
8月18日	南宁	南宁住建局发布《南宁市限价普通商品住房转化为商品住房管理规定》。
8月20日	江西省	印发《关于促进经济平稳增长若干措施》,落实首套房贷款优惠政策,适当降低二套房首付比例,支持商品房库存较大的城市收购符合条件的商品住房作为保障房和棚户区改造安置住房房源。

8 月 22 日	宁夏	《关于促进住房持续健康发展的若干意见》,全面取消限购
8 月 25 日	海口市	《海口市人民政府关于稳增长促发展的实施意见》出台,放宽本省籍居民购房入户条件,按购房面积实施差别化入户等。
8 月 27 日	贵阳	全面取消限购
8 月 29 日	杭州	购买主城区 140 平方米以下住房不再提供住房情况查询记录。 全面取消限购,购买杭州主城区 140 平方米以下住房不再提供住房情况查询记录。
8 月 30 日	无锡	全面取消限购
8 月 30 日	宁波	全面取消限购。
9 月 1 日	西安	凡在本市区域内购买商品住房和二手房的,不再申报户籍和原有住房情况。
9 月 1 日	青岛	全面放开限购。 放开市南区、市北区、李沧区、崂山区套型面积在 144 平方米以下(含)的住房放开限购政策。
9 月 1 日	贵阳	取消楼市限购。
9 月 3 日	兰州	全面放开限购
9 月 10 日	龙岩	出台《龙岩市进一步促进住房市场持续健康发展的若干意见》
9 月 10 日	西宁	正是取消限购令,购房不再进行资格审查。
9 月 12 日	沈阳	房产局正式发文取消住房限购。
9 月 15 日	湖北省	湖北省住建厅发布《关于促进全省房地产市场平稳健康发展的意见》(鄂六条),提出加强市场分类调控,支持合理住房消费,其中还特岛在首套房贷贷款利率和首付比上给予优惠支持。
9 月 17 日	福州市	《福州市人民政府办公厅关于促进住房市场平稳健康发展的实施意见》
9 月 21 日	南京市	《市政府关于保持我市住房市场健康发展的通知》,购房不再需要提供新购住房证明。
9 月 22 日	江西省地税局	出台《贯彻落实稳增长促改革调结构惠民生政策措施促进我省经济平稳增长若干措施》,提出,个人购买 90 平方米以下且属于家庭唯一住房的普通住宅,减按 1% 的税率征收契税,购买 90 平方米以上且属于家庭唯一住房的普通住宅,按法定税率减半征收契税。
9 月 23 日	武汉	正式下发《市政府关于取消我市商品住房限购政策的通知》,宣布武汉市自 9 月 24 日起取消住房限购。
9 月 23 日	青岛市	青岛市国土和房管局发布《关于完善保障性住房和市场多层次需求住房建设体系的意见》,出售唯一住房又新购住房的居民家庭偿清原购房贷款后,再次申请住房贷款的,按首套房贷认定。
9 月 26 日	苏州	全面取消限购
9 月 26 日	珠海	取消楼市限购
9 月 26 日	石家庄	全面取消楼市限购。
9 月 29 日	央行南昌分行	央行南昌支行发文下调二套房首付比例

表3　住房调控之财税政策

10 月 23 日	财 政 部、国税总局	联合发出通知,要求对个人销售自建自用住房的,免征营业税,对企业、行政事业单位按房改成本价、标准价出售住房的收入免征营业税。
11 月 19 日	财政部部长	财政部部长楼继伟在《中共中央关于全面深化改革若干重大问题的决定(辅导读本)》中撰文,提出要加快房产税立法,推进房产税改革。
12 月 2 日	财 政 部、国税总局	下发《关于棚户区改造有关税收政策的通知》,对改造安置住房建设用地免征城镇土地使用税,对个人首次购买 90 平方米以下改造安置住房,按 1%的税率计征契税。
12 月 26 日	财政部	提出,中央财政大力支持各地棚户区改造工作,加大资金补助力度,鼓励企业出资参与棚户区改造等。
1 月 1 日	广西	广西《关于个人转让和租赁房产有关税收政策问题的公告》正式实施,个人转让应税房产按两种方式征税:查验征收和核定征收。
1 月 20 日	财 政 部、国家税务总计	财政部和国家税务总局发布《关于夫妻之间房屋土地权属变更有关契税政策的通知》,在婚姻关系存续期间,房屋、土地权属发生变更,均免征契税。
2 月 23 日	财政部	财政部部长楼继伟在二十国集团财政和央行行长会议上讲话,指出中国将重点推进房产税改革,加快房产税改革立法进程。
5 月 18 日	财 政 部、住建部	财政部会同住建部下拨 2014 年中央财政城镇保障性安居工程专项资金,共1193 亿元,用于支持地方特别是中西部地区发放租赁补贴,建设公共租赁住房和实施城市棚户区改造等城镇保障性安居工程。
6 月 25 日	财政部	财政部部长楼继伟 24 日向全国人大常委会报告 2013 年中央决算时指出,下一步要扎实推进财税体制改革,要配合做好住房税立法相关工作。

表4　住房调控之金融政策

5 月 6 日	北京	发布《北京银监局关于个人综合消费贷款领域风险提示的通知》,通知中指出要加大对改善民生、居民日常消费需求等方面的贷款投放,严格限制其用于购房、投资等非消费领域等。
5 月 12 日	央行	中国人民银行副行长刘世余召开住房金融服务专题座谈会提出:一是合理配置信贷资源,二是科学合理定价,三是提高服务效率,四是有效防范信贷风险,五是建立信息沟通机制。
5 月 19 日	中国银行	中国银行公布 2014 年新投放个人住房贷款情况,提出 2014 年将继续保持住房贷款平稳发展合理把握头像,重点支持经营管理稳健、开发经验丰富的企业项目和中小户型普通商品住宅项目,积极支持居民家庭购买首套自住商品房。
5 月 23 日	李克强	李克强总理在内蒙古考察时提出金融政策要适时预调微调。

7月25日	银监会	上半年全国银行业监督管理工作暨经济金融形势分析会议,明确严格控制信用风险扩散,同时也要重点监控住房、政府融资平台、产能严重过剩等领域风险,同时也要优先支持居民家庭首套住房需求。
8月16日	央行	消息称,央行已经通知五大行,将分别向每家银行投放1000亿SLF,期限3个月。
9月24日	中行	中行表示,该行总行已经授权当地分行可以按照市场需求和政策变化适时调整相关政策,对不同的购房需求采取差异化策略,提高审批效率,提升服务能力,积极支持居民合理购房需求。
9月25日	银监会	银监会副主席王兆星回应中国银行业信用风险问题,银监会已经对住房和产能过剩领域进行了有效监管,无论中国宏观经济还是金融领域,风险都可控。
9月30日	央行、银监会	联合发布《关于进一步做好住房金融服务工作的通知》,大大提高了对个人住房贷款的支持,其中对首套房的贷款利率下限为0.7倍,并放松拥有1套、2套住房家庭购买住房的限制。

表5　住房调控之土地政策

10月22日	广东省	广东省国土厅召开全省住房用地管理和调控工作座谈会,提出保障住宅用地供应量显著增加,加大保障型安居工程用地落实力度,盘活闲置土地,坚持市场形成地价机制等。
11月22日	国土部、住建部	关于坚决遏制违法建设、销售"小产权房"的紧急通知
11月22日	姜大明	国土部部长姜大明发文《建立城乡统一的建设用地市场》
12月30日	北京	北京市国土局和住建委联合发文,要求区县政府组织有关部门采取有效措施严厉查处所在区域的"小产权房",坚决遏制违法建设销售情况,并在2014年1月15日前完成项目自查。
2月14日	北京	北京市召开首都生态文明和城乡环境建设动员大会,提出要抓好村庄和中介两个环节治理小产权房。
2月21日	南京	南京国土局发布《关于土地出让模式调整的说明》,对商品住房用地的供给,采取"限地价、竞配建保障房"或"限地价、竞保障房资金"的方式出让。
5月21日	国务院	截至5月15日,国务院共批准了69个城市申请的2944公顷保障性安居工程新增建设用地,其余37个城市主要使用存量建设用地。
6月6日	国土部	国土部发布《节约集约利用土地规定》。
6月12日	海南省	下发《关于规范农用地转用及土地征收等审批工作有关问题的通知》,要严格控制一线岸线土地资源单纯用于商品房开发。
9月26日	国土部	下发《关于推进土地节约集约利用的指导意见》,对大力推进节约集约用地进行整体部署,明确将节约集约用地。《意见》提出,土地节约集约利用的总目标是建设用地总量得到严格控制,土地利用结构和布局不断优化,土地存量挖潜和综合整治取得明显进展以及土地节约集约利用制度更加完善,机制更加健全。

表6 住房调控之保障房政策

10月17日	成都市	成都市城乡房产管理局发布,将向符合条件的困难家庭配租1373套廉租房,配租申请时间共一个月。
10月22日	北京市	北京市住建委发布《关于加快中低价位自住型改善型商品住房建设的意见》(京七条),指出,北京将通过确保土地供给、合理确定面积和价格、加强监管等手段,加强自住型商品房建设。
11月27日	北京	北京市住建委拟定并发布《北京市自住型商品住房销售管理暂行规定(征求意见稿)》。
12月2日	住建部等	共同发布《关于公共租赁住房和廉租住房并轨运行的通知》,提出将廉租房计划建设并入公租房体系。
2月7日	广东	广东省政府公布《广东省人民政府关于加快棚户区改造工作的实施意见》,指出未来三年,广东预计改造各类棚户区约13.8万户,进一步落实税费减免政策等。
2月8日	山东	山东省住建厅、财政厅、发改委共同出台推进公共租赁住房和廉租住房并轨的实施意见,2014年底前,实现公共租赁住房和廉租住房的统一规划建设,统一准入分配,全面取消户籍限制等。
2月11日	东莞	东莞正式发布《东莞市公租房管理办法》。
2月13日	张家口	《张家口市保障性住房统筹建设并轨运行实施细则》出台,将廉租房、公租房、经济适用房、限价房合并运行。
2月18日	北京	北京市住建委发布《关于进一步加强廉租住房和公共租赁住房并轨分配及运营管理有关问题的通知(征求意见稿)》,拟在廉租住房和公共租赁住房并轨运行基础上,进一步加强两类住房的并轨分配及运营管理。
4月2日	李克强	李克强主持召开国务院常务会议,部署进一步发挥开发性金融对棚户区改造的支持作用。
4月8日	国开行	国开行将加快棚改项目评审和贷款发放。
4月12日	住建部	住建部称将适时拟定《共有产权住房指导意见》。
4月15日	江西省	江西省住建厅要求各地加快推进公共租赁住房出售工作。
4月15日	青海	《青海省保障性住房准入分配退出和运营管理实施细则》审议通过,提出,市县政府可将住房困难家庭、新就业职工、外来务工人员等纳入城镇住房保障范围,将公共租赁房和廉租住房并轨运行等。
4月25日	住建部	住建部确定北京、上海、深圳等6个共有产权住房试点城市。
5月19日	发改委	发布《关于创新企业债券融资方式扎实推进棚户区改造建设有关问题的通知》。
6月17日	深圳	深圳公开征求《深圳市公共租赁住房置换管理办法(试行)》(征求意见稿)意见。
6月23日	深圳	深圳市公布《深圳市住房建设规划2014年度实施计划》,提出持续加大保障性安居工程支持力度,坚持限购、差别化信贷等调控政策。

6月26日	银监会	银监会批复国家开发银行筹建住宅金融事业部。
6月30日	北京	北京对《北京市城镇基本住房保障条例(草案)》公开征求意见。
7月2日	住建部	发布《关于并轨后公共租赁住房有关运行管理工作的意见》,指出要完善城镇低收入住房困难家庭资格复核制度,完善公共租赁住房推出机制,同时提出要创新融资机制,多方筹集资金,特别指出要落实民间资本参与公租房建设的各项支持政策。
8月4日	国务院办公厅	发布《关于进一步加强棚户区改造工作的通知》,提出落实财税支持政策,各级地方政府要切实加大棚户区改造资金投入力度,要进一步发挥开发性金融在棚户区改造中的作用,明确各地可以通过发行企业债券来推动棚户区改造等。
8月15日	北京	石景山、通州、平谷、门头沟、延庆、密云等6个区县出台外地人申请公租房标准。
8月15日	住建部	住建部公布保障型安居工程开工建设情况。2014年全国计划新开工城镇保障型安居工程700万套以上,基本建成480万套。截至7月底,已开工590万套,基本建成340万套。
9月9日	北京	北京住建局下发《关于进一步加强自住型商品房建设过程监督工作的通知》,从户型设计、工程质量、配套同步建设等方面,对自住型商品住房参建各方进行约束,保证自住房与其他商品房同样品质。
9月9日	深圳	深圳市经济适用住房取得完全产权和上市交易管理暂行办法(征求意见稿)向社会公开征求意见。根据此办法,经济适用房权利人取得完全产权或上市交易应按50%的比例缴纳增值收益。
9月14日	上海市	出台实施新的廉租住房政策标准。
9月15日	住建部	陈政高主持召开保障型安居工程巡查汇报会
9月24日	北京	北京十四届人大常务会第十三次会议上透露了将试点合作型保障房,由政府和居民家庭共建,政府提供建设用地,居民家庭承担房屋建设费用。首推5000套60平方米以下房源。

表7 住房调控之公积金政策

2月1日	昆明	昆明市住房公积金管理中心发布关于住房公积金个人贷款相关政策调整的公告,将公积金贷款二套房首付比提高到70%等。
2月9日	青岛	青岛调整公积金贷款资格,公积金账户满12个月且在申请贷款的12个月内连续正常缴存住房公积金方可申请贷款等。
2月11日	重庆	重庆市住房公积金管理中心发布关于试行住房公积金个人住房贷款差别化管理有关事宜的通知。
4月16日	上海	上海市将房款公积金提取支付房租、物业费政策。

续表

5 月 20 日	宣城	宣城市住房公积金管委会发布《关于我市住房公积金有关政策的通知》,住房公积金最高贷款上限提高到 30 万元。
5 月 26 日	芜湖	芜湖市住房公积金管理中心发布《关于进一步完善住房公积金缴存贷款和提取政策的通知》,允许二套房申请贴息贷款,调整二手房公积金贷款额度等。
6 月 5 日	上海	上海发布《关于 2014 年上海市调整住房公积金缴存基数和月缴存额上下限的通知》,缴存基数为 2013 年月平均工资。
6 月 17 日	郑州	郑州市印发《郑州住房公积金个人住房组合贷款管理暂行办法》
6 月 18 日	北京	北京发布《关于进一步加强住房公积金提取管理的通知》
6 月 24 日	武汉	武汉市发布《关于完善住房公积金提取政策支持低收入职工解决基本住房需求的通知》
8 月 13 日	大连市	大连市住房公积金管理中心发布《关于放宽公积金贷款条件的通知》,将条件下调至 9 个月。
8 月 20 日	安徽省	安徽省住建厅将采取多项举措提升住房公积金服务效能。
8 月 22 日	住建部	发布《关于开展加强和改进住房公积金服务专项督查工作的通知》,决定下半年在全国开展加强和改进住房公积金服务专项督查工作。
9 月 1 日	住建部	重点抽查 11 万亿地方公积金使用情况。
9 月 1 日	安徽省	安徽省内公积金可以异地购房。
9 月 1 日	深圳	深圳市住建局正式实施修订后的《深圳市住房公积金提取管理规定》
9 月 6 日	厦门	住房公积金提取流程和材料再简化。
9 月 12 日	无锡市	上调公积金贷款额度。
9 月 17 日	成都市	公积金新政,成都住房公积金账户余额不足 1.5 万元的,最高也能贷款 30 万元。
9 月 29 日	贵阳	贵阳公积金买房首付最低将至两成。

表 8　住房调控之市场管理

10 月 11 日	合肥	合肥市发布《合肥市商品房预售资金监督管理暂行办法》。
11 月 7 日	西安	西安市出台《关于进一步加强住房市场监管规范商品房预售行为的通知》(西安十四条),提出,要加强商品房预售行为监管,强化商品房预售活动监管,加强住房销售人员和住房经纪管理等。
11 月 19 日	海南省	海南省住建厅对住房开发企业的资质条件、专业管理人员的行政许可条件、住房开发企业承担住房项目的建设规模等方面进行调整。
12 月 4 日	厦门	修订公布《厦门市商品房预售管理规定》,要求 7 层以下商品房封顶以后才可预售。
2 月 16 日	苏州	苏州市发布《关于进一步加强全市商业住房项目管理意见的通知》。

续表

4月22日	杭州	杭州市发改委召开分析会,建议建立住房企业重大调价政策预报制度,住房企业在重大调价发布前,必须通报市有关部门,同时,加大对住房企业虚假广告、诱导广告的查处力度,确保住房市场平稳。
5月16日	北京	北京市住建委发布《北京市房屋登记工作规范(试行)》。
5月23日	杭州	杭州市物价局和房管局就商品房销售价格申报备案管理工作提出要求,如果商品房实际成交价低于备案价15%,将限制网签,且需重新申报备案。
5月26日	住建部、工商总局	住建部和国家工商总局联合发布新版《商品房买卖合同(预售)示范文本》。
6月16日	东莞	东莞市发布《关于调整商品房预售管理相关规定的通知》,商品房预售许可证不再设置许可有效期。
6月24日	厦门	厦门市发布《厦门市商品房预售资金管理实施细则》,取消了免除监管条款,所有商品房项目都纳入监管。
8月18日	青岛市	青岛国土局下发《关于进一步加强新建商品房预售资金监管有关问题的通知》。

表9 住房调控之不动产登记

11月20日	李克强	主持召开国务院常务会议,决定,将分散在多个部门的不动产登记职责整合由一个部门承担,理顺部门职责关系,减少办证环节,减轻群众负担。一是由国土资源部负责指导监督全国不动产统一登记职责,二是建立不动产登记信息管理基础平台。三是推动建立不动产登记信息依法公开查询系统。会议要求,各有关部门要加强对各地职责整合工作的指导,加快清理相关规章制度,做好有关事项的整理交接,确保不动产登记职责整合工作有序、平稳推进*。
1月11日	国土部	召开2014年全国国土资源工作会议,部署2014年十大工作任务,其中提到,扎实开展不动产统一登记和土地调查监测等。
1月24日	中编办	中编办发布《中央编办关于整合不动产登记职责的通知》。
3月26日	国土部等	不动产登记工作第一次部级联席会议召开,会议明确不动产统一登记制度完成时间表,明确了2014年不动产登记工作重点等。
4月2日	国土部办公厅	印发关于成立不动产统一登记工作领导小组的通知。
4月13日	广东	广东省成立不动产统一登记工作领导小组,并基本制定完成不动产统一登记初步工作方案。
4月23日	国土部	不动产统一登记专家座谈会在北京举办,副部长胡存智出席会议讲话,一是做好理论支撑和实践探索,二是要做好制度顶层设计,三十做好工作衔接和平稳实施。

续表

5月5日	江苏	江苏省机构编制委员会下发《关于整合不动产登记职责的通知》,并在省国土厅设立不动产登记局。
5月7日	国土部	国土部办公厅下发《关于在地籍管理司加挂不动产登记局牌子的通知》,不动产登记局正式挂牌。
5月9日	四川省	四川省国土厅牵头联合8个部分组成四川省不动产统一登记工作省际联席会议。
6月16日	国土部等	国土部、住建部、农业部等多个部门,中国科学院、工程院、清华大学等高校的专家学者等,在北京参与研讨,开始启动不动产登记信息平台建设研究。
7月30日	李克强	国务院总理李克强主持召开国务院常务会议,对《不动产登记暂行条例(征求意见稿)》进行讨论。
8月1日	国土部	国土部办公厅正式印发执行《地籍管理司(不动产登记局)主要职责内设机构和人员编制规定》,确定地籍管理司(不动产登记局)的主要职责、人员编制和内设机构等"三定方案"。
8月15日	国务院法制办	国务院法制办公室公布《不动产登记暂行条例(征求意见稿)》对全社会公开征求意见,对于登记机构、登记簿册、登记程序、登记信息共享与保护进行了明确的界定,进一步推进了我国住房市场长效机制的建立
8月20日	国土部	国土部办公厅正是印发执行《地籍管理司(不动产登记局)主要职责内设机构和人员编制规定》。
8月26日	国务院	2013年度全国土地变更调查汇总暨不动产统一登记工作推进会在北京召开。国务院领导要求力争今年年底前完成省、市、县三级不动产等级职责整合。
8月27日	国土部	国土部不动产登记局常务副局长公布不动产统一登记的四步走时间表。

* 李克强主持召开国务院常务会议:《人民日报》2013年11月21日。

表10　住房调控之其他政策

10月21日	安徽	安徽省政府办公厅下发《安徽省绿色建筑行动实施方案》,积极推行住宅全装修,鼓励新建住宅一次性装修到位等。
2月11日	黑龙江	《黑龙江绿色建筑行动实施方案》出台,2014年起全面执行绿色建筑标准。居民购绿色住宅,房贷利率实行优惠。
2月13日	陕西省	陕西省住建厅在保障房建设中推进绿色建筑。
2月18日	无锡	无锡市出台《关于加快建筑业转型发展的意见》,要求加快建筑施工方式变革,加大对建筑业转型发展的财政支持和奖励力度。
2月17日	住建部、国土部等	住建部、国土部、民政部、全国老龄办联合印发通知,要求加强养老服务设施规划建设。

3 月 20 日	保监会	保监会发布《关于开展老年人住房反向抵押养老保险试点的指导意见》,决定在北京、上海、广州和武汉进行相关的试点。
4 月 3 日	国土部	国土部部长姜大明主持召开第 7 次部长办公会议,研究养老用地供应与监督等。
4 月 17 日	国土部	国土部办公厅印发《养老服务设施用地指导意见》,养老服务设施用地供应应当纳入国有建设用地供应计划。
4 月 21 日	江苏省	江苏省公布《省政府关于加快发展养老服务业完善养老服务体系的实施意见》。
4 月 22 日	广东省	广东省住建厅发布《广东省住房城乡建设事业深化改革的实施意见》,提出扩大公积金使用渠道等。
6 月 23 日	保监会	保监会发布《中国保监会关于开展老年人住房反向抵押养老保险试点的指导意见》。

❖ 皮书起源 ❖

"皮书"起源于十七、十八世纪的英国，主要指官方或社会组织正式发表的重要文件或报告，多以"白皮书"命名。在中国，"皮书"这一概念被社会广泛接受，并被成功运作、发展成为一种全新的出版型态，则源于中国社会科学院社会科学文献出版社。

❖ 皮书定义 ❖

皮书是对中国与世界发展状况和热点问题进行年度监测，以专业的角度、专家的视野和实证研究方法，针对某一领域或区域现状与发展态势展开分析和预测，具备权威性、前沿性、原创性、实证性、时效性等特点的连续性公开出版物，由一系列权威研究报告组成。皮书系列是社会科学文献出版社编辑出版的蓝皮书、绿皮书、黄皮书等的统称。

❖ 皮书作者 ❖

皮书系列的作者以中国社会科学院、著名高校、地方社会科学院的研究人员为主，多为国内一流研究机构的权威专家学者，他们的看法和观点代表了学界对中国与世界的现实和未来最高水平的解读与分析。

❖ 皮书荣誉 ❖

皮书系列已成为社会科学文献出版社的著名图书品牌和中国社会科学院的知名学术品牌。2011 年，皮书系列正式列入"十二五"国家重点图书出版规划项目；2012~2014 年，重点皮书列入中国社会科学院承担的国家哲学社会科学创新工程项目；2015 年，41 种院外皮书使用"中国社会科学院创新工程学术出版项目"标识。

法 律 声 明

　　"皮书系列"（含蓝皮书、绿皮书、黄皮书）之品牌由社会科学文献出版社最早使用并持续至今，现已被中国图书市场所熟知。"皮书系列"的LOGO（）与"经济蓝皮书""社会蓝皮书"均已在中华人民共和国国家工商行政管理总局商标局登记注册。"皮书系列"图书的注册商标专用权及封面设计、版式设计的著作权均为社会科学文献出版社所有。未经社会科学文献出版社书面授权许可，任何使用与"皮书系列"图书注册商标、封面设计、版式设计相同或者近似的文字、图形或其组合的行为均系侵权行为。

　　经作者授权，本书的专有出版权及信息网络传播权为社会科学文献出版社享有。未经社会科学文献出版社书面授权许可，任何就本书内容的复制、发行或以数字形式进行网络传播的行为均系侵权行为。

　　社会科学文献出版社将通过法律途径追究上述侵权行为的法律责任，维护自身合法权益。

　　欢迎社会各界人士对侵犯社会科学文献出版社上述权利的侵权行为进行举报。电话：010-59367121，电子邮箱：fawubu@ssap.cn。

社会科学文献出版社

权威报告·热点资讯·特色资源

皮书数据库
ANNUAL REPORT(YEARBOOK)
DATABASE

当代中国与世界发展高端智库平台

WWWW.PISHU.COM.CN

皮书俱乐部会员服务指南

1. 谁能成为皮书俱乐部成员?

- 皮书作者自动成为俱乐部会员
- 购买了皮书产品(纸质书/电子书)的个人用户

2. 会员可以享受的增值服务

- 免费获赠皮书数据库100元充值卡
- 加入皮书俱乐部,免费获赠该纸质图书的电子书
- 免费定期获赠皮书电子期刊
- 优先参与各类皮书学术活动
- 优先享受皮书产品的最新优惠

3. 如何享受增值服务?

(1)免费获赠100元皮书数据库体验卡

第1步 刮开附赠充值的涂层(右下);

第2步 登录皮书数据库网站(www.pishu.com.cn),注册账号;

第3步 登录并进入"会员中心"—"在线充值"—"充值卡充值",充值成功后即可使用。

(2)加入皮书俱乐部,凭数据库体验卡获赠该书的电子书

第1步 登录社会科学文献出版社官网(www.ssap.com.cn),注册账号;

第2步 登录并进入"会员中心"—"皮书俱乐部",提交加入皮书俱乐部申请;

第3步 审核通过后,再次进入皮书俱乐部,填写页面所需图书、体验卡信息即可自动兑换相应电子书。

4. 声明

解释权归社会科学文献出版社所有

皮书俱乐部会员可享受社会科学文献出版社其他相关
免费增值服务,有任何疑问,均可与我们联系。

图书销售热线:010-59367070/7028
图书服务QQ:800045692
图书服务邮箱:duzhe@ssap.cn

数据库服务热线:400-008-6695
数据库服务QQ:2475522410
数据库服务邮箱:database@ssap.cn

欢迎登录社会科学文献出版社官网
(www.ssap.com.cn)
和中国皮书网(www.pishu.cn)
了解更多信息

社会科学文献出版社
SOCIAL SCIENCES ACADEMIC PRESS (CHINA)
皮书系列

卡号:363309906016
密码:

S 子库介绍
ub-Database Introduction

中国经济发展数据库

涵盖宏观经济、农业经济、工业经济、产业经济、财政金融、交通旅游、商业贸易、劳动经济、企业经济、房地产经济、城市经济、区域经济等领域，为用户实时了解经济运行态势、把握经济发展规律、洞察经济形势、做出经济决策提供参考和依据。

中国社会发展数据库

全面整合国内外有关中国社会发展的统计数据、深度分析报告、专家解读和热点资讯构建而成的专业学术数据库。涉及宗教、社会、人口、政治、外交、法律、文化、教育、体育、文学艺术、医药卫生、资源环境等多个领域。

中国行业发展数据库

以中国国民经济行业分类为依据，跟踪分析国民经济各行业市场运行状况和政策导向，提供行业发展最前沿的资讯，为用户投资、从业及各种经济决策提供理论基础和实践指导。内容涵盖农业，能源与矿产业，交通运输业，制造业，金融业，房地产业，租赁和商务服务业，科学研究，环境和公共设施管理，居民服务业，教育，卫生和社会保障，文化、体育和娱乐业等 100 余个行业。

中国区域发展数据库

以特定区域内的经济、社会、文化、法治、资源环境等领域的现状与发展情况进行分析和预测。涵盖中部、西部、东北、西北等地区，长三角、珠三角、黄三角、京津冀、环渤海、合肥经济圈、长株潭城市群、关中–天水经济区、海峡经济区等区域经济体和城市圈，北京、上海、浙江、河南、陕西等 34 个省份及中国台湾地区。

中国文化传媒数据库

包括文化事业、文化产业、宗教、群众文化、图书馆事业、博物馆事业、档案事业、语言文字、文学、历史地理、新闻传播、广播电视、出版事业、艺术、电影、娱乐等多个子库。

世界经济与国际政治数据库

以皮书系列中涉及世界经济与国际政治的研究成果为基础，全面整合国内外有关世界经济与国际政治的统计数据、深度分析报告、专家解读和热点资讯构建而成的专业学术数据库。包括世界经济、世界政治、世界文化、国际社会、国际关系、国际组织、区域发展、国别发展等多个子库。